예수님 성품 닮게 하소서

평강의 주님께서 친히

때마다 일마다

평강을 주시기를 기도하며

특별히 _____ 님께

이 소중한 책을

드립니다.

# 예수님 성품
# 닮게 하소서

송용필 목사

나침반

# 날이 갈수록 더욱 주님의 성품 닮기 원합니다

성경 골로새서 3장 13절 말씀입니다.
"누가 누구에게 불만이 있거든 서로 용납하여 피차 용서하되
주께서 너희를 용서하신 것같이 너희도 그리하라."
그리스도인으로서 신앙이 성숙해지고 있다는 것은
주님의 성품을 많이 닮아가고 있다는 뜻입니다.
"어떤 사람이 주님의 성품을 많이 닮은 사람 일까요?"
저는 용서를 잘하는 사람이라고 생각 합니다.
특히 역사서나 서신서를 통해서
주님의 제자들이 주님을 닮아가는 과정을 보며
주님께서 우리를 용서하신 것처럼
우리도 이웃을 용서하며 생활 한다면
주님의 성품을 닮은 성숙한 그리스도인이 될 것입니다.

이 책은 제가 목회할 때 성경적 신앙생활을 위해
성도들과 나누었던 것을 나침반출판사에서 편집한 것으로
우리가 어떻게 주님을 기쁘시게 하며 살 것인가에 관심을 가졌습니다.
이 책을 통해 "...마음을 새롭게 함으로 변화를 받아 하나님의 선하시고
기뻐하시고 온전하신 뜻이 무엇인지 분별해"(로마서 12장 2절)
하나님께 영광 돌리는 기쁨의 삶이 되길 기도 합니다.


예수님의 성품을 닮고 싶은
송용필 목사

# 목차

# 목차

## 목차

## 목차

- 이 책은 경건의 시간, 성경 공부, 또는 가정예배, 새벽기도회, 설교자료로 폭넓게 활용할 수 있습니다. 특히 새벽기도회나 성경공부, 설교자료 활용때는 세가지 교훈마다 끝에 나오는 참고 성구를 찾아 읽으면 더 깊이 있게 성경을 배울 수 있습니다.
- 매일 경건의 시간을 마치면서 경건의 시간중 주님이 주신 말씀이나 감사가 있으면, 각 장 끝에 있는 도표 「오늘 특별적용」란과 「오늘 특별 감사」란에 기록 하십시오.

예수님 성품
닮게 하소서

# 예수님의 승천과 우리의 사명

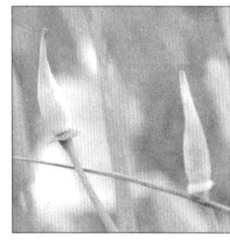

사도행전 1장 1절부터 11절을 읽으십시오.
① 사도행전을 기록한 목적은 무엇인가?(1-2)
② 예수님이 승천하시면서 하신 약속은 무엇인가?(11)

**러시아의 문학자이자** 노벨상 수상자인 솔제니친은 50년 동안 러시아 혁명에 대해서 조사를 했습니다. 당시 혁명의 중심에 섰던 수백 명의 사람들과 인터뷰를 하고 수백 권의 책을 읽은 뒤 솔제니친은 이런 결론을 내렸습니다.

"6천만 러시아인의 소중한 생명을 삼킨 이 무서운 혁명이 왜 일어났는지 내가 지금까지 알아낸 바에 의하면, 사람들이 하나님을 잊어버렸기 때문이라고 나는 말할 수밖에 없습니다."

러시아에는 많은 교회와 성직자들이 있었습니다. 믿는 사람들이 하나님을 증거하지 못한다면 믿지 않는 사람들은 하나님의 존재 자체를 잊게 됩니다.

사도행전은 복음서와 서신서의 중간 다리 역할을 하고 있습니다. 복음서에서 하신 예수님의 말씀들이 사도행전에서 행해지고, 뒤 이어 서신서를 통해 그 의미가 해석되었다고 볼 수 있습니다. 그러므로 사도행전을 잘 이해하는 것은 신약 전체를 파악하고 공부하는 데에 큰 도움이 됩니다.

**사도행전 1장 1절부터 11절에는** 예수님께서 부활하신 후의 승천과 사역에 대해서 기록되어 있습니다. 특히 8절의 "오직 성령이 너희에게 임하시면 너희가 권능을 받고 예루살렘과 온 유대와 사마리아와 땅 끝까지 이르러 내 증인이 되리라"는 말씀에서 우리는 **복음 증거에 대한 세 가지 사실**을 살펴 볼 수 있습니다.

**첫째, 복음 증거는 성령님의 권능으로 이루어집니다.**

그리스도를 통하여 마련된 복음은, 우리를 깨닫게 하시는 성령님의 사역으로 인하여 증거됩니다. 그러므로 우리는 복음의 확신뿐만 아니라 증거할 때에도 성령님을 의지해야 합니다. 성령님의 인도하심을 구하는 자세를 바탕으로 노력하는 전도만이 확실한 결실을 맺을 수가 있습니다. 복음을 전하는 순간에

도 성령님의 인도하심을 구하십시오.(딤후 3:16)

**둘째, 복음 증거의 대상은 가까이에서 멀리까지 모두를 포함합니다.**
예수님께서는 복음이 퍼져나가야 할 영역에 대해서 명확히 말씀하셨습니다. 사도들이 서 있는 예루살렘뿐 아니라 인근의 온 유대뿐 아니라 그 위쪽의 사마리아와, 땅 끝까지 가서 모든 사람에게 복음을 전할 사명을 우리에게 주셨습니다. 그러나 '믿지 않는 사람의 마음'이 바로 그리스도인의 선교지라는 사실을 우리는 깨달아야 합니다. 나의 선교지가 어딘지 먼저 정한 후에 전도 대상자들을 위해 기도하고 노력하십시오.(마 24:14)

**셋째, 복음 증거자는 자신이 믿고 깨달은 것을 분명하게 전해야 합니다.**
증인은 어떤 사실을 목격했거나 경험한 사람이라야 될 수 있습니다. 그러므로 전도자는 먼저 자신이 구원의 확신을 가져야 합니다. 보고 들은 것이 없다면 아직 구원 받은 것이 아닙니다. 구원의 확신이 있지만 전하기는 싫다면 잘못된 복음관을 갖고 있는 것입니다. 복음 증거에 중요한 것은 '몇 명을 전도했는가?'보다는 '몇 명에게 복음을 전했는가?'입니다. 뿌리는 사람은 우리지만 거두시는 분은 하나님이십니다. 복음 전파에 대한 나의 구원관이 확고한지를 먼저 점검하십시오.(행 4:29)

**오늘 본문을 통해** 복음 증거에 대한 세 가지 사실을 배웠습니다. 복음 증거는 그리스도인의 피할 수 없는 기쁜 사명이며, 하나님은 이를 위해 우리를 세우셨다는 사실을 이해하고 받아들여야 합니다. 사도행전은 오로지 주님만을 바라보고 성령님의 인도하심을 따를 때 어떤 놀라운 역사가 일어나는지 잘 기록되어 있는 책입니다.
**오늘도** 복음 증거라는 특권과 사명을 잘 감당하십시오.

**주님! 그리스도인의 사명이 복음 전파라는 사실을 깨닫게 하소서!**

| 오늘 특별 적용 | |
|---|---|
| 오늘 특별 감사 | |

# 그리스도인의 사명

사도행전 1장 12절부터 26절을 읽으십시오.
① 제자들이 새로 사도를 세우기 전에 무슨 준비를 했는가?(14)
② 맛디아를 세운 분명한 목적은 무엇인가?(22)

고대 페르시아의 다리우스 왕이 10만 대군을 이끌고 아테네를 쳐들어 온 때입니다. 병력으로는 도저히 페르시아의 상대가 되지 않는 그리스였지만, 마라톤 벌판에서의 전투에서 사력을 다한 결과 그리스가 대승을 거두었습니다. 그리스의 한 병사는 승전보의 기쁜 소식을 고국에 전하기 위해 마라톤 벌판에서부터 아테네까지 쉬지 않고 달렸고, 마침내 도착하자마자 "우리가 승리했다"라는 한 마디를 남기고 숨지고 말았습니다. 그 먼 거리를 달려오는 동안 수차례 정신을 잃고 쓰러질 위기가 찾아왔을 것입니다. 그러나 이 이름 없는 병사는 나라의 흥망을 놓고 불안해하는 사람들을 위해 자신의 사명을 최선을 다해 목숨까지 걸고 완수했습니다.

사명을 다한 자의 죽음은 아름답습니다. 그리스의 한 병사의 죽음이 오늘날 마라톤 경기로 기념되듯이, 우리도 세상의 복음의 흔적을 남기기 위해 최선을 다하는 믿음의 사명자가 되어야 합니다.

**사도행전 1장 12절부터 26절**에는 가룟 유다 대신에 맛디아가 봉사와 사도의 직분을 대신하게 되는 내용이 기록되어 있습니다. 가룟 유다가 배신을 하기는 했으나 여전히 11명은 적은 숫자가 아니었습니다. 그러나 사도들은 한 명을 다시 세워 사도의 직분을 주었고, 사역을 감당하게 했습니다. 우리는 가룟 유다 대신 맛디아가 세워진 본문의 내용을 통해 **사명자에게 필요한 세 가지 교훈**을 배울 수 있습니다.

**첫째, 우리는 자신의 사명을 끝까지 감당해야 합니다.**
맛디아를 새로 뽑은 이유는 단지 가룟 유다가 죽어 자리가 비어서가 아닙니다. 가룟 유다가 사도의 사명을 감당하지 못하고 오히려 예수님을 배신하고 죽어버렸기 때문에 그 사명을 감당할 새로운 사람이 필요했기 때문입니다. 야고보도 비록 일찍 순교했지만 그는 자신의 사명을 다했기에 새로운 사도를

뽑지 않았습니다. 사명에는 멈춤이란 없다는 사실을 잊지 마십시오.(행 12:2)

**둘째, 우리는 하나님의 부름 받은 사람임을 항상 기억해야 합니다.**
가룟 유다가 막중한 사도의 특권과 사명을 팽개쳐버린 것에는 여러 가지 이유가 있겠지만, 가장 큰 이유는 자신이 하나님으로부터 부름 받은 사람임을 망각했기 때문입니다. 우리 역시 어떤 순간에든 '하나님으로부터 보냄 받은 사람'임을 잊지 말아야 합니다. 그 사실을 잊지 않기만 해도 우리는 하나님이 바라시는 것을 행하며 하나님이 주신 사명을 능히 감당해 나갈 수가 있습니다. 어떤 사명에나 항상 충성하는 사명자가 되십시오.(롬1:5)

**셋째, 우리는 무슨 일에나 하나님을 의뢰하며 기도 가운데 결정해야 합니다.**
가룟 유다를 대신할 사도를 뽑기 위해 제자들은 자신의 생각을 내놓지 않고 하나님을 의지하며 기도했습니다. 사도들 뿐 아니라 함께 기도하는 많은 사람들이 있었습니다. 모든 중요한 일에는 기도가 우선되어야 하며, 많은 사람들의 중보로 더욱 합심해야 합니다. 사명자는 모든 일을 통해 하나님의 뜻을 먼저 우선시하려는 모습을 보여야 합니다. 맡은 사명을 온전한 기도로 성령님을 통해 결정하십시오. (롬 8:26/ 벧전 4:7)

**오늘 본문을 통해** 사명자에게 필요한 세 가지 교훈을 배웠습니다. 그리스도인의 사명은 곧 하나님으로부터 받은 것이며, 그 직분을 잘 감당하기 위해서는 더욱더 하나님을 잊지 않고 의지해야 합니다. 아울러 기도와 말씀 묵상도 게을리 해서는 안 됩니다. 말씀을 통해 하나님의 뜻을 알고 기도로 대화함으로 우리는 더욱 하나님으로부터 가까워질 수가 있기 때문입니다.
**오늘도** 나의 사명을 되새겨 보고 구체적으로 이루어 가며 사십시오.

**주님! 주님의 뜻을 따라 비전을 세우고 사명을 실천하게 하소서!**

| 오늘 특별 적용 | |
| --- | --- |
| 오늘 특별 감사 | |

# 오순절의 세례(침례)의 의미

사도행전 2장 1절부터 13절을 읽으십시오.
① 유대인들이 제자들을 보고 놀란 이유는 무엇인가?(4)
② 성령에 대해서 모르는 사람들은 어떻게 반응했는가?(13)

**미국 부흥의 역사에** 있어서 D. L. 무디 목사님만큼 큰 영향력을 끼친 인물은 아마 없을 것입니다. 그러나 워낙 무디 목사님이 자주 부흥회를 인도하자 한 쪽에서는 '무디 외에는 설교자가 없냐?' 는 소리도 생기기 시작했습니다. 실제로 어느 지역의 교회들이 연합해 무디 목사님을 초청해 부흥회를 하려는 계획을 세우자 한 목회자는 "왜 강사로 무디 목사님만 고집하십니까? 무디 목사님이 성령을 독점하기라도 했습니까?' 라고 반발했습니다. 그러나 그 모임을 주최하던 목사님이 말했습니다.

"물론 무디 목사님은 성령을 독점할 수 없습니다. 그러니 지금 이 시대에 성령께서 무디 목사님을 독점하고 계시다는 사실은 분명한 사실입니다."

성령의 인도하심에 온전히 모든 것을 맡겼기에 무디 목사님이 그토록 크게 쓰임 받을 수 있었고, 많은 사람들을 변화시킬 수가 있었습니다. 성령의 인도하심을 따르는 사람들을 통해서 많은 영혼들이 구원받을 수 있습니다.

**사도행전 2장 1절부터 13절에는** 성령 강림에 대해서 기록되어 있습니다. 베드로와 제자들이 모였던 때는 예수님께서 승천하신지 10일이 되고, 부활하신지는 50일이 되는 날로 오순절이라 불리는 날이었습니다. 그날에 모인 모두에게 성령의 세례(침례)가 뜨겁게 임했고, 그로 인해 일어나는 일들로 주위에 있던 사람들도 모두 크게 놀라는 일이 벌어졌습니다. 우리는 오늘 본문을 통해 **오순절의 성령 세례(침례)가 주는 세 가지 의미**를 살펴볼 수 있습니다.

**첫째, 예수님의 약속은 반드시 성취됩니다.**

오순절의 성령 세례(침례)는 예수님의 약속의 성취입니다. 예수님은 자신이 아버지 하나님께로 가면 성령을 보내겠다고 말씀하셨습니다. 또한 예루살렘에 기다리며 성령으로 세례(침례)를 받으라고 말씀하셨습니다. 우리는 이를 통해 주님의 약속은 반드시 이루어 짐을 배울 수 있습니다. 주님의 약속은 성경의 모든 말씀에도 적용됩니다. 주님의 약속들이 반드시 이루어짐을 굳건히 믿으십시오.(요 6:7/ 행 1:4-5)

### 둘째, 교회를 탄생시켰습니다.

구약 시대의 성령의 강림은 개인적, 은사적, 일시적인 것이었습니다. 그러나 오순절의 성령 강림은 모든 성도들을 한 몸으로 묶고, 한 몸인 성도들을 또한 예수님과 연합하게 만들었습니다. 오순절의 성령 강림을 통해 그리스도와 성령이 모든 성도들과 영원히 함께 하게 된 것입니다. 성도들을 서로, 그리고 그리스도와 연합시키는 성령 강림의 역사를 통해 교회가 탄생했습니다. 교회 안의 성도들과 성령과 믿음으로 묶인 한 몸임을 기억하고 서로 덕을 세우도록 노력하십시오.(롬 6:4-5/ 엡 3:9)

### 셋째, 교회는 연합의 장소입니다.

교회는 성도들이 성령으로 하나가 되면서 탄생했습니다. 그리고 교회는 성도들을 그리스도와 연합하게 만드는 장소입니다. 그러므로 교회는 모든 성도들의 연합을 위해서 노력해야 하는 곳이 되어야 합니다. 서로 싸우고 헐뜯고, 편을 나누는 것이 아니라 위로하고, 권면하고, 사랑하는 장소임을 잊어서는 안 됩니다. 교회를 아름다운 사랑의 연합 장소로 만드십시오.(골 2:19)

**오늘 본문을 통해** 오순절의 성령 세례(침례)가 주는 세 가지 의미를 살펴봤습니다. 우리는 성령의 충만은 먼 옛날에 일어났던 일이 아니라 지금도 동일하게 우리에게 임하는 일이라는 사실을 알고 더욱 성령을 구하고 충만하게 되기를 기도해야 합니다.
**오늘도** 교회의 지체로써 모든 일에 교회의 덕을 세우도록 합시다.

**주님! 각자의 맡겨진 역할을 따라 서로 섬기고 사랑하게 하소서!**

| 오늘 특별 적용 | |
|---|---|
| 오늘 특별 감사 | |

# 성령 충만의 목적

사도행전 2장 14절부터 47절을 읽으십시오.
① 성경은 말세에 어떤 일이 일어난다고 말하고 있는가?(17)
② 사도의 가르침을 받은 성도들은 어떤 일에 매진했는가?(42)

**노예 해방을** 위한 미국의 남북 전쟁이 한창일 때였습니다.

노예 해방을 주장하던 북군의 전황이 점점 불리해지자 정치인들과 교회의 지도자들이 링컨 대통령을 방문해 함께 기도회를 하자고 제안했습니다. 그렇게 모인 자리에서 한 정치인이 일어나 "하나님이 우리 편에 계시기를 기도했으면 좋겠습니다."라고 말했습니다. 그러자 링컨은 "저는 그렇게 기도하면 안 된다고 생각합니다. 하나님이 우리 편이든 아니든 그것이 무슨 상관입니까?"라고 말했습니다. 사람들은 깜짝 놀라 링컨을 쳐다봤습니다. 먼저 말을 한 정치인은 "아니, 대통령, 도대체 그것이 무슨 소리입니까?"라고 물었고, 링컨이 대답했습니다. "하나님이 우리 편이냐 아니냐가 문제가 아니라 우리가 하나님 편인가 아닌가가 문제 아닙니까?"

링컨의 말을 통해 모두들 진짜 중요한 것이 무엇인지를 깨달았고, 그날의 기도회는 전쟁의 불안함을 이겨내고 하나님의 뜻을 구하는 기도회로 무사히 마쳐지게 되었습니다.

하나님의 편에 설 때, 하나님의 뜻대로 행동할 때 진정으로 성령이 충만할 수 있습니다. 자기 뜻대로 사는 사람에게는 성령이 결코 임하시지 않습니다.

**사도행전 2장 14절부터 36절**에는 성령 강림의 오순절에 했던 베드로의 설교가 기록되어 (있고, 2장 37절부터 47절에는 베드로의 설교에 대한 반응과 초대교회의 생활에 대해 기록되어) 있습니다. 특히 33절에는 약속하신 성령을 부어주셨다고 했는데, 우리는 이 말씀들을 통해 **성령 충만에 대한 세 가지 사실**을 생각해 봐야 합니다.

**첫째, 성령 충만은 누구나 받을 수 있습니다.**

성령이 충만하다는 것은 곧 인격체이신 하나님의 지배를 받는 것을 뜻합니다. 신비로운 능력이나 영향력을 미치는 것이 성령 충만이 아니라 온전히 성령님께 순종하는 것이 곧 성령 충만입니다. 선지자 요엘이 예언했듯이 이 성령 충만은 남녀노소 관계없이, 신앙생활의 연차와 교회의 직분에 관계없이 구원받은 사람이라면 누구든 받을 수가 있는 은혜입니다.(욜 2:32/ 롬 15:13)

**둘째, 성령 충만은 하나님의 사역과 봉사를 위한 것입니다.**
성령 충만은 다른 사람에게 나타내고 과시하기 위해서 받는 것이 아닙니다. 오히려 하나님께서 맡겨주신 사역을 기쁘게 능히 감당하며, 교회를 세우고 자신의 신앙을 더욱 성숙하게 만들기 위해 받는 것입니다. 성령 충만은 구원받을 때뿐만 아니라, 그 이후 우리가 순종하거나 헌신할 때에 언제든지 지속되거나 반복될 수 있는 현상입니다.(행 4:31)

**셋째, 성령 충만의 결과는 예수님을 증거하고 영광을 돌리는 것입니다.**
성령이 충만한 베드로의 첫 설교는 무려 3천 명의 사람들을 하나님께 불러오는 큰 열매를 맺었습니다. 성령이 충만한 사람은 이처럼 큰일을 해내고, 그 일을 통한 영광을 온전히 하나님께로 돌립니다. 길 잃은 영혼 하나가 주님께로 돌아올 때에도 하늘나라에서는 큰 잔치가 베풀어짐을 잊지 말고, 성령의 인도하심을 따라 많은 영혼들을 진리의 길로 인도해야 합니다. (눅 15:7,23)

**오늘 본문을 통해** 성령 충만에 대한 세 가지 사실을 배웠습니다. 성령은 오늘도 우리가 하나님의 뜻에 우리 삶과 의지를 맡기기를 기다리고 계십니다. 그분께 순종함으로 하나님의 뜻대로 사는 삶의 기쁨을 온전히 누리기를 바랍니다.
**오늘도** 성령 충만하여 기쁨으로 생활하십시오.

**주님! 성령의 충만함으로 기쁨과 감사, 소망이 넘치는 삶을 살게 하소서!**

| 오늘 특별 적용 | |
|---|---|
| 오늘 특별 감사 | |

# 예수님의 이름이 가지고 있는 능력

사도행전 3장 1절부터 11절을 읽으십시오.
① 베드로와 요한은 어떤 능력으로 앉은뱅이를 일으켰는가?(6)
② 앉은뱅이가 치유함을 받고 행한 일은 무엇인가?(8)

**로마의 교황** 이노센트 4세가 하루는 많은 종교인들이 모인 자리에서 자신의 재력을 과시하고 있었습니다. 그는 금과 은을 가득 쌓아놓고 만지작거리며 흐뭇한 미소를 지으며 말했습니다.

"'금과 은은 내가 없거니와' 라고 말하던 시대는 이미 지나갔다."

그러자 그 자리에 있던 토마스 아퀴나스가 다음과 같은 말로 교황에게 일침을 놓았습니다.

"네, 맞습니다. 그러나 그와 동시에 '나사렛 예수 그리스도의 이름으로' 앉은뱅이를 걷게 하는 능력도 사라졌습니다."

기독교가 한창 번성할 수 있었던 것은 오직 예수 그리스도의 이름과 능력 때문입니다. 재물과 사람의 능력을 통해 기독교가 전파되었다면 그토록 숱한 시련을 극복하며 오늘과 같이 성장하고 널리 퍼질 수는 없었을 것입니다. 믿는 자의 능력은 오직 예수의 이름뿐입니다.

**사도행전 3장 1절부터 11절**에는 베드로와 요한이 성전 미문 앞의 앉은뱅이를 고쳐주는 내용이 나옵니다. 앉은뱅이가 바란 것은 세상이 줄 수 있는 가장 좋은 것이라고 생각했던 금화였습니다. 그러나 베드로와 요한은 하나님의 능력으로 더욱 귀한 것을 주었습니다. 베드로와 요한이 오직 그리스도의 이름으로 앉은뱅이를 고친 본문 말씀을 통해 여기에서 **예수의 이름이 우리의 삶에 미치는 세 가지 영향**을 배울 수 있습니다.

**첫째, 예수의 이름으로 우리 삶은 변화됩니다.**

성문 밖에서 구걸하던 앉은뱅이의 삶은 소망이 없는 삶이었습니다. 그에게는 하루 종일 구걸을 하며, 겨우겨우 연명하는 것이 인생의 전부였습니다. 앉은뱅이의 바로 뒤에는 화려하게 장식된 교회가 있었지만, 그 멋진 교회도, 그 길을 지나다니는 많은 성도들도 앉은뱅이를 변화시키지는 못했습니다. 하지만 예수의 이름을 통해 그는 걷게 되었고, 뛰게 되었고 하나님의 능력을 찬미하는 새로운 삶을 살게 되었습니다. 예수의 이름이 우리 삶을 변화시킬 능력이 있음을 믿으십시오.(시 51:10)

**둘째, 예수의 이름은 연약한 자를 세우는 능력이 있습니다.**
베드로는 세상적인 기준으로 볼 때 전혀 내세울 것이 없는 사람이었습니다. 그러나 예수님 이름의 능력을 알고 믿음으로 행하였기에 이적을 나타내었습니다. 우리도 비록 연약한 질그릇 같은 육체이지만 그 속에 보배로운 예수님을 모시고 믿을 때에, 놀라운 능력이 가득한 삶을 살아갈 수 있습니다. 나의 약함보다 예수님의 능력을 묵상하는 삶을 사십시오. (마 21:21/ 고후 3:7)

**셋째, 예수의 이름은 가장 좋은 것을 뜻합니다.**
앉은뱅이가 기대하던 자신에게 가장 좋은 것은 고작해야 많은 돈이었을 것입니다. 그러나 예수의 이름은 앉은뱅이라는 그의 가장 큰 약점을 고쳐주었습니다. 앉은뱅이와 마찬가지로 우리도 때때로 근시안적인 사고방식에 사로잡힐 때가 많습니다. 그러나 하나님은 우리 뜻대로 그때그때 잘못된 기도들을 들어주시지 않고 가장 좋은 때에 가장 좋은 것을 주시는 분이십니다. 가장 좋은 때에 좋은 것을 주실 주님을 신뢰하십시오.(행 16:18/ 골 3:17)

**오늘 본문을 통해** 예수의 이름이 우리의 삶에 미치는 세 가지 영향을 배웠습니다. 우리가 환난 속에서도 희망을 볼 수 있음은 예수의 이름과 능력을 믿기 때문입니다. 예수님의 이름에 세상의 모든 고난과 어려움을 능히 감당하고 승리를 선포할 힘이 있다는 사실을 모든 그리스도인들은 믿어야 합니다.
**오늘도** 믿음 안에서 모든 일에 감사하고 기뻐하며 사십시오.

**주님! 구원이 되는 예수님의 이름과 그 능력을 믿게 하소서!**

| 오늘 특별 적용 | |
|---|---|
| 오늘 특별 감사 | |

# 하나님의 능력이 임하는 이유

사도행전 3장 12절부터 26절을 읽으십시오.
① 사람들이 베드로와 요한 주위에 몰린 이유는 무엇인가?(12)
② 하나님의 능력을 경험한 사람은 무엇을 해야 하는가?(19)

**히틀러는** 평소에 자기 사진을 호프만이라는 사진사에게만 찍도록 허락했습니다. 호프만은 언제나 사진기를 눈 아래에 놓고 밑에서 위로 올려 찍었습니다. 아래서 위를 보는 구도는 보는 이로 하여금 위압감을 주기 때문이었습니다. 호프만은 이를 이용해 대중을 위압하는 효과를 내는 히틀러의 사진들을 찍었고, 히틀러도 이런 자신의 사진을 꽤나 마음에 들어 했습니다. 그래서 히틀러의 모든 사진은 정면 아니면 위에서 아래를 보는 구도로 이루어져 있습니다. 그러나 강렬한 카리스마에 이런 방법까지 온갖 수단을 동원해 유지했던 히틀러의 야망은 결국 무너지고 말았습니다. 한때는 그를 열렬하게 지지했던 독일 국민들도 이제는 잘못된 역사를 후회하고 반성하며 히틀러를 외면하고 있습니다.

하나님이 사용하시는 사람들도 이와 같은 모습을 조심해야 합니다. 성공이 반드시 진리를 나타내는 것이 아닙니다. 하나님의 능력을 자신의 것으로 착각하고 교만하여 질 때, 하나님은 더 이상 그 사람을 사용하지 않으시고 그를 통해 많은 사람들이 미혹하게 됩니다.

**사도행전 3장 12절부터 26절에는** 베드로의 설교가 기록되어 있는데, 베드로와 요한이 앉은뱅이를 일으키자 사람들이 다 놀라며 그들을 우러러 보았습니다. 하지만 베드로는 그들의 모습에 우쭐하지 않고 '어째서 우리를 주목하느냐?'라고 훈계하며 온전히 복음을 증거했습니다. 우리는 자신을 낮추고 복음만을 전한 베드로의 모습을 통해 **그리스도의 능력과 겸손에 대한 세 가지 사실**을 마음에 새겨야 합니다.

**첫째, 그리스도의 능력을 자신의 능력으로 착각해선 안 됩니다.**
출애굽 시절의 이스라엘 백성들은 많은 하나님의 이적을 보고도 온전히 하나님을 신뢰하지 못했습니다. 자신들에게 일어나는 신비로운 현상과 이득만을 생각했지, 그 일을 행하시는 하나님을 바라보지 못했기 때문입니다. 이처럼 모든 성령의 역사를 통한 일들은 그 뒤에 하나님이 계시다는 사실을 잊지 말아야 합니다. 하나님께서 쓰시는 사람보다 그 뒤의 하나님으로부터 시선을 놓치지 마십시오.(눅 9:1)

**둘째, 서있다고 생각하면 넘어질까 조심해야 합니다.**
베드로와 요한의 설교를 듣고 많은 사람들이 그들을 우러러 보았습니다. 하지만 그 속에서도 베드로와 요한은 겸손히 자신의 마음을 지켰습니다. 바나바와 바울 역시 루스드라에서 앉은뱅이를 일으킨 뒤 자신들을 신으로 섬기려는 사람들에게 오히려 옷을 찢고 분을 내며 말렸습니다. "우리도 너희와 같은 사람이다. 하나님께로 돌아오라." 이것이 진정한 복음입니다. '신의 소리'라는 주위의 칭찬을 듣고 우쭐해졌다 목숨을 잃은 헤롯왕과 같이 되지 않도록 늘 겸손하십시오.(잠 16:5)

**셋째, 모든 일을 통해 예수님만을 증거해야 합니다.**
베드로가 앉은뱅이를 일으킨 것은 능력의 과시나 연민이 아니라 오직 하나님의 복음을 증거하기 위해서였습니다. 이 이적을 통해 하나님의 사랑과 능력을 전한 것입니다. 베드로와 같은 이적뿐 아니라 우리의 모든 삶을 통해 하나님을 증거하는 삶을 살아야 합니다. 가정과 직장, 오가는 모든 생활 속에서 그리스도의 향기를 풍기십시오.(막 8:35-36)

**오늘 본문을 통해** 그리스도의 능력과 겸손에 대한 세 가지 사실을 배웠습니다. 겸손함으로 주님께 쓰임 받고 주위의 칭찬에도 더욱 겸손하여짐으로 오직 복음으로 쓰임 받는 그리스도인의 삶을 위해서 노력해야 합니다.
**오늘도** 그리스도인답게 겸손으로 이웃을 섬기십시오.

**주님! 당당히 그리스도인임을 나타내는 삶을 살게 하소서!**

| 오늘 특별 적용 | |
|---|---|
| 오늘 특별 감사 | |

# 하나 되게 하는 비밀

사도행전 4장 1절부터 37절을 읽으십시오.
① 성령이 충만한 베드로는 어떤 고백을 했는가?(10)
② 베드로와 요한이 담대할 수 있었던 이유는 무엇인가?(19)

**신학자 장 바니에는** 자신의 책 '희망의 공동체'에서 진정한 공동체란 무엇인지에 대해 말했습니다,

"공동체는 사람들을 돌보는 것을 의미합니다. 형제를 사랑하는 사람은 공동체를 세웁니다. 공동체 안에서 사람들은 우리가 원하는 모습이 아니라 자신들의 상처와 은사를 가진 있는 모습 그대로 사랑하도록 부름을 받았습니다. 공동체는 사람들을 배려해주고 그들이 자라도록 돕는 것을 의미합니다.

공동체는 서로에게 자유를 줍니다.

공동체는 서로에게 신뢰를 줍니다.

공동체는 강한 지지와 도전을 줍니다."

교회는 세상에서 가장 건강한 공동체가 되어야 합니다. 완벽한 공동체와 건강한 공동체는 전혀 다른 말입니다. 건강한 공동체는 완벽하지 않은 사람들이 서로를 위해 헌신하고 사랑하는 초대교회의 모습과 같아야 합니다.

**사도행전(4장 1절부터 22절에는** 사도들이 당시의 종교지도자들에게 위협과 심문을 당하지만 당당히 굴하지 않는 모습이 나와 있고) **4장 23절부터 37절에는** 베드로와 요한이 담대하게 예수 그리스도를 증거하고 풀려 나오는 장면이 나옵니다. 베드로와 요한의 모습을 통해 다른 성도들은 하나님을 찬양하며 기도를 드리고, 더욱 한 마음이 되었습니다. 우리는 이 말씀을 통해서 **그리스도인의 하나 됨과 관련한 세 가지 사실을 생각해볼 수 있습니다.**

**첫째, 하나님을 사랑하는 마음이 하나 됨을 만듭니다.**

베드로와 요한의 모습을 통해 은혜를 받은 성도들은 더욱 하나님을 찬양하고 기도하기를 힘썼습니다. 그리고 이런 마음이 자연스럽게 서로와 더욱 연합하게 만들고 공동생활로까지 이어졌습니다. 진정한 사랑 안에는 의심과 시기, 미움과 같은 악의 속성이 존재하지 않기 때문입니다. 사람을 믿지 못하고 의

심하는 것은 사랑이 없기 때문입니다. 하나님을 더욱 사랑함으로 충만한 기쁨을 누리십시오.(마 6:24/ 롬 8:28)

**둘째, 고난을 통해 성도들은 하나 됩니다.**
그리스도인들에게 고난과 핍박은 곧 기도로 이어집니다. 이로 인해 성령님과 더욱 함께 하게 되고, 성령의 임재하심을 받은 성도들이 한 마음 한 뜻이 되어 하나님의 살아계심을 체험하게 되는 것입니다. 그리스도인들은 고난이 인내를, 인내는 끈기를, 끈기는 소망을 낳는다는 것을 알아야 합니다. 고난을 통해 오히려 기뻐해야 합니다.(엡 4:3)

**셋째, 하나님의 은혜가운데 하나 됨이 온전히 이루어집니다.**
초대 교회의 공동생활의 특징 중 하나는 예수님의 재림에 대한 열망입니다. 뿐만 아니라 유대교로부터의 출교와 핍박으로 생활고를 겪는 성도들이 매우 많았습니다. 성도들 중 이런 딱한 처지의 사람들이 너무나 많았기에 넉넉한 성도들의 사랑의 마음이 이런 공동생활을 제안한 것으로 생각됩니다. 민중의 재산을 강제로 환수하는 공산주의와의 차이점이 바로 이것입니다. 공동생활뿐 아니라 성도의 연합과 하나 됨은 성령충만과 하나님의 사랑을 통해 올바로 서고 유지될 수 있습니다. 모든 삶을 하나님의 은혜 가운데로 이끄십시오.(마 15:31/ 히 10:14)

**오늘 본문을 통해** 그리스도인의 하나 됨과 관련된 세 가지 사실을 배웠습니다. 개인과 하나님과의 관계가 먼저 올바를 때에 모든 성도들도 서로를 진심으로 섬기고 나누는 하나됨이 가능합니다. 연합은 주님의 은혜로 이루어지며 사랑의 아름다운 한 표현임을 깨달으십시오.
**오늘도** 모든 사람과 합력하여 선을 이루며 보내십시오.

**주님! 성도들 간의 성령으로, 사랑으로, 뜨겁게 연합하게 하소서!**

| 오늘 특별 적용 | |
|---|---|
| 오늘 특별 감사 | |

# 제자의 자격

사도행전 5장 1절부터 42절을 읽으십시오.
① 아나니아가 죽은 이유는 누구를 속였기 때문인가?(4)
② 사도들은 복음을 전하다 받은 고난을 어떻게 생각했는가?(41)

프랑스의 클레망소 수상은 제1차 세계대전 때 전선을 자주 시찰했습니다. 수상으로써의 일개 전선에까지 나가는 것은 지위에 걸맞지 않고 위험하다고 많은 사람들이 말렸지만 클레망소 수상은 목숨을 걸고 나가있는 병사들에 비하면 이정도 위험은 아무것도 아니라고 말했습니다. 한번은 포탄이 터지는 최전선에 시찰을 간 적이 있었습니다. 시찰을 오자마자 갑자기 전투가 벌어졌고, 수상이 왔다는 사실을 깨달은 적군은 집중포화를 퍼부었습니다. 그러나 수상은 안전한 곳으로 대피하지 않고 그곳에 계속 남아 병사들과 함께 있었습니다. 적군의 포화가 멎은 후 수상은 시찰을 마치고 병사들을 격려한 뒤에 차를 타고 돌아갔습니다. 남아있는 병사들은 환호성을 올리며 수상을 전송했습니다. 병사들은 조국의 수상이 죽음을 두려워하지 않을 만큼 자신들을 생각한다는 사실을 깨달았고, 사기가 충천해 연전연승을 거두며 전쟁을 승리로 이끌었습니다.

주님이 언제나 우리와 함께 한다는 사실을 깨달을 때 우리는 마귀의 강력한 공세를 물리치며 언제나 하나님을 전파하는 삶을 살 수 있습니다.

**사도행전(5장 1절부터 16절에는** 선행을 가장해 명예를 얻으려고 하나님을 속이다 죽음을 당한 삽비라 부부의 이야기가 기록되어 있고) **5장 17절부터 42절에는** 사도들이 활동이 기록되어 있습니다. 사도들은 감옥에 가는 것과 목숨의 위협에도 굴하지 않고 떳떳하게 "사람보다 하나님께 순종하는 것이 마땅하."고 선포하며 복음 전파를 멈추지 않았습니다. 우리는 오늘 본문을 통해 **그리스도의 제자에게 필요한 세 가지 교훈**을 배울 수 있습니다.

**첫째, 하나님께서는 다양한 방법으로 인도하심을 알아야 합니다.**
여러 명의 사도가 복음을 전하다 감옥에 들어갔지만, 그들이 풀려난 방법은 모두 갖가지였습니다. 앞선 4장에서는 사도들의 당당함에 놀라 위협을 한 뒤

풀어주었고, 본문에선 천사가 문을 열어주었습니다. 16장에서는 바울과 실라의 찬송 중에 지진이 일어나 감옥 문과 쇠사슬이 열려 풀려나게 되었습니다. 하나님의 능력은 우리의 예상을 뛰어넘어 일어납니다. 섣부른 경험과 지식으로 하나님의 능력을 재단하지 마십시오.(행 5:19, 12:10, 16:26)

**둘째, 보고 깨달은 것을 당당히 전할 수 있어야 합니다.**
사도들은 예수님이 어떤 분이시며, 어떤 이적을 행하셨는가에 대해서 장소와, 사람을 따지지 않고 담대히 전했습니다. 그것은 그들이 보고 들은 것이 직접 겪은 사실이며, "성령이 임하시면 … 내 증인이 되라는" 예수님 말씀이기 때문입니다. 성령님과 함께하면 어떤 상황 속에서도 담대히 주님을 전할 수 있습니다. 성도의 삶과 은혜를 담대히 전하십시오.(행 4:20-21)

**셋째, 예수님으로 인한 고난이라면 기뻐할 줄 알아야 합니다.**
사도들이 고난을 받는 것은 예수님의 이름 때문이었습니다. 사도들은 그런 고난을 하나님의 자녀들만이 받을 수 있는 특권으로 여겼기 때문에 항상 기뻐했습니다. 구약의 모세도 하나님의 백성들과 받는 고난을 애굽의 보물보다도 귀한 것으로 여겼습니다. 하나님의 사랑을 생각함으로 고난을 능히 감당해 내십시오.(히 11:6)

**오늘 본문을 통해** 그리스도의 제자에게 필요한 세 가지 교훈을 배웠습니다. 하나님의 방법을 인정하며, 언제나 받은 은혜를 증거하며, 고난에도 항상 기뻐하는 것이 바른 제자의 자세입니다. 구원의 기쁨을 누리는 우리들도 날마다 그리스도의 제자로써의 본분을 지키기위해 노력해 나가는 삶을 살아야 합니다.
**오늘도** 고난의 파도에 휩쓸리지 말고 항상 예수님 안에서 기뻐하십시오.

**주님! 그리스도의 제자로써 합당한 삶의 모습을 살게 하소서!**

| 오늘 특별 적용 | |
| --- | --- |
| 오늘 특별 감사 | |

# 성도에게 직분을 주는 원리

사도행전 6장 1절부터 15절을 읽으십시오.
① 집사의 직분을 받는 사람의 조건은 무엇인가?(3)
② 성도들이 바르게 직분을 감당할 때 어떤 일이 일어났는가?(7)

**신학자 진 게츠**는 신앙에 대해 다음과 같은 유명한 말을 했습니다.

"신앙의 가장 위험한 문제 중 하나는 극단으로 치우치는 것입니다. 한쪽 극단은 하나님의 주권적인 의지와 은혜를 너무 강조한 나머지, 아무런 결정도, 행동도 하지 않고 모든 것을 하나님의 뜻이라고 합리화하는 것입니다. 이것은 쉽게 사람을 무책임하게 만들며 인생을 태만하게 만듭니다. 그리고 다른 극단은 인간적인 요소와 책임을 너무 강조한 나머지 하나님의 뜻과 지혜와 인도하심을 소홀히 하는 것입니다. 우리는 이 양극단이 조화를 이루는 신앙을 가져야 합니다. 하나님의 인도하심을 추구하면서, 하나님께서 주신 힘과 정신과 지혜를 동시에 사용해 그 방향으로 나아가야 합니다."

신앙 이전의 삶도 다 하나님의 계획 가운데 이루어진 것입니다. 따라서 우리도 현재의 상황과 개인의 능력과 신앙을 고려해서 사람을 세우고 사역을 감당할 직분을 주어야 합니다.

**사도행전 6장 1절부터 15절**에는 예루살렘 교회에서 최초로 일곱 집사를 뽑은 내용이 나옵니다. 그리고 그 중 한 사람인 스데반 집사가 붙잡힌 내용이 이어집니다. 스데반 집사님은 말씀을 바르게 알고 말씀을 전함으로 직분에 맞는 모습을 보이는 삶을 살았습니다. 본문에 나온 초대 교회의 일곱 집사를 뽑은 절차와 기준을 통해 우리는 **성도에게 직분을 맡기는 세 가지 지혜**를 배울 수 있습니다.

**첫째, 필요에 의해 세워져야 합니다.**

예루살렘 교회는 급격한 부흥으로 주님을 믿는 사람들이 계속해서 늘어나고, 핍박으로 인해 어려움에 처한 제자들도 많았습니다. 그래서 일정 체계를 갖춰 섬길 필요가 있었습니다. 열 두 사도만으로는 이 일을 처리하기가 너무 벅찼기 때문입니다. 한 마디로 직분은 개인의 신앙이나 명예를 위해서 주는 것이 아니라, 교회의 필요에 따라 세워져야 합니다. 나를 위한 직분이 아닌 교회를 위한 직분을 맡으십시오.(골 1:25/ 딤전 1:12)

## 둘째, 합당한 자격을 가진 성도가 세워져야 합니다.

오늘 본문에서는 집사의 조건에 대해 '성령과 지혜가 충만하여 칭찬받는 사람' 이라고 말하고 있습니다. 특별히 교회 내에서 성도들에게 어떤 직분을 맡길 때에는 은혜보다도 자격이 더욱 중시되어야 하는데, 교회에서 세우는 모든 직분에는 영적, 인격적으로 본보기가 되는 사람을 세워야 하기 때문입니다. 거룩한 직분에 알맞은 자격을 갖춘 성도가 되기 위해 노력하십시오.(딤전 3:8-9)

## 셋째, 사명을 감당할 의지가 있는 사람이 세워져야 합니다.

성경은 집사의 직분이 무엇을 의미하는지 분명하게 말하고 있습니다. 구제, 행정적인 섬김, 전도에 힘쓰는 것이 직분에 따른 책임입니다. 신앙생활을 오래해서 자연스럽게 주어지거나, 개인의 체면을 위해 주어지는 것은 바른 직분이 아닙니다. 교회의 직분은 실제적인 행동을 통해 감당하게 되는 것입니다. 맡은 직분을 끝까지 기쁜 마음으로 감당하십시오.(고전 4:1)

**오늘 본문을 통해** 성도에게 직분을 맡기는 세 가지 지혜에 대해서 배웠습니다. 그리스도의 참된 제자라면 직분을 맡기에 부족함이 없는 영성과 인격적인 모습을 갖춰야 합니다. 교회의 직분을 맡는 것은 제자에게 주어진 거룩한 직분임을 기억하십시오.
**오늘도** 자신의 사명을 돌아보고 끝까지 충성하며 사십시오.

**주님! 직분의 귀중함을 알고, 그 직분을 감당할만한 신앙을 갖게 하소서!**

| 오늘 특별 적용 | |
|---|---|
| 오늘 특별 감사 | |

# 010

# 스데반 집사의 설교와 순교

사도행전 7장 1절부터 60절을 읽으십시오.
① 스데반의 설교를 들은 사람들은 어떻게 반응했는가?(54)
② 스데반의 유언은 무엇이었는가?(60)

기원후 313년에 로마는 기독교를 공인했지만, 여전히 콜로세움에서의 검투사 경기는 계속 벌어졌습니다. 하루는 델레마쿠스라는 성도가 경기 시작 전에 경기장 안으로 뛰어 들어가 외쳤습니다.
"이제 그만 멈춥시다. 우리의 즐거움을 위해 사람의 목숨을 거는 것은 미련한 짓입니다."
그러나 델레마쿠스의 말을 들은 사람들은 오히려 더 광분했고, 급기야 돌을 던지기 시작했습니다. 델레마쿠스는 결국 경기장에서 숨을 거뒀고, 그 날은 경기가 열리지 못했습니다. 그러나 델레마쿠스의 죽음은 안타까운 일이었지만 사람들의 죄책감을 일깨워주었고 그 날 이후로 다시는 콜로세움에서 경기가 열리지 않았습니다.
눈앞의 탐욕에 노예가 된 사람들은 사람의 목숨까지도 하찮게 여깁니다. 그러나 죽음까지 두려워하지 않는 신앙인의 바른 외침은 사람들에게 죄와 양심에 대해서 일깨웁니다.

사도행전(7장 1절부터 53절에는 공회로 끌려간 스데반이 이스라엘의 역사를 죽 훑으면서 했던 설교가 기록되어 있고) 7장 54절부터 60절에는 스데반의 순교에 대해 기록되어 있습니다. 사람들은 스데반 집사님의 설교를 참지 못하고 돌을 던졌고, 그로 인해 스데반 집사님은 순교를 당했지만 마지막까지 사람들을 위한 용서를 구하며 숨을 거두었습니다. 우리는 오늘 본문을 통해 **그리스도인의 삶에서 중요한 세 가지 교훈**을 얻을 수 있습니다.

**첫째, 마음에 찔리는 죄가 있으면 즉시 회개해야 합니다.**
사람들이 스데반 집사님을 돌로 쳐 죽였던 것은 그들의 마음에 양심의 가책을 느꼈기 때문입니다. 죄를 깨닫고 회개할 생각은 하지 않고 오히려 더욱 악한 죄를 저질렀습니다. 그러나 우리는 예수님을 생각하며 순수한 마음으로

36

죄에 대해선 즉시 회개할 수 있어야 합니다. 죄와 잘못을 체면이나 상황 때문에 인정하지 않는 실수를 저지르지 마십시오.(막 1:15/ 행 8:22)

**둘째, 삶의 마지막까지 하나님의 영광을 나타내야 합니다.**
자신을 돌로 치는 사람들에게까지 스데반 집사님은 오히려 안타까운 마음으로 그들을 걱정했습니다. 성경은 이때의 스데반 집사님의 얼굴을 마치 천사와 같다고 표현했습니다. 스데반 집사님의 유언 역시 "이 죄를 저들에게 돌리지 마옵소서"라는 자비의 외침이었습니다. 예수님의 십자가의 희생을 기억하며, 하나님의 영광을 나타내는 성도가 되십시오.(행 6:15, 60)

**셋째, 성도들에게 헛된 죽음이란 없습니다.**
스데반 집사님을 핍박하던 사람 중에는 사울이라는 젊은이가 있었습니다. 그러나 훗날 회심을 하고 나서는 스데반 집사님의 아름다운 순교를 생각하며 사역을 감당했을 것입니다. 스데반 집사님은 비록 세상 사람들이 보기에 헛된 죽음을 맞이한 것처럼 보일수도 있지만, 사도 바울이라는 위대한 전도자를 세우는 데에 중요한 밑거름의 역할을 했습니다. 진리를 따르는 성도의 죽음은 항상 최선의 결과를 맞이함을 기억하십시오.(요 12:24-26)

**오늘 본문을 통해** 그리스도인의 삶에 중요한 세 가지 교훈을 얻었습니다. 스데반 집사님은 말씀으로 사람들의 잘못을 비추는 등불과도 같은 삶을 살았습니다. 마지막까지 죄인들을 사랑하고 품었습니다. 천국의 삶이 보장된 성도들은 죽음도 두려워하지 않고 옳은 일을 행해야 할 용기를 가져야합니다. **오늘도** 하나님의 영광을 나타내 승리하며 사십시오.

주님! 세상을 두려워않고 마땅히 해야할 일을 하게 하소서!

| 오늘 특별 적용 | |
|---|---|
| 오늘 특별 감사 | |

# 하나님의 역사에 대한 이해와 분별

사도행전 8장 1절부터 25절을 읽으십시오.
① 빌립이 복음을 전파함으로 어떤 일이 일어났는가?(7)
② 베드로와 요한은 사마리아 사람들의 무엇을 위해 기도하였는가?(15)

그리스어로 '또 다른' 이라는 말은 '동일한 하나' 라는 의미도 가지고 있습니다. 그리고 성령과 그리스도의 관계에 대해 나타낼 때 바로 이 말을 사용합니다. 또한 성령과 함께 자주 쓰는 말인 '보혜사' 는 그리스어로 '파라클레테' 라는 '곁에 있는 사람' 을 뜻하는 말입니다. 요한일서 2장 1절에 나오는 대언자의 뜻과도 일맥상통합니다. 사람들의 성령에 대한 가장 큰 오해는 성령이 비인격적이며, 놀라운 이적을 보이는 힘의 형태라고 생각하는 것입니다. 그러나 요한복음 14장 16절에서 예수님이 말씀하신 성령은 이런 오해를 완전히 바로잡아 줍니다. 예수님이 말씀하신 성령과 그리스어로 표현된 의미 등을 종합해볼 때 성령은 다른 하나님으로 인격체이며, 우리를 가르치고 중재하기 위해 보내어진 변호자이십니다.

예수님을 통해, 또 말씀을 통해 성령의 중요성을 깨닫고 사모해야 합니다.

**사도행전**(8장 1절부터 3절에는 스데반의 순교를 기점으로, 예루살렘 교회에 큰 핍박들이 몰아닥친 상황이 기록되어 있고) 8장 4절부터 25절에는 교회에 핍박이 닥침으로 인해서 빌립 집사님이 사마리아에서 전도한 내용이 기록되어 있습니다. 그리고 예루살렘에 있던 베드로와 요한이 이들을 위해 안수 기도함으로 자리에 있던 사마리아 인들이 모두 성령을 받았습니다. 우리는 이 본문을 통해 **성령과 분별에 대한 중요한 세 가지 사실**을 알 수 있습니다.

**첫째, 영적인 기적에는 정확한 분별이 필요합니다.**
빌립은 하나님의 능력으로 귀신들을 쫓아내고 중풍병자와 앉은뱅이들을 고쳤습니다. 그리고 이런 이적들을 통해 예수님을 전하고 있었습니다. 마술쟁이 시몬 역시 비슷한 이적을 행했으나, 이것은 마귀의 힘을 빌린 것이었습니다. 무지한 사람들은 시몬의 능력을 보고 하나님의 능력이라고 말하며 그를 따랐습니다. 그러나 실상은 하나님이 아닌 악한 영을 따른 것입니다. 겉으로

드러난 모습만 보고 섣불리 판단하지 마십시오.(고전 11:29)

**둘째, 복음의 진리, 그 자체가 신앙의 목적이 되어야 합니다.**
마술쟁이 시몬은 사도들의 능력을 보고 자신도 세례(침례)를 받고 전심으로 빌립을 따랐습니다. 그러나 그것은 하나님을 향한 헌신이 아니라 빌립이 행하는 이적의 능력을 배우고자함이었습니다. 빌립은 이런 시몬의 마음을 악독하다고 말하며 서둘러 회개하라고 종용했습니다. 천국의 복음 그 자체가 유일한 신앙의 목적임을 기억하십시오.(엡 4:15)

**셋째, 하나님께서는 특별한 방법으로 역사하실 때가 있습니다.**
사마리아 사람들은 예수님을 믿고 섬겼으나 아직 아무도 성령을 받지 못했습니다. 사도들이 예루살렘에 도착해 성령받기를 위해 기도한 뒤에야 성령을 받을 수 있었습니다. 이것은 역사적으로 우상을 숭배하던 일이 잦았던 사마리아 사람들을 위한 하나님의 섭리였습니다. 하나님은 사도들의 권위를 세움으로써 온전히 예수님 중심으로 사마리아의 성도들을 이끌어 예루살렘과 일치시키기 위한 방법을 택하셨던 것입니다. 일이 뜻대로 풀리지 않는다고 해도 하나님의 계획을 믿고 원망하지 마십시오.(엡 1:19)

**오늘 본문을 통해** 성령과 분별에 대한 중요한 세 가지 사실을 배웠습니다. 모든 일에 하나님의 우선권을 인정하고, 예수님이 보이신 진리의 길을 온전히 좇는 데에만 집중하는 신앙인이 되는 것이 매우 중요한 일입니다. 우리의 시선을 바른 목표에 고정할 때 다른 길에 빠지지 않고 온전히 주님의 인도하심을 따라 살 수 있기 때문입니다.
**오늘도** 하나님의 오묘한 섭리를 경험하며 사십시오.

주님! 오늘도 말씀의 능력과 하나님의 섭리를 체험하며 살게 하소서!

| 오늘 특별 적용 | |
|---|---|
| 오늘 특별 감사 | |

# 사울의 회심을 통한 신앙의 교훈

사도행전 8장 26절부터 9장 18절을 읽으십시오.
① 내시는 무엇을 빌립에게 청했는가?(36)
② 그리스도인들을 박해하던 사울에 대한 하나님의 계획은 무엇이었는가?(15)

우리나라 선교 초기에 있었던 일입니다.

국내 선교를 위해 '쪽 복음'을 번역해 가지고 들어오던 로스 선교사는 국경의 삼엄한 경비에 막혀 모든 책을 뺏기게 되었습니다. 병사들은 로스 선교사를 국경 너머로 추방시키고, 그가 보는 앞에서 책을 불태우고 압록강에 던져버렸습니다. 로스 선교사와 함께 왔던 사람들은 안타까운 마음에 로스 선교사에게 저마다 위로의 말을 던졌지만 로스 선교사는 의연한 미소로 말했습니다.

"안타까워할 것 없습니다. 나는 아무렇지도 않습니다. 강에 잠긴 하나님의 말씀은 그 물을 쓰는 조선 사람들의 몸을 씻기며 생명이 될 것이고, 불태워진 하나님의 말씀들은 좋은 거름이 되어 하나님의 말씀이 이 땅에 전하여 지는데 거룩하게 쓰임 받을 것입니다. 모두 즐거운 마음으로 다시 돌아가 선교를 준비합시다."

우리가 상황에 맞는 최선의 일을 하기만 한다면 나머지는 성령께서 역사하십니다.

**사도행전(8장 26절부터 40절에는** 빌립이 성령의 인도하심을 따라 에티오피아의 내시를 만나 전도하는 내용이 나오고) **9장 1절부터 18절에는** 사울이 구원받는 극적인 장면이 기록되어 있습니다. 사울은 그리스도인을 심하게 핍박하는 데 앞장섰던 사람이지만, 하나님은 그런 사울을 사용하기 위해서 부르셨습니다. 우리는 오늘 본문을 통해서 **신앙에 도움이 되는 세 가지 사실**을 마음에 새겨야합니다.

**첫째, 사실을 바르게 볼 줄 알아야 합니다.**

사울은 진리에 대한 열정도 있고 자부심도 대단한 청년이었습니다. 그가 그리스도인을 핍박했던 것은 그것이 정말로 '옳은 일'이라고 생각했기 때문입니다. 그러나 실상 그가 했던 일은 오히려 주님을 핍박하는 일이었습니다. 종교적 편견과 같은 자신의 생각에 너무 사로잡혀 있을 때 이 같은 실수를 범하게 됩니다. '내' 가 아닌 '말씀' 에 비추어 기준을 삼으십시오.(요 6:36)

**둘째, 예수님은 환란 중에도 늘 함께 하십니다.**
사울이 핍박했던 것은 예수님이 아니라 예수님을 믿는 성도들이었습니다. 그러나 예수님은 사울에게 '어찌하여 나를 핍박하느냐?' 라고 말씀하셨습니다. 이 말은 우리가 핍박당할 때나 환란 중에 있을 때에도 주님은 여전히 우리와 함께 하신다는 말씀입니다. 그리스도를 영접한 모든 성도들은 항상 주님이 함께한다는 사실을 잊지 마십시오.(마 25:43)

**셋째, 하나님을 거역하는 것은 해가 됩니다.**
하나님은 사울에게 '가시채를 뒷발질 하기가 네게 고생이니라' 고 말씀하셨습니다. 소나 말이 주인의 말을 듣지 않고 가시 돋친 채를 발로 차봤자 자기만 고생이라는 뜻입니다. 하나님의 임재와 부르심을 느끼면서도 그것을 따르지 않는 것은 이와 같이 미련한 일입니다. 하나님을 핍박하던 사울도 사도로 부르심에 응답하듯 기꺼이 순종하십시오.(행 26:14)

**오늘 본문을 통해** 신앙에 도움이 되는 세 가지 사실을 배웠습니다. 가장 좋은 믿음과 신앙은 '나' 의 것이 아닌 말씀과 성령에만 의지하는 신앙입니다. 하나님의 계획에 반대되는 삶을 살면서 반항하는 것이 아니라 우리에게 주어진 하나님의 뜻과 계획을 바르게 깨닫고 순종의 기쁨을 누리는 신앙이 되어야 합니다. 은연중에라도 편견과 고정관념이 들어간 신앙생활을 하지 않기 위해 노력하십시오.
**오늘도** 날마다 주님께로 향하며 변화되어 가십시오.

주님! 나의 고집을 내려놓고 온전히 주님께 순종하게 하소서!

| 오늘 특별 적용 | |
|---|---|
| 오늘 특별 감사 | |

# 013

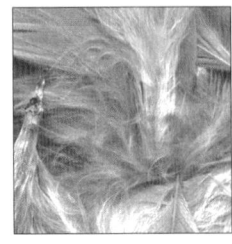

# 화해에 대한 교훈

사도행전 9장 19절부터 31절을 읽으십시오.
① 다메섹의 유대인들이 당황한 이유는 무엇인가?(20)
② 바울의 삶은 어떻게 변했는가?(22) 또 복음을 믿은 뒤의 당신의 삶은 어떠한가?

프란시스의 '평화의 기도' 라는 시입니다.
「주여, 나를 평화의 도구로 써 주소서
미움이 있는 곳에 사랑을, 상처가 있는 곳에 용서를,
분열이 있는 곳에 일치를, 의혹이 있는 곳에 믿음을 심게 하소서
오류가 있는 곳에 진리를, 절망이 있는 곳에 희망을,
어둠이 있는 곳에 광명을, 슬픔이 있는 곳에 기쁨을 심게 하소서 …」
이 시가 나온 지 천년이 넘게 지났지만 어쩌면 그때보다 지금이 더욱 평화의 기도가 필요한 때인 것 같습니다. 세상의 부조리와 어려움을 보고 한탄하는 것은 누구나 할 수 있지만 그 어려운 일들을 감당하기 위해서는 그리스도인들이 더욱 똘똘 뭉치고 힘을 내야 합니다.

사도행전(9장 19절부터 25절에는 변화된 사울이 전도를 하다가 피신하는 내용이 기록되어 있고) 9장 26절부터 31절에는 사울이 예루살렘에 도착했을 당시의 상황이 기록되어 있습니다. 사울이 기독교인을 심하게 핍박했던 것을 알았던 당시의 제자들은 극적으로 화해하게 됩니다. 우리는 오늘 본문을 통해서 화해에 관한 세 가지 교훈을 배울 수 있습니다.

**첫째, 우리는 화해의 중재자가 되어야 합니다.**
제자들이 모두 사울을 꺼리고 있을 때, '권위자, 위로의 아들' 로 불렸던 바나바가 이들을 중재했습니다. 화해는 관계의 담을 헐고, 사랑이 흐르게 만드는 중요한 일입니다. 예수님도 죄로 인해 멀어진 하나님과 우리 사이를 화목케 하는 일을 위해 이 땅에 오셨습니다. 그러므로 세상에서의 우리의 역할을 잊지 말고, 주위의 반목과 어려움을 해결하는 중재자의 삶을 사십시오.(요 14:16/ 요일 2:1)

**둘째, 화해에는 합당한 근거가 있어야 합니다.**

잘못을 한 사람이 뉘우치는 기색이 전혀 없다면 화해는 아무런 의미가 없습니다. 바나바는 사울이 주님을 만났던 때의 상황을 구체적인 정황을 들어 조목조목 제자들에게 얘기했습니다. 그 말을 듣고 제자들도 사울의 회심을 믿을 수 있었습니다. 화해에는 합당한 근거나 설명이 있어야 합니다. 하나님과 인간의 화목을 위해 예수님이 희생하셨다는 사실을 잊지 말고 잘못을 돌이키고 반성할 줄 아는 사람이 되십시오.(마 3:8-9)

**셋째, 화해한 다음에는 서로 사랑해야 합니다.**

사랑이 이어지지 않는 형식적인 화해는 아무 소용도 없습니다. 사울을 받아들인 예루살렘의 형제들은 사울이 위험한 상황에 처했을 때, 가이사랴로 데리고 가 다소로 피하게 해주었습니다. 사울이 고린도전서 13장에서 말했던 '사랑은 모든 것을 믿으며' 란 구절대로 화해한 지 얼마 지나지 않은 사울을 예루살렘의 형제들은 완전히 믿어준 것입니다. 이렇듯 화해는 서로를 위한 중보와 사랑의 행동으로 이어져야 합니다. 화해에는 반드시 사랑과 섬김이 뒤따라야 함을 기억하십시오.(막 10:45)

**오늘 본문을 통해** 화해에 관한 세 가지 교훈을 배웠습니다. 예수님이 직접 본을 보이셨고, 또 그를 통해 우리가 하나님과 화목하게 될 수 있었습니다. 마찬가지로 우리도 사람 사이의 관계뿐 아니라 사람과 하나님의 관계의 회복을 위해 화해의 대사가 되는 그리스도인의 삶을 살아야겠습니다.
**오늘도** 가는 곳마다 평화를 전하십시오.

**주님! 잘못된 관계를 회복하는 그리스도의 대사로 살게 하소서!**

| 오늘 특별 적용 | |
|---|---|
| 오늘 특별 감사 | |

# 거룩함의 실천에 대한 교훈

사도행전 9장 32절부터 10장 23절을 읽으십시오.
① 도르가는 사람들을 위해서 어떤 일을 했는가?(39)
② 고넬료는 사람들을 위해서 어떤 일을 했는가?(2)

**한 목회자는** 성도들이 천천히 하나님의 말씀을 따라 살기로 결심하는 것에 대해 이렇게 말했습니다.

"알코올 중독자의 재활을 돕는 사람들은 결코 이렇게 말하지 않습니다. '술을 조금씩 줄입시다', '이번 주말에는 조금 드셔도 괜찮아요', 또한 도벽이 있는 사람들에게도 이렇게 말하지 않습니다. '평일에는 좀 참고 주말에만 도둑질하는 것이 어떻겠어요?' 왜냐하면 아주 작은 타협을 통해 나쁜 습관이 고스란히 나타나기 때문입니다. 그런데 이상하게 사람들은 신앙에 있어서만큼은 타협에 아주 관대합니다. 타협을 하지 않아야할 가장 중요한 문제인데도 불구하고 말입니다."

하나님은 우리에게 거룩한 삶을 요청하고 계십니다. 그러나 우리는 자신의 생활과 생각, 환경 등을 이유로 들어서 그분의 말씀을 듣지 않고, 자신의 생각대로 행할 때가 많이 있습니다.

**사도행전**(9장 32절부터 43절에는 구제에 힘쓰던 도르가를 베드로가 다시 살려 많은 성도들을 위로한 내용이 기록되어 있고) 10장 1절부터 23절에는 고넬료와 베드로에 대해서 나옵니다. 고넬료는 이탈리아 군대의 장교로써 하나님을 경외하고 구제에 힘쓰며 늘 기도하는 삶을 살았습니다. 또 이와 관련하여 베드로가 보자기에 담겨 온 하나님이 주신 음식을 부정한 것이라며 먹을 수 없다고 이야기하는 장면도 나옵니다. 우리는 이 본문을 통해 **거룩의 실천에 대한 세 가지 사실**을 배울 수 있습니다.

**첫째, 거룩은 하나님의 말씀에 순종하는 것입니다.**

하나님께서는 모든 것을 조화롭고 질서 있는 섭리를 세워 놓으셨습니다. 고넬료와 베드로의 만남도 한 쪽에게만 일방적으로 말씀하지 않으셨습니다. 바울이 다메섹 도상에서 눈이 멀었을 때에도, 아나니아에게 미리 말씀하셔서,

이후를 준비하셨습니다. 이 말은 우리가 거룩에 순종하며 일어날 것이라고 예상하는 어려움에 대해서도 하나님께서는 모든 준비를 해놓으셨다는 뜻입니다. 하나님의 섭리를 믿으며 당당히 거룩함에 동참하십시오.(행 9:11)

**둘째, 편견을 버려야 합니다.**
당시 유대인들에게는 여전히 이방인을 하찮게 보는 편견이 있었습니다. 제자였던 베드로에게도 마찬가지였습니다. 하나님은 베드로에게 음식의 환상을 보여주면서 이방인에 대한 편견을 깨트리길 바라셨습니다. 베드로가 생각하기에 하찮은 이방인들에게도 복음을 전하라는 뜻이었지만 편견의 벽에 가로막힌 베드로는 세 번이나 말씀을 거절합니다. 편견의 벽에 가로막혀 하나님의 말씀을 흘려버리지 말고 즉시 순종하십시오.(신 16:19/ 약 3:17)

**셋째, 말과 행동의 모순을 버려야 합니다.**
베드로는 말로는 주님, 주님 하면서도 정작 주님의 명령에는 순종하지 않았습니다. 아는 것을 실천하지 못하는 머리와 행동의 모순이 일어날 때, 하나님의 나라가 확장되지 못하고 삶 속에서 그 능력이 임하지 못합니다. 우리의 생각과 우리의 자존심, '나' 에 대한 것을 더욱 내려놓을수록 '하나님' 이 우리 안에 채워지게 됩니다. 많은 것을 알기보다 아는 대로 철저히 행동하기 위해 노력하십시오.(마 16:22)

**오늘 본문을 통해** 거룩의 실천에 대한 세 가지 사실을 배웠습니다. 하나님은 우리의 모든 생각과 두려움까지도 이미 알고 계십니다. 그럼에도 불구하고 우리가 기쁜 마음으로 순종할 때 하나님은 우리를 이 땅의 빛과 소금으로 값지게 사용하십니다.
**오늘도** 편견을 버리고 하나님의 마음과 눈으로 세상을 바라보십시오.

**주님! 바른 것을 믿고, 믿음대로 실천하는 생활을 하게 하소서!**

| 오늘 특별 적용 | |
|---|---|
| 오늘 특별 감사 | |

# 성령이 임재하는 순간

사도행전 10장 24절부터 48절을 읽으십시오.
① 하나님은 베드로에게 이방인에 대해서 뭐라고 말씀하셨는가?(28)
② 하나님이 사람을 판단하는 기준은 무엇인가?(34-35)

**미국 캘리포니아의** 국립공원에는 '레드우드' 라는 참나무가 있습니다. 이 참나무의 나이는 천년이 넘은 것으로 알려졌으며 길이는 100m가 넘고 둘레가 8-9m나 됩니다. 학자들은 100m의 높이를 지탱하기에는 8-9미터의 둘레가 넉넉한 편이 아닌데도 불구하고 어떻게 이 나무가 천년이상이나 강한 돌풍과 홍수와 같은 기상 이변을 이겨낼 수 있었는지에 대해 궁금해 했습니다. 그리고 수년간의 연구 끝에 마침내 원인이 밝혀졌습니다. 깊게 내린 레드우드의 뿌리가 주위의 여러 나무들과 굳건히 얽혀 있어 서로의 버팀목이 되어주었기 때문입니다.

사람들의 구원받을 자격과 교회의 공동체 구성원의 자격도 이와 마찬가지입니다. 아무런 조건이 없이 서로 사랑과 위로로 얽힐 때 모두의 믿음과 신앙이 건강하게 자라나게 됩니다.

**사도행전 10장 24절부터 48절에는** 이방인들에게 성령이 강림하신 사건이 기록되어 있습니다. 이것은 오순절에 성령이 임한 사건과도 같은 일이었습니다. 베드로는 고넬료의 영접을 받은 후에 복음을 전했는데, 그로 인해 유대인에게만 임하는 것으로 생각되던 성령이 고넬료의 가정에도 임했습니다. 우리는 오늘의 본문을 통해 **성령의 임재와 관련된 세 가지 사실**을 알 수 있습니다.

**첫째, 성령은 모두에게 임재합니다.**
그때까지 베드로가 이방인들에게 복음을 전하길 꺼려했던 것은, 은연중에 유대인과 이방인을 차별하는 마음이 있었기 때문입니다. 그 마음은 성령이 오직 유대인들에게만 임할 것이라는 편견을 갖게 만들었으나 이것은 하나님이 원하시는 것과는 정 반대의 생각이었습니다. 영혼의 구원과 성령의 충만에 결코 차별을 두지 마십시오.(마 5:15/ 롬 8:32)

**둘째, 하나님의 인도하심에 믿음으로 응답할 때 성령이 임재합니다.**

고넬료는 사람을 시켜 베드로를 초청한 뒤, 일가와 친척을 모두 불러놓고 집 안에서 기다리고 있었습니다. 베드로가 반드시 올 것이라는 확신이 있었기 때문입니다. 고넬료는 베드로가 머물고 있는 곳도 몰랐고, 그가 어떤 이방인 을 차별하지 않는 유대인인지도 잘 몰랐으나, 하나님의 말씀에 의지하여 따 랐습니다. 행동으로 자신의 믿음을 보인 것입니다. 고넬료와 같이 행동으로 믿음을 증명하는 성도가 되십시오.(롬 1:7/ 엡 4:4)

**셋째, 모든 영혼을 그리스도 안에서 귀하게 여길 때 성령이 임재합니다.**

사회적으로 볼 땐 고넬료가 베드로보다 훨씬 높은 위치에 있었습니다. 그러 나 고넬료는 하나님의 사람인 베드로의 발 앞에 엎드려 절을 했습니다. 당시 막강한 권력의 점령군의 장교가 이런 예우를 갖춘다는 것은 상상도 하기 힘 든 일이었습니다. 베드로 역시, 이런 예우를 합당하게 생각하며 교만하지 않 고, 오히려 '나도 사람이다' 라고 겸손해하며 하나님께 영광을 돌렸습니다. 모든 영혼을 가감 없이 사랑하며 존중함으로 오직 하나님께 영광을 돌리십시 오.(빌 4:1-5)

**오늘 본문을 통해** 성령의 임재와 관련된 세 가지 사실을 알 수 있습니다. 결 국 하나님의 뜻이 무엇인지 알고 그것을 실천하려 노력할 때 성령이 우리의 삶 가운데 임재하십니다. 그리고 우리는 행동을 통한 믿음과 조건 없는 사랑 과 섬김으로 말씀을 실천할 수 있습니다.
**오늘도** 성령으로 인한 자유함을 누리며 서로 사랑하는 삶을 사십시오.

**주님! 말씀의 실천으로 성령의 임재함을 누리는 삶을 살게 하소서!**

| 오늘 특별 적용 | |
|---|---|
| 오늘 특별 감사 | |

# 그리스도인의 정체성

사도행전 11장 1절부터 30절을 읽으십시오.
① 당신의 생각과 하나님의 말씀 중 우선해야 하는 것은 무엇인가?(9)
② 그리스도인이라는 말이 처음으로 생긴 곳은 어디인가?(26)

'바람과 함께 사라지다'는 우리에게 영화로 더욱 익숙하지만 사실 이것은 2천만부가 넘게 팔린 세계적인 베스트셀러가 원작입니다. 그러나 소설을 쓴 마거리 미셸은 3년 동안 계속해서 원고를 들고 전국 각지의 출판사를 찾아다녔습니다. 가는 곳마다 당신 같은 무명작가의 책은 낼 수 없을 것이라는 말만을 들었지만 그래도 포기하지 않았습니다. 한번은 방문하는 데만 10일이 걸리는 곳의 출판사를 찾아갔습니다. 편집장은 그녀의 노력에 탄복해 원본을 상세히 읽어주었고, 생생한 묘사와 사람을 매혹시키는 스토리에 푹 빠지게 되었습니다. 그리고 그 책을 출판하기로 결정했습니다.
어려운 난관에 지지 않는 끈기와 도전정신이 놀라운 성공을 만들어냅니다. 마치 성경에 나오는 안디옥 교회의 성도들처럼 말입니다.

**사도행전(11장 1절부터 18절에는** 이방인에게도 성령이 임했다는 베드로의 보고를 듣고 사람들이 하나님께 영광을 돌리는 내용이 나오고) **11장 19절부터 30절에는** 안디옥 교회가 세워진 내용이 기록되어 있습니다. 8장의 에티오피아 내시와 10장의 고넬료에게 임한 성령을 통해 이방인을 향한 구원의 문이 열리기 시작했고, 11장에서의 스데반 집사님의 순교와 같은 각지에 흩어진 성도들의 활동을 통해 열매가 맺어지기 시작했습니다. 우리는 오늘 본문을 통해 **그리스도인의 세 가지 정체성**에 대해 알 수 있습니다.

**첫째, 그리스도인은 세상의 빛입니다.**
당시의 안디옥은 고대 무역의 중심지이며 군사적, 지리적 요충지였습니다. 다양한 지역의 사람들이 모여 교역이 계속되면서 우상숭배와 문란한 성도덕이 판을 치게 되었지만 이곳의 성도들은 타락하지 않고 사회에서 빛과 소금의 역할을 해냈습니다. 당시 히브리식 표현으로 '메시아와 같은 사람들'이라는 의미로 쓰였던 '그리스도인'이라는 호칭으로 불렸던 것을 통해 그 사실을 알 수 있습니다. 안디옥 교인들과 같이 어두운 곳을 능히 밝게 비추는 '그리스도인'이 되십시오.(마 5:13-14)

**둘째, 그리스도인은 그리스도의 증인입니다.**
안디옥 교회를 세운 사람들은 사도와 같이 특정 지위에 있는 사람들이 아니라 일반 성도들이었습니다. 그리스도인에 대한 핍박을 피해 도망 온 사람들이 믿음 하나로 뭉쳐서 교회를 세운 것입니다. 그들이 먼 이방 땅에 도망 와서 힘겨운 가운데서도 교회를 세우고 복음을 전한 이유는 단 하나입니다. 땅 끝까지 복음을 전하며 그리스도인의 증인이 되라는 주님의 말씀 때문입니다. 그리스도를 늘 전하는 증인된 삶을 사십시오.(행 1:8)

**셋째, 그리스도인은 그리스도의 제자입니다.**
바나바와 바울은 안디옥 교회에서 많은 사람들을 가르쳤습니다. 이 가르침을 통해 성도들의 삶이 변화되고 점점 예수님의 제자로 자라갔습니다. 그리스도의 제자들은 말씀을 늘 묵상하고, 배움을 통해 점점 예수님과 닮아가는 삶을 살아야 합니다. 주님이 우리에게 가르쳐주신 말씀과 사랑의 실천을 따라 사는 것이 제자의 본분입니다. 성화를 통해 하나님께 영광을 돌리는 제자가 되십시오.(요 13:35)

**오늘 본문을 통해** 그리스도인의 세 가지 정체성에 대해서 배웠습니다. 진정한 그리스도인은 어떠한 상황 속에서도 자신의 존재를 당당히 드러내야 합니다. 그리스도인들이 세상에서 제 역할을 하지 못할 때 세상은 더욱 어두워지고 혼돈에 빠지게 됩니다.
**오늘도** 그리스도인다운 그리스도인의 삶을 사십시오.

**주님! 세상 속의 그리스도인의 역할을 깨닫고 능히 감당하게 하소서!**

| 오늘 특별 적용 | |
| --- | --- |
| 오늘 특별 감사 | |

# 017

# 교만이 가져오는 해악

사도행전 12장 1절부터 25절을 읽으십시오.
① 하나님이 베드로를 옥에서 탈출시킨 이유는 무엇인가?(11)
② 헤롯이 죽은 이유는 무엇인가?(23)

**교회의 중책을 맡고 있는** 한 집사님이 골프 재미에 푹 빠졌습니다. 그래도 주일 성수는 빼먹지 않았지만 하루는 친구들의 청을 이기지 못해 교회에는 몸이 아파 나가지 못한다고 얘기한 뒤 골프장에 라운딩을 나갔습니다. 집사님은 마음 한구석이 찜찜했지만 이상하게 날씨도 맑고 골프하기에 좋은 환경이 조성되었습니다. 게다가 이상하게 공도 잘 맞아 생애 첫 홀인원까지 기록하게 되었습니다.

하늘나라에서 이 모습을 보고 있던, 천사가 하나님에게 "하나님! 집사에게 벌을 주셔야지, 왜 상을 주고 계십니까?" 묻자, 하나님이 말씀하셨습니다.

"저게 바로 가장 심한 벌이란다. 생각해보렴, 저 집사가 저 사실을 이제 어디가서 자랑하겠니? 인간에게 자랑할 수 없는 고통이 가장 큰 고통이란다."

물론 우스갯소리지만 그래도 인간의 자랑에 대한 심리에 대해 잘 알 수 있는 이야기입니다. 자신감이 지나치면 교만이 되고 이 교만으로 인해 많은 불행한 일들이 생깁니다.

**사도행전(12장 1절부터** 19절에는 베드로가 투옥되었다가 기적적으로 풀려난 내용이 기록되어 있고) 12장 20절부터 25절에는 헤롯의 죽음에 대해서 기록되어 있습니다. 헤롯이 연설을 하자 두로와 시돈 사람들이 와서 '이것은 마치 사람이 아닌 신의 소리 같다'고 했습니다. 사실 이것은 실제로 연설이 멋져서가 아니라 헤롯의 환심을 사야 식량을 살 수 있었기 때문이었습니다. 그러나 헤롯은 그 말을 듣고 정말로 우쭐해져서 교만하여졌고, 하나님은 그 교만으로 인해 헤롯을 치셨습니다. 우리는 오늘 본문을 통해 **교만의 세 가지 해악**에 대해서 생각해 볼 수 있습니다.

**첫째, 교만은 자신을 과대평가하게 만듭니다.**
모든 것을 창조하신 하나님 앞에서는 그 어떤 사람도 교만할 수 없습니다. 하나님의 앞에 교만한 사람들은 자신을 올바로 이해하지 못하는 것입니다. 교만은 분수에 넘친 방자한 마음이나 태도를 갖게 함으로 하나님께 멀어지고 심하게는 반역을 하게 만듭니다. 마귀가 된 천사 루시퍼가 그랬고, 바벨탑을 쌓은 사람들이 그러했습니다. 사람과 하나님 앞에 우쭐하여 자신을 과대평가하지 마십시오.(창 11:4-8/ 단 4:37)

**둘째, 교만은 다양한 방식으로 나타납니다.**
교만은 우리가 생각하는 '자랑' 만으로 단순하게 나타나지 않습니다. 외모와 신분, 권세나 재산, 지식, 혹은 겸손의 탈을 쓰고도 나타납니다. 겉으로 드러나는 행동 뿐 아니라 속마음에 하나님과 다른 사람을 무시하는 자세가 모두 교만입니다. 드러나지 않는 교만도 조심하십시오.(막 12:38, 9:34/ 레 26:19/ )

**셋째, 교만의 결과는 패망입니다.**
교만한 사람은 자기 우월의식에 빠집니다. 이것은 다른 사람의 진심어린 조언과 권면에 대한 귀를 막게 만들고, 무식한 변론을 통해 소모적인 논쟁만을 불러일으킵니다. 지식의 근본은 여호와를 경외하는 것이며 하나님의 말씀을 신뢰하는 것입니다. 그러나 교만의 벽에 갇혀 스스로의 지혜를 추구하는 사람은 결국 멸망에 이를 수밖에 없습니다. 말씀이 주는 교만과 지혜에 대한 교훈을 잊지 마십시오.(잠 1:7, 13:10, 21:24/ 렘 43:2/ 고전 13:4/ 딤후 2:23/ 약 4:6)

**오늘 본문을 통해** 교만의 세 가지 해악에 대해서 배웠습니다. 교만은 사람뿐 아니라 하나님께 직접 대적하는 죄입니다. 교만을 가볍게 생각하지 말고 언제나 모든 성과의 중심을 하나님의 영광에 직접 맞추십시오.
**오늘도** 자기자랑에 빠지기보다는 겸손히 하나님께 의지하십시오.

**주님! 교만으로 인해 하나님을 향한 죄를 짓지 않게 하소서!**

| 오늘 특별 적용 | |
| --- | --- |
| 오늘 특별 감사 | |

# 018

# 구약이 전해주는 세 가지 메시지

사도행전 13장 1절부터 41절을 읽으십시오.
① 하나님이 우리에게 하신 약속은 무엇인가?(33-34)
② 바울은 율법과 예수님에 대해 뭐라고 말했는가?(39-40)

**일본의 미전풍 목사님은** '신약이 있음에도 우리가 왜 구약을 읽어야 합니까?' 라는 한 성도의 물음에 대해 이렇게 대답했습니다.

"우리는 구약을 통해 이스라엘의 역사를 배울 수 있고, 그 역사를 통해 하나님의 계획과 백성들을 다루시는 방법에 대해 알 수 있습니다. 그리고 그것은 곧, '오늘날 하나님이 우리를 어떻게 인도하시는가?' 에 대한 교훈입니다. 이스라엘의 역사를 통해 우리의 신앙생활에 대한 발자취와 하나님의 인도하심이 우리에게 임하는 표본을 배울 수 있습니다."

예수님도 항상 구약의 말씀들을 인용해 말씀하셨고, 구약의 예언들을 말씀하셨고 이루셨습니다. 오늘 날, 구약이 가진 의미에 대해서 잘 알고 있어야 성경을 바르게 볼 수 있습니다.

**사도행전(13장 1절부터 12절에는** 바나바와 바울이 제 1차 전도여행을 시작해 구브로 전도를 떠난 사실이 기록되어 있고) 13장 13절부터 41절에는 비시디아 안디옥에서 바울이 했던 설교가 기록되어 있습니다. 이 설교는 앞부분에 기록된 스데반이나 베드로의 설교와도 비슷합니다. 우리는 **본문을 통해 구약의 세 가지 메시지에 대해 알 수 있습니다.**

**첫째, 구약은 역사적인 사실을 말하고 있습니다.**

창세기부터 시작한 구약은 역사적인 사실과 복음에 대해 말하고 있습니다. 구약의 전체는 복음의 기틀을 다지는 역할을 하고 있는 것입니다. 창세기 3장 15절의 '여자의 후손이 뱀의 머리를 상하게 한다는 말씀' 과 아브라함의 '약속의 씨' 언약, 예수님을 보내기 위한 '다윗의 혈통' 과 같이 구약은 역사적인 사실을 말하고 있으며 그것들은 모두 완전한 복음의 진리를 다지는 기틀이 되었습니다. 구약을 통해 우리는 구원의 손길이 추상적인 것이 아니라 역사적으로 나타나 오늘날 우리에게까지 이르는 확실한 능력임을 알 수 있습니

다. 실제로 역사하시는 하나님의 능력을 믿으십시오.(마 12:3,5)

**둘째, 약속된 메시아가 예수님임을 말하고 있습니다.**
유대인들을 민족을 구원할 메시아의 탄생을 수천 년간 간절히 기다렸습니다. 그리고 마침내 '때가 되어' 예수님께서 이 땅에 오셨지만, 정작 그들은 외면하고 십자가에 못을 박는 만행을 저질렀습니다. 그러나 구약은 이 땅에 오실 메시아가 바로 예수님임을 말하고 있습니다. 사도 바울도 예수님의 예언의 성취와 부활을 통해 그가 메시아인 것을 알 수 있다고 말합니다. 예수님이 진정한 메시아임을 확고히 믿으십시오.(행 13:23-27)

**셋째, 성도들의 믿음의 결단을 요구하고 있습니다.**
구약이 말하는 메시아의 탄생과 하나님의 계획 등은 우리를 믿음의 결단으로 인도합니다. 예수님을 믿음으로만 죄사함을 받고 참된 구원을 얻을 수 있기 때문입니다. 성경을 알고 예수님이 메시아라는 사실을 이해해도 십자가의 보혈에 온전히 나를 내맡기는 믿음의 결단이 필요합니다. 구원자 되신 주님을 믿고, 명한 바를 행하십시오.(행 13:38-41)

**오늘 본문을 통해** 구약의 세 가지 메시지를 배웠습니다. 구약과 신약은 모두 진리의 한 축을 이루고 있습니다. 그러므로 주님의 말씀을 무엇 하나 소홀히 여기지 말고, 말씀 자체를 온전히 사모하는 자세를 가져야 합니다.
**오늘도** 말씀을 통한 믿음의 행진을 하며 사십시오.

**주님! 구약을 통한 하나님의 메시지가 무엇인지 알게 하소서!**

| 오늘 특별 적용 | |
|---|---|
| 오늘 특별 감사 | |

# 019

# 복음을 대하는 사람들의 자세

사도행전 13장 42절부터 52절을 읽으십시오.
① 유대인들이 바울을 시기한 이유는 무엇인가?(44-45)
② 하나님이 우리에게 명하신 것은 무엇인가? 그로 인해 어떤 일이 일어나는가?(47-48)

**같은 해역을 지나가고 있는** 두 척의 배가 있었습니다. 물살이 점점 거세지고 기상이 악화되어 두 척의 배는 암초가 사방에 깔린 지역으로 점점 몰리게 되었습니다. 한 배의 선장은 선원들에게 배를 반대방향으로 돌려 지금까지 온 길을 따라 되돌아가라고 명령했습니다. 다른 배의 선장은 지금까지 온 거리가 아까우니 암초를 통과해 가자고 선원에게 명령했습니다. 그러나 안 좋은 기상조건에 암초지역을 피해 간다는 것은 쉬운 일이 아니었고, 결국 암초 지역을 통과하려던 배는 침몰하고 말았습니다.

회개에 대한 우리의 반응에 따라 우리의 인생은 두 가지 결과로 나뉘게 됩니다. 죄를 인정하고 복음을 받아들일 때 잘못된 길을 돌아와 다시 생명의 길로 들어서게 되지만, 복음을 멀리하고 회개를 거부할 때는 결국 멸망의 길에서 빠져나오지 못하게 됩니다. 이스라엘의 유대인들은 직접 메시아를 보고도 믿지 못하고 회개하지 못하는 큰 잘못을 저질렀습니다.

**사도행전 13장 42절부터 52절에는** 비시디아의 안디옥에서 바울이 한 설교가 나옵니다. 바울의 설교는 사람들에게 큰 감동을 줘 지역의 이방인들도 많이 몰려들었는데, 유대인들은 이 사람들을 이방인이라는 이유로 핍박했습니다. 그러자 바울은 오히려 유대인들의 완악한 마음에 대해 말했습니다. 우리는 본문을 통해 **복음을 대하는 사람들의 세 가지 자세**에 대해서 알 수 있습니다.

**첫째, 복음을 진지하게 받아들이는 사람입니다.**
바울을 비롯해 여러 사도들로부터 진리를 전해들은 이방인들은, 항상 복음 곁에 있던 유대인들보다도 더욱 진지하게 듣고 마음의 문을 열었습니다. 천국의 복음은 진리에 마음을 연 사람들만이 누릴 수 있는 특권입니다. 바울은 훗날 로마서를 통해 "이방인의 충만한 수가 들어오기까지 이스라엘의 더러는 완악하게 되었다"라고 표현했습니다. 복음과 진리의 문제에 관해서 항상 진지한 자세를 관철하십시오.(롬 11:25)

**둘째, 복음을 거부하는 사람입니다.**
유대인들은 이방인들보다 먼저 복음을 듣고, 예수님을 보았지만 그래도 여전히 복음을 받아들이지 않았습니다. 자신들의 편견의 틀을 깨는 예수님의 말씀을 이해하지 못하고 완악하게 그것을 거부했습니다. 그것은 결국 그들을 진리로부터 멀어지게 만들었고, 오신 메시아도 몰라보며 새로운 메시아를 염원하는 어리석은 행동을 하게 만들었습니다. 복음을 거부하지 말고 진리 곁에 가까이 서십시오.(느 9:29)

**셋째, 복음을 받아들이는 사람까지 비난하는 사람입니다.**
본문을 통해 알 수 있듯이, 당시 바울의 전도를 가장 핍박하고 방해하던 사람들은 유대인들이었습니다. 유대인들은 자신들이 복음을 받아들이지 않으면서 이방인들에게도 전해지지 못하게 막았습니다. 이런 연유로 구원은 유대인에게서 낫지만 퍼지지 못하고 오히려 이방 사람들 가운데서 더욱 확산되었습니다. 복음을 거부할 뿐만 아니라 타인까지 믿지 못하게 만드는 것은 영혼의 멸망을 부추기는 무지한 행동입니다. 타인에게 복음을 전하는 데에 방해가 될 만한 행동을 하지 않도록 조심하십시오.(요 4:22)

**오늘 본문을 통해** 복음을 대하는 사람들의 세 가지 자세에 대해서 배웠습니다. 진정한 복음을 알고 주변에 열심히 전함으로 더욱 많은 사람들과 영생의 기쁨을 누리기 위해 노력하십시오.
**오늘도** 구원을 확신하고 하나님께 감사하며 사십시오.

**주님! 마음이 항상 겸손하여져서 주님의 말씀을 늘 청종하게 하소서!**

| 오늘 특별 적용 | |
| --- | --- |
| 오늘 특별 감사 | |

# 쓰임 받는 사람의 바른 태도

사도행전 14장 1절부터 18절을 읽으십시오.
① 바울과 바나바가 옷을 찢고 소리를 지른 이유는 무엇인가?(11-15)
② 앉은뱅이에게 기적이 일어난 이유는 무엇인가?(9-10)

C. S. 루이스는 '순전한 기독교' 라는 책에서 사람이 하나님만을 믿어야 하는 이유에 대해서 말했습니다.
"나에게 좋은 일을 해주는 사람이라 하더라도 절대로 완벽히 믿어서는 안 됩니다. 우리가 믿을 분은 오직 하나님뿐이기 때문입니다. 사람의 모든 행위 뒤에서 일하시는 하나님을 놓치지 마십시오. 모래로 할 수 있는 아주 많은 멋진 일들이 있습니다. 그러나 모래로 집을 지어서는 안 됩니다. 사람이 아닌 하나님을 신뢰해야 하는 이유가 바로 이것 때문입니다."
사람의 화려한 명성과 그럴듯한 외양에 속아선 안 됩니다. 우리의 신앙과 믿음은 오직 말씀이 근거여야 하며, 오직 하나님을 향해 있어야합니다. 사람과의 교제와 나눔은 반드시 필요한 것이나 관계에 많은 것을 의지해선 안 됩니다. 변하지 않는 것은 오직 주님뿐이며 우리가 의지해야 할 것도 주님의 사랑과 말씀뿐입니다.

**사도행전**(14장 1절부터 7절에는 바나바와 바울이 루가오니아 지역의 이고니온에서 전도한 내용이 기록되어 있고) **14장 8절부터 18절**에는 루스드라에서 이적을 일으키며 전도한 사실이 기록되어 있습니다. 이고니온에서의 핍박이 있었지만 바울과 바나바는 굴하지 않고 더욱 널리 복음을 전했고, 루스드라에서는 앉은뱅이가 일어서는 이적이 일어났습니다. 우리는 본문을 통해 **하나님께 쓰임 받는 사람의 세 가지 태도**를 생각해봐야 합니다.

**첫째, 하나님의 능력을 자신의 것으로 착각하면 안 됩니다.**
사람들은 분에 넘치는 칭찬까지도 즐기려고 하는 습성이 있습니다. 대부분의 부정과 부패가 남의 인정을 통해 자신을 높이려고 하는 사람들을 통해 일어납니다. 본문의 바울과 바나바는 이런 유혹에 넘어가지 않고 옷을 찢고 분노하며 제사를 드리려는 사람들을 만류했습니다. 자신들이 하나님의 능력을 나타내는 도구일 뿐이라는 사실을 진실로 이해하고 있었기 때문입니다. 하나님의 능력을 자신의 것으로 착각하지 마십시오.(요 1:20)

**둘째, 자신의 모습을 솔직히 드러내야 합니다.**
남들로부터 인정을 받는 사람들은 자신의 나약함을 솔직히 드러내지 못합니다. 그래서 점점 더 두꺼운 가면을 쓰기 시작하고, 나중에는 자신의 모습을 완전히 잃어버리고 위선과 허례만 가득한 사람이 되고 맙니다. 종교계에서도 온갖 방법으로 사람들을 홀려 하나님이 아닌 자신을 우상화, 신격화 하려는 많은 사람들이 있습니다. 그러나 하나님의 사람은 자신의 부족함을 솔직히 드러내며 모두가 죄에 연약한 사람일뿐임을 공개할 수 있어야 합니다. 나약함을 드러낼 수 있는 용기 있는 사람이 되십시오.(요 18:20/ 약 5:16)

**셋째, 사람들을 하나님께 돌아오게 하는 것이 모든 이유가 되어야 합니다.**
사도들이 가는 곳곳마다 이적을 행하고, 수많은 핍박과 고난을 견디는 이유는 오직 사람들로 하여금 하나님께로 돌아오게 하기 위해서였습니다. 바울은 자신의 복음이 헛된 일을 버리고 창조주 하나님께 사람들을 돌이켜 오게 하기 위함이라고 말했습니다. 사람의 화려한 모습과 이력들, 그리고 놀라운 이적들은 전혀 중요한 것이 아닙니다. 사람의 영혼을 구함으로 하나님께 영광을 돌리십시오.(마 18:11-13)

**오늘 본문을 통해** 하나님께 쓰임 받는 사람의 세 가지 태도에 대해서 배웠습니다. 그럴듯한 말과 행동이 아니라, 오직 복음의 전파와 영혼의 구원에만 관심이 있는 사람이 진정으로 하나님께 쓰임을 받는 사람입니다.
**오늘도** 자신을 솔직히 드러내며 복음을 성실히 전하며 사십시오.

**주님! 모든 것을 아시는 주님께 마음을 고백하고 위로받게 하소서!**

| 오늘 특별 적용 | |
|---|---|
| 오늘 특별 감사 | |

# 복음을 전파하는 그리스도인의 자세

사도행전 14장 19절부터 28절을 읽으십시오.
① 죽을 고비를 넘긴 바울이 곧 행한 일은 무엇인가?(20~21)
② 바울과 바나바가 다른 성도들에게 권면한 내용은 무엇인가?(22)

**미국의 알 오터**라는 투포환 던지기 선수가 있었습니다. 그는 16회 멜버른 올림픽부터 19회 멕시코 올림픽까지 4연패를 한 전설적인 선수였습니다. 그러나 그의 길이 순탄하기만 했던 것은 아니었습니다. 3연패에 도전하던 동경올림픽 때 오터는 무리한 훈련으로 인한 디스크 부상을 입었습니다. 목에는 깁스를 해야 했고, 옆구리 부상까지 더해 내출혈을 막기 위해 배에도 붕대를 칭칭 둘러야 했습니다. 담당 의사와 코치, 모든 사람들이 그의 출전을 말렸습니다. 그러나 오터는 반드시 자신은 경기에 나갈 것이라고 선언했습니다. 투포환이 그의 목표이며 사명이었기 때문입니다. 그리고 결국 불굴의 의지로 이런 모든 난관을 극복하고 오터는 3연패에 성공했을 뿐 아니라 4연패까지 이르며 전설이 되었습니다. 자신의 사명을 따라 온 힘을 다하는 사람, 어떤 역경에도 굴하지 않는 사람은 반드시 원하는 바를 이루어냅니다.
그리스도인은 복음의 사명에 이처럼 끈질기고 포기하지 않는 자세를 가져야 합니다.

**사도행전 14장 19절부터 28절에는** 바울의 사역 내용이 나와 있습니다. 바울은 사역 중에 사로잡혀 돌에 맞아 초주검이 되어 성 밖으로 버려졌습니다. 그러나 다행히 목숨은 잃지 않아 깨어났고, 다시 자신의 사명인 복음 전파에 열을 올렸습니다. 우리는 오늘의 본문을 통해 **복음 전파에 대한 세 가지 자세**를 배울 수 있습니다.

### 첫째, 불굴의 열정이 있어야 합니다.
사도행전에서의 바울의 행적을 보면 그의 뜨거운 열정에 대해 잘 알 수 있습니다. 복음의 능력을 직접 체험한 바울은 돌에 맞아 죽기 일보 직전에도 포기하지 않고 사명을 향해 나아갔습니다. 어떤 사람들에게도 굴하지 않고 십자가의 사랑을 전했습니다. 이 같은 열정은 하나님의 사랑에 온전히 사로잡혀

있기 때문에 가능했습니다. 바울과 같은 불같은 열정으로 복음을 전파하십시오.(롬 12:11)

**둘째, 환란에도 멈추지 말아야 합니다.**
바울은 직접 몸으로 많은 환란을 겪었습니다. 살이 찢어지고 뼈가 부러지는 고통을 겪으면서도 오히려 감사의 찬양을 드렸습니다. 악한 세상에서 경건을 위해 사는 사람이라면 당연히 핍박을 받는 게 당연하다고 생각했기 때문입니다. 그러나 이런 환란을 통해 두려워할 필요가 없음은 이후로 우리가 받게 될 영광이 이전과 비교도 할 수 없기 때문입니다. 주님을 위한 환란이라면 기꺼이 감수하십시오.(롬 8:39)

**셋째, 하나님의 나라를 굳게 하고, 튼튼히 세워야 합니다.**
바울이 열심을 보인 것은 자신의 영향력을 세우기 위해서거나, 공적을 인정받기 위해서가 아니었습니다. 바울은 조금의 생색도 내려하지 않았습니다. 죽어가는 영혼을 향한 안타까운 마음과 이 땅의 하나님의 복음을 전파하는 것이 그를 움직인 이유였습니다. 하나님의 나라는 이 땅의 믿는 성도들입니다. 격려와 사랑과 중보로 이 땅의 하나님의 나라를 굳게 세우십시오.(고전 4:16)

**오늘 본문을 통해** 복음 전파에 대한 세 가지 자세를 배웠습니다. 그리스도인에게 복음 전파는 아주 중요한 문제입니다. 현재의 상황 속에서 할 수 있는 최선을 다해 복음 전파에 신경을 쓰십시오. 우리 삶의 기쁨이 더욱 충만하여 지고, 영혼을 구하는 참된 복을 누리게 될 것입니다.
**오늘도** 바울의 태도를 본받아 복음을 전하며 사십시오.

**주님! 어떠한 어려움에도 주님을 의지하고 복음을 전하게 하소서!**

| 오늘 특별 적용 | |
|---|---|
| 오늘 특별 감사 | |

# 022

# 구원에 대한 바른 견해

사도행전 15장 1절부터 21절을 읽으십시오.
① 성도들 사이에 큰 말다툼이 일어난 이유는 무엇인가?(1)
② 베드로는 율법을 주장하는 사람들에게 뭐라고 말했는가?(10-11)

미국의 아이언사이드 박사가 거리에서 복음을 전하고 있었습니다. 그런데 그를 알아 본 한 사람이 다음과 같은 질문을 던졌습니다.

"세상에는 수백 개의 종교가 있습니다. 그런데 무슨 이유로 기독교만이 옳다고 주장하는 겁니까? 당신이 그 모든 종교를 다 알아보기라도 했습니까?' 아이언박사가 대답했습니다.

"세상에 수백 개의 종교가 있다고요? 제가 보기엔 세상에는 두 가지 종교뿐입니다. 첫째는 자신의 노력으로 구원에 이르는 종교이고, 두 번째는 이미 완성된 구원을 믿음으로 받는 종교입니다. 그리고 제가 아는 두 번째 원리의 종교는 오직 기독교뿐입니다."

성경을 오해하는 것은 구원을 오해하는 것입니다. 그러므로 신앙에 가장 기초는 구원에 대해서 올바로 이해하는 것입니다. 성경을 바르게 알면 왜 기독교가 진리이고 그리스도를 믿어야만 구원받는지 누구라도 알 수 있습니다.

사도행전 15장 1절부터 21절에는 예루살렘 교회의 회의 내용이 기록되어 있습니다. 당시 안디옥에는 유대에서 온 사람들이 거짓 복음을 가르치고 있어서 큰 파장이 일어났습니다. 이에 혼란을 느낀 안디옥 사람들은 결국 예루살렘 교회에 사람들을 보내 구원에 대한 올바른 가르침을 요구했습니다. 우리는 이 말씀을 통해 **구원에 대한 세 가지 견해**를 알아두어야 합니다.

**첫째, 구원은 사람의 행위나 혈통으로 받는 것이 아닙니다.**
유대에서 온 사람들은 안디옥 교인들에게 '할례를 받아야 구원 받을 수 있다' 고 말했지만 이것은 구원과는 전혀 상관이 없는 것입니다. 유대인들은 행위나 혈통으로 인해 구원을 받는다고 생각했지만 하나님은 외모나 혈통으로는 구원을 받을 수 없다고 분명히 말씀하셨습니다. 구원이 은혜로 주어지는 것임을 반드시 기억하십시오.(행 15:1/ 요 1:13)

**둘째, 선행을 계속 해야 구원이 유지되는 것이 아닙니다.**

흔히, 믿음으로 구원 받고 난 뒤에도 구원의 유지를 위해 선행이 필요하다고 생각하는 사람들이 많습니다. 율법과 십계명의 준수와 같은 것들 말입니다. 그러나 구원은 믿음 자체로 받는 것입니다. 믿기 전이나 믿은 후나 이것은 결코 변하지 않는 원리입니다. 선행과 계명의 준수 같은 것들은 그리스도의 사랑 안에 거함으로 자동으로 맺게 되는 열매이지, 구원을 위해 우리가 노력해야 할 사항이 아닙니다. 구원의 조건은 오직 믿음뿐임을 기억하십시오.(롬 3:24, 11:6)

**셋째, 구원은 예수님의 죽으심과 부활을 믿음으로 얻게 됩니다.**

구원의 방법은 오직 믿음뿐입니다. 이것만이 오직 유일한 방법입니다. 예수님은 죄인인 우리 모두를 대신해서 십자가에 돌아가셨고, 부활하심으로 우리를 의롭게 하셨습니다. 예수님 외에 어떤 사람도, 신도 이런 일을 하지 않았고, 또 하지 못했습니다. 유대인이냐, 아니냐가 중요한 것이 아닙니다. 구원의 하나뿐인 원리는 곧 믿음임을 절대로 잊지 마십시오.(롬 4:25)

**오늘 본문을 통해** 구원에 대한 세 가지 견해를 알아보았습니다. 구원에 대한 사실을 제대로 이해하고 기억하지 못하면, 잘못된 견해에 마음이 흔들려 신앙이 위험해질 수도 있습니다. 그러므로 성경이 말하는 믿음이 무엇인지 확실히 기억해야 합니다.
**오늘도** 구원의 확신을 통해 기쁨을 누리는 삶을 사십시오.

**주님!** 구원을 은혜로 주신 주님의 사랑에 감사하며 영광 돌리게 하소서!

| 오늘 특별 적용 | |
|---|---|
| 오늘 특별 감사 | |

# 의견 차이를 해결하는 방법

사도행전 15장 22절부터 41절을 읽으십시오.
① 바울과 바나바가 안디옥 지역으로 파견된 이유는 무엇인가?(24-25)
② 바울가 바나바가 다툰 이유는 무엇인가?(37)

조선시대 숙종 때에 영의정이었던 허목은 또한 명의로도 유명했습니다. 허목은 당대의 정치가로 알려진 송시열과는 당파로 인해 갈라져 서로 원수같이 지냈습니다. 그러다 송시열이 중병을 얻어 쓰러지는 일이 일어났습니다. 송시열은 유명한 의사를 모두 불러봤지만 아무도 송시열의 병을 고치지 못했습니다. 결국 마지막으로 허목에게 사람을 보내 왕진을 청했습니다. 허목은 송시열의 상태를 보고는 '이 약을 먹으면 나을 것이오' 라며 약방문을 써주었는데, 모두 극약으로 알려진 재료였습니다. 송시열의 식솔들은 이것은 분명 허목이 일부러 그런 것이라 생각하여 약방문을 불태우려 하였으나 송시열은 그대로 약을 지어 오라고 명했습니다. 그리고 그 약 덕분에 몸이 완쾌 되었습니다. 송시열과 허목은 비록 정치의견에 대해선 반목하는 사이였으나 의사와 환자로는 아무 문제가 없는 사이였기 때문입니다.

이 이야기는 오늘 날의 교회와 여러 공동체에도 시사하는 바가 큽니다.

**사도행전**(15장 22절부터 35절에는 초대교회가 유대인과 이방인의 신앙차이 문제로 위기에 처했지만 사도들의 회의로 잘 마무리 된 사실이 기록되어 있고) 15장 36절부터 41절에는 제 2차 전도 여행을 시작하면서 바울과 바나바가 마가에 대한 문제로 심하게 다투고 서로 다른 길을 가게 된 내용이 기록되어 있습니다. 우리는 이 장면을 통해서 **그리스도인의 의견 차이에 대한 세 가지 사실**을 알 수 있습니다.

**첫째, 성숙한 그리스도인이라도 의견의 차이가 일어날 수 있습니다.**
바나바는 '위로의 아들' 이라는 별명처럼 너그럽고 온유한 사람이었습니다. 바울 역시 의지가 강하고 열정적인 훌륭한 사도였습니다. 둘 모두 영적으로 성숙한 아름다운 주님의 제자였지만, 사역을 진행하는 데에서는 의견의 차이가 발생했습니다. 하나의 사건을 바라보는 서로의 시각이 충분히 다를 수 있기 때문입니다. 의견의 차이가 발생하는 것 자체는 나쁜 것이 아닙니다. 서로의 차이를 인정하되 다만 그것이 표현되는 방식을 주의하십시오.(행 11:24, 13:13)

**둘째, 그리스도인들은 어떠한 상황에도 서로 존중해야 합니다.**
바나바와 바울은 비록 다투었지만 서로 비난을 하거나 등을 돌리지 않았습니다. 다만 당장의 의견이 일치하지 않아 서로 선택한 길을 떠난 것뿐입니다. 서로 존중할 때 의견의 차이는 감정적인 분쟁으로 번지지 않습니다. 말년에 바울이 마가를 데리고 오라고 부탁했던 사실만 봐도 이 둘은 의견이 일치를 떠나서 서로 마지막까지 존중했다는 사실을 알 수 있습니다. 바울과 바나바처럼 성숙한 모습으로 서로의 의견을 나누십시오.(딤후 4:11)

**셋째, 결국 하나님께서는 합력하여 선을 이루십니다.**
바울은 다툼 후에 실라와 함께 전도를 떠났고, 바나바는 마가를 데리고 구브로로 떠났습니다. 결과적으로 보면 이때의 다툼으로 인해 이들의 전도여행은 2배나 효율적이 되었습니다. 방식에는 차이가 있더라도 모든 것이 순수하게 복음을 향해 있다면 주님께서는 결국 선한 길로 인도하십니다. 우리를 언제나 선한 길로 인도하시는 주님을 신뢰하십시오.(롬 8:28)

**오늘 본문을 통해** 그리스도인의 의견 차이에 대한 세 가지 사실을 알아보았습니다. 의견의 소통이 제대로 이루어지지 않을 때 당파가 생기고, 서로 대립하게 됩니다. 그러나 분열은 하나님 나라의 속성이 아닙니다. 존중하고 사랑하는 마음으로 하나님의 선을 이루는 성도들이 되기 위해 노력하십시오.
**오늘도** 주님 안에서 형제자매를 사랑하며 존중하며 사십시오.

**주님!** 의견이 다르다 하더라도 사랑으로 존중함으로 해결하게 하소서!

| 오늘 특별 적용 | |
|---|---|
| 오늘 특별 감사 | |

# 024

# 하나님의 능력을 체험하는 조건

사도행전 16장 1절부터 40절을 읽으십시오.
① 바울과 실라가 감옥에 갇힌 이유는 무엇인가?(16-19)
② 바울과 실라가 기도와 찬송을 할 때 어떤 일이 일어났는가?(24-25)

'어린왕자'의 작가 생텍쥐페리의 직업은 비행기 조종사였습니다. 하루는 그가 훈련 중에 사막에 불시착하는 사고가 일어났습니다. 조금의 식량도 없었고, 떨어진 곳은 사막 한 가운데라 너무도 절망적인 상황이었습니다. 그러나 생텍쥐페리는 온갖 수단과 방법을 동원해 며칠을 연명했고, 기적적으로 구조대를 통해 구출되었습니다. 사람들은 생텍쥐페리가 그런 절망적인 상황 속에서 살아남은 것이 기적이라고 얘기했습니다. 그리고 그렇게 버틸 수 있었던 이유가 무엇인지 물었습니다.

"나에겐 한 조각의 빵도, 한 방울의 물도 없었습니다. 게다가 떨어진 곳은 사막이었습니다. 그러나 나에게 가족을 향한 그리움이 있었습니다. 나는 가족을 너무나 사랑했기에 무슨 수를 써서라도 살아남고 싶었습니다.

가족에 대한 간절한 사랑이 죽음의 고비를 넘기는 기적을 선물했습니다. 그리스도인들의 기적은 하나님을 더욱 사랑하는 마음에서 나옵니다.

**사도행전(16장 1절부터 15절에는 바울이 마게도냐에서 전도를 하게 되고, 루디아를 전도한 내용이 기록되어 있고) 16장 16절부터 40절에는** 바울 일행이 '귀신 들려서 점치는 여종'을 고쳐주었으나, 종의 주인이 고소를 하는 바람에 감옥에 갇힌 이야기가 나옵니다. 그러나 바울은 하나님의 도움으로 감옥에서 나왔고 이 사건을 통해 간수까지 구원받게 됩니다. 우리는 이 사건을 통해 **하나님의 능력을 체험하는 세 가지 조건**에 대해서 배울 수 있습니다.

**첫째, 어떤 상황에서도 기도와 찬양을 멈추어선 안 됩니다.**
바울과 실라는 좋은 일을 했음에도 억울하게 옥에 갇히고 매를 맞았습니다. 그러나 그들의 입에선 감사의 찬송과 기도가 끊이지 않았습니다. 그 결과 쇠고랑이 풀리고 감옥 문이 열렸으며, 지키던 간수까지 구원을 받게 되는 놀라운 일들이 일어났습니다. 끊이지 않는 감사와 찬송에 주님은 응답하십니다.

생활 속에 감사와 찬양을 멈추게 하지 마십시오.(롬 1:9-10)

**둘째, 어떤 상황에서도 복음을 전해야 합니다.**
감옥이 비어있는 것을 본 간수는 후환이 두려워 자살을 하려고 했습니다. 그러나 그 때 바울과 실라가 나타나 자살을 막고 복음을 전합니다. 복음을 전하기에 좋은 타이밍은 아니었지만 간수는 복음을 믿고 구원을 받았습니다. 그리고 그를 통해 온 가족이 구원을 얻었습니다. 역사는 하나님이 하십니다. 때를 얻든지 못 얻든지 전도하는 것이 우리의 사명임을 기억하십시오.(딤후 4:2)

**셋째, 하나님의 영광을 위해서 우리의 특권을 사용해야 합니다.**
바울과 실라를 가두었던 사람들은 다음날 바로 석방을 시켜주었지만 바울은 자신이 로마 시민권자라는 사실을 밝히면서, 지금까지 했던 부당한 대우에 대한 잘못을 사과하지 않으면 나가지 않겠다고 말했습니다. 그러나 바울이 이런 행동을 한 것은 자신의 명예를 위해서가 아니라 그 지역의 그리스도인들을 관리들이 얕보지 못하게 하려는 조치였습니다. 그리고 첫 열매를 맺은 이곳에서의 바울의 조치는 유럽의 복음 확산에 도움을 주었습니다. 하나님의 영광을 위한 것이라는 확신이 들 때는 사회적, 관계적 특권을 적극 활용하십시오.(눅 10:19/ 딤후 3:17)

**오늘 본문을 통해** 하나님의 능력을 체험하는 세 가지 조건에 대해서 배웠습니다. 하나님이 우리에게 주신 모든 것들을 지혜롭게 사용할 때, 하나님의 계획이 우리를 통해 온전히 세상에 이루어질 수 있습니다.
**오늘도** 하나님의 영광을 위해서 모든 것을 하는 그리스도인이 되십시오.

**주님! 그리스도의 능력으로 세상을 변화시키는 그리스도인이 되게 하소서!**

| 오늘 특별 적용 | |
| --- | --- |
| 오늘 특별 감사 | |

# 025

# 우상숭배에 대한 바울의 분노

사도행전 17장 1절부터 34절을 읽으십시오.
① 바울은 회당에서 무엇을 강론하였는가?(2-3)
② 바울의 말을 들은 철학자들은 어떻게 반응했는가?(32)

에드윈 러시워스라는 회의론자가 있었습니다. 그는 평생 기독교를 공격하고 성경은 거짓이라고 사람들에게 떠들었으나, 사실 제대로 성경을 읽어본 적도 없었습니다. 그런 그가 노년에 들어 성경을 한 장 한 장 읽어나가기 시작했습니다. 에드윈은 성경을 읽고 한 주가 지난 뒤 아내에게 말했습니다.

"여보, 만약 이 책이 옳다면 지금까지 우리가 실수한 것 같구려."

그리고 1주일이 또 지난 후 아내에게 "여보, 이 책이 옳다면 지금까지 우리는 잘못 살았을 뿐 아니라 온통 헛수고를 했구려"라고 말했고, 한 주가 지난 후 에드윈은 감격에 찬 목소리로 "여보! 이 책이 옳다면 우리는 구원받은 거야!" 라고 말했습니다.

강력한 회의론자였던 두 노부부는 결국 성경을 통해 의심을 던져버리고 구원의 복음을 받아들였습니다.

복음과 성경은 떨어질 수가 없는 관계입니다. 성경은 우리를 복음의 길로 인도하고 또 잘못된 일을 하지 않게 만들어줍니다.

**사도행전(17장 1절부터 15절에는** 바울이 베뢰아에서 전도한 내용과 그 내용을 숙고한 베뢰아 사람들에 대해서 기록되어 있고) **17장 16절부터 34절에는** 바울이 아덴에서 전도한 사실이 기록되어 있습니다. 아덴은 지금의 아테네로, 철학의 근원지로 민주주의의 발상이 시작된 지적인 수준이 높은 도시였습니다. 그러나 바울이 본 아덴은 여러 가지 신이 난립하는 우상숭배의 소굴이었습니다. 본문에 나오는 우상숭배와 바울의 분노를 통해 우리는 **복음의 세 가지 본질이** 무엇인지 점검해봐야 합니다.

**첫째, 복음은 죄에 대해서 안타까운 마음을 갖게 합니다.**

바울이 아덴에서 분노했던 것은 우상숭배를 하는 사람들의 잘못과 미움 때문이 아니라, 하나님을 모르고 잘못된 길을 가고 있는 영혼들에 대한 안타까움 때문이었습니다. 하나님은 오늘도 길을 잃어가는 영혼들에 대한 안타까운 마음을 가진 사람들을 찾고 계십니다. 죄에 대해서 항상 안타까워하는 마음을 가지십시오.(요 8:9/ 딤전 1:19)

**둘째, 복음은 쾌락주의나 금욕주의를 요구하지 않습니다.**
바울은 당시 아테네의 두 가지 줄기를 이루고 있는 쾌락주의 '에피쿠로스 학파', 그리고 금욕주의 '스토아 학파'의 사람들과 토론했습니다. 바울은 이들에게 복음은 쾌락과 금욕이 아닌 참자유를 얻게 하는 것으로 근본적으로 다른 진리임을 설명했습니다. 복음은 쾌락도 금욕도 요구하지 않습니다. 중요한 것은 하나님과 함께 하느냐 하지 않느냐입니다. 하나님과 함께 하지 않을 때 세상의 모든 것은 쓸모없는 배설물임을 기억하십시오.(요 5:24, 8:32/ 골 1:14)

**셋째, 복음은 종교적인 삶으로 얻는 것이 아닙니다.**
아테네 사람들은 무신론자들이 아니었고 오히려 매우 종교적인 사람들이었습니다. 그러나 그런 모습은 많은 신을 숭배하게 만들었고, '알지 못하는 신에게'까지 제사를 드리게 만들었습니다. 참된 복음은 열심과 노력에 달린 것이 아니라 예수님을 구주로 영접하고 죄의 문제를 해결 받느냐에 달려있습니다. 예수님의 보혈로만 우리의 죄가 해결됨을 믿으십시오.(딤후 1:9)

**오늘 본문을 통해** 복음의 세 가지 본질에 대해서 배웠습니다. 세월이 아무리 흘러도 이 복음의 본질은 결코 변하지 않습니다. 시류에 따라 달라지는 세상의 모습에도 복음의 모습만은 굳건히 지키고 전파함으로 진리를 수호하는 파수꾼이 되십시오.
**오늘도** 예수님을 통한 참된 복음을 담대히 전파하며 사십시오.

**주님! 영원히 변하지 않는 복음의 진리를 온전히 믿게 하소서!**

| 오늘 특별 적용 | |
|---|---|
| 오늘 특별 감사 | |

# 026

# 전도의 세 가지 유형

사도행전 18장 1절부터 22절을 읽으십시오.
① 하나님은 복음을 전하는 바울에게 뭐라고 말씀하셨는가?(9-10)
② 전도의 거절을 두려워하지 않아야 할 이유는 무엇인가?(6)

**사도 바울을 연구하던** 어떤 학자가 다음과 같은 흥미로운 문제와 답변을 제기한 적이 있습니다.

"바울은 열권이 넘는 신약 성경을 쓰면서 수많은 지역을 돌아다녔고, 그가 돌아다닌 곳에는 아름다운 경치와 여러 가지 신기한 것들이 있었을 텐데, 어찌된 일인지 단 한구절도 그것들에 대해서 언급된 부분이 없습니다."

많은 사람들이 나름의 해답을 내놨는데, 그리고 그 중 R. A. 제프리 라는 신학자의 답변이 가장 인상 깊었습니다.

"바울은 다메섹으로 가는 길에서 만난 예수님의 영광에 눈이 멀어버렸습니다. 이후 그는 시력을 찾았지만 그의 눈에 보이게 된 것은 오직 예수님뿐이었습니다. 세상의 어떤 것도 들어오지 않았습니다. 복음을 전하기 위해 일평생을 살았던 그의 삶이 그것을 증명해줍니다."

바울은 기독교의 유럽전파와 신약의 구성에 큰 공헌을 한 인물입니다. 그가 이런 많은 업적을 세울 수 있었던 것은 오직 예수님만 바라보는 눈을 가졌기 때문입니다.

**사도행전(18장 1절부터 11절에는** 바울의 고린도에서의 전도내용이 기록되어 있고) 18장 12절부터 22절에는 바울이 고린도에서 복음을 전하고 가르친 후에 안디옥으로 돌아온 여정이 기록되어 있습니다. 이 여정은 겐그레아와 에베소, 그리고 가이사랴 등을 거쳐서 온 길고도 험한 여정이었습니다. 우리는 본문을 통해 **전도의 세 가지 유형**에 대해서 배울 수 있습니다.

**첫째, 가까운 사람부터 전도해야 합니다.**
바울은 스스로를 '이방인을 위한 사도'로 정의할 정도로 이방인의 복음 전파에 힘썼으나, 항상 유대인들이 모여 있는 회당으로 찾아가 먼저 전도했습니다. 따라서 우리도 먼저 주변의 가족과 친지와 같이 가까운 사이의 사람들에

게 먼저 복음을 전하려고 노력해야 합니다.(행 13:5, 17:1/ 롬 9:3)

**둘째, 멀리 있는 사람도 전도해야 합니다.**
바울이 유대인에게 먼저 전도를 한 것은 효율을 높이기 위해서였습니다. 그러나 유대인들이 복음을 거절하면, 이방인들을 찾아가 더욱 적극적으로 복음을 전했습니다. 복음은 나의 주변부터 점점 멀리까지 퍼져나가야 합니다. 주변 사람들에게나 멀리 있는 사람들에게만 국한되고 편중된 전도는 좋지 않습니다. 멀리 있는 영혼들의 복음화에도 관심을 가지십시오.(행 18:6)

**셋째, 복음을 전했던 사람들에게 다시 전도해야 합니다.**
바울은 한번 복음을 영접한 사람들이라도 다시 찾아가 복음을 전했습니다. 복음을 받아들였다 하더라도 실수를 할 수 있고, 혹은 변심할 수가 있는데 그런 현상들을 막고 고치기 위해서였습니다. 전도는 한번으로 끝나는 것이 아니라 복음을 한번 받아들인 사람이라도 믿음과 신앙이 바로 설 때까지는 꾸준한 관심과 양육이 필요합니다. 복음을 전했던 사람들의 목록을 가지고 수시로 교제의 시간을 가지십시오.(히 10:39)

**오늘 본문을 통해** 전도의 세 가지 유형에 대해서 배웠습니다. 전도는 '모든 족속으로 제자를 삼아 …가르쳐 지키게 하라'는 하나님의 말씀에 직접적으로 순종하는 가장 귀한 행동입니다. 그것은 내가 하나님께 드릴 수 있는 최고의 선물이며, 다른 사람에게 줄 수 있는 최고의 사랑의 표현입니다.
**오늘도** 사랑과 수고로 전도하고 양육하며 사십시오.

주님! 아버지의 마음으로 영혼들을 구원하려고 힘쓰는 성도가 되게 하소서!

| 오늘 특별 적용 | |
|---|---|
| 오늘 특별 감사 | |

# 027

# 잘못된 믿음의 바탕

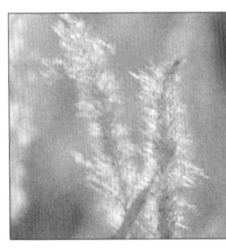

사도행전 18장 23절부터 28절을 읽으십시오.
① 바울이 안디옥으로 가서 한 일은 무엇인가?(23)
② 브리스길라와 아굴라 부부와 아볼로는 어떻게 쓰임을 받았는가?(26-27)

**세계 대전** 중의 독일의 히틀러와 러시아의 스탈린은 서로의 영토는 침범하지 않기로 하는 내용의 불가침 조약을 맺었습니다. 스탈린은 이 조약을 통해 안심했지만, 히틀러는 이 조약을 통해 스탈린을 안심시키고, 급습을 하려는 의도를 가지고 있었습니다. 스탈린의 한 부하가 히틀러의 실제 의도에 대한 첩보를 받고 스탈린에게 재빨리 보고했지만, 스탈린은 그 부하가 히틀러와 자신을 이간질 시키려는 것으로 생각하고 오히려 총살형을 내렸습니다. 그러나 정말로 독일군은 러시아의 스탈린그라드를 침공했습니다. 침공 소식을 들은 스탈린은 군대를 파견하면서도 그것이 잘못된 정보일거라고 생각했습니다. 그러나 실상은 양측에 몇 십만 명의 사상자가 생기는 커다란 전투가 일어났습니다. 스탈린은 이때의 경험 이후로 무조건 남을 의심하는 병이 생겨 평생 아무도 믿지 못했다고 합니다.

세상에서 변하지 않는 것이라고는 하나님의 말씀 외에는 아무것도 없습니다. 그러므로 세상의 모든 것보다 말씀을 위에 놓는 사람이야말로 참으로 지혜로운 사람입니다.

**사도행전 18장 23절부터 28절에는** 바울이 에베소에서 아볼로를 만난 내용이 기록되어 있습니다. 아볼로는 세상의 학문에도 밝고 성경도 잘 아는 사람이었지만 예수님을 인격적으로 모시지는 못하고 있었습니다. 하나님은 이런 아볼로를 브리스길라와 아굴라 부부를 통해 구원의 길로 인도하셨는데, 이들 부부는 세상적인 학식은 전혀 없는 부부였습니다. 우리는 오늘의 본문을 통해 **세 가지 잘못된 믿음의 바탕**에 대해서 생각해 볼 수 있습니다.

**첫째, 믿음은 지성에 근거해서는 안 됩니다.**
많은 학자들은 인간의 지성을 모든 진리의 최종적인 종착역으로 생각합니다. 그러나 지성은 하나님을 찾는데 도움은 줄 수 있어도 그 자체가 진리로는 될 수 없습니다. 인류의 역사가 시작된 이래로 수많은 이론과 학설, 지성인들이 있었지만, 오히려 더 혼란스러워질 뿐이었습니다. 지성 역시 하나님께서 주신 것임을 이해하고, 하나님을 찾는데 지혜롭게 사용하십시오.(잠 3:7)

**둘째, 경험에 근거해서는 안 됩니다.**
기독교는 체험의 종교가 맞지만, 체험 역시 절대적인 기준이 될 수는 없습니다. 한 개인의 경험이나 환상, 감정 상태를 가지고 믿음의 바탕을 두는 것은 오히려 매우 위험한 일입니다. 체험은 주관적이고 유동적일 수 있기 때문에 개인의 몸과 감정의 상태에 따라 얼마든지 달라질 수 있습니다. 경험과 감정 상태와는 상관없이 진리는 변하지 않음을 이해하십시오.(엡 5:17)

**셋째, 종교적 전통에 매여서는 안 됩니다.**
성찬과 세례(침례), 예배 형식과 같은 일정 의식은 교회의 체계가 서고, 성도들이 함께 하는 데에 필요한 것들입니다. 그러나 너무 형식과 의례, 역시 믿음의 본질은 아니므로 너무 치우쳐서도 좋지 않습니다. 바리새인들이나 중세 가톨릭처럼 전통과 형식에만 얽매이다가는 정작 중요한 믿음의 본질은 썩어버립니다. 믿음은 오늘날 살아가는 우리들에게 적용되는 것임을 믿으십시오.(마 7:12/ 눅 16:16)

**오늘 본문을 통해** 세 가지 잘못된 믿음의 바탕에 대해서 배웠습니다. 말씀 자체가 하나님의 큰 능력을 나타내는 것임을 믿고, 그 외의 곁가지들은 믿음과 진리의 발견에 도움을 줄 뿐이지 그 자체가 될 수 없다는 사실을 깨닫는 것은 매우 중요합니다.
**오늘도** 성경만을 절대적인 진리로 믿고 순종하며 사십시오.

**주님! 말씀에 근거한 바른 믿음, 바른 신앙을 갖게 하소서!**

| 오늘 특별 적용 | |
| --- | --- |
| 오늘 특별 감사 | |

# 028

# 기적을 통해 알 수 있는 교훈

사도행전 19장 1절부터 20절을 읽으십시오.

① 세례(침례)는 누구의 이름으로 받아야 하는가?(4)
② 복음을 통해 하나님의 능력이 일어날 때 어떤 일이 일어나는가?(20)

'진짜와 가짜'라는 책에 나오는 예화입니다.

유명한 화가의 제자로 오래 공부한 제자의 그림 실력은 스승 못지않았으나, 그림의 값은 거의 하늘과 땅 차이였습니다. 제자는 사람들이 스승의 그림을 정말로 잘 알고 있는지 궁금했습니다. 그래서 스승님의 작업 중인 그림들을 곁눈으로 보면서 몰래 그것과 똑같은 작품들을 완성했습니다.

스승님이 죽고 난 뒤, 제자는 몰래 스승님의 유작과 자신의 그림들을 바꿔치기했습니다. 평론가들은 제자가 그린 그림들을 보고 역시 세계 최고의 화가의 유작이라고 극찬을 했고, 이후 치러진 경매에서 그 그림은 사상 최고가를 경신했습니다. 제자는 경매장을 찾아가 진짜 스승의 작품을 들고 이것이 진짜라고 주장했으나, 아무도 관심을 갖지 않았습니다.

진짜와 가짜를 구분할 능력이 없으면서도 맹목적으로 무엇에 매달리는 사람들의 어리석음을 나타낸 내용입니다. 이것은 비단 그림에만 해당하는 것이 아니라 우리의 영생이 걸린 진리에도 해당하는 내용입니다.

**사도행전(19장 1절부터 7절에는** 바울의 안수로 에베소 성도들에게 성령이 임한 사건이 기록되어 있고) **19장 8절부터 20절에는** 바울이 에베소의 회당과 두란노서원에서 강론한 내용이 기록되어 있습니다. 이때 여러 이적이 나타나자, 단지 그 현상이 신기해서 따라하는 사람들이 생기기 시작했습니다. 그러나 먼저 이런 마술을 부리던 사람들은 모두 변화되어 자신들의 마술 책을 불태워버렸습니다. 본문의 말씀을 통해 우리는 **기적과 관련된 세 가지 교훈**을 얻을 수 있습니다.

**첫째, 하나님의 기적은 말씀을 바탕으로 일어납니다.**

하나님의 능력을 나타내는 기적은 '표적'이라는 표현이 더 옳은 표현입니다. 하나님의 능력이 바울에게 임하자 손수건만 얹어도 병이 낫고 귀신이 나갔습니다. 이런 일은 자신의 욕심이 아닌 온전히 하나님을 드러내고자 하는 사람들에게만 나타날 수 있습니다. 바울은 그동안 2년 이상 하나님의 말씀을 가르치고 전도한 뒤였습니다. 능력을 구하기에 앞서 먼저 말씀을 묵상하고 믿음을 구하십시오.(행 19:8-12)

**둘째, 하나님의 능력을 시험하면 부끄러움을 당합니다.**
바울의 능력을 본 사람들은 어떤 이유에서인지 모르지만, 장난스럽게 바울의 능력을 따라했습니다. 그러나 귀신들린 사람들에게 맞아 벌거벗겨지고 간신히 도망치는 부끄러움을 당했습니다. 합당한 표적이라면 하나님을 경외하는 맘으로 감사를 드리십시오.(잠 22:4/ 갈 6:7)

**셋째, 기적에는 참된 회개와 변화가 뒤따라야합니다.**
많은 사이비 종교의 교주들은 자신의 세력을 유지하기 위해서 기적을 빌미로 사람들을 속입니다. 그러나 엄밀히 말하면 그들이 말하는 기적이란 말장난과 속임수일 뿐입니다. 하나님이 사람들에게 기적을 보여주시는 이유는 참된 회개와 행동의 변화를 촉구하기 위해서입니다. 자신들의 행위를 반성하고 마술책을 모두 채운 본문의 사람들처럼 표적에는 합당한 열매가 맺힙니다. 행함이 없는 믿음은 죽은 믿음인 것을 기억하십시오.(눅 3:8/ 약 2:17)

**오늘 본문을 통해** 기적과 관련된 세 가지 교훈을 배웠습니다. 기적과 능력의 현상에만 너무 빠져 있을 때 기독교는 단지 신비주의적인 종교로 변질되지만, 올바른 믿음 안에서 체험하는 기적은 하나님께 영광이 되고, 더 많은 사람들을 주님 앞으로 불러오게 됩니다.
**오늘도** 구원의 기적을 누리는 기쁜 맘으로 사십시오.

주님! 믿음으로 능력과 기적을 체험하는 살아있는 신앙을 갖게 하소서!

| 오늘 특별 적용 | |
|---|---|
| 오늘 특별 감사 | |

# 029

# 마귀를 대적하는 성도들의 자세

사도행전 19장 21절부터 20장 16절을 읽으십시오.
① 하나님이 유두고를 다시 살려주신 것은 무엇 때문인가?(12)
② 바울이 서둘러 여행을 떠난 이유는 무엇인가?(16), 당신은
사명을 위해 충분히 노력하고 있는가?

더글라스 파킨스라는 학자가 말한 '마귀를 돕는 사람들' 입니다.

첫째, 피곤하고 바쁘다는 핑계로 신앙을 등한시하고 교회에 나가지 않는 자
들입니다. 하나님께 게으른 자는 마귀에게 충성된 자이기 때문입니다.

둘째, 목사님의 사소한 흠도 트집을 잡고 과오를 물고 늘어지는 자들입니다.
이들은 설교를 들어도 은혜를 받지 못하고, 정작 자신의 신앙은 버려두기 때
문입니다.

셋째, 누군가 관심을 줘야 교회에 나오는 자들입니다. 이들은 신앙을 빌미로
다른 사람을 힘들게 하고, 교회에 와서도 말썽을 일으키기 때문입니다.

넷째, 남의 말하기를 좋아하는 자들입니다.
이런 사람들이 비일비재한 다툼과 분쟁을 일으키기 때문입니다.

다섯째, 자기 형제와 이웃을 미워하는 자들입니다.
하나님이 주신 큰 계명을 어기는 사람들이기 때문입니다.

마귀는 오늘도 하나님의 성도들을 넘어지게 하려고 호시탐탐 노리고 있습니
다. 잘못된 잠깐의 쾌락도 마귀에게 빌미가 될 수 있음을 기억하십시오.

**사도행전**(19장 21절부터 41절까지는 아데미 신전에서 신상들이 우상이라고
말한 바울의 발언으로 일어난 큰 소동이 기록되어 있고) 20장 1절부터 16절
에는 졸다가 난간에서 떨어져 죽은 유두고를 바울이 다시 살린 내용이 기록
되어 있습니다. 바울이 유두고를 살린 본문을 통해 우리는 **마귀를 대적하는
세 가지 방법**에 대해 배울 수 있습니다.

**첫째, 낙심해서는 안 됩니다.**

드로아를 떠나기 전 바울은 시간 가는 줄 모르고 열정적으로 하나님의 말씀
을 전했습니다. 자리에 모인 많은 성도들도 하나님의 은혜에 감동되어 있었
는데, 마귀는 유두고가 떨어짐으로 인해 그 자리의 성도들을 모두 낙심하게

만들었습니다. 마귀가 원하는 것은 우리를 낙심케 해 하나님의 은혜로부터 멀어지게 만드는 것입니다. 낙심은 마귀가 원하는 것임을 기억하고, 하나님의 은혜와 기쁨을 잊지 마십시오.(고후 4:16/ 갈 6:9)

## 둘째, 하나님께 더욱 의지해야 합니다.

유두고가 떨어져 죽은 상황에서 사람들이 할 수 있는 일이라고는 아무 것도 없었습니다. 사람들이 슬픔과 낙심에 빠졌던 것은 인간의 힘으로는 어쩔 수 없는 '죽음'이 일어났기 때문입니다. 그러나 하나님은 바울을 통해 그 유두고를 살리셨고, 이를 통해 자신의 영광을 나타내셨습니다. 죽음 뒤에 영광의 부활이 모든 성도들에게 나타날 것을 의심하지 마십시오.(롬 8:28)

## 셋째, 항상 깨어 있어야 합니다.

많은 성도들이 말씀을 듣고 은혜를 받던 시간에, 유두고는 졸고 있었습니다. 그가 비록 말씀을 사모하여 그 자리에 있었던 것은 훌륭한 일이지만 다른 모든 성도들이 깨어서 은혜를 받고 있을 때 혼자 존 것은 조금 아쉬운 모습이었습니다. 그리고 때론 이런 작은 틈을 통해 마귀가 들어옵니다. 힘들고 어려운 상황일수록 마귀의 습성을 알고 제대로 대처하는 것이 지혜로운 그리스도인의 모습입니다. 어려울 때일수록 마음을 지키십시오.(마 25:13)

**오늘 본문을 통해** 마귀를 대적하는 세 가지 방법에 대해서 배웠습니다. 우리가 온전히 하나님을 믿고 말씀대로 산다면, 마귀는 우리의 상대가 되지 못합니다. 늘 깨어 있음으로, 날마다 하나님께 가까이 다가감으로 마귀의 꾀에 빠지지 않고 슬픔을 기쁨으로 바꾸어 하나님의 영광을 온전히 드러내는 그리스도인이 되십시오.
**오늘도** 죄악된 세상에서도 충성된 종의 모습으로 살아가십시오.

*주님! 성령을 따르는 것이 마귀를 대적하는 것임을 알게 하소서!*

| 오늘 특별 적용 | |
|---|---|
| 오늘 특별 감사 | |

# 아름다운 이별의 원리

사도행전 20장 17절부터 38절을 읽으십시오.
① 바울은 성도들 가운데서 어떤 모습으로 섬겼는가?(19–21)
② 바울은 복음을 어느 정도로까지 중요하게 생각했는가?(24)

'죽은 시인의 사회'라는 영화에는 사회적 성공을 위해 어려서부터 부모의 뜻에만 따라 인생을 살아가는 명문 사립 고등학교의 학생들에게 인생의 의미를 새로이 가르쳐주는 키튼이라는 선생님이 나옵니다. 어린 나이에 벌써부터 세속에 찌든 아이들은 선생님으로부터 인생의 중요한 가르침들을 받고, 진지한 성찰을 하게 되지만, 결국 학업에 방해가 되는 내용들을 가르친다는 부모들의 거센 항의로 학교에서 쫓겨나게 됩니다. 학생들은 떠나는 선생님에게 책상에 올라가 'Captain, Oh, my captain(선장님, 오, 나의 선장님이여!)'라고 말하며 존경을 표시합니다. 이것은 선생님이 수업을 통해 가르쳤던 방식 중의 하나입니다. 선생님에게 배웠던 방식 그대로 아이들이 표현한 것은 키튼 선생님에게 그 어떤 방법보다 더욱 값진 이별 선물이었을 것입니다.

만남과 이별은 인생에서 어쩔 수 없는 일들이기에 더 많은 준비와 요령이 필요합니다. 그리고 우리는 사도행전의 한 장면을 통해 그리스도인들의 아름다운 이별의 모습을 배울 수 있습니다.

**사도행전(20장 17절부터 35절에는** 바울이 밀레도에서 에베소 교회 장로들을 청해 부탁한 내용이 기록되어 있고**) 20장 36절부터 38절에는** 바울이 에베소 교회의 장로들에게 고별 설교를 하고 함께 기도한 장면이 기록되어 있습니다. 우리는 본문을 통해 **아름다운 이별을 만드는 세 가지 교훈**에 대해서 알 수 있습니다.

**첫째, 함께 기도함으로 중보 해야 합니다.**
서로가 헤어지며 줄 수 있는 가장 큰 선물은 기도입니다. 감정적인 이유로 눈물도 나고, 마음도 아쉽겠지만 그럼에도 서로를 위에 기도해야 합니다. 모든 만남과 이별은 하나님의 섭리 가운데 일어난 것임을 알며, 이후의 길에도 성령님이 인도하시길 바라는 마음으로 뜨겁게 기도해야 합니다. 만남의 시작과

이별의 마무리를 기도함으로 주님께 맡기십시오.(눅 22:32/ 고후 1:11)

## 둘째, 깊은 마음의 사랑을 나누어야 합니다.

이 세상에는 만남이 있으면 헤어짐도 반드시 있는 법입니다. 따라서 큰 사랑이 있는 만남은 더욱 큰 슬픔을 수반합니다. 본문에서 바울과 장로들이 크게 울며 서로를 안은 것도 그들의 사랑이 큰 만큼 커다란 슬픔이 찾아왔기 때문입니다. 깊은 사랑에서 찾아온 이별의 슬픔은 자연스러운 감정의 표현이기 때문에 숨길 필요가 없습니다. 사랑의 아쉬운 마음을 솔직하게 표현하십시오.(행 2:42/ 몬 1:6)

## 셋째, 하나님의 나라에 대한 소망을 구해야 합니다.

하나님의 나라에 들어가기 전 이 땅에서의 인생은 나그네 길과 같습니다. 수많은 기쁨과 슬픔이 우리를 찾아오지만 모든 것은 순간일 뿐입니다. 그러나 우리에겐 영원한 미래의 확신이 있으므로, 이별의 슬픔으로 끝나는 것이 아니라 이후에 있을 영원한 소망에 대한 확신으로 아름답게 이별해야 합니다. 세상은 영원의 시작을 위한 준비임을 잊지 마십시오.(살전 5:16-18)

**오늘 본문을 통해** 아름다운 이별을 만드는 세 가지 교훈에 대해 배웠습니다. 사람이라면 누구나 사랑하는 사람과 평생 함께하고 싶은 마음이 있습니다. 그러나 세상에서 그것은 불가능한 일이고 영원한 하나님의 나라에 대한 확신이 있는 그리스도인만이 슬픔 가운데도 기뻐할 수 있고, 이별 가운데도 즐거워 할 수 있습니다.
**오늘도** 영원의 소망 가운데 서로를 사랑하며 사십시오.

**주님! 영원한 천국의 때가 오기 전에 잠시의 이별이 있음을 알게 하소서!**

| 오늘 특별 적용 | |
| --- | --- |
| 오늘 특별 감사 | |

031

# 사명을 받은 그리스도인의 자세

사도행전 21장 1절부터 16절을 읽으십시오.
① 사도들의 사역의 중심에는 무엇이 있었는가?(5)
② 예루살렘으로 가지 말라는 간곡한 청을 받은 바울은 뭐라고 고백했는가?(13)

**권력과 권모술수에** 대한 내용들을 집대성한 책, '군주론'을 쓴 마키아벨리는 저술한 책의 내용과는 다르게 조금도 남을 속일 줄 모르는 순박한 공무원이었습니다. 마키아벨리는 친구들이 돈을 빌려달라고 하면 거절을 하지 못했고, 그 돈을 갚지 않아도 아무 말도 하지 않았습니다. 나중에 그의 이런 심성을 친구들이 이용해 그의 생활이 점점 궁핍해져 갔지만 그래도 빚을 독촉하지 않았고 돈을 빌려달라는 요구도 거절하지 않았습니다. 오히려 나중에는 그런 친구들이 죽은 뒤 자식들까지 극진히 보살펴줄 정도였습니다.
마키아벨리의 이런 삶이 마음이 착해서인지 아니면 용기가 없는 것과 같이 어떤 이유가 있는지는 모르지만, 손해를 두려워하지 않고, 강직히 자신이 믿는 바대로 평생을 살았던 신념은 그리스도인들도 본받아야 할 점입니다.

**사도행전 21장 1절부터 16절에는** 아가보의 예언과 바울의 삶이 기록되어 있습니다. 바울이 몇몇 해안지역을 들른 후 두로에 도착하며 7일 정도 거하는 동안, 제자들이 찾아와 예루살렘에 올라가지 말라고 청했습니다. '바울이 예루살렘에 가면 유대인들이 바울을 잡아 이방인들에게 넘겨줄 것이다' 라는 아가보의 예언이 있었기 때문입니다. 그러나 제자들의 눈물과 간청에도 불구하고 바울은 짐을 꾸려 예루살렘으로 떠났습니다. 죽음도 두려워하지 않고 예루살렘을 향해 떠난 바울의 모습에서 우리는 **그리스도의 사명에 관한 세 가지 사실**을 배울 수 있습니다.

**첫째, 우리 모두는 사명자입니다.**
예수님을 영접한 순간 우리는 구원을 선물로 받으며 또한 중요한 책무를 맡게 됩니다. 세상을 하나님과 화평케 하는 복음의 메신저로써의 사명이 그것입니다. 성도들은 이 책무가 때로는 바울과 같은 사도나, 전문 교역자들에게 국한된 것으로 생각하지만 예수님은 이 책무를 모든 그리스도인들에게 주셨

습니다. 모든 성도는 모두 사명자라는 사실을 기억하십시오.(마 28:18-20)

**둘째, 사명자는 흔들리지 말아야 합니다.**
제자들이 바울이 예루살렘으로 떠나는 것을 말린 것은 예언을 통해 바울이 앞으로 당할 고난을 알았기 때문이었습니다. 그러나 정작 그 고난을 직접 당할 바울은 두려운 예언을 전해 들으면서도 흔들리지 않았습니다. 어려운 처지에 처한 예루살렘 교회를 위한 구제 헌금을 전달하고, 한번 더 동포인 유대인들에게 복음을 전하고자 하는 열망이 너무나 컸기 때문입니다. 사명자는 사명의 완수를 위한 임무에만 오로지 매진해야 합니다. 어떤 일에도 흔들리지 않는 확고한 사명을 찾으십시오.(고전 9:17)

**셋째, 사명자는 감정에 치우쳐서는 안 됩니다.**
바울이 빌립의 집에 머무는 동안 바울의 제자들은 매일 같이 찾아와 예루살렘으로 가지 말라고 말했습니다. 그러나 바울은 제자들에게 '어찌하여 울어 내 마음을 상하게 하느냐?' 라고 말했습니다. 고난의 예언보다도 더욱 힘들었던 것은 아끼던 제자들의 만류였던 것입니다. 제자들의 마음을 모른 체 하고 떠나야하는 바울의 마음 역시 힘들었겠지만, 자신이 맡은 사명과 하나님의 영광을 위해서는 떠나지 않을 수가 없었습니다. 어떠한 감정의 변화에도 사명을 잃지 말고 지키십시오.(고전 15:58)

**오늘 본문을 통해** 그리스도의 사명에 관한 세 가지 사실을 배웠습니다. 그리스도인은 모두 사명자라는 것, 그리고 그 사명을 통해 더욱 많은 사람들을 세상 끝날 까지 주님의 곁으로 인도해야 한다는 사실을 꼭 기억하십시오.
**오늘도** 세파에 흔들리지 않고 더욱 주의 일에 힘쓰며 사십시오.

**주님! 오로지 복음의 사명을 위해 헌신하고 달려가게 하소서!**

| 오늘 특별 적용 | |
|---|---|
| 오늘 특별 감사 | |

# 032

# 복음을 전하는 올바른 자세

사도행전 21장 17절부터 40절을 읽으십시오.
① 바울과 사도들이 모여서 나눈 말과 일은 무엇인가?(19-20)
② 사람들은 바울을 왜 때렸는가?(34), 당신은 의미 없이 남들
을 상처 주는 일에 가담하지는 않는가?

**일에 대한 마음가짐에 따라서** 생업인, 직업인, 소명인으로 나뉜다고 합니다. 먼저, 생업인은 말 그대로 살기 위해서 일을 하는 사람입니다. 모든 일은 단지 삶을 살아가기 위해 필요한 도구일 뿐입니다.

그 다음은 직업인으로 자신의 일에 대한 목표가 있으며, 생업인에 비해 더 전문적입니다. 직업인들은 자신의 일을 통해 경제적 기반과 사회적 위치를 보장 받고 훨씬 여유 있는 삶을 영위합니다.

마지막은 소명인으로 모든 일에 의미를 부여합니다.

영국의 소설가 찰스 디킨즈는 구두닦이 일을 하면서도 하루 종일 얼굴에 미소가 가득했다고 합니다. 자신은 구두가 아닌 '희망을 닦고 있다' 라고 생각했기 때문입니다. 작가로써의 희망을 꿈꾸던 디킨즈는 결국 '올리버 트위스트', '크리스마스 캐럴' 등을 쓰며 셰익스피어 이후로 영국에서 가장 존경받고 인기 있는 작가가 되었습니다. 소명의식을 가지고 사는 사람들은 결코 실망하는 법이 없습니다.

**사도행전 21장 17절부터 26절에는** 바울이 예루살렘에 도착했을 때의 상황이 기록되어 있고, 21장 27절부터 40절에는 바울이 유대인들에게 붙잡힌 내용이 기록되어 있습니다. 바울이 3차 전도 여행을 마치고 예루살렘으로 돌아오자 교회의 장로들과 형제들은 매우 기뻐했습니다. 그러나 많은 유대인들은 바울을 율법의 파괴자이자, 배신자라고 생각해 죽일 마음을 품었습니다. 우리는 예루살렘에 돌아온 바울의 모습을 통해 **복음을 전하는 세 가지 자세**에 대해서 생각해 봐야 합니다.

**첫째, 사람의 반응에 신경을 써선 안 됩니다.**

바울은 죽을 고비를 몇 번이나 넘기며 전도여행을 무사히 마친 뒤 예루살렘에 돌아왔습니다. 하지만 몇몇 형제만이 영접을 해줄 뿐 대부분의 사람들은

바울을 해할 궁리만 하고 있었습니다. 그러나 바울은 전혀 서운해 하지 않았습니다. 사람들의 시선을 의식하지 말고 마땅히 할 일을 하십시오.(딤후 2:3)

**둘째, 체험을 적극 간증해야 합니다.**
바울은 자신을 향한 사람들의 소극적인 분위기에도 불구하고, 하나님께서 그동안 자신에게 이루신 일들을 보고하며 당당히 하나님께 영광을 돌렸습니다. 하나님의 역사하심을 세상 사람들에게 당당히 전하십시오.(고후 4:7)

**셋째, 할 수 있으면 모든 사람과 화평해야 합니다.**
바울은 당시 유대인들의 의식을 마음에 들어 하지 않았지만 묵묵히 따랐습니다. 이것은 그동안의 바울의 가르침과 어긋나고 세상과 타협한 것으로 보일 수도 있지만 바울은 더 큰일을 생각함으로 의식을 따랐습니다. 동포인 유대인을 너무 사랑했고, 이것이 유대인들에게 복음을 전할 수 있는 마지막 기회라고 생각했기 때문에, 복음을 위해 넘어갈만한 일을 참은 것입니다. 뒤의 서신서에서 바울이 적은 글을 통해 우리는 이러한 사실을 더욱 잘 알 수 있습니다. 성격과 기질을 핑계치 말고 복음을 위해서라도 화평을 위해 노력하십시오.(롬 9:3/ 고전 7:18/ 고후 9:29/ 갈 2:3-5, 1:8)

**오늘 본문을 통해** 복음을 전하는 세 가지 자세에 대해서 알아보았습니다. 성령님의 인도하심과 하나님을 간증하는 삶과 복음을 전하는 우리들의 임무는 결코 따로따로 놀 수가 없습니다. 그러므로 전도에 대한 부담감에 그것을 피하기보다는 할 수 있는 작은 일들부터 시작하며 하나님을 기쁘시게 하는 모습이 필요합니다.
**오늘도** 진리 안에서 덕을 세우며 복음을 증거하십시오.

**주님! 삶의 모든 초점이 복음 전파에 맞춰지게 하소서!**

| 오늘 특별 적용 | |
| --- | --- |
| 오늘 특별 감사 | |

# 033

## 편견을 버려야 할 이유

사도행전 22장 1절부터 30절을 읽으십시오.
① 바울의 말을 듣고 양심에 가책을 느낀 군중들은 어떤 행동을 했는가?(22-23)
② 천부장이 바울을 심문하지 않았던 이유는 무엇인가?(29)

여러 명의 시각장애인들이 모여서 코끼리의 모습을 설명했습니다. 어떤 사람은 매우 크고 두꺼운 벽 같이 생겼다고 말했고 어떤 사람은 짧고, 둥글고, 매끄럽지만 날카로운 창이라고 말했습니다. 어떤 사람은 두꺼운 털 양탄자 같다고 말했고, 어떤 사람은 움직이는 산처럼 생겼다고 말했습니다. 결국 이들은 대화의 마지막 순간까지 코끼리의 생김새에 대해서 합의를 보지 못했습니다. 이들이 만진 코끼리의 부위는 모두 다른 부위였기 때문입니다.
전체의 일부분만 경험한 사람들이 그것을 전체인양 말하는 경우가 많습니다. 이런 행동은 자신뿐 아니라 그것을 듣는 많은 사람들에게도 안 좋은 영향을 끼칩니다. 편견이 생기면 곧 차별도 따라 생기기 때문입니다.

사도행전(22장 1절부터 21절에는 죽을 고비를 겨우 넘긴 바울이 다시 간증을 통해 사람들에게 복음을 전하는 과정이 나와 있고) 22장 22절부터 30절에는 바울을 두려워하는 천부장의 모습이 기록되어 있습니다. 바울은 자신의 간증으로 유대인들에게 해명을 하며 복음을 전했습니다. 그러자 잠잠히 듣고 있던 유대인들은 하나님이 자신을 통해 이방인을 구원하려 한다는 바울의 말을 듣자 갑자기 난동을 피우며 바울을 죽이려 했습니다. 우리는 본문을 통해 **편견을 버려야할 세 가지 이유**에 대해서 알 수 있습니다.

**첫째, 모든 것은 하나님의 은혜입니다.**
유대인들이 바울을 죽이려고 했던 것은 선택받은 자신들 뿐 아니라 이방인들도 구원받는다는 사실이 맘에 들지 않았기 때문입니다. 이방인들은 할례와 율법의식도 지키지 않았기에 유대인들은 더욱 참을 수가 없었습니다. 그러나 하나님은 성도에게만 비를 내려주고 해를 비춰주지 않으십니다. 구원도 모든 사람들에게 같은 조건으로 열려 있습니다. 우리가 얻고 누리는 모든 것이 하나님의 은혜라는 사실을 고백하십시오.(마 5:25/ 요 1:13)

**둘째, 편견은 참혹한 사건을 불러일으킵니다.**

인류의 역사를 살펴보면 많은 피를 부른 참혹한 사건들은 모두 편견과 우월의식에서 나온 것들입니다. 히틀러는 우생학을 앞세워 독일 국민을 현혹시켰고, 세계 대전을 일으켰습니다. 킬링필드 대학살도 인종차별이라는 명목 아래 행해졌습니다. 그러나 하나님은 우리 모두를 흙으로 지으셨고, 동일한 영을 주셨습니다. 예수님의 십자가도 우리 모두를 위한 죽음이었습니다. 인종과 나라간의 존재하는 차별과 편견을 멀리하십시오.(엡 2:8)

**셋째, 권리의 활용과 우월의식은 다른 것입니다.**

바울은 채찍 고문을 당할 뻔한 순간에 자신이 로마시민권자임을 밝혀서 무마시켰습니다. 이것은 로마 복음화 등의 사명을 위해 지혜롭게 처신한 것이지 자신의 우월성이나 특권을 내세우기 위한 것이 아니었습니다. 당시에 돈을 주면서까지 사람들이 구입하려고 했던 로마 시민권이라는 특권도 바울은 오직 복음의 도구로만 사용했던 것입니다. 우리가 가진 직위나 특권 등을 하나님 영광을 드러내는 도구로 사용하십시오.(고전 6:12, 10:24)

**오늘 본문을 통해** 편견을 버려야 할 세 가지 이유에 대해서 배웠습니다. 그리스도인들도 조심하지 않으면 편견과 우월의식을 가지기 쉽습니다. 그러나 모든 것은 하나님의 은혜라는 사실을 기억하며 사는 그리스도인들이 되도록 노력해야 합니다.

**오늘도** 하나님께서 허락하신 환경 속에서 사랑을 나타내십시오.

**주님, 편견을 버리고 주님의 사랑으로 살게 하소서!**

| 오늘 특별 적용 | |
|---|---|
| 오늘 특별 감사 | |

# 034

# 깨끗한 삶을 살게 도와주는 지혜

사도행전 23장 1절부터 11절을 읽으십시오.
① 바울은 하나님을 어떻게 섬겼는가?(1)
② 큰 위험에 처한 바울에게 하나님은 뭐라고 말씀하셨는가?(11)

**미국의 선거는** 다른 나라들에 비해 비교적 깨끗한 편이고 후원금 모금도 가능하도록 여러 제도가 잘 갖추어져 있습니다. 그러나 그럼에도 어느 정도의 재력이 받쳐주지 않는다면 역시 선거활동을 하기가 쉽지 않습니다.

링컨이 대통령에 출마하던 시절에도 상황은 마찬가지였습니다. 그러나 재산이 얼마 없던 링컨은 총 8번이나 되는 선거를 치르면서도 돈 때문에 곤란한 적은 없었다고 합니다. 대부분의 봉사자들이 무료로 유세를 도와주고, 많은 사람들로 후원을 받았기 때문입니다. 그리고 그보다 더 중요한 것은 투표자들이 정책과 인물을 보고 판단하기에 선심성 선물이나 뇌물을 주지 않아도 되었다는 사실입니다.

링컨이 처음 주 의회선거 후보로 입회했을 때는 당으로부터 받은 200달러의 보조금 중 199달러 25센트를 반납했다고 합니다. 유세 기간에 든 비용은 식사와 숙박비용이 전부였는데, 지방의 유지들이 모두 계산했기 때문이었습니다. 사용한 75센트는 선거권이 없는 한 아이에게 주스를 하나 사주는데 사용되었다고 합니다.

양심이 깨끗할 때 정말로 바른 사람이 될 수 있고, 악에 현혹되지 않을 수 있습니다.

**사도행전 23장 1절부터 11절에는** 바울이 공회 앞에 선 내용이 기록되어 있습니다. 천부장은 유대인들이 바울을 죽이려는 진상이 무엇인지 알아내기 위해 바울을 공회로 데려 갔습니다. 유대교의 최고 사법 기관인 산헤드린 공회에서 바울은 신문을 받았는데, 우리는 이 장면을 통해 **깨끗한 삶을 사는데 도움이 되는 세 가지 지침**을 알 수 있습니다.

**첫째, 양심에 부끄럼이 없어야 합니다.**

바울은 자신의 양심에 비추어 하나님과 사람 앞에 부끄러움 없이 살았습니다. 물론 양심이 절대적인 기준은 아니며 문화와 개인의 성격, 시대에 따라 차이가 날 수도 있습니다. 그러나 양심은 사람에게 주신 하나님의 안전장치입니다. 하나님의 법을 지키며 양심의 법을 거스를 수는 없습니다. 양심에 거리끼는 일들을 피하고 떳떳하게 사십시오.(롬 2:15/ 벧전 3:21)

### 둘째, 지혜로워야 합니다.

긴박한 상황 속에서 바울은 부활 문제를 거론해 부활을 믿는 바리새인들과 부활을 믿지 않는 사두개인들의 갈등을 만들어 상황을 반전시켰습니다. 당시 유대인들이 바울을 해치려 한 것은 진리에 대한 확고한 신념보다 정치적 당리당략에 의한 것이었기 때문에 균열이 쉽게 날 수 있었습니다. 위기의 순간에는 뱀처럼 지혜로우십시오.(마 10:16)

### 셋째, 예수님의 도우심을 믿어야 합니다.

바울이 가까스로 죽음의 고비에서 벗어난 그날 밤, 예수님은 바울에게 나타나셔서 담대하라고 말씀하셨습니다. 그리고 예루살렘에서 한 것처럼 로마에서 복음을 전해야 한다고 사명을 다시 확인시켜주셨습니다. 바울이 고난 중에 더욱 담대해질 수 있었던 이유가 바로 이것입니다. 거룩한 삶을 통해 어려움이 생기더라도 극복할 힘을 주시는 주님이 함께함을 믿으십시오.(히 2:18)

**오늘 본문을 통해** 깨끗한 삶을 사는데 도움이 되는 세 가지 지침을 배웠습니다. 하나님의 능력을 믿지 못하고, 자신의 욕심을 채우려고 할 때, 우리는 양심을 어기고 불법을 행하게 됩니다. 그리스도인의 소망은 이 땅이 아닌 하늘에 있으며 이 땅의 모든 것을 지혜로운 청지기처럼 사용해야 됨을 항상 기억하십시오.
오늘도 푯대를 향하여 담대히 살아 가십시오.

주님! 늘 저와 함께하시는 주님을 잊지 않고 더욱 의지하게 하소서!

| 오늘 특별 적용 | |
|---|---|
| 오늘 특별 감사 | |

# 035

## 악행에 대처하는 자세

사도행전 23장 12절부터 35절을 읽으십시오.
① 흠을 들킨 유대인들은 무슨 일을 꾸몄는가?(14-15)
② 유대인들의 악행에 하나님은 어떻게 역사하셨는가?(23-24)

로마 제국 황제들의 역사를 보면 그들의 평균 재임 기간이 매우 짧은 것을 확인할 수 있습니다. 초대 황제 아우구스투스 이후로 314년 동안 로마의 황제가 자그마치 37명이나 바뀌었습니다. 황제의 평균 재임기간이 8.5년밖에 되지 않습니다. 그 중에는 30, 40년 동안 장기 집권을 한 사람도 있지만 1년도 채우지 못하고 죽는 경우도 있었습니다. 37명의 황제 가운데 자기의 수명을 다하고 죽은 사람은 13명밖에 안 되며 24명은 암살당하거나 자살로 불행한 최후를 마쳤습니다. 황제의 길은 겉으로 보기엔 매우 화려하고 멋진 길로 보이나 실상 그들이 했던 일과 최후를 살펴보면 대부분 자신의 탐욕을 채우기 위해서만 노력했고, 그로 인해 많은 사람들에게 나쁜 일을 행했던 것을 알 수 있습니다. 잘못된 욕심이 악을 키우고 다른 사람들에게 피해를 줍니다. 그러므로 먼저 욕심을 버리는 것이 악으로부터 멀어지는 일입니다.

**사도행전 23장 12절부터 35절**에는 유대인들이 바울을 죽이려고 맹세한 내용이 기록되어 있습니다. 산헤드린 공회에서 행한 바울의 지혜로운 행동으로 얼떨결에 바울을 놓친 유대인들은 다시 한번 바울을 죽이고야 말겠다고 벼르고 있었습니다. 그러나 바울의 조카와 천부장의 도움으로 바울은 유대인들 몰래 벨릭스 총독에게로 후송됩니다. 우리는 본문에 나오는 유대인들과 바울의 모습을 통해 **악행과 관련된 세 가지 중요한 사실**을 배울 수 있습니다.

**첫째, 선한 데는 지혜롭고 악한 데는 미련해야 합니다.**
유대인들은 바울을 죽이기 위해 단식투쟁까지 하며 음모를 꾸몄습니다. 자칭 하나님께 선택받은 사람들이 계명을 생각하지 않고 살인을 계획한 것입니다. 이것은 종교가 구원의 수단이 아니라 단지 그들의 우월의식과 자만을 만족시켜주는 수단으로만 사용되었기 때문입니다. 선한 일에 에너지를 소모하는 그리스도인이 되십시오.(롬 16:19)

**둘째, 악행은 하나님의 섭리를 막을 수가 없습니다.**

유대인들 40여 명이 바울을 죽이려고 계획을 세웠지만, 하나님은 무장한 군인 470명을 동원하여 바울을 가이사랴로 옮기셨습니다. 바울은 잘 깔린 포장도로를 통해 로마로 가게 되었는데 어떤 신학자는 이것을 바울의 4차 전도여행으로 평하기도 합니다. 마귀는 바울을 막아 복음의 전파를 막으려고 온갖 술수를 부렸지만 결국 바울은 하나님의 도우심으로 당시 세계의 중심지인 로마로 향해가고 있었습니다. 아무리 마귀가 우리를 방해해도 결국 모든 것이 하나님의 손에 있음을 기억하십시오.(행 1:8/ 롬 11:33/ 딤전 2:4)

**셋째, 믿음으로 담대해야 합니다.**

바울은 조카를 통해 유대인들의 암살 소식을 듣고도 전혀 두려워하지 않았습니다. 오히려 당당히 백부장을 불러 조카를 천부장에게 안내해달라고 부탁했습니다. 하나님이 전에 나타나 바울을 로마로 인도하신다는 말씀이 이 일을 통해 일어날 것이라는 확신이 있었기 때문입니다. 그리고 그것은 하나님의 말씀대로 바울의 믿음대로 일어났습니다. 하나님의 섭리를 온전히 믿음으로 담대해지십시오.(고전 15:58)

**오늘 본문을 통해** 악행과 관련된 세 가지 중요한 사실을 배웠습니다. 하나님을 진정으로 신뢰하고 주님의 섭리를 믿는 그리스도인들은 마귀의 어떤 방해 공작에도 결코 두려워할 필요가 없습니다. 모든 문제는 하나님께 온전히 의지하지 못해서 생겨나는 것입니다.
**오늘도** 흔들림 없이 주님의 일에 더욱 힘쓰십시오.

**주님!** 어떤 문제와 고난에도 두려워하지 않고 감사함으로 감당하게 하소서!

| 오늘 특별 적용 | |
|---|---|
| 오늘 특별 감사 | |

# 036

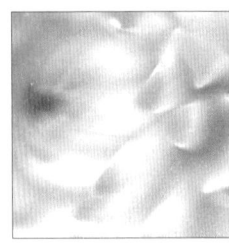

# 마음을 지키는 방법

사도행전 24장 1절부터 27절을 읽으십시오.
① 베스도가 바울을 부른 이유는 무엇인가?(24-26)
② 베스도가 바울을 계속 가둬 둔 이유는 무엇인가?(27)

대원군 때에 '오페르트'라는 외국인이 국내에 들어와 대원군의 아버지인 남연군의 무덤을 도굴하려다 실패했습니다. 이후 오페르트는 대원군을 피해 영종도에 머물렀습니다. 영종도에는 우리 군사 500여명이 있었지만 오페르트에게도 적지 않은 병사가 있었고, 대포와 신식무기가 있었기 때문에 정박을 막을 수는 없었습니다. 게다가 오페르트는 대원군이나 나라의 욕을 하면 각종 장신구나, 맥주와 같은 신기한 물건을 주었기 때문에, 병사들과 주민들은 오페르트 앞에서 나라와 대원군 욕을 심하게 하며 오페르트와 우호적으로 지냈습니다. 그런데 하루는 이런 병사들과 마을 주민들이 태도를 돌연 바꾸어 오페르트를 몰아내기 시작했습니다. 이유인즉슨 오페르트의 부하들 중 몇 명이 마을 사람들의 소 한 마리를 훔쳐갔기 때문이었습니다.

나라에 대한 모욕은 작은 이득으로도 참았으면서 소 한 마리에는 그렇게 크게 분노했다는 사실을 통해 사리사욕이 인간의 마음을 얼마나 어둡게 하는지 깨달을 수 있습니다. 그리스도인들은 진리의 복음과 세상의 만족 가운데 무엇을 더 소중히 여겨야 하는지 지혜롭게 살피고 행동해야 합니다.

사도행전(24장 1절부터 23절에는 벨릭스 총독 앞에서 바울이 변론을 하는 내용이 기록되어 있고) 24장 24절부터 27절에는 사도 바울이 구류되어 있는 상황이 기록되어 있습니다. 벨릭스는 바울을 불러 자주 말을 하고 복음을 들었지만 그것은 불순한 의도를 통해 이루어진 일이었습니다. 본문에 나오는 바울의 변론과 그것을 듣고 반응하는 총독의 모습을 통해 우리는 **마음을 지키는 세 가지 방법**을 배울 수 있습니다.

**첫째, 두려운 마음을 이기고 복음을 영접해야 합니다.**
바울은 벨릭스에게 정의와 절제에 대해서 말하고, 장차 어떤 심판이 올 것인지 말해주었습니다. 그러나 바울의 말을 들은 벨릭스는 '나중에 다시 부를 테니 지금은 가라' 고 말했습니다. 하나님의 말씀이 자신의 양심에 찔렸기 때문입니다. 벨릭스처럼 때를 넘기지 말고 마음의 부담감을 이겨내고 복음을 영접함으로 새생명을 얻으십시오.(고후 6:2/ 약 4:14)

**둘째, 사리사욕으로부터 멀리해야 합니다.**
벨릭스가 바울을 자주 불렀던 이유 중 하나는 복음을 듣기 위해서보다는 돈을 받기 위해서였습니다. 바울이나 그의 친구들이 혹시나 뇌물을 줄 것으로 기대했기 때문입니다. 이런 마음이 있었기에 벨릭스에게 복음이 더욱 전해지기 힘들었습니다. 다른 마음이 들어갈 때 선한 양심으로부터 점점 멀어지게 됩니다. 청렴결백한 그리스도인의 삶을 사십시오.(막 4:19/ 갈 5:16)

**셋째, 환심을 사기 위해 부당한 행동을 해선 안 됩니다.**
벨릭스는 바울의 문제를 자신의 후임인 베스도가 올 때까지 2년 동안이나 아무런 조치를 취하지 않은 것은 바울로부터 뇌물을 받지 못했기 때문에, 유대인들의 환심이라도 사고자 하는 계산이 깔려있었습니다. 빌라도나 벨릭스와 같이 무책임한 행동을 하지 않도록 조심하십시오.(막 15:15)

**오늘 본문을 통해** 마음을 지키는 세 가지 방법에 대해서 배웠습니다. 물질과 여러가지 쾌락의 유혹으로 마귀는 오늘도 우리의 마음을 집어삼키려고 하고 있습니다. 마귀의 유혹에 넘어갈 때 우리는 육체와 영혼이 피폐해지고 세상도 더욱 어두워집니다. 마음을 지켜 빛을 잃지 않는 환한 그리스도인이 되도록 노력해야 합니다.
**오늘도** 진리 가운데서 확신을 가지고 행동하십시오.

**주님! 우리의 마음과 입술을 깨끗케 함으로 거룩하게 하소서!**

| 오늘 특별 적용 | |
| --- | --- |
| 오늘 특별 감사 | |

# 037

# 그리스도인이 되기 위한 조건

사도행전 25장 1절부터 27절을 읽으십시오.
① 베스도는 자신의 직무를 어떤 방식으로 처리했는가?(9)
② 유대인의 악행에서 하나님은 바울을 어떻게 보호하셨는가?(25)

**러시아의 어떤 부자가** 하루는 아들을 불러놓고 말했습니다.

"내 재산을 받고 싶다면 하루에 금화 한 닢씩을 벌어서 나에게 가져와야 한다. 하루라도 빼먹는다면 한 푼도 재산을 물려주지 않겠다."

어려서부터 부족한 것 하나 없이 자랐던 아들은 일을 하고 싶지 않아서 매일 어머니한테 한 닢씩을 타서 아버지에게 드렸습니다. 아버지는 아들이 금화를 가져올 때마다 벽난로 안에 던졌습니다. 어머니는 아무래도 자신이 교육을 잘못 시키는 것 같아서 아들에게 더 이상 돈을 주지 않았습니다. 별 수 없이 아들은 밖에 나가 힘든 일을 해 겨우 한 닢을 벌어와 아버지께 드렸습니다.

그러자 아버지는 어김없이 돈을 난로에 던졌습니다. 깜짝 놀란 아들이 "아버지, 그것이 어떻게 번 돈인데요?"라고 외쳤습니다. 그 말을 듣고 아버지가 빙그레 웃으면서 "드디어 네가 번 돈을 가져왔구나, 돈의 소중함을 아는 사람만이 돈을 가치 있게 사용할 수 있단다."라고 말했습니다.

예수님의 십자가와 보혈도 마찬가지입니다. 보혈의 가치를 아는 사람만이 구원받을 자격이 있습니다.

**사도행전(25장 1절부터 12절에는** 이스라엘에 새로 부임한 총독 베스도와 바울이 만나는 장면이 나와 있고) 25장 13절부터 27절에는 바울이 아그립바 왕과 베스도 앞에 선 내용이 기록되어 있습니다. 베스도가 총독으로 부임한 뒤 바울을 1차로 심문하고 며칠 뒤에 아그립바 왕과 버니게가 베스도에게 인사를 하러 가이사랴에 도착했습니다. 본문을 통해 우리는 **참된 그리스도인의 세 가지 조건**에 대해서 알 수 있습니다.

**첫째, 예수님의 십자가 죽음과 부활에 대해 알고 있어야 합니다.**

베스도와 아그립바가 나누었던 얘기 중 하나는 '바울이 예수라는 자가 죽은 다음 살아났다고 주장한다' 였습니다. 그런데 예수님의 죽음과 부활에 대한 사실은 당시 예루살렘의 백성들이라면 누구나 들어 알고 있었을 것입니다. 십자가의 죽음과 부활은 기독교의 근간이 되는 사실이기 때문에 그리스도인이라면 이것이 무엇을 의미하는지에 대해서는 잘 숙지하고 있어야 합니다. 예수님의 죽음과 부활에 대한 말씀을 읽고 묵상하십시오.(롬 10:15/ 요일 1:5)

**둘째, 예수님의 십자가 죽음과 부활을 가슴으로 체험해야 합니다.**
베스도와 아그립바는 이 문제를 죽음과 삶의 영역이 아닌 처리해야할 사무적인 일로 생각했습니다. 예수님의 부활의 의미보다도 죽은 사람이 살았다는 것이 사실인지가 더욱 중요한 문제였습니다. 예수님은 막연히 '우리'를 위해 오신 것이 아니라 '나'를 위해 오신 것임을 기억하십시오.(고전 7:24/ 빌 3:10-11)

**셋째, 예수님의 십자가 죽음과 부활의 생명을 품어야 합니다.**
아그립바와 버니게는 재판장에 화려한 복장을 입고 치장을 하고 왔습니다. 게다가 재판에는 어울리지 않는 불필요한 위엄과 격식까지 갖추었습니다. 반대로 바울은 2년간 옥중 생활을 하면서 많이 초췌한 모습이었을 것입니다. 하지만 바울에게는 그리스도의 생명이 있었고, 영혼의 풍족함이 있었습니다. 그리스도의 죽음과 부활을 믿음으로 영혼이 아름다워지는 그리스도인이 되십시오.(빌 4:4)

**오늘 본문을 통해** 참된 그리스도인의 세 가지 조건을 배웠습니다. 그리스도인의 모든 조건은 필연적으로 예수님과 연관되어질 수밖에 없습니다. 그러므로 예수님의 행적과 말씀에 대해 잘 알고, 믿음으로 받는 다면 초기의 제자들과 사도들처럼 귀하게 쓰임 받는 삶을 살 수 있게 됩니다.
**오늘도** 그리스도의 향기를 생활 중에 은은히 풍기며 사십시오.

**주님!** 말씀의 능력이 삶에서 나타나는 참된 그리스도인이 되게 하소서!

| | |
|---|---|
| 오늘 특별 적용 | |
| 오늘 특별 감사 | |

# 038

# 복음과 신앙의 관계

사도행전 26장 1절부터 32절을 읽으십시오.
① 바울이 증거한 그리스도의 복음은 또 어떤 사람이 증거한 것인가?(22-23)
② 바울은 자신이 만난 사람들이 어떻게 되길 바랐는가?(29)

예전에 어느 나라에서는 자신이 공처가라고 생각하는 사람들을 노란 깃발 아래에 모아놓고 게임을 진행했습니다. 먼저 몸풀기 게임으로 빨간 깃발을 세워놓고 자신이 공처가라고 생각하는 사람은 빨간 깃발로 모이라고 했는데, 단 한명 만이 노란 깃발에 서 있었습니다. 사회자가 이유를 묻자 남자가 "아내가 사람들이 많이 몰리는 곳에는 절대로 가지 말라고 해서요."라고 대답했습니다. 게임은 중지되고 그 남자가 최고의 공처가로 선정되었습니다.

정말로 사랑하는 사람은 사랑한다는 사실을 다른 사람들에게 보여주려고 하지 않습니다. 진정한 사랑은 남에게 과시하지 않고 다른 사람의 반응을 신경 쓰지 않습니다.

**사도행전**(26장 1절부터 23절에는 바울이 아그립바 왕을 전도하기 위해 앞에 자신의 삶을 간증하는 장면이 나와 있고) 26장 24절부터 32절에는 바울이 아그립바 왕에게 직접적으로 그리스도인이 되기를 권하는 내용이 기록되어 있습니다. 바울의 간증에 이은 전도에 베스도는 '미쳤다'고 말하지만 바울은 아랑곳하지 않고 아그립바 왕에게 담대히 복음을 전했습니다. 본문의 내용을 통해 우리는 **복음과 신앙의 세 가지 관계**에 대해서 생각해봐야 합니다.

**첫째, 복음을 전한 것만으로도 우리는 승리한 것입니다.**

성도들이 잘못 생각하는 것 중 하나는 복음을 전해서 상대방이 믿지 않는다면 그 전도를 실패했다고 생각하는 것입니다. 그러나 사탄이 두려워하는 것은 복음을 전하는 성도들이 많아지는 것입니다. 그래서 애초에 사탄은 우리의 마음을 공격해 복음을 전하는 행위 자체에 대한 두려움을 심어놓습니다. 따라서 비록 상대가 복음을 받아들이지 않아도 복음을 전했다는 행위 자체가 이미 사탄을 이겨낸 것입니다. 복음을 전함으로 영적으로 승리하십시오.(고후 5:13/ 갈 6:17)

**둘째, 전도는 철저하게 예수님을 위해 하는 것입니다.**

바울은 미쳤다는 소리를 들으면서도 전도를 멈추지 않았습니다. 구약의 노아도 하나님의 말씀을 따라 방주를 만들었지만 사람들은 미쳤다고 말했습니다. 물론 믿음에 너무 집중한 나머지 교회에서 광적인 행동으로 다른 사람들을 힘들게 한다던가 가정에 소홀한 문제들은 고쳐져야 합니다. 그러나 균형이 잡힌 상태에서의 전도에 대한 열정은 아무리 뜨거워도 해가 되지 않습니다. 마음과 목숨과 뜻을 다해 주님께 헌신하십시오.(창 6:14/ 마 22:37/ 막 3:21/ 히 11:7)

**셋째, 전도는 하나님의 부르심을 전하는 것입니다.**

아그립바 왕과 베스도가 예수님의 죽음과 부활을 시시한 일로 생각하자 심문을 받던 바울은 돌연 '선지자를 믿으시나이까?' 라고 물었습니다. 이것은 그들의 논리를 역으로 이용해 예수님을 믿게 하려던 바울의 질문이었지만, 아그립바 왕은 '네가 나를 그리스도인으로 만들려고 하는 구나' 라는 말과 함께 곤혹스러워하며 빠져나갔습니다. 이것은 바울을 통한 하나님의 부르심을 거절한 것입니다. 하나님은 오늘도 많은 영혼들을 부르고 계십니다. 하나님의 애타는 마음으로 많은 사람들을 천국 잔치에 초대하십시오.(롬 12:1)

**오늘 본문을 통해** 복음과 신앙에 대한 세 가지 관계에 대해서 배웠습니다. 복음을 전하는 것은 신앙을 키우는 데에 매우 중요한 일입니다. 전도하는 사람들은 하나님의 역사하심과 살아계심을 훨씬 가까이에서 느끼게 됩니다. **오늘도** 주님께 철저히 순종하며 살아가십시오.

**주님! 하루 삶의 모든 순간이 주님과 함께 동행하는 삶이 되게 하소서!**

| 오늘 특별 적용 | |
|---|---|
| 오늘 특별 감사 | |

# 039

# 구원의 세 가지 속성

사도행전 27장 1절부터 44절을 읽으십시오.
① 배가 큰 풍랑을 당하게 된 이유는 무엇인가?(9-11)
② 자신의 말을 어긴 뱃사람들에게 바울은 어떻게 대했는가?(21-25)

한 청년이 목사님을 찾아와 구원에 대한 상담을 했습니다.

"목사님, 저는 참된 구원을 받고 싶습니다. 제가 할 일은 무엇입니까?"

그러자 목사님은 안타까운 목소리로 "미안하지만 너무 늦어버렸다네."라고 대답했습니다.

놀란 청년이 "너무 늦었다니요? 구원을 받을 수 없다는 말씀이십니까?"라고 말하자 목사님이 다시 "아닐세, 자네가 구원을 위해 무언가를 하기엔 늦었다는 말일세. 구원을 위해 필요한 모든 일은 이미 예수님이 2천 년 전에 이루셨기 때문이지."라고 말했습니다.

목사님의 대답을 듣고 나서 청년은 믿음으로 구원을 받는 다는 사실을 이해하게 되었습니다.

구원에 대해 제대로 알지 못하는 사람은 제대로 된 신앙생활과 믿음을 가질 수 없습니다. 구원에 대한 강조는 아무리 많이 해도 지나치지 않습니다.

**사도행전(27장 1절부터 26절에는** 바울을 태우고 로마로 가던 배가 하나님의 뜻을 거스르다 풍랑을 맞아 위기를 맞는 장면이 나와 있고) **27장 27절부터 44절에는** 바울이 일행들과 함께 육지에 상륙한 내용이 기록되어 있습니다. 바울은 자신의 말을 듣지 않아 난파당한 선원들에게 하나님께서 모두를 구원하실 것이라는 확신을 전했습니다. 그리고 음식을 먹게 하고 힘을 내게 격려하여 다시 육지로 인도했습니다. 우리는 본문에 나오는 바울의 행동을 통해 **구원의 세 가지 속성**에 대해 알 수 있습니다.

**첫째, 구원은 권세나 지식, 행위로 얻을 수가 없습니다.**

작은 풍랑 하나에도 무력하게 무너지는 것이 사람의 모습입니다. 어떤 사람이라도 피해갈 수 없는 죽음과 죄라는 문제를 인간 스스로의 힘으로 해결한다는 것은 그야말로 어불성설입니다. 구원은 절대로 행위로 얻는 것이 아님

을 깨달으십시오.(엡 1:6)

**둘째, 구원은 말씀을 근거로 믿음으로 얻는 생명입니다.**
폭풍우에 배가 난파된 뒤부터는 죄수의 신분인 바울이 그들의 인도자가 되었습니다. 바울은 먼저 일행에게 하나님에게 받은 말씀 '머리카락 하나도 잃지 않으리라' 는 확신을 줌으로 선원들을 진정시켰습니다. 삶이 영원하다면야 부귀와 명예가 얼마든지 인생의 가장 중요한 요소가 될 수 있습니다. 그러나 죽음 앞에서 필요한 것은 오직 생명뿐입니다. 말씀을 믿음으로 영생을 얻으십시오.(롬 3:30, 5:20)

**셋째, 구원은 모든 사람이 받을 수 있고, 모든 사람에게 필요합니다.**
풍랑에 갇힌 모든 사람들에겐 구원이 필요했습니다. 마찬가지로 죽음이라는 끝이 분명한 모든 사람들에게도 그리스도의 구원이 필요합니다. 우리의 감정과 편견과 고정관념과는 전혀 상관없이 이 땅의 모든 사람들에게는 반드시 구원이 필요합니다. 오직 구원만이 새로운 생명을 가져다주기 때문입니다. 구원이 나뿐 아니라 다른 사람들에게도 필요하다는 것을 깨닫고 열심히 주변에 진리의 복음을 전하십시오.(딤전 4:5-9)

오늘 본문을 통해 구원의 세 가지 속성을 배웠습니다. 구원을 남에게 전한다고 해서 나의 구원이 사라지는 것은 아닙니다. 나의 구원이 정말로 값진 것이라면 그것을 남들도 거저 얻을 수 있게 하기 위해 당연히 노력해야 합니다. 오늘도 나를 통해서 많은 영혼들이 구원될 것을 기대하며 사십시오.

주님! 저의 모든 것이 사람들을 구원하는 귀한 도구로 사용되게 하소서!

| 오늘 특별 적용 | |
|---|---|
| 오늘 특별 감사 | |

# 040

# 그리스도인의 놀라운 일들

사도행전 28장 1절부터 15절을 읽으십시오.
① 하나님의 역사는 바울에게, 또 멜라데 사람에게 어떻게 일
  어났는가?(8-10)
② 바울은 무엇을 통해 힘을 얻었는가?(14-15)

**천로역정을 쓴 존 번연이** 신앙을 가졌다는 이유로 베드포드 감옥에 갇혀 사형을 선고받았을 때 죽는 것이 몹시 두려웠다고 합니다. 그러나 더욱 두려웠던 것은 자신의 두려워하는 모습을 보고 다른 사람들까지 복음에 대해 불신을 가지게 될까봐, 그리고 그것으로 하나님의 영광을 가리게 될까봐 더욱 염려가 되었다고 합니다. 그는 훗날 이렇게 고백했습니다.

"사형장을 향할 때 내가 만일 떨고 있다면 그것이 기독교를 비난하는 사람들에게 기회를 주게 될 것이라고 생각했습니다. 저는 초췌한 얼굴을 지닌 채 무릎을 덜덜 떨며 죽게 될까봐 부끄러웠습니다."

그러나 숱한 고뇌 끝에 결국 번연은 기도 중에 '천국이 오든지 지옥이 오든지' 주 예수께서 자기를 붙잡으리라고 하는 강한 확신을 가지게 되었습니다. 번연은 죽음도 두려워하지 않는 담대함을 가진 뒤에 더욱 놀랍게 쓰임 받았습니다. 담대히 하나님의 영광의 길을 가는 성도들에게는 반드시 놀라운 능력이 임합니다.

**사도행전 28장 1절부터 15절에는** 멜리데 섬에서의 바울의 활동이 기록되어 있습니다. 바울을 태우고 로마를 향해 가던 배는 난파되었지만, 다행히 하나님의 말씀대로 무사히 구출되어 섬에 상륙하게 되었습니다. 바울은 그 섬에서도 하나님의 능력을 나타냄으로 사람들의 극진한 대접을 받고 다시 로마로 가게 되었습니다. 바울의 마지막 여정이 담긴 본문을 통해 우리는 **그리스도인에게 일어나는 세 가지 일**에 대해서 배울 수 있습니다.

**첫째, 승리할 능력이 생깁니다.**
예수님은 복음을 전파하러 제자들을 보내면서 '뱀과 전갈을 밟으며 원수의 모든 능력을 제어할 권세를 주었으니' 라고 말씀하셨습니다. 그리고 바울이 그 말씀처럼 독사에 물리고도 아무렇지도 않은 기적이 일어납니다. 그리스도

인이 세상 사람들과 다른 점 중 하나는 많은 고난과 동시에 그 고난을 극복할 힘이 생긴다는 것입니다. 그리고 그 과정을 통해 신앙이 더욱 성장하게 됩니다. 말씀의 능력을 사용하는 그리스도인이 되십시오.(고전 15:57/ 요일 5:4)

**둘째, 영광의 길이 생깁니다.**
남들이 보기엔 사도 바울의 모든 여정은 죽도록 고생하는 것뿐 그 이상도 이하도 아니었을 것입니다. 그러나 사도 바울은 자신의 여정이 선한 싸움이며 훗날의 비교할 수 없는 영광을 얻기 위한 약간의 고난일 뿐이라고 고백했습니다. 사람들에게는 보이지 않는 영광의 길이 그리스도인들에게는 보입니다. 좁은 문으로 용기를 내어 담대히 나아가십시오.(살전 2:12)

**셋째, 주위 사람들에게까지 하나님의 복이 임합니다.**
바울을 통해 섬에 있던 추장의 아버지와 많은 병자들이 나았습니다. 바울의 이런 행적으로 말미암아 바울 뿐 아니라 함께 표류되어 있던 모든 선원들도 극진한 대접을 받았습니다. 하나님이 아브라함에게 약속하셨던 '너는 복의 근원이 될지라' 는 말씀은 오늘날에도 동일합니다. 하나님의 넘치는 복을 주위사람에게도 경험시키는 축복의 통로로 쓰임 받으십시오.(창 12:3/ 눅 6:28)

**오늘 본문을 통해** 그리스도인에게 일어나는 세 가지 일에 대해서 배웠습니다. 저마다 일어나는 일들은 달라도 그것은 곧, 영원한 새나라를 가기 위한 영광의 길이자 축복임을 기억하십시오. 하나님의 능력을 나타내는 그리스도인들이 더욱 더 세상에 많아져야 합니다.
**오늘도** 고난 중에도 하나님의 은혜를 나타내는 삶을 사십시오.

**주님! 말씀을 통해 모든 것을 이길 힘을 얻게 하소서!**

| 오늘 특별 적용 | |
|---|---|
| 오늘 특별 감사 | |

# 041

# 그리스도인에게 필요한 교훈

사도행전 28장 16절부터 31절을 읽으십시오.
① 바울이 로마에서 한 일은 무엇인가?(23)
② 바울의 삶을 통해 배워야 할 것은 무엇인가?(30-31)

**세계적으로 유명한 다리들은** 막대한 비용이 들었다는 공통점이 있습니다. 포르투갈 리스본에 있는 살라자르 다리는 독재자였던 살라자르가 자신을 기념하기 위해 만든 다리로 그 당시로 매우 큰 금액이었던 10억원 정도가 들었고, 뉴저지 글로스터 시티에 있는 월트 휘트먼 다리에는 12억원 정도가 들었고, 뉴욕 부르클린의 베라자노 다리는 이보다도 훨씬 큰 350억원 정도의 비용이 들었고, 일본 시코쿠에 있는 오하시 다리는 5개의 섬을 잇기 위해 만들어졌는데 총 건축 비용이 800억원이 넘는 것으로 알려져 있습니다. 세계 건설의 10대 프로젝트 중의 하나로 선정된 인천대교에는 2조원이 넘는 천문학적인 공사비가 들어갔습니다.

다리의 원래 목적은 끊어진 지역을 서로 간편히 잇기 위해 생긴 것입니다. 사람들을 하나님과 연결하는 다리, 오늘 우리가 바로 그런 다리가 되어야 합니다. 이것이 모든 영혼들을 향한 하나님의 뜻입니다.

**사도행전의 마지막 본문인** 28장 16절부터 31절에는 로마에서의 바울의 활동이 기록되어 있습니다. 바울은 긴 여정 끝에 드디어 그토록 고대하던 로마 땅을 밟았습니다. 하나님의 섭리를 통해 로마에 도착한 바울은 누가와 아리스다고와 함께 감격의 눈물을 흘렸을 것입니다. 우리는 사도행전의 마지막 모습을 통해 이 시대를 살아가는 **그리스도인들에게 필요한 세 가지 교훈**을 배울 수 있습니다.

**첫째, 이 땅을 위한 그리스도인의 사명이 있습니다.**
바울은 자신의 긴 여정을 통해 동족인 유대인과 이방인들에게 그리스도를 전했습니다. 바울이 그처럼 큰 사역을 감당할 수 있었던 것은 오로지 하나님의 인도를 따랐기 때문입니다. 하나님의 인도를 따름으로 가시밭길이 탄탄대로로 변하고 일국의 수도가 선교기지로 바뀌었습니다. 바울을 감시하던 병사는 오히려 복음을 훼방하는 사람으로부터 바울을 지키는 호위병이 되었습니다. 이천년 전 바울이 감당한 사명처럼 오늘 날 우리들에게 주어진 사명을 감당하십시오.(살전 3:3)

**둘째, 사람은 막을 수 있어도, 하나님의 말씀은 막을 수 없습니다.**
바울은 감옥생활을 하며 몸이 갇혀있었지만 하나님의 말씀은 계속해서 로마로, 유럽으로, 세계 전역으로 퍼져 갔습니다. 바울이 이 때 갇혀서 집필한 것으로 생각되는 에베소서, 빌립보서, 골로새서, 빌레몬서 네 권은 '옥중서신'으로 불리며 지금도 성경을 읽는 많은 사람들에게 은혜를 주고 있습니다. 척박한 환경에서도 최선을 다할 때 하나님은 우리의 노력을 아름답게 사용하십니다. 하나님의 말씀을 더욱 널리 퍼트리십시오.(롬 2:3)

**셋째, 성령님을 통한 우리의 사도행전이 이어져야 합니다.**
사도행전은 '담대히 하나님 나라를 전파하며 주 예수 그리스도께 관한 것을 가르치되 금하는 사람이 없었더라' 라는 말씀으로 마무리 됩니다. 이것은 다른 성경과는 다르게 분명하게 끝이 맺어지지 않아 있습니다. 이것은 사도행전 이후로 계속해서 복음 전파의 사역을 성도들이 이어가기를 바라는 하나님의 마음일 것입니다. '성령행전'으로 불리는 사도행전을 통해 동일한 성령님의 인도하심을 구하는 마음으로 하나님의 영광을 나타내십시오.(요 21:22)

**오늘 본문을 통해** 이 시대를 살아가는 그리스도인들에게 필요한 세 가지 교훈을 배웠습니다. 우리가 읽는 성경의 하나님은 오늘날에도 우리들을 통해 동일하게 역사하십니다. 맡은 사명을 충분히 감당할 수 있는 용감한 그리스도의 군사로 거듭나십시오.
**오늘도** 새로운 사도행전 29장을 써나가는 삶을 사십시오.

**주님! 삶으로 주님을 증거해나가는 거룩한 삶의 연속이 되게 하소서!**

| 오늘 특별 적용 | |
| --- | --- |
| 오늘 특별 감사 | |

# 042

# 예수님과 우리의 관계

로마서 1장 1절부터 7절을 읽으십시오.
① 복음은 누구에 관한 내용인가?(2)
② 복음의 능력은 누구로부터 나오는가?(5)

**유명한 목회자였던** 요한 웨슬레 목사님이 한 때 구원의 확신이 없어 심각하게 고민을 했는데, 목사라는 직분에 선교까지 다녀왔다는 사실로 더욱 괴로워했습니다. 그러던 중 한 신앙 모임에서 우연히 루터의 로마서 서문 구절을 들음으로 마침내 '믿음으로 구원을 얻는다' 는 사실을 확실히 깨닫게 되었습니다. 다음은 새로운 깨달음을 얻은 그 날 웨슬레 목사님이 적은 일기입니다. "내 가슴이 뜨거워지는 것을 느꼈다. 구원을 위해 필요한 것은 오직 그리스도만을 신뢰하는 것이다. 드디어 주님께서 나의 죄를 해결하시고 죄와 사망의 법에서 나를 구원하셨다는 확신이 생겼다. 이것은 머리로 알고 있었지만 마음속에서는 처음으로 느껴지는 일들이었다, 이제 나는 모든 사람들 앞에서 이것을 간증할 것이다. -1738년 5월 24일-"
우리는 사도행전을 통해 성령에 대해 배운 뒤 로마서를 통해 믿음에 대해서 배울 수 있습니다.

**로마서 1장 1절부터 7절에는** 바울이 직접 자신의 의무와 직분에 대해서 밝힌 내용이 기록되어 있습니다. 우리는 로마서를 통해서 믿는 성도들이 어떤 모습으로 살아야 하는지, 또한 이 세상에서 우리의 역할은 무엇인지에 대해서 깨달을 수 있습니다. 우리는 본문의 로마서 서문을 통해 **예수님과 우리의 관계에 대한 세 가지 사실**을 배울 수 있습니다.

**첫째, 우리는 그리스도의 종입니다.**
바울은 먼저 자신을 그리스도의 종이라고 표현했습니다. 원어로 볼 때 이것은 '노예' 라는 표현에 더 가까운 것인데, 빼어난 가문출신이자 대 율법가 가말리엘의 수제자였던 바울의 지위를 생각하면 종이라는 표현은 좀 심한 느낌이 들 정도입니다. 그러나 이 종이라는 표현은 자신을 변화시켜주신 주님에 대한 겸손의 표시였습니다. 주님을 만남으로 일어난 변화였기 때문입니다.

우리가 주님께 종의 자세로 마음을 낮출 때 주님은 우리를 자신의 친구로 세워주십니다. 주님께 더욱 겸손한 마음을 가지십시오.(계 22:3/ 벧전 2:16)

**둘째, 우리는 그리스도의 사도입니다.**
바울은 자신을 그리스도의 종일뿐 아니라 또한 사도라고도 소개했습니다. 사도라는 것은 오늘 날의 '대사' 로 생각하면 이해가 더 쉬운데, 어떤 사명을 위해 다른 곳에 머물러 있는 사람을 뜻하는 것입니다. 우리가 이 땅에 온 목적은 하나님의 뜻을 이 세상에 이루기 위해서입니다. 사도된 직분을 가지고 인생을 살아가십시오.(벧전 2:9/ 고후 5:20)

**셋째, 예수님은 복음의 중심이십니다.**
본문 2절부터 4절에는 '약속하신', '나셨고', '인정되셨으니' 라는 세 가지 동사가 나옵니다. 먼저 '약속하신' 은 구약에 나온 예수님에 대한 예언을 뜻합니다. '나셨고' 는 신약 복음서의 중심이 예수님임을 뜻하고, '인정되셨으니' 라는 동사는 이후의 서신서와 요한 계시록에 증거되는 내용 역시, 모두 예수님이 중심이라는 것을 의미 합니다. 예수님이 우리의 죄를 위해 이 땅에 태어나신 것이 바로 복음입니다. 주님을 우리의 구주로 믿는 것이 참된 복음임을 기억하십시오.(딤후 2:8)

**오늘 본문을 통해** 예수님과 우리의 관계에 대한 세 가지 사실을 배웠습니다. 세상의 모든 구원은 예수님과 연결되어 있고, 우리의 모든 믿음도 예수님과 연결되어 있어야 합니다. 예수님과 우리의 관계를 잘 이해하는 것은 올바른 신앙과 믿음을 성장시키는 밑거름이 되기 때문입니다.
**오늘도** 충성스럽게 우리의 사명을 감당하며 사십시오.

주님! 복음과 구원의 중심이 되시는 주님을 더욱 알게 하소서!

| 오늘 특별 적용 | |
|---|---|
| 오늘 특별 감사 | |

# 043

# 복음의 세 가지 힘

로마서 1장 8절부터 17절을 읽으십시오.
① 바울이 하나님께 감사드린 내용은 무엇인가?(8)
② 복음의 빚을 갚기 위해 바울은 무엇을 했는가?(15),
   또 당신은 무엇을 하고 있는가?

**1975년, 17명이나 죽인** 끔찍한 범죄를 저질렀던 김대두 씨는 사형선고를 받았지만 그는 감옥에서 복음을 믿고, 자신의 지난날을 회개했는데, 사람들은 사람을 그렇게 죽여 놓고 '회개한다' 고 말 한마디 하면 끝이냐고 말했습니다. 덩달아 기독교 교리는 무책임하고 터무니없다고까지 말했습니다. 그러나 김 씨의 편지로 우리는 참된 복음과 회개의 본질에 대해서 알 수 있습니다.

"저는 돌이킬 수 없는 실수를 저지른 살인마입니다. 무지하고 악한 죄인입니다. 아무도 받아 줄 사람 하나 없는 송충이 벌레만도 못한 저를, 그런 저를 주님은 받아주셨습니다. 지난 날 저의 범행은 너무도 끔찍하고 잔인한 것이었습니다. 어째서 그때는 그것을 몰랐을까요. 지금도 과거를 생각하면 너무나 고통스럽고 끔찍합니다. 그러나 주님은 저를 받아주셨고, 부끄럽게도 죄사함과 기쁨의 눈물을 저 같은 죄인에게도 알게 하셨습니다."

김대두 씨는 복음을 믿은 뒤, 비록 옥중이지만 사형을 당하는 날까지 그리고 죽는 순간까지도 3천여 명에게 복음을 전했고, 과거의 잘못에 대해서 괴로워하고, 뉘우쳤다고 합니다. 복음과 회개는 죄인에 대한 면죄부가 아니라 변화될 기회를 주는 마지막 열쇠입니다.

**로마서 1장 8절부터 17절에는** 복음과 하나님의 의에 대해서 기록되어 있습니다. 특히 본문의 16, 17절은 로마서의 핵심구절로 평가되는데, 마틴 루터도 이 구절을 통해 구원의 확신을 가지고 종교개혁을 일으켰습니다. 이 구절을 통해 우리도 복음이 정확히 무엇인지, 또한 어떤 힘을 가지고 있는지 배울 수 있습니다. 오늘 본문을 통해 **복음의 세 가지 힘**에 대해서 알 수 있습니다.

**첫째, 복음은 파괴하는 힘이 있습니다.**
복음에는 능력이 있습니다. 성경에는 이 복음의 능력이 '두나미스(dunamis)' 라는 그리스어로 표현되어 있는데, 이것은 곧, '능력, 권능' 을 뜻합니다. 그런데 이 두나미스는 다이너마이트(dynamite)라는 어원에 뿌리를 두고 있습니다. 종합하면 복음에는 파괴하는 능력이 있다는 뜻입니다. 복음은 우리의 죄, 자아, 모든 악을 파괴합니다. 복음을 통해 죄를 모두 깨트리십시오.(엡 3:7)

**둘째, 복음은 건설하는 힘이 있습니다.**
복음의 능력을 뜻하는 두나미스는 2가지 어원을 통해 이루어진 단어입니다. 하나는 위에 나오는 다이너마이트이고 하나는 '다이나모(dynamo)' 라는 단어인데, 발전기를 뜻하는 단어입니다. 복음에는 죄와 악을 파괴하는 힘뿐 아니라 그 위에 새로운 것을 세우는 힘까지 있습니다. 복음을 통해 진리를 세우는 능력의 삶을 살아가십시오.(엡 1:13)

**셋째, 복음은 믿음으로 살게 하는 힘이 있습니다.**
복음은 하나님이 우리를 위해 준비한 복된 초대장입니다. 이 하나님의 의로 되어있는 복음을 받는 방법은 오직 믿음뿐입니다. 예수님을 믿는 믿음은 우리를 하나님 앞에서 의로워질 수 있게 하는 유일한 길입니다. 세상에서도 복음을 통한 믿음의 삶을 살아가십시오.(골 1:23)

**오늘** 본문을 통해 복음의 세 가지 힘에 대해서 배웠습니다. 복음은 세상을 사는 우리들에게 안 좋은 것을 파괴하고, 새로운 비전을 세우고, 믿음으로 살게 하는 능력이 있는 실제적인 힘입니다.
**오늘도** 복음의 능력을 체험하며 다른 이들에게 복음을 전하십시오.

주님! 복음의 힘을 믿고, 그 힘을 체험하는 삶을 살게 하소서!

| 오늘 특별 적용 | |
| --- | --- |
| 오늘 특별 감사 | |

# 044

# 핑계될 수 없는 세 가지 변명

로마서 1장 18절부터 32절을 읽으십시오.
① 하나님의 능력을 알 수 있는 것은 무엇인가?(20)
② 하나님을 떠난 사람들에게 어떤 진노가 임하는가?(24-25)

**어느 해 정치적인 목적을 이유로** 서울의 한 호텔에서 한 남자가 3백 70여만 원을 창가에서 뿌렸습니다. 돈을 발견한 사람들이 몰려드는 바람에 광장 일대는 1시간가량 교통이 마비 되었습니다. 경찰이 주은 돈을 회수하러 왔지만 단 8만원 밖에 돌려받지 못했습니다. 약 2% 정도의 회수율이었습니다. '그 상황이라면 누구나 그렇게 한다' 라는 변명만큼 편리한 것도 없지만, 그리스도인은 능히 어떤 상황에서도 옳은 일을 해야 하고 하려고 해야 합니다.

**로마서 1장 18절부터 32절에는** 이방인들에 대한 정죄에 대해 기록되어 있습니다. 여기서 말하는 이방인은 유대인이 아닌 사람을 말하는 것이 아니라 하나님의 편에 서지 않고 죄에 서있는 사람들을 뜻합니다. 바울은 "하나님의 진노가 불의로 진리를 막는 사람들의 모든 경건치 않음과 불의에 대하여 하늘로 좇아 나타나나니"라는 18절 말씀을 통해 끝까지 돌아서지 않는 사람들에 대한 하나님의 진노를 나타냈습니다. 우리는 본문을 통해 죄의 편에 선 사람들에게 **핑계가 될 수 없는 세 가지 변명**에 대해서 알 수 있습니다.

**첫째, 하나님을 몰랐다고 변명할 수 없습니다.**
하나님은 하나님과 선에 대해서 알 수 있는 많은 장치들을 인간에게 주셨습니다. 사람들은 그것을 보지 못했다고 변명할 것입니다. 그러나 지식, 양심, 이성 등을 통한 하나님의 음성까지도 몰랐다고는 아무도 말할 수 없습니다. 자신의 마음의 양심도 지키지 못하면서, 하나님을 몰랐기 때문에 선을 행하지 않았다고 변명할 순 없습니다. 이것은 '착하게 살면 구원 받는다' 는 무신론자들의 명제와도 모순입니다. 자신의 죄에 대해서는 자신이 책임을 지고 심판을 받는다는 사실을 기억하십시오.(요 15:22)

**둘째, 악에 대해 알지 못했다고 변명할 수 없습니다.**

오늘 본문은 하나님의 심판이 하나님께 경건치 않은 죄와 사람들이 범한 도덕적 불의에 대해서 쏟아진다고 말하고 있습니다. 사실 그들도 자신의 욕망을 채우는 방법이 악한 것임을 알고 있지만, 쾌락에 눈과 마음이 멀어 선뜻 돌아서지 못하는 것입니다. 그리고 점점 커지는 욕망의 공허를 메우기 위해 더한 악행을 자행 합니다. 악에 대해 핑계치 말고 서슴없이 하나님께로 돌아오십시오.(딤 1:19)

**셋째, 사랑을 몰랐다고 변명할 수 없습니다.**

하나님은 성도들을 통해, 또한 많은 섭리를 통해 모든 사람들을 오늘도 '초대' 하고 계십니다. 그러나 사람들은 그 초대를 외면하고 거절합니다. 평생 동안 그 사랑을 거부하고 자신만을 위해 살았던 사람이 심판의 날에 어떤 핑계를 댈 수 있겠습니까? 하나님의 법이 마음에 존재하지 않는 자유는 방종임을 깨달으십시오.(요 5:20)

**오늘 본문을 통해** 죄에 편에 선 사람들에게 핑계가 될 수 없는 세 가지 변명에 대해서 배웠습니다. 사람들은 모두 자신의 잘못을 합리화하는 경향이 있지만 그리스도인들은 이런 타성에서 벗어나 잘못은 자백하고 당당히 다시 돌아서는 당당한 모습을 가져야합니다. 세상이 주는 쾌락과 하나님이 주는 기쁨 사이에서 방황하는 어리석은 사람이 되지 말고 과감히 세상으로부터 돌아서는 순결한 그리스도인이 되십시오,
**오늘도** 죄에 대한 변명이 아닌 하나님의 선하심을 드러내는 삶을 사십시오.

**주님! 잘못을 변명하기 보다는 뉘우치고 돌아오게 하소서!**

| 오늘 특별 적용 | |
|---|---|
| 오늘 특별 감사 | |

# 045

# 심판에 대한 분명한 사실

로마서 2장 1절부터 16절을 읽으십시오.
① 남을 판단해서는 안 되는 이유가 무엇인가?(2-3)
② 하나님의 징계 기준은 무엇인가?(7)

미국에 두 사람의 농부가 있었습니다.

한 사람은 크리스천이었고 한 사람은 무신론자였지만 두 사람은 서로 친한 사이라 자주 편지를 썼습니다.

어느 날 크리스천이 편지로 다른 농부에게 전도를 했는데, 그 편지에 대한 답장이 날아왔습니다.

"나는 하나님도 모르고 그리스도에 대해서도 모르고 믿지 않네. 그러나 이번 봄에 파종을 잘하였고 여름엔 내내 관리를 잘해 가을엔 풍성한 수확을 거두었다네. 심지어 하나님의 복을 받은 자네보다도 말이네.

이런 내가 어떻게 하나님의 심판을 이해하거나 깨달을 수 있겠나?'

그 편지를 본 크리스천 농부는 다시 짧은 편지를 썼습니다.

"하나님은 가을의 결과로 심판하지 않으신다네. 하나님의 심판은 자기의 정하신 날에 모든 사람의 죽음 뒤에 일어나는 일이라네."

인생살이에 문제가 없다고 해서 심판을 피할 수 있는 것이 아닙니다. 생명의 탄생처럼 죽음 뒤의 심판은 어떤 사람도 피할 수 없는 현상입니다.

로마서 2장 1절부터 16절에는 스스로 의롭다고 생각하는 사람들에 대한 하나님의 심판이 기록되어 있습니다. 바로 앞의 내용에서는 하나님을 알지 못하는 이방인들에 대한 죄를 지적하고 곧 이어서 스스로를 의롭게 여기며 다른 사람들을 정죄하는 유대인들의 죄를 지적한 것입니다. 우리는 본문을 통해 **하나님의 심판에 대한 세 가지 사실**에 대해서 배울 수 있습니다.

**첫째, 하나님의 심판은 누구도 피할 수 없습니다.**

하나님은 모든 인류를 심판하실 때에 인종과 민족에 따라 가르시지 않습니다. 다만 한 사람, 한 사람, 주어진 시간 동안 그가 살았던 행위에 따라 심판을 하십니다. 모든 사람이 다 자신의 행위에 따라 보응을 받는 것입니다. 예수님

을 믿음으로 죽음의 끝에 있는 하나님의 심판에서 구원을 받으십시오.(살후 2:12)

**둘째, 하나님의 심판에는 원칙이 있습니다.**
하나님은 모든 사람에 대한 심판을 적당히 하거나 인정을 통해 진행하지 않고 반드시 원칙대로 하십니다. 심판의 원칙이란, 진리대로, 쌓인 죄에 따라, 행한 대로, 외모로 취하지 않고, 율법의 지식이 아닌 율법의 행함에 따라, 그리스도의 복음으로, 은밀한 모든 것까지 샅샅이 살피십니다. 입술에서 끝나는 신앙고백이 아닌 행동으로 이어지는 신앙인이 되십시오.(유 1:15)

**셋째, 하나님의 심판에는 변명이 없습니다.**
무능력자들은 '나에게는 그것을 할 힘이 없었다' 라고 변명합니다. 상황 윤리자들은 '그 상황에서는 어쩔 수 없었다' 라고 변명합니다. 겁이 많은 사람들은 '나는 그것이 죄인지 몰랐다' 고 변명합니다. 저마다 이 땅에서는 할 말이 있겠지만 하나님의 심판대 앞에서는 입도 열지 못할 것입니다. 모든 잘못들이 하나님의 심판대에서 낱낱이 밝혀지기 때문입니다. 예수님을 통한 구원을 제외하고는 심판을 피할 길이 없음을 잊지 마십시오.(롬 3:19)

**오늘 본문을 통해** 하나님의 심판에 대한 세 가지 사실에 대해서 배웠습니다. 하나님의 심판이란 잘못하지 않았는데 당해야 하는 억울한 일도 아니며, 두렵다고 피할 수 있는 일도 아닙니다. 우리에게 주어진 삶과 같이 당연히 임하는 하나님의 법칙입니다. 그러므로 하나님의 심판과 예수님을 통한 구원을 알고 영생의 선물을 받는 지혜로운 사람이 되어야 합니다.
**오늘도** 심판이 아닌 영생을 꿈꾸며 사는 지혜로운 성도의 삶을 사십시오.

**주님! 심판이 하나님의 법칙임을 알고 지혜롭게 대비하게 하소서!**

| 오늘 특별 적용 | |
|---|---|
| 오늘 특별 감사 | |

# O46

# 율법의 역할에 대한 교훈

로마서 2장 17절부터 29절을 읽으십시오.
① 하나님은 유대인들의 삶을 어떻게 평가하셨는가?(21-22)
② 하나님의 참된 백성은 어떤 사람인가?(25-29)

**몇 년 전의 기록에 따르면** 한국에서 집계된 기독교인의 숫자는 약 천만 명이라고 합니다.

게다가 비슷한 수의 불교신자와 천주교신자까지 합치면, 우리 사회의 거의 대부분은 무신론자보다도 뛰어난 윤리적, 도덕적 기준을 가진 종교인인데도 불구하고 한국 사회는 어쩐지 점점 부패해 가고 있다고 합니다. 이런 현상은 국민들에게 욕을 먹는 국회의원들의 모습에서도 마찬가지입니다. 국회의원들은 대부분 특정 종교를 가지고 있습니다. 그러나 그들의 삶에서는 진리의 모습을 찾아보기 힘들다고들 말합니다.

사람들에게 보여주고 자신의 목적을 이루기 위한 종교는 힘이 없습니다. 올바른 율법의 이해와 하나님의 사랑을 통해 진짜 그리스도인의 삶을 사는 성도들이 이 시대에 정말로 필요합니다.

**로마서 2장 17절부터 29절에는** 당시 가장 종교적이었던 유대인과 그들이 자랑하는 율법에 대해서 기록되어 있습니다. 바울은 '율법을 자랑하는 네가 율법을 범함으로 하나님을 욕되게 하느냐' 라고 말하며 종교인과 율법주의자들이 쉽게 빠질 수 있는 '우월주의' 에 대해서 경고하고 있습니다. 우리는 본문을 통해 **주의해야 할 율법에 대한 세 가지 교훈**을 배울 수 있습니다.

**첫째, 율법은 남을 정죄하기 위한 것이 아닙니다.**
바울은 유대인들의 정죄가 하나님을 욕되게 한다고 강도 높게 비판했습니다. 이것은 그들이 스스로를 자랑스럽게 여기며 하나님의 율법으로 남들의 잘못을 비난하면서 자신들은 정작 그 율법을 지키지 않았기 때문입니다. 율법은 남을 정죄하고 우월의식을 갖기 위한 것이 아닙니다. 남을 정죄하는 만큼 하나님께서도 우리를 정죄함을 기억하십시오.(롬 2:1)

**둘째, 율법을 올바로 분별해야 합니다.**

율법은 시대와 상황에 맞는 하나님의 계시라고도 볼 수 있는데 크게 4가지로 구분할 수 있습니다. 먼저 구약의 유대인들에게 특정한 시기에 주어진 의식적 율법, 또한 출애굽기 20장과 신명기 5장에 나오는 도덕적 율법, 로마서 2장 14절에 나오는 양심의 율법과 예수님을 통해 이루어진 마지막 '그리스도의 율법'이 있습니다. 그리스도의 율법은 구약에 율법 정신과 동기가 무엇인지 진정으로 깨닫게 해주는 새로운 법입니다. 그리스도의 율법을 통해 성경에 나오는 율법의 참의미에 대해서 깨달으십시오.(신 5:6-21/ 고전 9:21/ 갈 6:2)

**셋째, 율법의 정신을 깨달아야 합니다.**

성경은 율법이 그 자체로 거룩한 것이지만, 이것만으로는 구원을 얻을 수 없다고 말합니다. 율법은 완전히 지킬 수 있는 사람이 없습니다. 율법을 자랑하는 유대인들조차도 그 율법에 비추어볼 때는 완전한 실패자였습니다. 율법은 죄를 깨닫고, 자신이 죄인임을 인정하여 그리스도를 믿게하기 위해서 주어진 것입니다. 참된 율법의 정신을 통해 그리스도께로 나아오십시오.(롬 3:31, 7:12/ 히 10:1)

오늘 본문을 통해서 주의해야할 율법에 대한 세 가지 교훈을 배웠습니다. 율법의 역할을 제대로 이해하지 못하고 남용을 하다보면 진정한 예수님의 사랑을 깨닫지 못하게 됩니다. 게다가 세상에서의 빛과 소금의 역할을 하지 못하고 오히려 하나님의 뜻을 가리게 됩니다. 율법에 대한 올바른 이해와 실천은 대단히 중요합니다.

오늘도 넘치는 사랑으로 그리스도의 사랑의 율법을 전하고 실천하십시오.

**주님! 진리와 사랑을 전하는 그리스도인의 삶을 살게 하소서!**

| 오늘 특별 적용 | |
|---|---|
| 오늘 특별 감사 | |

# 세 가지 특권

로마서 3장 1절부터 8절을 읽으십시오.
① 율법을 받은 유대인들의 특권은 무엇인가?(1-2)
② 믿음과 하나님의 미쁘심의 관계는 어떠한가?(3-4)

지구가 태양 주위를 돌고 있다는 '지동설'을 가장 먼저 주장한 것으로 유명한 코페르니쿠스는 당대의 가장 뛰어난 수학자이자 천문학자이자 과학자였습니다. 그러나 지구가 모든 것의 중심이라는 당시의 사고방식을 가진 사람들은 코페르니쿠스가 보여주는 명백한 증거에도 지동설을 받아들이지 못했고, 특히나 교황청에서는 코페르니쿠스의 학설이 하나님을 모독한다고 생각하여 이단으로 규정하며 강도 높은 비난을 멈추지 않았습니다. 결국 코페르니쿠스는 이름 없는 학자가 되어 시골에 숨어 평생을 연구만 하다 죽었지만, 그는 사실 신앙심이 깊은 사람이었습니다. 그가 죽은 후 묘비에는 다음과 같은 글귀가 새겨졌다고 합니다.

"나는 바울의 특권을 구하지 않습니다. 베드로에게 주신 능력도 구하지 않습니다. 다만 한 편의 강도에게 주신 그리스도의 용서를 구합니다."

옳은 주장에도 심한 고난을 당한 코페르니쿠스가 아닌 흉악한 강도의 묘비명이었다면 이 글은 심한 비난을 받았을 것입니다. 이와 마찬가지로 그리스도인의 특권도 그에 맞는 합당한 삶이 받쳐 주어야 더욱 빛을 발합니다.

로마서 3장 1절부터 8절에는 종교인들에 대한 하나님의 심판에 대해서 기록되어 있습니다. 이것은 전 장에서 이어진 바울의 말에 대한 유대인들의 반박을 염두에 두고 미리 기록한 것인데, 의식이나 율법이 좋은 점도 있지만 그것으로는 구원을 얻지 못한다고 다시 한 번 못을 박는 내용입니다. 그러나 바울은 유대인의 특권이 분명히 있다고 말하고 있는데 우리는 본문을 통해 **세 가지 종류의 특권**에 대해서 생각해 볼 수 있습니다.

**첫째, 모두가 누리는 특권입니다.**
세상에 태어나는 모든 사람들은 같은 자연을 누리고, 같은 대기 속에서 살며, 같은 법칙이라는 특권을 누립니다. 이것은 생명을 가진 사람이라면 모두 누리는 것으로 어떤 사람에게도 피해가는 것이 아닙니다. 서로 다른 민족에게도, 믿지 않는 사람에게도, 심지어 악인에게도 이 특권은 동일합니다. 하나님의 은혜로 누리는 일상적인 생활의 특권에 감사하십시오.(고전 15:10)

**둘째, 유대인이 누리는 특권입니다.**
바울은 유대인의 특권이 범사에 많지만 그 중에서도 '하나님의 말씀을 맡은 것'과 하나님의 살아계심과 능력을 직접 체험한 것이 으뜸임을 본문에서 말하고 있습니다. 그러나 이런 특권들에도 불구하고 유대인들은 겸손과 감사보다는 교만과 죄의 길에 빠졌습니다. 받은 특권을 감사할 줄 아는 사람이 되십시오.(출 24:16-17/ 사 43:20-21)

**셋째, 그리스도인의 특권입니다.**
예수님을 믿는 사람이라면 누구나 하나님의 자녀가 될 수 있게 되었습니다. 이것은 유대인의 특권보다 더 더욱 큰 복인데, 가장 중요한 사실은 이 특권은 모든 사람들에게 열려 있다는 사실입니다. 그러므로 우리는 특권을 감사함으로 누리며 그것에 교만하지 않고 겸손함으로 감사하고 순종하는 삶을 살아야 합니다. 그리스도인의 특권을 기쁨으로 누리십시오.(롬 8:15/ 엡 1:6,7/ 히 10:16,17)

**오늘 본문을 통해** 세 가지 종류의 특권에 대해서 배웠습니다. 우리가 누리는 특권들은 하나님의 은혜가 아닌 것이 없습니다. 그러므로 특권을 잘 사용하며 하나님의 영광과 복음의 전파를 위해 사용해야합니다. 범사에 감사하는 마음을 가지고 교만하여 넘어지지 않도록 조심하십시오.
**오늘도** 그리스도인의 특권을 기쁨으로 누리며 사십시오.

**주님! 그리스도의 특권을 겸손하게 사용하게 하소서!**

| 오늘 특별 적용 | |
| --- | --- |
| 오늘 특별 감사 | |

# 칭의의 의미

로마서 3장 9절부터 31절을 읽으십시오.
① 유대인과 이방인의 차이는 무엇인가?(9)
② 그리스도가 없는 삶은 하나님이 보실 때 어떠한가?(12)

**미국의 한 부흥집회에서** 어떤 흑인이 간증을 했습니다.

그는 자신의 삶이 구원을 받은 뒤 새로워졌으며, 구원 받은 뒤의 하나님이 자신을 어떻게 인도했는지에 대해서 감명 깊게 간증했습니다. 간증을 마친 뒤 계속된 교제의 시간에서 한 성도가 질문했습니다.

"오늘 간증을 매우 감명 깊게 들었습니다. 그러나 구원을 받기 위해 어떤 일을 하셨는지 저는 궁금합니다. 어떤 노력을 통해 구원을 받게 됩니까?"

"제가 한 일이라고는 30년 동안 하나님으로부터 멀리 도망 간 것뿐입니다. 그러나 하나님은 저를 끝까지 포기하지 않으셨고, 저는 그 사실을 믿기로 했습니다. 제가 말할 수 있는 노력이란 이것이 전부입니다. "

구원과 의로움은 모두 하나님께로 받는 것입니다. 우리가 할 일은 그 사실을 믿는 것과 그 이후의 성령님의 인도하심에 순종하는 것뿐입니다.

**로마서**(3장 9절부터 20절에는 온 세상에 대한 하나님의 정죄가 기록되어 있고) 3장 21절부터 31절에는 하나님이 우리를 의롭다고 선언하신 '칭의' (의롭다고 일컫음)에 대한 설명이 기록되어 있습니다. 본문을 통해 '율법 외에 하나님의 의가 나타났' 고 설명하며 칭의의 복음에 대해 설명하고 있습니다. 우리는 본문을 통해 **칭의의 3가지 의미**에 대해서 살펴볼 수 있습니다.

**첫째, 칭의는 과정이 아닌 사실입니다.**

칭의란 그리스도께서 십자가에 달려 돌아가심으로 세상의 모든 죄인들을 위한 사역을 감당하셨기 때문에 이루어지는 것입니다. 이것은 하나님의 선언으로 각 사람의 죄와 마음의 상태와는 전혀 관계가 없습니다. 칭의란 모든 믿는 사람들에게 돌아가는 하나님의 선언이고, 이것은 우리의 생각과 감정과는 관계없이 믿는 즉시 이루어지는 사실입니다. 믿음으로 하나님께 칭의를 받으십시오.(행 13:39/ 롬 5:1)

**둘째, 칭의는 하나님께서 하신 일입니다.**

완전히 타락한 상태의 인간은 누구도 죄에서 벗어날 수가 없습니다. 그래서 하나님이 최후의 방법으로 마련한 것이 바로 예수님을 통한 구원의 길입니다. 이것은 사람의 일이 아닌 선하고 동일하신 하나님이 하신 일이자 만고불변의 진리입니다. 지금이나 이전이나, 이후나 모두 마찬가지입니다. 변함없는 구원의 방법을 마련해주신 하나님께 감사하십시오.(갈 2:16)

**셋째, 칭의는 의롭게 만드는 것이 아니라 의로움의 선언입니다.**

우리가 예수님을 영접할 때 하나님은 우리를 의인이라고 칭하십니다. 우리는 영적으로 그리스도와 함께 죽고 부활함으로 새생명을 얻었지만, 죄의 성품을 지닌 육신이 남아있기에, 천국에서처럼 자유로울 수는 없습니다. 자신이 곤고한 사람이라고 탄식하던 바울의 고백이 모든 성도들에게도 적용되는 것입니다. 그러므로 하나님께 칭의를 받는 성도라도 세상에서는 여전히 불완전한 존재임을 인정해야 합니다. 다만 점점 변화되는 삶을 살아야 합니다. 구원의 확신가운데서 계속 변화되는 삶을 사십시오.(롬 8:33)

**오늘 본문을 통해** 칭의의 세 가지 의미에 대해서 배웠습니다. 칭의란 예수님을 통해 얻는 것입니다. 그러나 그렇다 할지라도 여전히 세상에서 우리의 삶에는 죄성이 머무르고 있습니다. 세상의 많은 유혹을 이겨내며 날마다 예수님과 닮아가는 삶을 살아가십시오.
**오늘도** 구원의 주님을 찬양하며 사십시오.

**주님! 구원의 복음을 통해 우리를 의롭게 하신 주님을 찬양하게 하소서!**

| 오늘 특별 적용 | |
| --- | --- |
| 오늘 특별 감사 | |

# O49

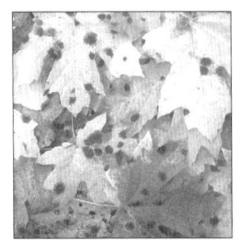

# 그리스도인의 행위와 믿음

로마서 4장 1절부터 12절을 읽으십시오.
① 아브라함이 의롭다 여김을 받은 것은 무엇 때문인가?(1-3)
② 은혜가 의미하는 것은 무엇인가?(5-6)

**미국의 무디 목사님**은 네 가지 믿음에 대해서 말했습니다.

첫 번째 믿음은 자신에 대한 믿음으로 "그대 자신을 믿어보십시오. 분명히 머지않아 스스로에게 실망하게 될 것입니다."라고 말했습니다.

두 번째 믿음은 친구에 대한 믿음으로 "친구를 믿어보십시오. 아무리 절친한 관계라도 언젠가는 헤어질 것입니다. 그렇지 않더라도 죽음이 찾아와 헤어지게 됩니다."라고 말했습니다.

세 번째 믿음은 권력과 물질에 대한 믿음으로 "세상의 권력과 물질을 믿어보십시오. 그것을 탐내는 많은 사람들이 달려들어 당신을 무너뜨릴 것입니다."라고 말했습니다.

네 번째 믿음은 그리스도에 대한 믿음으로 "무엇을 믿어야할지 알 수 없다면 그리스도를 믿어보십시오. 이것만은 결코 후회함이 없을 것입니다. 현세에도, 내세에도 마찬가지입니다."라고 말했습니다.

죄에서의 해방, 구원의 기쁨, 의로움을 입은 하나님의 자녀, 이 모든 것이 그리스도에 대한 믿음에서부터 시작합니다.

**로마서 4장 1절부터 12절**에는 칭의에 대한 구체적인 설명이 나와 있습니다. 바울은 아브라함과 다윗의 예를 들어 칭의에 대해서 설명하고 있는데, 주님의 말씀을 믿는 사람이 아무런 일을 하지 않아도 의로워 지는 것은 그 믿음 자체를 하나님이 의로 여기시기 때문이라고 설명했습니다. 우리는 본문에 나온 **성경 인물들의 행위와 믿음**에서 세 가지 사실을 알 수 있습니다.

**첫째, 아브라함은 행위가 아닌 믿음으로 구원받았습니다.**

창세기 15장 6절에는 '아브람이 여호와를 믿으니' 하나님께서 이것을 '그의 의로 여기시고' 라는 구절이 나옵니다. 하나님은 아브라함의 경건함이 아닌 믿음 한 가지만을 보시고 아브라함을 의롭다고 칭하셨습니다. 칭의의 복음을

믿음으로 하나님께 의롭게 여김을 받으십시오.(히 11:8)

**둘째, 다윗은 행위가 아닌 믿음으로 구원받았습니다.**
다윗은 믿음의 사람이었지만, 밧세바와 간음을 하고 그의 남편인 우리야까지 교묘하게 살인을 하는 중죄를 저질렀습니다. 그러나 이런 다윗도 용서를 받았습니다. 이것은 다윗이 죄를 회개하고 자백했기 때문이었습니다. 다윗은 자신이 하나님께 돌린 영광과 행한한 일들로 하나님께 인정을 받았다고 생각하지 않았습니다. 다윗은 하나님이 자신의 믿음을 보신다는 것을 알았습니다. 하나님의 은혜에 믿음으로 모든 죄를 맡기고 용서받으십시오.(시 18:2)

**셋째, 믿음과 행함은 상호보완의 관계입니다.**
흔히들 로마서 본문의 칭의와 야고보서 2장 2절의 말씀을 대비되는 것으로 생각합니다. 바울은 아브라함이 믿음으로 의롭다 하심을 받았다고 말했고, 야고보는 아브라함이 이삭을 제단에 드리는 행함으로 의롭다 하심을 받은 것이라고 말했기 때문입니다. 그러나 우리의 믿음을 보시고 '의롭다'고 칭하시는 것은 하나님의 선언입니다. 그리고 우리들은 행함으로 그 믿음을 입증해야 합니다. 믿음을 통해 변화된 삶을 살고 있는지 점검해보는 시간을 가져 보십시오.(약 2:21)

**오늘 본문을 통해** 행위와 믿음에 대한 세 가지 사실을 배웠습니다. 구원에 필요한 것은 오직 믿음입니다. 그리고 그 믿음이 참된 것인지는 오로지 하나님만이 우리의 행함을 보고 판단하실 것입니다. 선한 일을 할 때나, 신앙생활을 할 때 언제나 그것이 우리의 믿음으로부터 나온 것인지 생각하며 조심해야 합니다.
**오늘도** 항상 믿음을 통한 행함으로 사십시오.

주님! 복음을 믿을 뿐 아니라 믿음으로 변화되는 삶을 살게 하소서!

| 오늘 특별 적용 | |
|---|---|
| 오늘 특별 감사 | |

# 하나님이 인정하는 의로움

로마서 4장 13절부터 25절을 읽으십시오.
① 우리가 하나님의 자녀가 될 수 있는 방법은 무엇인가?(16)
② 믿음의 유무에 따른 결과의 차이는 무엇인가?(20)

**미국의 한 심리학자가** 조금 특이한 실험을 했습니다.
평범한 동네의 몇몇 집을 택해서 매일 100달러씩 갖다놓은 후 사람들의 반응이 어떤지에 대한 결과를 관찰하기 시작했습니다. 실험 첫날 심리학자가 집집마다 방문해 돈을 주자, 사람들은 의심하고 의아해하면서도 일단 돈을 받았습니다. 일주일이 지나자 심리학자가 지나가는 시간에 맞춰 미리 나와 있는 사람들이 생겼습니다. 그들은 매우 고마워했고, 얼굴에는 매우 행복한 빛이 돌았습니다. 그런데 삼주가 지나면서 사람들은 마치 일상의 한 부분처럼 돈을 받기 시작했습니다. 마지막 넷째 주에는 돈을 나눠주지 않고 그냥 돌아다녔는데, 사람들은 어째서 돈을 주지 않느냐고 화를 내고 고함을 쳤습니다. 심리학자는 아무리 좋은 선물이라도 그것을 계속 받게 되면 감사하는 마음이 무뎌진다고 실험의 결론을 내렸습니다.
위 실험의 사람들처럼 우리도 하나님에 대한 감사를 잊고 사는 것은 아닐까요? 하나님의 놀라운 은혜와 그 결과를 항상 잊지 말고 감사해야 합니다.

**로마서 4장 13절부터 25절에는** 아브라함과 다윗에 이어 그의 후손들에 대한 이야기가 나오고 있습니다. 바울은 칭의에 대해서 계속해서 설명하며 아브라함의 후손들 역시 믿음을 통해 주님의 은혜에 속할 수 있으며, 하나님이 아브라함에게 한 약속은 아브라함의 믿음에 속한 모든 사람들에게도 동일하게 임한다고 설명했습니다. 우리는 본문을 통해 하나님으로부터 **의로움을 인정받는 세 가지 방법**을 알 수 있습니다.

**첫째, 믿음으로 모든 사람이 아브라함의 자손이 될 수 있습니다.**
하나님은 아브라함에게 축복의 언약을 약속하셨습니다. 그리고 본문은 아브라함에게 하셨던 하나님의 언약이 그의 후손들에게 굳게 임한다고 말하고 있습니다. 그러나 이것은 율법적인 후손들 뿐 아니라 아브라함의 믿음에 거한 모든 사람들에게도 굳게 임하는 것입니다. 믿음으로 아브라함에게 주신 하나님의 언약에 동참하십시오.(갈 3:7)

**둘째, 모든 사람은 율법이 아닌 은혜로 의로움을 인정받습니다.**
바울은 율법을 지키는 사람이 아닌 믿음을 가진 사람들이 세상을 얻게 된다고 말했습니다. 아브라함은 율법을 지키고 할례를 받은 사람이었습니다. 그리고 아브라함 이후로 모든 유대인들도 할례를 받음으로 율법을 지켰습니다. 하지만 아브라함이 하나님으로부터 '의롭다' 칭함을 받은 것은 할례를 받기 14년 전이었다는 사실을 잊지 말아야 합니다. 율법이 아닌 믿음으로, 은혜를 통해 의롭다 칭함을 받는 성도가 되십시오.(갈 5:4)

**셋째, 모든 사람은 자신의 노력이 아닌 부활의 능력으로 의로움을 인정받습니다.**
'예수는 우리 범죄함을 위하여 내어줌이 되고 또한 우리를 의롭다 하심을 위하여 살아나셨느니라' 라는 본문을 통해 우리는 예수님이 십자가의 죽으심으로 우리의 죄를 깨끗게 하셨고, 부활을 통해 우리를 의롭게 하셨음을 알 수 있습니다. 그러므로 우리의 모든 행위의 노력을 중단하고 오직 예수님께로만 나아가기를 힘쓰십시오.(요 11:25/ 벧전 1:3)

**오늘 본문을 통해** 하나님으로부터 의로움을 인정받는 세 가지 방법에 대해서 배웠습니다. 인생의 모든 성취에는 그만한 노력이 수반되어야 합니다. 그러나 구원의 문제에 있어서만큼은 스스로의 모든 노력을 내어놓고 오직 더욱 예수님만을 구하는 것이 현명한 방법이요, 유일한 방법입니다.
**오늘도** 부활을 통해 승리하는 삶을 누리며 사십시오.

**주님! 예수님의 탄생과 부활을 믿음으로 승리하는 인생을 살게 하소서!**

| 오늘 특별 적용 | |
|---|---|
| 오늘 특별 감사 | |

# 051

# 그리스도인이 맺어야 할 열매

로마서 5장 1절부터 11절을 읽으십시오.
① 칭의를 얻은 성도가 누릴 수 있는 것은 무엇인가?(1)
② 예수님의 죽으심으로 우리는 무엇을 확신할 수 있는가?(8)

늦은 나이에 그리스도인이 된 한 남자가 친구와 대화를 나누고 있었습니다.
"자네가 기독교인이 되었다니, 좀 물어보고 싶은 게 있네, 도대체 삼위일체가
무엇이며 어떻게 이해를 해야 하는가?"
"글쎄? 나도 교회를 다닌 지 오래 되지 않아 그것은 말해줄 수가 없는걸."
"그래? 그렇다면 기독교와 이단의 차이점은 무엇인가?"
"사실 그것에 대해서도 모르겠네."
그러자 친구가 답답한 듯이 말했습니다.
"도대체 아는 것이 하나도 없으면서 뭐가 기독교인이 되었다는 소린가?"
그러나 이것은 확실히 말할 수 있네. 나는 신앙을 갖고 나서 인생이 정말 행복
해졌고, 우리 가정은 매일 저녁 함께 가족과 둘러앉아 함께 저녁을 먹는 화목
한 가정이 됐네."
그리스도와 함께할 때 우리는 그전에 경험하지 못한 세상의 참된 평안을 얻
을 수 있습니다.

로마서 5장 1절부터 11절에는 칭의의 결과에 대해서 기록되어 있습니다. 그
동안은 칭의를 믿음으로 받는 것이라고 계속해서 역설하던 바울은 칭의의 결
과가 어떤 것인지에 대해서도 말해주었는데, 하나님으로부터 의롭다하심을
얻은 사람들은 예수 그리스도로 말미암아 하나님과 함께 화평을 누리는 복
이 칭의의 결과라고 말했습니다. 우리는 본문을 통해 **의로워진 그리스도인의
세 가지 결과물**이 무엇인지 배울 수 있습니다.

**첫째, 하나님과 화평케 되고 은혜를 경험하게 됩니다.**
예수님의 보혈로 인해 하나님과 우리 사이를 가로막던 죄의 장벽이 허물어졌
습니다. 죄의 장벽이 사라지면서 하나님의 은혜인 기쁨과 평안과 쉼이 우리
가운데 거하게 되었습니다. 은혜는 받거나 들어가기 위해서 노력하는 것이

아니라 이미 우리가 하나님의 은혜 안에 들어와 있다는 사실을 깨달은 때에 풍성히 누리게 됩니다. 하나님의 화평과 은혜를 누리십시오.(요 10:10/ 골 1:20)

### 둘째, 하나님의 영광을 바라고, 소망 가운데 살게 됩니다.

죄에 빠진 인간에게는 죽음과 파멸만이 남아있지만 예수님을 영접한 사람에게는 천국의 소망과 승리가 기다리고 있습니다. 구원 받은 성도들은 날마다 이런 기쁨과 소망을 누리며 살아야 합니다. 하지만 이것은 기쁨과 소망을 유지하려는 의지적인 행동이나 책임감의 고양을 통해 유지할 수 있는 것이 아닙니다. 본문의 5절에 나오는 성령으로 인해서만이 소망이 가득한 삶이 가능해집니다. 성령의 인도하심을 따라 하나님의 영광을 바라고 천국의 소망을 채우십시오.(히 10:19-20)

### 셋째, 그리스도인다운 성품을 이루게 됩니다.

하나님의 은혜 가운데 있는 성도라 하더라도 고난과 어려움이 없는 것은 아닙니다. 그러나 성도들에게는 환란도 즐거워할 수 있는 힘이 있습니다. 사람들에게는 환란이 고통이 되지만 그리스도인들에게는 인내심을 기를 기회가 되며, 사랑을 발휘할 순간이 되며, 끝까지 소망을 붙들 수 있는 좋은 자극이 됩니다. 하나님을 더욱 의지하며 닮아가는 그리스도인의 모습으로 변화되십시오.(고후 4:8-10)

**오늘 본문을 통해** 의로워진 그리스도인의 세 가지 결과물에 대해서 배웠습니다. 단지 구원 받았다는 사실로만 만족하며 끝나는 것이 아니라 믿음을 통해 하나님으로부터 칭의를 받았는지, 그 결과물이 내 삶과 신앙에 나타나고 있는지도 점검해 보는 것이 매우 중요합니다.
**오늘도** 그리스도인의 복을 마음껏 누리며 사십시오.

### 주님! 매일 주님을 더 닮아가기를 소망하게 하소서!

| 오늘 특별 적용 | |
|---|---|
| 오늘 특별 감사 | |

# 052

# 아담과 예수님의 차이

로마서 5장 12절부터 21절을 읽으십시오.
① 죄가 생긴 원인과 그 결과는 무엇인가?(12)
② 그리스도가 아담의 표상이라는 의미는 무엇인가?(18–19)

나폴레옹은 세계를 정복하기를 원했습니다.

그는 유럽을 정복한 후에 곧바로 러시아 출정계획을 세웠는데, 출정 전날 모든 간부와 귀족들을 모아놓고 자신의 계획을 설명했습니다. 그 자리에 있던 한 부인은 계획을 듣고 난 뒤 "훌륭한 계획입니다. 그러나 모든 일을 이루시는 건 하나님이라는 사실을 잊으시면 안 됩니다."라고 말했습니다. 하지만 나폴레옹은 크게 웃으며 말했습니다.

"저의 계획에 하나님이 끼어들 자리는 없습니다. 부인."

그러나 결국 나폴레옹은 전쟁에서 크게 패퇴하고 폐위되어 엘바섬에 유배되는 신세로 전락했습니다. 사람과 달리 하나님의 계획은 언제나 완벽합니다. 사람은 죄를 품고 욕망에 끌려 살지만 하나님의 뜻에 따르고 순종함으로 우리는 완전히 올바른 길로 들어설 수 있습니다.

로마서 5장 12절부터 21절에는 칭의에 대한 결과와 아담과 예수 그리스도에 대한 설명이 기록되어 있습니다. 바울은 칭의의 결과를 다시 한번 언급하며, 아담으로 인해 모든 인류가 죄에 거하게 된 것처럼 예수님으로 인해 그 죄가 사라지고 생명이 생겨났다고 말하고 있습니다. 우리는 본문의 내용을 통해 **아담과 예수님의 세 가지 차이**를 알 수 있습니다.

**첫째, 아담은 불순종했고, 예수님은 순종하였습니다.**

아담은 하나님이 가장 처음 창조하신 사람으로써의 상징성을 가진 인물입니다. 바울은 죄를 범하기 전의 온전한 상태의 아담을 '첫 사람'이라고 표현했는데. 이후 바울은 죄를 안고 돌아가신 예수님을 '마지막 아담'으로 또, 부활하신 예수님을 '둘째 사람'으로 표현했습니다. 아담은 불순종을 통해 죄인의 대표자가 되었고, 아담을 통한 인류는 계속해서 죄에 매여 있었으나 예수님은 마지막 아담으로 이 모든 죄를 다 안고 죽으셨습니다. 그리고 부활의 첫 열매가 되심으로 하나님이 창조한 온전한 모습의 '둘째 사람'이 되신 것입니다. 순종을 통해 죄의 사람이 아닌 하나님의 사람이 되십시오.(빌 2:8/ 벧전 1:2)

**둘째, 아담은 죄에 이르게 했고, 예수님은 은혜에 이르게 했습니다.**
아담의 잘못으로 인해 인류의 역사는 죄의 줄기를 따라 흐르게 됩니다. 아담은 사람을 정죄에 이르게 했고, 율법의 저주 아래에 있게 했습니다. 하지만 예수 그리스도는 죽음과 부활의 제사를 통해 우리를 의롭게 하셨고, 하나님의 은혜 안에 있게 했습니다. 그러므로 세상의 모든 것, 모든 사람을 믿어선 안 되고 오직 하나님에 대한 믿음으로 살아가야 합니다. 예수님을 따라 하나님의 은혜 안에 거하십시오.(고후 8:9)

**셋째, 아담은 죄가, 예수님은 의가 왕 노릇을 하게 했습니다.**
아담의 불순종은 단순한 범죄가 아니라 하나님이 분명한 경고를 무시하고 모든 사람을 심판에 이르게 하는 불순종이었습니다. 아담의 죄가 지금의 우리와 무슨 상관이냐고 묻는 사람이 있을지도 모르지만 전쟁에서 왕이 지면 그 나라 백성들은 모두 노예가 되는 것과 같습니다. 반대로 전쟁에서 승리하면 그 나라 백성들은 자유와 영광을 누리게 됩니다. 모든 것을 이기고 승리한 그리스도를 따름으로 자유와 의의 영광을 누리십시오.(롬 6:6)

**오늘 본문을 통해** 아담과 예수님의 세 가지 차이를 살펴보았습니다. 아담과 예수님의 비교는 인류의 죄성과 구원의 해결책에 대한 깨달음을 주는 비교입니다. 마찬가지로 오늘 날의 성도와 믿지 않는 사람들 사이에서도 분명한 차이를 발견할 수 있어야 합니다.
**오늘도** 그리스도를 믿음으로 승리의 자유를 누리십시오.

**주님! 성경을 통해 주님의 은혜를 깨닫고 감사하게 하소서!**

| 오늘 특별 적용 | |
|---|---|
| 오늘 특별 감사 | |

# 053

## 죄로부터 승리하기 위한 방법

로마서 6장 1절부터 11절을 읽으십시오.
① 정죄함이 없어도 죄를 지으면 안 되는 이유는 무엇인가?(1-2)
② 그리스도인은 사람은 무엇에 대하여 죽은 사람인가?(5-7)

영국 글래스고대학 강당에서 50년 넘게 아프리카에서 선교를 했던 리빙스턴 선교사가 강연을 하고 있었습니다. 83세의 리빙스턴은 이제 막 사회생활을 준비하는 수많은 젊은이들에게 그동안의 자신의 사역과 그 사역을 떠나게 된 계기, 그리고 그 속에서 겪었던 수많은 위기와 고난에 대해서 쭉 말해주었습니다. 그의 말만 듣고도 진저리를 치는 학생들도 있었습니다. 그러나 그 긴 강연을 통해 리빙스턴은 단 한 마디의 결론을 내렸습니다.

"여러분은 제 강연을 듣고 나서 '어떻게 젊음을 모두 바쳐 저런 곳에서 활동을 할 수 있었을까?' 라고 생각할 것입니다. 그러나 제가 그럴 수 있었던 것은, 또 제가 그 동안 가장 의지했던 것은 예수님이 하셨던 다음의 한 구절 덕분이었습니다. '이 세상 끝날 까지 너와 함께 하리라' 바로 이 말씀입니다."

하나님이 언제나 우리와 함께 하신다는 것을 잊지 않을 때, 모든 고난을 이길 힘이 생깁니다.

로마서 6장 1절부터 11절에는 그리스도인의 성화에 대해 설명하고 있습니다. 바울은 특히나 '죄의 지배에서의 승리' 에 대해서 강조하고 있는데, 죄에 대해서는 죽은 자처럼, 예수님을 통해 하나님 안에서는 산 자처럼 여기라고 조언하고 있습니다. 우리는 본문을 통해서 **죄로부터 승리하기 위해 필요한 세 가지 조건**을 알 수 있습니다.

### 첫째, 성화되어야 합니다.
구원을 받고 시간이 흐르면서 크게 세 가지 일이 일어납니다. 칭의와 성화와 영화가 그것인데, 칭의가 우리의 의로움에 대한 선언이라면 성화는 의롭게 변화되는 실제 과정입니다. 칭의는 시작을 뜻하며 성화는 진행을 뜻합니다. 또한 칭의는 죄의식과 형벌에 대한 두려움을 없애주고, 성화는 죄의 세력과 능력을 제거하는 힘이 있습니다. 칭의를 통해 성화로 나아가는 그리스도인이

되십시오.(고전 15:2)

**둘째, 그리스도와 함께 죽고, 함께 부활해야 합니다.**
그리스도와 함께 죽고 부활하는 것은 세례(침례)의 참 뜻이기도 합니다. 우리는 예수님과 한 몸이 되어서 우리의 죄와 육신의 성품 같은 모든 자아를 십자가에 못 박아야 합니다. 우리가 이 사실을 믿든, 미지 않던, 느끼든 느끼지 못하든 간에 이것은 우리가 믿는 순간 일어나는 분명한 사실입니다. 나의 모든 것을 내려놓는 순간 모든 죄의 원인이 사라지게 되고 주님을 통해 죄를 극복하게 됩니다. 연합의 복음을 실천하십시오.(고후 13:4)

**셋째, 아는 것을 믿어야 합니다.**
많은 그리스도인들이 구원을 받았다고 생각한 뒤에도 방황하고 힘들어하는 이유는 여전히 옛사람의 모습으로 인해 반복해서 죄를 범하기 때문입니다. 예수님은 이미 우리의 모든 죄의 자백을 용서하시고 기억하지 않으시겠다고 말씀하셨지만 그것이 진정으로 다가오지는 않은 것입니다. 그러나 복음의 불변성을 인정하고, 성경에 나온 그대로 믿고, 받아들여야 합니다. 칭의와 구원에 대한 말씀에 대한 확고한 믿음을 가지십시오.(딤전 4:16)

**오늘 본문을 통해서** 죄로부터 승리하기 위한 세 가지 조건을 배웠습니다. 신앙생활을 하다보면, 구원의 감격이 더 이상 생각나지 않을 정도로 힘들고 괴로울 때가 많이 있습니다. 그러나 예수님의 말씀에 의지함으로 지혜롭게 죄를 극복하고 하나님의 영광에 이르도록 노력해야 합니다.
**오늘도** 진리를 깨달아 믿음으로 이르는 하루를 사십시오.

**주님! 말씀을 깨달음으로 더욱 주님을 닮아가게 하소서!**

| 오늘 특별 적용 | |
|---|---|
| 오늘 특별 감사 | |

# 054

# 진정한 헌신을 위한 교훈

로마서 6장 12절부터 23절을 읽으십시오.
① 그리스도인은 무엇으로 인하여 하나님께 감사해야 하는 가?(17-18)
② 죄의 결과와 은혜의 결과의 차이는 무엇인가?(23)

학자 버나드 뱅글리는 '날마다 예수님 마음 가까이' 라는 책에서 성도들의 헌신에 대해서 다음과 같이 말했습니다.

"하나님께서 식물들에게 각기 독특한 열매를 맺도록 하신 것처럼 그리스도인들에게 헌신의 열매를 맺게 하십니다. 성도들은 각각 자기만의 고유한 헌신의 모습을 가지고 있습니다. 숙련된 기술자가 하루 종일 교회에 머물러 있을 필요는 없습니다. 벌을 보면 숙련된 헌신자의 아름다움을 알 수 있습니다. 벌은 꽃을 전혀 상하게 하지 않으면서 꿀을 뽑아냅니다. 하루종일 벌집에만 머물러 있지 않습니다. 이처럼 자신이 있어야 할 곳에서 자신이 맡은 일을 완벽하게 해내는 것이 헌신의 모습입니다. 헌신을 통해서 가정생활은 더 나아지며 사랑은 자라야 합니다. 삶의 균형을 해치고 사람의 마음을 다치게 하는 것은 잘못된 헌신입니다."

각각의 소명에 맞는 창조적이고 다양한 헌신의 모습이 가능하다는 사실을 깨달아야 합니다. 어디서 무엇을 하든 헌신을 열망하십시오.

로마서 6장 12절부터 23절에는 죄의 지배로부터 승리하기 위해서 그리스도인들이 해야 할 일에 대해 기록되어 있습니다. 바울은 우리의 몸을 오직 의의 병기로 하나님께 드리라고 말하고 있는데, 우리를 하나님께 드리는 헌신을 통해 세상 속에서 죄에게 승리할 수 있기 때문입니다. 우리는 본문을 통해 **참된 헌신에 도움을 주는 세 가지 교훈**에 대해서 알 수 있습니다.

**첫째, 하나님은 우리의 헌신을 필요로 하십니다.**
바울은 성도들에게 자신을 하나님의 의의 병기로 드리라고 권하고 있습니다. 이것은 하나님은 자신의 뜻에 따라 행동하길 바라는 사람들이 필요하고 또, 찾고 계시다는 뜻입니다. 헌신은 특별히 선택받은 사람만이 하는 것이 아니라 구원 받은 모든 성도들이 이 땅에서 해야 할 의무인 것입니다. 하나님의 부

름에 응답하는 성도가 되십시오.(요 4:23)

**둘째, 하나님께 드리는 것은 우리의 옛사람이 아닙니다.**
하나님이 필요로 하시는 것은 지혜나 힘, 재능과 같은 것들이 아닙니다. 하나님이 원하시는 것은 모든 것을 주님께 드리기로 작정한 새 사람의 마음입니다. 우리가 가진 모든 것은 다 주님이 주신 것이므로 그것을 주님께 드리는 것은 당연합니다. 그러나 주님은 절대로 강요하지 않으시고 우리가 스스로 마음을 드리길 바라고 계십니다. 새로운 사람의 새로운 마음을 주님께 기쁘게 드리십시오.(롬 7:6)

**셋째, 우리는 거듭난 생명을 주님께 드려야 합니다.**
헌신은 말 그대로 모든 몸을 드리는 것입니다. 무엇이든 다 하나님의 영광을 위해 하는 것이 새로운 생명을 얻은 그리스도인들의 삶의 목적입니다. 그리스도 안에서의 우리의 가치관과 삶의 모든 초점은, 나의 성공, 나의 행복, 나의 명예가 아니라 오직 예수 그리스도로 맞춰져야 합니다. 이것이 바로 하나님을 위해 따로 구별된 '거룩'이며, 하나님이 우리에게 원하는 거룩입니다. 하나님을 위하여 따로 구별된 거룩한 삶을 사십시오.(유 1:20-21)

**오늘 본문을 통해** 참된 헌신에 도움을 주는 세 가지 교훈에 대해서 배웠습니다. 온전하지 않은 헌신은 헌신하지 않는 것보다도 못한 결과를 가져옵니다. 하나님이 원하시는 것이 무엇인지, 그것을 위해 내가 할 수 있는 일이 무엇인지를 정확히 알고 실천함으로 하나님뿐 아니라 나에게도 기쁨이 되는 참된 헌신을 할 수 있습니다.
**오늘도** 하나님의 뜻에 순종하고 마음을 드리며 사십시오.

**주님! 헌신을 통해 주님을 기쁘게 하고 영혼은 만족하게 하소서!**

| 오늘 특별 적용 | |
|---|---|
| 오늘 특별 감사 | |

# 055

# 예수님과 율법의 관계

로마서 7장 1절부터 12절을 읽으십시오.
① 우리가 율법에 대해서 죽임을 당한 이유는 무엇인가?(4)
② 율법이 우리에게 가르쳐 주는 것은 무엇인가?(7)

**한 청년이** 유명한 목회자를 찾아가 물었습니다.

"목사님, 저도 목사님 같은 목회자가 되고 싶습니다. 혹시 괜찮으시다면 목사님의 성경을 좀 볼 수 없을까요? 말씀대로 살아온 목회자의 성경이 어떤지 꼭 한 번 보고 싶습니다."

목사님은 자신이 평소에 묵상때 쓰던 성경을 가져와 보여주었습니다. 성경책의 여백에는 묵상의 언어들이 빼곡하게 적혀 있었습니다. 청년은 성경을 쭉 훑어보던 중 한 가지 이상한 점을 발견하고 질문을 던졌습니다.

"목사님, 여기에 적힌 T.P. 라는 글자는 무엇입니까? 성경 여기저기에 많이 적혀있는데 도저히 무슨 뜻인지를 모르겠습니다."

"그것이 가장 중요한 것입니다. 그것은 TEST와 PROOF의 약자입니다. '말씀대로 실행해 보았더니 입증되었다' 는 저만의 표시입니다."

모든 말씀은 우리의 생활 속에 적용이 가능합니다. 그리고 우리가 말씀을 의심하지 않고 실천한다면 그것이 사실이라는 것을 금방 알게 될 것입니다.

**로마서 7장 1절부터 12절에는** 성화와 율법에 대한 비유가 기록되어 있습니다. 본문의 첫 번째 남편은 율법이며 두 번째 남편은 예수 그리스도를 뜻하는 것입니다. 바울은 당시의 예식 법을 예로 들어 성화는 율법을 통해 이루어지는 것이 아니지만, 율법이 필요할 때와 적용할 때가 있고, 율법은 그 자체로 중요하고 거룩한 것이라고 덧붙여 설명하고 있습니다. 우리는 본문을 통해 **율법과 예수님을 통한 복음에 대한 세 가지 교훈**을 얻을 수 있습니다.

**첫째, 더 이상의 정죄함은 없습니다.**

그리스도인들은 율법의 정죄에서 자유로워진 사람들로 하나님을 위하여 열매를 맺는 삶을 살아야 합니다. 사람들은 정죄에서의 자유를 열매 맺는 삶과 연결하지 못하고 오직 '죄의 허락' 으로 생각하는데 이것은 너무도 편협하고 수준 낮은 생각입니다. 온전히 믿는 성도에게 더 이상의 정죄함은 없다는 사실을 기억하십시오.(시 94:21/ 막 16:16)

**둘째, 복음을 통해 우리는 율법에 대해 죽었습니다.**
우리가 율법에서 벗어날 수 있는 방법은 죽음밖에 없습니다. 율법으로 인해 모두가 죄인이 되었고 죄의 값은 사망이기 때문입니다. 그러나 하나님의 놀라운 은혜와 섭리로 그리스도를 믿는 것으로 우리는 주님과 연합하게 됩니다. 예수님이 돌아가실 때 성소와 지성소를 가로막던 휘장이 찢어진 것도 바로 이러한 뜻을 나타내신 것입니다. 일점일획도 변함없는 주님의 계획을 신뢰하십시오.(출 26:31/ 겔 10:14, 1:19/ 마 5:18/ 롬 6:23)

**셋째, 열매 맺는 삶을 살아야 합니다.**
예수님의 죽으심과 함께 율법에 대해 자신이 죽은 것처럼 부활의 주님을 통한 새생명과 새힘으로 우리는 하나님이 원하시는 일들을 이룰 수가 있습니다. 그리고 이런 과정을 통해 율법이 완전히 이루어지는 것입니다. '그런즉 이제 내가 산 것이 아니요. 오직 내 안에 그리스도께서 사신 것입니다' 라는 바울의 고백을 통해 열매를 맺으십시오.(딛 3:14/ 약 1:18)

**오늘 본문을 통해** 율법과 예수님을 통한 세 가지 교훈을 얻었습니다. 율법과 예수님, 그리고 구원에 대해서 올바른 지식을 가져야 무엇이 우선이고 '나중'인지에 대해 확실히 알 수 있게 됩니다. 진리를 올바로 알고 우리의 몸을 드림으로 하나님의 선한 일에 쓰임을 받으십시오.
**오늘도** 성령 안에서 진리를 행하며 사십시오.

**주님! 예수님을 통해 구원받음을 늘 감사하게 하소서!**

| 오늘 특별 적용 | |
|---|---|
| 오늘 특별 감사 | |

# 056

# 죄로부터의 자유

로마서 7장 13절부터 25절을 읽으십시오.
① 그리스도인들이 반드시 알아야 할 사실은 무엇인가?(21)
② 성령의 능력을 깨닫지 못할 때 어떤 갈등을 겪게 되는가?(22-23)

**영화중에** '혹성탈출 : 진화의 시작' 이라는 영화가 큰 인기를 끌었습니다. 한 과학자의 잘못된 욕심으로 유인원들의 지능이 높아지면서 일어나는 일들이 었는데, 영화 중간에 유인원들이 사람에게 배운 수화를 통해 대화를 나누는 장면이 특히 사람들에게 인상 깊은 장면으로 남았는지, 한동안 주요 포털 사이트에서 '침팬지 수화' 가 검색어 상위권에 오르기도 했습니다.

그런데 실제로 오클라호마 주립대의 한 연구팀이 유인원의 지능에 대해 알아보기 위해서 수화를 가르치려는 시도를 했었습니다. 그 결과 140여개의 단어 습득이 가능했고, 때로는 문장을 구사하기도 했습니다. 인상적인 것은 가장 먼저 수화로 표현한 것이 '나를 놓아 달라' 였다는 것입니다.

사람들의 눈에 자신의 죄의 양이 보인다면 아마도 저 유인원과 같은 말을 할 것입니다. '나를 죄에서 놓아 달라' 그만큼 우리는 죄에서 자유로울 수가 없습니다. 그러나 죄의 문제를 해결할 수 있는 방법이 있습니다. 바로 예수 그리스도를 믿고 따르는 것입니다.

**로마서 7장 13절부터 25절에는** 구원의 기쁨에도 불구하고 죄에 대한 문제로 고민하는 바울의 고뇌가 기록되어 있습니다. 바울은 탄식의 울부짖음을 통해 자신이 곤고한 사람이라는 것을 진심으로 표현했는데, 칭의와 율법으로부터의 자유를 계속해서 강조한 다음 본문의 내용이 온 것에 대해서는 조금 의아할 수도 있는 부분입니다. 오늘은 본문을 통해 진정으로 **죄에서 자유로워지는 세 가지 방법**에 대해 알 수 있습니다.

**첫째, 구원받은 뒤에도 죄의 문제는 존재한다는 것을 알아야 합니다.**
칭의에 대해 말한 뒤 곧바로 죄에 대한 탄식을 하는 것은 조금 이상해보입니다. 그러나 사실 이것은 칭의 다음에 실제로 찾아오는 중요한 단계입니다. 전심으로 주님을 위한 삶만을 살고 싶어 하지만 믿음의 부족과 육체의 한계 속에서 잘못을 저지르게 되고, 이때의 절망감은 예수님을 알지 못했을 때 저질렀던 죄보다도 더욱 크게 느껴집니다. 구원 뒤에도 죄의 문제가 생긴다는 것을 깨닫고 그것마저 주님 앞에 내어 놓으십시오.(요일 5:16)

**둘째, 우리의 힘과 노력을 내려놓아야 합니다.**
우리는 구원을 받은 뒤 경험하는 죄의 문제를 통해 자신의 무력감을 더욱 크게 느끼게 됩니다. 바로 그 무력감을 통해 율법은 결코 제대로 지킬 수 없다는 것을 깨닫게 되고, 모든 것을 주님께 맡겨야 한다는 사실을 체험하게 되는 것입니다. 죄의 문제를 통해 무력감을 깨닫고 더욱 신앙이 성숙해지는 기회로 삼으십시오.(롬 11:6/ 벧전 5:7)

**셋째, 오직 하나님만을 더욱 의존해야 합니다.**
구원을 받은 뒤 우리는 더욱 그리스도의 필요성을 느끼게 되며, 우리의 육체가 죄악 속에 거하고 있는 정도가 아니라 완전한 사망의 몸이었다는 것을 뼛속 깊이 느끼게 됩니다. 하나님의 일은 하나님께서 이루십니다. 하나님의 일을 이루기 위해 준비된 우리가 되도록 노력하십시오.(창 32:24-32)

**오늘 본문을 통해** 죄에서 자유로워지는 세 가지 방법에 대해 배웠습니다. 구원의 감격 뒤에도 죄에 대한 문제는 다시 한번 성도들을 찾아옵니다. 그리고 이전보다도 더욱 마음을 괴롭게 하고 심한 무력감을 느끼게 만듭니다. 그러나 그런 과정은 결국 칭의와 구원, 그리고 하나님을 의지하는 것에 대한 완전한 순종으로 우리를 이끌어줍니다.
**오늘도** 모든 믿음과 경건을 예수님께로 향하며 사십시오.

**주님! 복음을 통해 진정한 자유를 누리는 삶을 살게 하소서!**

| 오늘 특별 적용 | |
| --- | --- |
| 오늘 특별 감사 | |

# 057

# 성령 안에서의 생활

로마서 8장 1절부터 13절을 읽으십시오.
① 그리스도 안에서 있는 사람들이 누리는 복은 무엇인가?(1)
② 율법이 하지 못하는 일을 하나님은 어떻게 하셨는가?(3–4)

**예전에 미국에서** 한 사람이 기독교를 표방한 종교로 큰 인기를 끌었습니다. 그의 인기의 비결에는 '로자리오' 라는 이름의 묵주가 있었습니다. 그는 자신의 신도들에게 매일 아침 이 묵주를 어루만지면 '나는 날마다 더 좋아지고있다' 고 중얼거리면 만사가 형통할 것이라고 선전했는데, 문제는 이런 이야기를 실제로 믿고 따르는 사람들이 매우 많았다는 것입니다. 묵주를 만지며 읊조리는 주문은 '플라시보' 효과 이상의 어떤 의미도 존재하지 않습니다. 기도에 대한 수많은 베스트셀러를 쓴 A. W. 토저 박사는 이런 현상에 대해 큰 우려를 표하며 성령에 대해서 다음과 같이 말했습니다.

"기독교는 로자리오 묵주와 같이 황당한 이야기를 하는 종교가 아닙니다. 예수님이 우리에게 약속하신 권능은 우리의 동의에 따라 우리의 삶 속으로 들어오는 능력이요, 우리의 삶의 뿌리까지 찾아와 우리를 그리스도의 형상으로 변화시키는 능력이지 미신의 능력이 아닙니다. 성령님의 능력에는 비정상적이거나 무시무시한 것이 없습니다."

성령을 올바로 알고 따를 때, 성령으로 인한 거룩한 삶을 살 수 있습니다.

**로마서 8장 1절부터 13절에는** 성화를 통한 승리의 비결이 기록되어 있습니다. 간단히 말해 성령 안에서 생활하는 것인데, 바울은 성령의 법이 죄와 사망의 법에서 우리를 해방했다고 말하고 있습니다. 우리는 본문을 통해 **성령 안에서 생활하게 하는 세 가지 지침**을 살펴볼 수 있습니다.

**첫째, 죄와 사망의 법에서 벗어나야 합니다.**
앞의 내용을 통해 우리는 바울도 죄를 자신의 힘과 의지로 이겨보려다가 실패했다는 사실을 알 수 있습니다. 바울과 마찬가지로 우리도 스스로의 힘으로 죄를 이겨낼 수는 없습니다. 지구의 물리법칙을 거스를 수 없는 것과 마찬가지입니다. 그러나 중력을 부력으로 이기고 비행기가 뜰 수 있는 것처럼 죄의 법칙 역시 자유의 법칙, 구원의 법칙으로 이겨낼 수 있습니다. 성령님께 계속해서 나를 내맡기려 노력하십시오.(요일 2:12)

**둘째, 육신의 것을 좇지 않아야 합니다.**
성령의 법을 좇는 사람은 육신의 법을 좇을 수 없습니다. 사람이 동서남북 한 군데로밖에 이동할 수 없듯이 성령을 좇는 사람은 육신의 법을 함께 따라 좇지 않습니다. 그것은 구원을 받기 전의 모든 인류가 구했던 것으로 영을 사망에 이르게 하고 하나님과 원수가 되게 하는 길이기 때문입니다. 구원을 받은 뒤 이전의 좇던 모든 것들을 과감히 버리고 성령을 구하십시오.(고후 10:3-4)

**셋째, 하나님의 영으로 인도받아야 합니다.**
우리의 옛사람은 죄의 법칙에 대해 '나는 도저히 할 수 없다. 나는 곤고하다'라고 고백할지 모르지만 성령님은 '나는 할 수 있다. 내가 모든 것을 할 테니 나를 따르라' 고 말씀하고 계십니다. 기차의 기관차 부분이 뒤의 기다란 객차를 모두 끌듯이 우리가 성령님을 붙들 때에 자유와 구원의 법칙에 이끌려 살게 됩니다. 믿음으로 성령님께 늘 나아가십시오.(요 16:13)

**오늘 본문을 통해** 성령 안에서 생활하게 하는 세 가지 지침을 배웠습니다. 성령의 충만은 신앙이 출중한 사람만 받을 수 있는 특권이 아닙니다. 성령님은 모든 그리스도인들을 이끌어 나가길 원하십니다. 성령을 통해 진정으로 승리하는 생활을 맛보는 믿음의 그리스도인이 되어야 합니다.
**오늘도** 성령을 알고, 믿고, 그 안에서 생활하며 사십시오.

**주님! 성령을 느끼고, 성령을 따르는 삶을 살게 하소서!**

| 오늘 특별 적용 | |
|---|---|
| 오늘 특별 감사 | |

# 058

# 영화의 과정과 의미

로마서 8장 14절부터 30절을 읽으십시오.
① 우리가 하나님의 자녀인 것을 어떻게 알 수 있는가?(16)
② 세상의 피조물들이 간절히 원하는 것은 무엇인가?(19~23)

'사람이 유일하게 거짓말을 하지 않을 때는 죽기 전에 하는 유언뿐이다' 라는 말이 있습니다.
루터는 죽기 전 "하나님은 구원을 주시는 하나님이요, 그를 통해 우리가 사망을 피할 수 있는 것입니다."라고 말했습니다.
존 낙스는 "그리스도 안에서 사는 겁니다. 그리스도 안에서 사세요. 그러면 육체의 사망을 두려워 할 필요가 전혀 없습니다."라며 임종을 맞았습니다.
칼빈은 "주님! 당신이 저를 데려가시는군요. 이것이 주님의 섭리인 것을 알기에 저는 죽음에도 만족합니다!'라는 유언을 남겼습니다.
요한 웨슬레는 "하나님이 우리와 함께 계시다는 것이 가장 귀한 축복인 것을! 하나님이 지금 우리와 함께 계십니다! 잘들 있어요!' 라고 말을 남겼습니다.
자신의 유언을 통해 믿음을 고백한 사람들은 모두 위대한 신앙의 위인들이었습니다. 그리스도인에게 죽음은 영광과 소망의 순간입니다.

**로마서 8장 14절부터 30절**에는 그리스도인의 영화에 대해서 설명되어 있습니다. 사도 바울은 성령의 역사와 영광을 더불어서 설명하고 있는데, 하나님이 미리 정하신 이들을 불러서 의롭게 하셨다는 칭의와 더불어 그들을 영화롭게 하셨음을 말하고 있습니다. 오늘 본문을 통해 우리는 **영화에 관련된 세 가지 사실**을 알 수 있습니다.

**첫째, 영화의 과정을 알아야 합니다.**
로마서를 여행에 비유해 설명하면 죄와 죄책의 골짜기를 지나 하나님의 자녀가 되는 영광의 봉우리로 우리를 인도해 주는 여정으로 볼 수 있습니다. 첫 번째 아담으로 인한 정죄에서부터 마지막 아담이신 성자 예수님으로 인해 칭의를 얻고, 성령 하나님의 역사로 인한 성화를 이룬 뒤 성부 하나님이 약속하신 영화를 누리게 되는 것입니다. 칭의와 성화, 영화는 모두 하나님의 은혜일뿐만 아니라 하나님의 약속입니다. 성실한 믿음 생활을 통해 하나님의 약속하신 영화를 누리십시오.(롬 8:14-39)

**둘째, 영화는 그리스도 안에서 누리는 특권입니다.**
예수님께서 이 땅에 다시 오실 때에, 예수님의 영이 있는 사람들은 몸까지도 예수님과 같이 변화하여 온전케 됩니다. 이것은 하나님의 상속자가 되는 것을 뜻하며, 하나님을 아버지라 부를 수 있게 되는 특권이 부여됨을 뜻합니다. 죄에서 해방된 완전한 자유를 진정으로 누리게 되는 것입니다. 하나님이 약속하신 영화를 통해 그리스도인의 특권을 누리십시오.(고전 15:50-53/ 빌 4:13/ 살전 4:15-17)

**셋째, 영화는 그리스도와 함께 영광을 받는 것입니다.**
본문에서 나오는 성령님은 우리를 인도하시는 분이며(14), 증거하시는 분이며(16), 도우시는 분(26)입니다. 그리고 우리를 위해 대신 간구하는 분이십니다(26,27). 이런 성령님의 역사를 통해 우리는 그리스도와 함께 영광을 받게 되고 온전히 구원받게 됩니다. 하나님을 찾고 함께하는 사람들에게 상주시는 주님 이심을 믿으십시오.(히 11:6)

**오늘 본문을 통해** 영화에 관련된 세 가지 사실을 알았습니다. 그리스도인이 된다고 해서 무조건 복을 받고 고난이 없는 삶을 사는 것은 아닙니다. 때로는 더욱 심한 고난과 핍박을 받기도 합니다. 그러나 그 모든 것의 끝에는 약속된 상이 있다는 사실과 어떤 고난 속에서도 주님과 함께한다는 사실을 통해 위로와 이길 힘을 받는 것이 그리스도인의 복된 자세이며, 능력입니다.
**오늘도** 하나님의 영광을 바라보며 사십시오.

**주님! 예수님과 함께하는 것만이 모든 의미가 된다는 사실을 알게 하소서!**

| 오늘 특별 적용 | |
|---|---|
| 오늘 특별 감사 | |

# 059

# 성도에게 필요한 세 가지 확신

로마서 8장 31절부터 39절을 읽으십시오.
① 하나님이 우리에게 주시겠다고 약속한 것은 무엇인가?(32)
② 그리스도인들이 환란 중에도 승리를 확신하는 이유는 무엇인가?(37)

**마틴 루터가** 구원의 확신을 얻고 종교 개혁을 계획하고 있을 때, 밤마다 악몽에 시달렸다고 합니다.

꿈에 사탄이 나타나 그동안 루터가 저질렀던 죄의 목록을 모두 보여주며 "이게 너의 본래 모습이다. 이래도 네가 종교 개혁을 일으킬 수 있겠느냐?"라고 말했다고 합니다. 루터는 마귀에게 반박을 하려고 했으나 딱히 반박할 말을 찾지 못했습니다. 그러다 로마서의 말씀이 다시 떠올랐고, 곧 사탄에게 당당히 말했습니다.

"네가 말한 것은 다 사실이다. 그리고 그와 같은 죄를 얼마든지 더 가져와도 좋다. 내게는 그 모든 죄를 다 씻고도 남을 그리스도의 보혈이 있다."

죄의 해결의 문제에 대해 의구심을 갖는 것은 보혈의 능력을 의심하는 것이고 온 인류를 구원할 방법이 불가능하다고 말하는 것입니다. 보혈의 능력으로 구원의 기쁨을 깨달으십시오.

**로마서 8장 31절부터 39절에는** 우리를 향한 하나님의 끊을 수 없는 사랑에 대해서 기록되어 있습니다. 바울은 우리를 그리스도의 사랑에서 끊을 수 있는 것은 그 무엇도 없다고 단언했습니다. 우리는 본문을 통해 **그리스도인이 가져야 할 세 가지 확신**에 대해서 확인할 수 있습니다.

**첫째, 우리는 모든 정죄에서 해방되었습니다.**

하나님께서는 놀라운 능력으로 우리를 보호하시며, 위로하시며, 주님의 길을 따르도록 인도하십니다. 태초부터 지금까지 하나님이 우리와 함께 하지 않으셨던 적은 한번도 없었습니다. 지금 이 시간 까지도 말입니다. 예수님은 지금도 하나님의 우편에서 우리를 위하여 간구하고 계십니다(34). 하나님이 우리를 위하시면 아무도 우리를 대적할 수 없습니다. 사람들의 정죄도, 마귀의 정죄도 아무런 위력을 발휘할 수 없습니다. 아무도 우리를 정죄할 수 없다는 사

실을 기억하고 마찬가지로 그 누구도 정죄하지 마십시오.(고전 11:32)

**둘째, 우리를 하나님의 사랑에서 끊을 수 있는 것은 없습니다.**
본문에서는 크나큰 하나님의 사랑을 구원의 완성인 영화의 연장선상으로 설명하고 있습니다. 그러나 역으로 그리스도인들에게는 '과연 이 구원과 영화의 사건이 나에게 확실히 일어날 것인가?' 라는 생각과 함께 두려움을 불러일으키기도 합니다. 사도 바울은 그런 생각을 하는 사람들을 향해서 역으로 우리를 그리스도의 사랑에서 끊을 수 있는 것은 아무것도 없다고 단언하고 있습니다. 높음이나 깊음이나 다른 아무 피조물이나 우리를 그리스도의 사랑에서 끊을 수 없음을 믿으십시오.(엡 5:2/ 요일 4:9)

**셋째, 구원은 한 번으로 충분합니다.**
첫 번째와 둘째의 확신을 통해서 우리는 한 가지의 결론을 얻을 수 있습니다. 바로 한 번 얻은 구원은 결코 상실할 수 없다는 것이 그 결론입니다. 우리가 하나님을 인정하며, 그분을 떠나보내지만 않는다면 하나님은 결코 우리를 포기하지 않으시고, 우리를 향한 구원을 거두지 않으십니다. 우리를 날마다 새롭게 변화시키는 하나님과 언제나 함께 하십시오.(요 4:14)

**오늘 본문을 통해서** 그리스도인이 가져야 할 세 가지 확신에 대해서 배웠습니다. 오늘 배운 세 가지 확신은 영원불변한 하나님의 진리입니다. 어떤 어려움과 시련 속에서도 이 세 가지 확신만큼은 절대로 잊지 말고 마음 안에 새기십시오. 하나님의 사랑은 언제나 우리를 떠나지 않고 함께 하십니다.
**오늘도** 예수님의 뜨거운 사랑을 마음 깊이 느끼며 사십시오.

**주님! 온 인류를 구원할 보혈의 능력에 감격하게 하소서!**

| 오늘 특별 적용 | |
|---|---|
| 오늘 특별 감사 | |

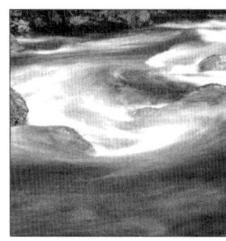

# 060

# 전도를 위한 세 가지 질문

로마서 9장 1절부터 5절을 읽으십시오.
① 바울을 고민하게 만든 문제는 무엇인가?(1-3)
② 선택받은 이스라엘 백성의 복은 무엇인가?(4,5)

**렘브란트는** 네덜란드의 유명한 화가입니다.

그는 젊은 시절 사랑하는 아내를 읽는 고통을 겪고 심각한 방황을 했는데, 그 과정에서 하나님을 만났습니다. 이후에 그는 수많은 명작들을 남기며 레오나르도 다 빈치와 함께 유럽 최고의 화가로 인정을 받았습니다. 그의 뛰어난 그림 실력 때문에 때로는 유명한 화가들까지도 찾아와 비결을 묻곤 했는데, 그때마다 렘브란트는 같은 대답을 했습니다.

"생각을 멈추고 붓을 들게."

많이 그림을 그리는 것만이 실력의 비밀이었습니다. 운전을 이론만 공부해서는 면허를 딸 수 없듯이 전도 역시 마찬가지입니다. 이론을 잘 안다고 운전을 잘하는 것이 아니듯이 전도 역시 마찬가지입니다. 탈락을 해도 재시험을 통해 면허를 딸 수 있듯이 전도 역시 마찬가지입니다. 전도는 도전과 실패로 이루어지는 거룩한 그리스도인의 사명입니다.

**로마서 9장 1절부터 5절에는** 바울의 동포를 사랑하는 마음이 기록되어 있습니다. 바울은 자신의 형제와 골육의 친척을 위해서라면 자신이 그리스도에게서 끊어지는 저주도 감수하겠다고 고백했는데, 이것은 곧 이스라엘 백성들을 향한 모세의 고백과도 같은 것이었습니다. 우리는 본문을 통해 **이웃 전도에 대한 세 가지 질문을** 자신에게 던져 보아야 합니다.

**첫째, 이웃에 대해 어떤 마음을 갖고 계십니까?**

본문의 바울은 자신의 형제와 이웃, 친척을 위해서라면 자신이 천국에 가지 못해도 좋다고 말했습니다. 구약의 모세 역시 자신의 이름이 생명책에서 지워지더라도 좋으니 백성들의 죄를 용서해달라고 하나님께 구했습니다. 하나님을 알지 못하는 영혼들에 대해 이런 간절한 심정과 담대한 온유함이 있어야 놀라운 쓰임을 받을 수 있습니다. 이웃을 사랑하는 마음과 열정이 나의 안

에 있는지 되돌아보십시오.(출 32:32/ 마 22:39-40)

## 둘째, 어디까지를 이웃이라고 생각하고 계십니까?

본문만 보면 바울은 형제와 이웃, 친척에 대해서만 간절한 마음을 가진 것 같지만 그는 이방인을 위한 사도로 자칭할 정도로 이방인들에 대한 사랑도 깊었습니다. 그러나 이방인들 사이로 빠르게 퍼지는 복음에 비해 동포들은 여전히 복음을 거부하고 있었으므로 본문과 같은 고백을 한 것입니다. 우리의 이웃은 가깝게는 가족, 친구, 지역 주민으로부터 멀리는 북한, 동남아, 아프리카까지 전 지구인이 되어야 합니다. 하나님으로부터 지음 받은 모든 사람이 하나 된 형제자매라는 사실을 깨달으십시오.(요일 2:11-12)

## 셋째, 전도를 위해 지금 어떤 일을 하고 계십니까?

바울이 이 글을 쓰고 있을 때, 그는 전도 중이었습니다. 바울만큼 전도를 효과적으로 하고 열정적으로 했던 사람은 없었을 것이지만, 그런 노력을 하면서도 그는 다른 믿지 않는 사람들을 위해 걱정하고 있었습니다. 진정한 그리스도인은 자신이 구원받았다는 사실에 대한 기쁨에 만족하고 멈춰있는 것이 아니라 곧 복음의 좋은 소식을 자신의 주위에 퍼트려야 합니다. 전도를 위해 당장 할 수 있는 일들을 계획하고 실천하십시오.(마 9:37-38)

**오늘 본문을 통해** 이웃 전도에 대한 세 가지 질문을 스스로에게 던져보았습니다. 남을 도울 수 있는 많은 일이 있지만 그 중에 가장 좋은 것은 구원과 영생을 얻는 전도입니다. 낙심치 않고 열심히 복음을 전하는 그리스도인이 점점 많아져야 합니다.
**오늘도** 복음을 전하는 데 최선을 다해 사십시오.

**주님! 복음을 전하는 일을 소홀히 생각하지 않게 하소서!**

| 오늘 특별 적용 | |
|---|---|
| 오늘 특별 감사 | |

# 061

# 하나님의 주권과 계획

로마서 9장 6절부터 29절을 읽으십시오.
① 어떤 사람이 참 하나님의 백성이라고 하였는가?(6-13)
② 하나님은 어떤 목적으로 주권을 사용하시는가?(17-18)

한 주부가 빨래를 하다가 먹구름이 끼기에 나지막이 '주님, 비가 안 오고 해가 쨍쨍하도록 해주세요'라고 기도를 드렸습니다.

같은 시간 가물은 땅을 돌보던 한 농부는 '주님, 땅이 너무 가물었습니다. 촉촉한 이슬비를 내려주세요'라고 기도를 드렸습니다.

한 직장인이 출근하면서 '주님, 오늘은 월요일인데 날씨가 좋으면 놀러가고 싶잖아요. 일에 집중할 수 있게 흐리게 해주세요.'라고 기도했습니다.

하나님은 과연 누구의 기도를 들어주셨을까요? 당사자들끼리 모아 논다 하더라도 절대로 결론을 내리지 못할 것입니다. 가장 좋은 결론은 하나님이 알아서 해주시는 대로 맡기는 것입니다. 때로는 그것이 못마땅하고 불편할 때가 있지만 나중에는 결국 그것이 가장 좋은 길이었음을 알게 될 것입니다.

**로마서 9장 6절부터 29절에는** 이스라엘이 과거에 하나님으로부터 선택된 민족이었다는 사실이 언급되어 있습니다. 이 부분에 대해서 제대로 알지 못하면 로마서의 다른 부분과 9,10,11장이 전혀 아무런 상관이 없는 것처럼 생각됩니다. 본문에는 먼저 구약 시대 때 하나님이 이스라엘 민족을 세웠던 이유가 언급되어 있는데, 우리는 본문을 통해 **하나님의 주권에 대한 세 가지 사실**을 알 수 있습니다.

**첫째, 하나님은 자신의 뜻대로 민족을 선택하십니다.**
어떤 사람들은 하나님께서 왜 이스라엘 민족을 택하셨는지에 대해서 의문을 품습니다. 그러나 어떤 민족이든 선택되어야 했고, 하나님의 주권이 이스라엘 백성을 택한 것입니다. 그러나 오해하지 말아야 할 것은 택함 받은 사람들은 단지 하나님의 계획을 세상에 나타내기 위한 표본이지 숙명적인 구원을 나타내는 결과가 아니라는 점입니다. 성경의 모든 선택은 하나님의 주권이라는 사실을 이해하십시오.(딤전 6:15)

**둘째, 하나님은 이스라엘 민족을 통한 분명히 계획이 있으셨습니다.**

하나님은 아무런 이유와 생각이 없이 어떤 사람들을 택하지 않으셨습니다. 하나님의 주권으로 인한 선택은 항상 거룩한 뜻을 통해 이루어졌습니다. 본문에 나온 이스라엘 백성들을 통해 하나님은 '이방인을 위한 하나님의 영원한 목적과 미래에 하나님이 행하실 회복이 무엇인지'를 온 세상에 보여주길 원하셨습니다. 하나님의 선택을 받은 모든 사람들에게는 감당할 사명이 있다는 사실을 이해하십시오.(히 8:10-11)

**셋째, 하나님께서는 자신의 뜻대로 사역을 맡기십니다.**

토기장이가 각 쓰임에 따라 그릇을 만들듯이 하나님도 모든 사람들에게 적합한 은사와 상황을 주시고 각 때에 맞게 사용하십니다. 물론 우리의 의지로 그것을 거스를 수는 있지만 하나님의 주권은 어떤 상황에서도 변함이 없습니다. 귀한 마음으로 하나님의 오묘한 뜻과 인도하심에 따르는 것이 진정한 순종임을 이해하십시오.(삼상 15:22)

**오늘 본문을 통해서** 하나님의 주권에 대한 세 가지 사실을 배웠습니다. 자신이 가지지 못한 것에 대해서 하나님을 원망해보지 않은 사람은 한명도 없을 것입니다. 그러나 어떤 상황에서도 가장 완벽하게 행하시는 하나님의 인도하심을 믿고, 또한 상황과 은사에 맞게 귀하게 사용해주실 하나님의 뜻을 믿고 따라야 합니다.
**오늘도** 기쁘게 하나님의 뜻을 따르며 사십시오.

**주님! 나의 생각보다 주님의 인도를 따르게 하소서!**

| 오늘 특별 적용 | |
|---|---|
| 오늘 특별 감사 | |

# 062

# 하나님의 의와 그리스도인의 행동

로마서 9장 30절부터 10장 15절을 읽으십시오.
① 이방인들이 의롭게 될 수 있었던 이유는 무엇인가?(30)
② 이스라엘 백성들이 구원 받지 못한 이유는 무엇인가?(2-3)

**하늘을 너무 날고 싶었던** 개구리가 하루는 기러기를 찾아와 부탁했습니다.
"저기, 나도 어떻게 하늘을 날아볼 수 없을까?"
"나도 도와주고 싶지만 방법이 없는 걸?"
개구리는 갈대를 길게 엮어 자신이 입으로 물고 기러기한테 반대쪽을 다리로
잡으라고 하면 하늘을 날 수 있을 것 같은 생각이 들었습니다. 실제로 갈대를
엮어서 기러기에게 보여주자 기러기도 흔쾌히 도와주겠다고 했고, 개구리의
생각대로 기러기와 함께 하늘을 날 수 있었습니다. 그런데 비행 중에 다른 새
들이 물었습니다.
"와, 정말 멋진데? 어떻게 이런 기구를 만들었니?"
그 순간, 우쭐해진 개구리가 "갈대를 엮어 내가 만들었지이~!" 라고 자랑하고
싶어 입을 연 순간 개구리는 저 멀리 땅으로 떨어져 죽고 말았습니다.
교만과 자기자랑은 자신에게도 이로울 것이 전혀 없습니다.
심한 자아도취는 때로는 생명까지도 앗아갑니다.

**로마서 9장 30절부터 10장 15절에는** 이스라엘이 어째서 현재와 같은 상황
에 이르렀는지에 대한 이유가 설명되어 있습니다. 바울은 10장 2,3절을 통해
이스라엘 사람들이 하나님에 대한 열심히 하나님의 의가 아니라 자신들의 의
를 세우려고 했기 때문이라고 진단했습니다. 우리는 본문을 통해 **하나님의
의에 대한 세 가지 사실**을 살펴볼 수 있습니다.

**첫째, 우리는 자신의 의를 세워서는 안 됩니다.**
바울의 때에도 그랬지만 오늘 날에도 선민의식을 가진 이스라엘은 칭의와 구
원을 얻지 못하고 있습니다. 그러는 동안에도 다른 곳에는 복음이 속속들이
퍼지고 구원받는 역사가 일어나고 있습니다. 이처럼 하나님의 의보다 자신의
의를 더욱 내세울 때 우리는 진리에서 멀어지게 됩니다. 진리에 대한 자신의

생각과 마음을 더욱 낮추십시오.(잠 29:23)

**둘째, 우리는 하나님의 의를 의지해야 합니다.**
자신을 낮추고 하나님을 겸손히 섬기는 사람들에게 하나님의 의와 구원이 임합니다. 유대인들이 자존심을 내세워 예수님을 믿지 않고 있을 때 많은 사마리아 사람들은 주님을 주로 고백하고 구원을 얻었습니다. 하나님의 의는 오직 구원으로만 얻을 수 있습니다. 이 길 외에는 다른 방법이 없습니다. 자신의 의를 통해 구원을 얻으려는 어리석음을 범하지 마십시오.(시 71:6/ 고후 1:9)

**셋째, 우리는 복음을 통해 하나님의 의를 전해야 합니다.**
복음의 기쁜 소식이 모두에게 열려 있을지라도, 그것이 전해지지 않으면 들을 수가 없습니다. 들을 수가 없다면 믿을 수도 없습니다. 믿지 못한다면 주님을 구주로 영접하고 확실한 구원을 얻을 수도 없으므로 우리 모두는 하나님의 의를 매일, 멀리까지 전하는 주님의 사자가 되어야 합니다. 복음 전파를 통해 하나님의 의를 전파하십시오.(마 24:14/ 막 16:15)

**오늘 본문을 통해** 하나님의 의에 대한 세 가지 사실을 배웠습니다. 하나님의 의는 겸손한 사람들에게 임합니다. 어떤 고행이나 노력도 필요 없습니다. 스스로의 무력함과 죄의 문제를 고백하고 믿음의 말씀에 의거해 주님을 구주로 영접하기만 하면 됩니다. 이것이 구원의 전부입니다.
**오늘도** 하나님의 의를 세우고 이웃을 전도하며 사십시오.

**주님! 주님을 더욱 의지하고 복음을 더욱 전파하게 하소서!**

| 오늘 특별 적용 | |
|---|---|
| 오늘 특별 감사 | |

# 063

# 구원과 은혜의 전파

로마서 10장 16절부터 21절을 읽으십시오.
① 복음을 전파하는 사람이 알아야 할 사실은 무엇인가?(16)
② 사람이 믿음을 갖기 위해서는 어떤 일이 필요한가?(17)

**플레밍이 발견한** 페니실린은 인류의 10대 발견 중 하나로 평가됩니다. 페니실린 덕분에 인류의 평균 수명이 급격히 늘었기 때문입니다. 그러나 페니실린이 처음 공개되었을 때 사람들은 성분을 이해할 수 없는 정체불명의 주사로 생각하여 페니실린을 기피했습니다. 2차 세계 대전 때에도 병사들은 목숨을 잃는 것보다 페니실린 맞는 것을 더욱 싫어했습니다. 그러나 그 중 용기 있는 몇 명의 병사가 페니실린을 맞았고, 놀랄 정도로 빠르게 회복되었습니다. 패혈증으로 죽어가던 중환자조차도 페니실린을 맞고 살아났습니다. 이후로는 모든 병사들이 부상을 입은 뒤 페니실린을 주사해달라고 먼저 요구를 해오기 시작했습니다.

예수님의 사랑과 평안을 알지 못하는 사람들에게 복음은 인정하기 싫은 현상일 뿐이지만 그것을 경험한 사람들은 널리 전하길 원합니다.

**로마서 10장 16절부터 21절에는** 하나님의 선택을 받은 이스라엘이 메시아로 오신 예수님을 거절한 상황에 대해 기록되어 있습니다. 이스라엘 백성들은 누구보다도 많이 예수님의 말씀을 듣고 이적을 보면서도 현실을 인정하려 하지 않았습니다. 우리는 본문을 통해 **은혜의 전파에 대한 세 가지 교훈**을 얻을 수 있습니다.

**첫째, 구원의 은혜는 받아들이는 사람만이 누릴 수 있습니다.**
우리는 본문보다 앞선 장에서 하나님을 인정하든, 인정하지 않던 모든 사람이 누리는 하나님의 은혜가 있음을 배웠습니다. 햇빛은 믿음에 상관없이 모든 사람을 비추고, 비는 대지를 가리지 않고 대기 상황에 따라 지면에 내립니다. 그러나 구원의 은혜는 오직 믿는 사람만이 받을 수 있습니다. 구원은 믿음으로, 믿음을 통해서만 받을 수 있음을 잊지 마십시오.(마 13:57)

**둘째, 하나님께서는 자신의 백성들을 계속해서 부르고 계십니다.**

이스라엘은 자신들을 위해 보내준 하나님의 아들이자 인류의 구원자를 십자가에 못 박았습니다. 그러나 예수님은 돌아가시는 순간까지도 이스라엘 백성들을 품으셨고, 그들을 위해 하나님께 기도 드렸습니다. 정말로 중요한 것은 하나님을 모르는 영혼들에게 복음을 전하는 것이지 자신이 당하는 고난이 아니었기 때문입니다. 이것은 길 잃은 영혼들을 향한 하나님 아버지의 슬픔과 마음을 깨달았기에 가능한 행동이었습니다. 하나님의 마음을 깨닫고 주님의 품으로 돌아오십시오.(벧전 2:25)

**셋째, 은혜를 거부하는 사람들에게도 계속해서 전해야 합니다.**

복음의 전파가 꼭 필요한 것이라는 걸 모르는 성도는 아무도 없습니다. 그러나 거절에 대한 두려움과 상대방에 대한 편견으로 한 마디 말도 나누어보기 전에 미리 포기하는 경우가 대부분입니다. 그러나 주님은 우리가 이에 상관없이 복음을 전해야 한다고 말씀하셨습니다. 전도의 거절과 여러 가지 편견들로부터 두려워하지 말고 담대히 하나님의 은혜를 전하십시오.(마 10:12-13)

**오늘 본문을 통해서** 은혜의 전파에 대한 세 가지 교훈을 배웠습니다. 온전히 믿는 것은 가장 쉬운 일이면서 가장 어려운 일입니다. 겸손한 사람과 하나님의 존재를 믿는 사람에게는 가장 쉬운 일이지만 교만하고 창조주의 섭리를 거부하는 사람에게는 그 무엇보다도 어려운 일입니다. 그러나 어떤 경우에도 모든 사람에게 반드시 필요한 것이 하나님의 은혜이기에 우리는 그 은혜의 전파를 위해 부단히 노력해야 합니다.

**오늘도** 마음의 갈급함을 시원하게 풀어주는 주님의 사랑을 누리십시오.

**주님! 구원받은 은혜에 감사하고, 구원의 소식을 기쁘게 전하게 하소서!**

| 오늘 특별 적용 | |
|---|---|
| 오늘 특별 감사 | |

# 064

# 부정할 수 없는 구원의 증거

로마서 11장 1절부터 24절을 읽으십시오.
① 이스라엘 백성들이 하나님의 구원의 계획을 깨닫지 못하는 이유는 무엇인가?(8-10)
② 구원받은 이방인들이 조심해야 할 것은 무엇인가?(18)

'하나님과 천사의 대화' 라는 예화가 있습니다.

하나님이 세상을 창조하고 인간을 창조하시기 전에 먼저 각 은사를 관장하고 있는 천사들을 불러 자신의 계획을 설명했다고 합니다.

의를 관장하는 천사는 그 계획을 들은 뒤 말했습니다.

"그들은 분명히 온갖 불의한 일을 저질러 세상을 더럽힐 것입니다."

다음으로 거룩을 관장하는 천사가 말했습니다.

"인간들은 세상을 더러움으로 가득 채워 놓고 말 것입니다."

그러나 마지막으로 긍휼을 관장하는 천사는 다른 의견을 말했습니다.

"하나님, 그들은 불의하고, 더러워지고, 어둠에 잠길지도 모릅니다. 그러나 하나님의 계획이 그들을 옳은 길로 이끌게 되고, 그들은 결국 하나님의 사랑을 듣고, 알고, 깨닫게 될 것입니다."

우리를 절대로 포기하지 않으시는 하나님을 우리는 믿고 따르기만 하면 됩니다.

**로마서 11장 1절부터 24절에는** 이스라엘에 대한 하나님의 구원 계획이 기록되어 있습니다. 하나님의 구원 계획은 예수님의 재림과도 관계가 있는데, 우리는 본문을 통해 **이스라엘의 미래 구원에 대한 확실한 세 가지 증거를** 살펴볼 수 있습니다.

**첫째, 개인적인 증거가 있습니다.**

바울은 앞으로 이스라엘이 구원 받을 수 있는 증거 중의 하나가 자신이 구원받은 사실이라고 말했습니다. 바울은 순수한 이스라엘 사람인 자신이 구원받았듯이, 이스라엘 민족이 비록 예수님을 거부하고 있지만 구원을 받을 수 있다고 말했습니다. 바울과 같이 자신의 구원의 사실을 통해 다른 사람의 가능성을 바라보십시오.(요 7:24)

**둘째, 역사적인 증거가 있습니다.**

아합 왕 시대 때에는 우상숭배로 이스라엘이 무법천지가 되었습니다. 그러나 그런 시대에도 하나님은 충성된 사람을 7천여 명이나 남겨두셨고, 그들을 통해 결국 모든 우상을 버리고 다시 하나님만을 섬기는 날이 오게 하셨습니다. 사람들은 계속해서 하나님으로부터 멀어지려 하지만 하나님은 포기하지 않으시고 계속해서 구원의 손길을 내밀고 계십니다. 끝까지 포기하지 않으시는 하나님의 선하심을 기억하십시오.(왕상 19:10-28)

**셋째, 경륜적인 증거가 있습니다.**

본문에서는 이스라엘을 참감람나무로, 이방인들은 돌감람나무로 비유하며 하나님이 이방인을 위한 구원의 계획을 분명히 갖고 계심을 보여줍니다. 이후에 이어지는 말씀을 통해 우리는 이방인에게 임하는 구원이 역시 이스라엘에게도 임한다는 사실을 알 수 있고, 또한 선택받은 이스라엘이 하나님으로부터 멀어지는 것과 같은 일 역시 우리에게 일어날 수 있다는 사실을 알 수 있습니다. 겸손함으로 하나님의 계획과 은혜에 감사하십시오.(사 65:1/ 롬 8:35-39/ 히 10:14)

**오늘 본문을 통해** 이스라엘의 미래 구원에 대한 확실한 세 가지 증거를 배웠습니다. 우리는 본문에 나오는 이스라엘과 이방인의 처지가 얼마든지 오늘날 우리들의 모습이 될 수 있다는 사실을 기억하고, 받은 구원에 감사하며 다른 이들 역시 하나님의 구원의 은혜에 들어올 수 있게 하기 위해서 노력해야 합니다.

**오늘도** 하나님의 음성을 듣고 따라 순종하며 사십시오.

**주님! 우리에게 임하는 주님의 목소리를 청종하게 하소서!**

| 오늘 특별 적용 | |
|---|---|
| 오늘 특별 감사 | |

# 065

# 헌신하는 그리스도인의 특징

로마서 11장 25절부터 12장 8절을 읽으십시오.
① 하나님이 하신 일에 잘못이나 후회가 없는 이유는 무엇인가?(29)
② 하나님의 마음을 당신은 이해할 수 있는가?(34)

한 신학자가 말한 헌신 10계명입니다.

01. 헌신은 하나님께 내 뜻을 굴복시키는 것입니다.
02. 헌신은 나 자신을 하나님의 영광을 위하여 바치는 것입니다.
03. 헌신은 하나님을 향하여 거룩하게 구별되는 것입니다.
04. 예수 그리스도의 보혈로 깨끗함을 받은 사람이 헌신할 수 있습니다.
05. 헌신은 자발적인 것입니다.
06. 헌신은 영적 예배입니다.
07. 헌신은 나의 몸으로 할 수 있습니다.
08. 헌신은 나의 재능으로 할 수 있습니다.
09. 헌신은 나의 시간으로 할 수 있습니다.
10. 헌신은 날마다 해야 합니다.

헌신에는 반드시 희생이 필요합니다.

로마서(11장 25절부터 36절에는 모든 민족을 향한 구원의 계획을 갖고 계신 하나님의 섭리와 그에 대한 찬양이 기록되어 있고) 12장 1절부터 8절에는 그리스도인의 헌신과 은사에 대한 내용이 나와 있습니다. 바울은 로마서 12장을 통해 구원받은 성도가 살아야할 삶의 모습과 하나님을 기쁘시게 하는 방법들에 대해 말하고 있습니다. 우리는 오늘 본문을 통해 **그리스도인의 헌신에 대한 세 가지 특징**을 알 수 있습니다.

**첫째, 강요가 아닌 감화를 통해 이루어집니다.**

그리스도인의 헌신은 강요되는 것이 아니라 하나님의 의와 선하심에 감화됨으로 나타나는 것입니다. 하나님의 사랑과 선하심을 느끼지 못한 상태에서 헌신을 하려고 하는 것은 율법을 지키기 위해 노력하는 것과 마찬가지입니다. 그러므로 먼저 하나님의 선하심과 동행하심과 충만한 사랑을 느낌으로

헌신하십시오.(미4:13)

**둘째, 하나님과 바른 관계를 맺어야 합니다.**

구원을 받는 것은 예수님과 함께 죽고, 예수님과 함께 부활함을 뜻한다는 것을 우리는 배웠습니다. 그러므로 우리가 가진 몸과 마음과 모든 것들을 주님의 말씀에 따라 사용하는 순종이 필요합니다. 구원을 받은 사람이라면 이전의 지식관, 인생관, 명예관, 물질관, 이성관 등 모든 가치관과 생각 구조들이 변화되어야 합니다. 하나님과 교제하며 소통하는 바른 관계를 먼저 구축하십시오.(고후 5:20)

**셋째, 은사에 따라 겸손하게, 성실하게 섬겨야 합니다.**

그리스도인들은 모두가 한 가지 이상의 은사를 가지고 있습니다. 이를 믿음의 분량대로 지혜롭게 활용하는 것이 올바른 헌신입니다. 고린도교회에는 많은 성도들이 큰 은사를 갖고 있었지만 이것을 경쟁적으로 자기 자랑을 위해 사용함으로 큰 문제가 일어났습니다. 그들의 헌신의 결과는 하나님의 영광이 아니라 엄한 책망으로 이어졌습니다. 은사의 발견과 올바른 활용을 위해 기도로 간구하십시오.(민 6:12/ 약 1:17)

**오늘 본문을 통해** 그리스도인의 헌신에 대한 세 가지 특징을 배웠습니다. 구원받은 성도들에게 헌신과 순종, 사명과 전도는 결코 뗄 수 없는 항목들입니다. 그러기 위해선 무작정 은사를 구하기보단 자신의 은사를 바르게 깨닫고, 그것을 지혜롭게 활용할 줄 아는 것이 더욱 하나님의 영광을 위한 길입니다. **오늘도** 하나님께 100% 헌신된 믿음의 삶을 사십시오.

주님! 헌신의 의미를 깨닫고, 곧 실천하게 하소서!

| 오늘 특별 적용 | |
|---|---|
| 오늘 특별 감사 | |

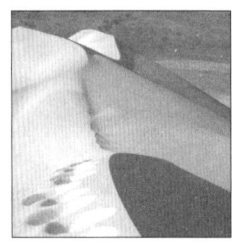

# 066

# 헌신하는 그리스도인들의 태도

로마서 12장 9절부터 21절을 읽으십시오.
① 그리스도인들의 대인관계는 어떠해야 하는가?(15)
② 올바른 대인관계를 위해 조심해야 할 것은 무엇인가?(16)

**가난하고 불행한 소년이 있었습니다.**

소년은 일찍 아버지를 여의고, 남아있는 가족은 정신질환을 앓고 계신 어머니와 허드렛일을 하며 지내는 몸이 불편한 삼촌뿐이었습니다. 그러나 이런 역경에도 불구하고 소년은 성실히 학교를 다녔고, 자신이 바라는 작가가 되기 위해서 틈나는 대로 글을 썼습니다. 다행히 초등학교 때 만났던 선생님은 소년의 문학적 재능을 발견하고는 전력으로 지원을 해주었습니다.

소년이 성장해 당당히 작가가 되기까지 가난과 질병은 끊임없이 그의 뒤를 따라왔습니다. 그러나 그 소년은 아픔까지도 문학에 녹여 예술로 승화시켰습니다. 노벨 문학상을 받은 프랑스의 알베르 카뮈의 이야기입니다.

하나님의 일을 한다고 해서, 남에게 자비를 베풀었다고 해서, 인생이 항상 평탄한 것은 아닙니다. 그러나 그런 역경조차도 감사히 생각하고 극복해 나갈 때 하나님은 그동안의 수고와 비할 수 없는 커다란 선물을 주십니다.

**로마서 12장 9절부터 21절에는** 하나님께 헌신한 그리스도인이 어떻게 행동해야 하는지에 대해서 기록하고 있습니다. 본문의 내용을 통해 우리는 스스로의 행동을 돌아봄으로 자신의 헌신이 진정으로 주님을 위한 것인지 점검해 볼 수가 있습니다. 오늘 본문을 통해 하나님께 **헌신한 그리스도인들의 세 가지 삶의 태도**에 대해서 배울 수 있습니다.

**첫째, 악을 미워해야 합니다.**

본문 9절에는 '사랑엔 거짓이 없나니 악을 미워하고 선에 속하라' 는 말씀이 기록되어 있습니다. 그분을 믿고 따르는 그리스도인들은 본능적으로 그리고 의식적으로 악을 미워하고 선을 행해야 합니다. 그러나 우리는 자신도 모르게 이전의 가치관과 성경을 통해 잘못된 일을 계속 행하고 다른 사람들에게 악을 행하는 경우가 종종 있습니다. 그러나 사랑은 거짓이 없으며, 악을 미워

합니다. 악을 미워하고 선에 속하십시오.(시 34:14)

**둘째, 성도들끼리 사랑으로 대해야 합니다.**
성도들은 그리스도와 함께 연합한 한 몸입니다. 단지 다른 지체로 서로 다른 기능을 수행하고 있을 뿐입니다. 그러므로 교회 내에서, 혹은 다른 성도들이 마음에 들지 않는다 하더라도 사랑을 먼저 내세워야 합니다. 남을 나보다 낫게 여기고 서로 존경하는 마음을 가짐으로 우리는 미움이라는 악을 몰아내고 사랑이라는 선에 속할 수 있게 됩니다. 자신을 핍박하는 사람일지라도 오히려 축복해줄 줄 아는 사랑의 그리스도인이 되십시오.(잠 10:12/ 빌 2:3)

**셋째, 모르는 사람들에게도 사랑으로 대해야 합니다.**
그리스도인들은 살아가면서 불신자들과 더 많이 만나게 됩니다. 불신자들 중에는 그리스도인을 싫어하는 사람도 있고, 아무렇지도 않게 악을 행하는 사람들도 있습니다. 그러나 그들이 우리에게 악을 행할지라도 악을 악으로 갚아서는 안 됩니다. 요셉이 자기를 노예로 팔아넘겼던 형들을 용서하고 영접했듯이, 악에도 선으로 대하는 그리스도인이 되어야 합니다. 악을 선으로 갚는 하나님의 방법이 악에 대항하는 가장 적극적이고 최선의 방법임을 깨달으십시오.(창 50:17/ 눅 2:52/ 행 6:3/ 빌 2:14)

**오늘 본문을 통해** 하나님께 헌신한 그리스도인들의 세 가지 삶의 태도에 대해서 배웠습니다. 세상에서 선을 행하고, 악에도 선을 행하는 성도들을 통해 모든 사람들이 하나님의 선하심을 깨닫고 그분의 온전하신 뜻을 분별하게 될 것입니다.
**오늘도** 사랑으로 다른 사람을 변화시키며 사십시오.

**주님! 주님의 선하심을 따라 악을 선으로 이기는 삶을 살게 하소서!**

| 오늘 특별 적용 | |
|---|---|
| 오늘 특별 감사 | |

# 067

# 그리스도인의 준법 정신

로마서 13장 1절부터 7절을 읽으십시오.
① 믿지 않는 권세에 대해서 그리스도인들은 어떻게 반응해야 하는가?(1)
② 바울이 구체적으로 우리에게 말한 것은 무엇인가?(6)

**사회적으로** 패륜 범죄가 늘고 있는 현상에 대해서 어느 학자가 다음과 같은 분석을 내놓았습니다.

"이 시대의 젊은이들은 어른들이 자신들의 잘못을 지적하면 무조건적인 반항과 폭력으로 대항하는 경향이 있습니다. 물론 1차 적인 원인은 도덕적이지 못하고 예의가 없는 젊은이들에게 있겠지만, 2차 적인 책임은 이미 기존의 도덕기준을 저버리고 불법을 행하는 기성세대들에게도 있습니다. 젊은이들의 반감은 거기서부터 시작됩니다."

한 설문조사에 따르면 일본 주부들의 50% 이상이 '만일 들키지만 않는다면 바람을 피우겠다' 고 응답한 것에서 현실의 모습이 어떤지 드러납니다.

'하나님이 없다고 생각하면 세상에 못할 것이 없다' 라는 말이 있습니다. 그리스도인들은 세상의 법에 대해서도 철저한 기준을 갖고 살아야 합니다.

로마서 13장 1절부터 7절에는 국가에 대한 그리스도인의 바람직한 자세와 행동에 대해 기록하고 있습니다. 흔히 어떤 사람들은 기독교가 국가에 대해 반대하는 경향을 가지고 있거나 세상의 질서에 초연한 삶을 강조하는 것으로 알고 있지만 본문을 통해 오히려 철저히 법과 규칙을 준수하는 것을 권하고 있음을 알 수 있습니다. 우리는 본문을 통해 **그리스도인의 준법에 대한 세 가지 수칙**을 살펴봐야 합니다.

**첫째, 그리스도인은 법을 철저히 지켜야 합니다.**

본문 7절에서 바울은 '모든 자에게 줄 것을 주라' 고 말하고 있습니다. 이후에 이어지는 '공세를 받을 자에게는 공세를 주고, 국세를 받을 자에게는 국세를 주고, 두려워할 자를 두려워하며 존경할 자를 존경하라' 는 말은 세상의 기준과 직위를 인정하라는 뜻입니다. 따라서 그들이 항상 옳지는 않더라도 지위를 인정하고 제정된 법을 준수하는 것이 올바른 그리스도인의 자세입니다.

나라의 법과 규제를 성실히 준수하십시오.(창 9:1-17)

**둘째, 그리스도인은 신앙을 법보다 위에 놓아야 합니다.**
법은 사람들의 잘못된 행동을 사전에 방지하기 위해서 세워진 것입니다. 그러나 신앙과 하나님에 대한 믿음의 표현을 금지하는 법에 대해서만큼은 목숨을 다해서 투쟁해야 합니다. 사람의 도구로, 때로는 사탄의 도구로 사용되는 법을 지키기 위해서 하나님의 말씀을 거역할 수는 없기 때문입니다. 신사참배 거부와 선교를 통해 많은 피를 흘린 믿음의 선배들을 기억하십시오.(단 3:18)

**셋째, 그리스도인은 하나님의 법을 세상의 법보다 위에 놓아야 합니다.**
지난 2011년도에 런던에서 일어난 폭동이나, 1970년대에 일어난 뉴욕의 커다란 정전사건에서 일어난 소요사태로 우리는 시내의 치안과 공권력에 빈틈이 생길 때 보인 사람들의 흉악한 모습을 통해 세상에 법과 규제가 반드시 필요하다는 것을 알 수 있습니다. 그러나 형벌이 두려워 세상의 법을 지키는 사람이 되지 말고 하나님의 사랑에 기쁨으로 성경의 말씀을 순종하는 사람이 되십시오.(시 37:31/ 롬 7:22-25)

**오늘 본문을 통해** 그리스도인의 준법에 대한 세 가지 수칙을 배웠습니다. 그리스도인은 세상의 법을 잘 지키고, 정치인과 모든 행정가들을 위해서 기도해야 합니다. 그러나 그것은 세상보다 더 높은 차원에 있는 하나님의 법과 사랑을 실천하기 위해서입니다.
**오늘도** 성도로서, 그리고 한 나라의 국민으로써 책임과 의무를 다하십시오.

**주님! 세상의 법보다 높은 하나님의 법을 기준으로 살게 하소서!**

| 오늘 특별 적용 | |
| --- | --- |
| 오늘 특별 감사 | |

# 068

# 판단하지 말고 용납해야 할 이유

로마서 13장 8절부터 14장 12절을 읽으십시오.
① 사랑의 빚을 진다는 의미는 무엇인가?(8)
② 율법에서 자유하고, 또 율법을 이루기 위해서 해야 할 일은 무엇인가?(9-10)

빅토리아 여왕 시대에 영국에는 유명한 찰스 스펄전 목사님과 조셉 파커 목사님이 있었습니다. 당시에는 기독교인들 사이에 영화 관람에 대한 시시비비가 있었는데 파커 목사님이 영화관에 자주 가는 것을 보고 스펄전 목사님이 비난을 했습니다.

그러자 파커 목사님은 스펄전 목사님이 흡연자라는 사실을 들어 공격했습니다. 어찌 보면 부끄러운 일이지만 믿는 성도 사이에서도 얼마나 자그마한 일로 사이가 틀어질 수 있는지 잘 알려주는 일화입니다.

혹시 위의 예화를 접하면서, '유명한 설교가가 흡연을 했다니, 생활은 경건치 않았나 보구나', '영화를 가지고 따지다니 제 정신이 아니야'와 같은 판단을 하고 있지는 않습니까?

그러나 주님은 파커 목사님은 파커 목사님대로 스펄전 목사님은 스펄전 목사님대로 크게 사용하셨습니다.

우리는 다른 사람에 대한 생각과 판단보다는 말씀을 통해 자신을 비추어야 합니다.

로마서(13장 8절부터 14절에는 그리스도인의 태도와 시대적 근신에 대해 나와 있고) 14장 1절부터 12절에는 믿음이 연약한 사람을 대하는 다른 성도들의 태도에 대한 말씀이 기록되어 있습니다. 바울은 믿음이 약하고 아직 알지 못하는 사람들을 비난하거나 태도를 고치려고 하지 말고 용납하여 받아들이라고 말했습니다. 우리는 본문을 통해 다른 사람을 **판단하지** 않고 **용납해야** 할 세 가지 이유에 대해서 배울 수 있습니다.

**첫째, 주님도 우리의 모든 것을 용납해 주셨기 때문입니다.**
예수님은 사역을 통해 어떤 병자도 치료해주셨고, 어떤 죄인도 용서해 주셨습니다. 세리와 창녀도 용납하여 주시고, 구원을 선물로 주셨습니다. 그러나 우리는 너무 사소한 것으로 인해 서로 다투고 비난을 합니다. 모든 것을 하나님의 판단에 맡기고 다른 성도들을 넓은 마음으로 흠을 덮어주고, 격려해주십시오.(마 7:1-2)

**둘째, 구원은 하나님께 있지 교리에 있지 않기 때문입니다.**
구원은 오직 믿음으로 얻는 것이고, 그것은 개인과 하나님의 관계에 달려 있습니다. 물론 우리는 믿지 않는 영혼들을 향해 전도를 해야 하고, 죄에 다가가고 있는 이들에게 권면도 해야 하지만 작은 습관과 행위를 가지고 믿음의 나음을 과시하거나 타인을 판단하고 경멸해서는 안 됩니다. 바리새인과 같은 모습을 버리고 다만 하나님께 더욱 나아가십시오.(눅 11:39)

**셋째, 우리의 모양은 달라도 모두 주님을 위해 살기 때문입니다.**
죽음 이후에 우리는 각자의 열매에 따라 하나님 앞에서 판단을 받을 것입니다. 예수님이 승천하실 때 수제자였던 베드로는 요한이 주님과 함께 승천할까봐 불안해했습니다. 그러나 예수님은 베드로의 질문에 '그게 무슨 상관이냐, 너는 나를 따르라' 라고 대답하셨습니다. 세상이 뭐라 하든, 다른 이가 뭐라 하든, 주님의 인도를 따라 사십시오.(요 21:19-25, 갈 2:20)

**오늘 본문을 통해** 다른 사람을 판단하지 않고 용납해야 할 세 가지 이유에 대해서 배웠습니다. 가장 멋진 신앙은 하나님 앞에서도 바로 서고 다른 성도들에게도 본보기가 되는 신앙입니다. 자잘한 교리와 원칙에 깊이 빠져 타인을 판단하고 정죄하는 악을 범하지 않도록 우리 모두가 늘 깨어 조심해야 합니다.
**오늘도** 사랑으로 서로 격려하며 성장하며 사십시오.

**주님! 남을 판단하기 전에 스스로를 말씀 위에 바로 세우게 하소서!**

| 오늘 특별 적용 | |
|---|---|
| 오늘 특별 감사 | |

# 069

# 서로를 세워주는 성도들의 자세

로마서 14장 13절부터 23절을 읽으십시오.
① 당신은 다른 지체들을 세우는 일에 신경을 쓰고 있는 가?(13)
② 아름다운 믿음이 있는 행동은 어떤 행동인가?(21)

안톤 체홉의 단편소설 '비탄'에 나오는 내용입니다.

가난한 마부 이오나는 며칠 전 아들이 병에 걸려 죽었습니다. 그러나 슬픔을 이기지 못해 손님들에게 눈치를 봐가며 말을 걸었습니다.

"실은... 며칠 전에 제 아들놈이 죽었답니다."

첫 번째 손님은 "저런, 그것 참 안됐구려."라고 대답은 해주었지만 금방 다른 주제로 말을 돌렸습니다. 두 번째 손님에게도 마부는 아들의 죽음을 말했지만 "인간이란 죽는 게 당연합니다."라는 초연한 대답만이 돌아왔습니다. 그 뒤 모든 손님들도 하나같이 마부의 말에 진심으로 귀를 기울이지 않았습니다. 마부는 일을 마치고 직장 동료에게도 말을 걸어보지만 그 역시 피곤을 핑계로 금세 사라집니다. 결국 마부는 마구간으로 들어가 먹이를 먹고 있는 말 앞에서 자신의 속마음을 털어놓습니다.

누구하나에게 터놓고 자신의 속내를 말할 수 없는 상황을 체홉은 '비탄'이라고 생각했습니다. 혼자서만 살 수 없는 것이 사람이기에 우리는 서로 마음을 열고 소통하는 법을 배워야 합니다.

로마서 14장 13절부터 23절에는 성도들 간의 관계가 어떻게 발전되어야 하는지에 대해서 기록되어 있습니다. 본문 19절에서 바울은 '화평의 일'과 '덕을 세우는 일'에 서로가 힘써야 한다고 말했습니다. 오늘 본문을 통해 **서로를 세워주는 성도들의 세 가지 자세**에 대해서 살펴볼 수 있습니다.

**첫째, 우선순위를 지켜야 합니다.**

교회 내에서는 성도들의 작은 봉사를 통해 많은 일들이 이루어지고 있습니다. 그러나 때로는 이런 봉사에서 작은 것들이 지켜지지 않음으로 큰 문제로 불거지는 경우가 있습니다. 이런 문제들은 우리가 성령의 의와 평강을 구하지 않고, 세상의 먹고 마시는 문제에 집착하기 때문에 생기는 것입니다. 언

제나 하나님의 나라와 의를 생각함으로 문제를 다루고 상대방을 대하십시오.(마 6:33)

**둘째, 서로에게 관심을 갖고 도와야 합니다.**
성숙한 그리스도인은 서로를 사랑함으로 말씀을 실천하고, 연약한 성도를 섬김으로 그리스도의 지식 가운데 굳건히 자라나게 합니다. 전도를 잘하시는 분들의 특징은 기독교에 대한 반감을 가진 사람조차 호감을 갖게 만드는 인품과 노력이 있습니다. 다른 사람을 도울만한 마음의 여유와 신앙의 지식과 물질적 여유가 있는 분들은 지체하지 말고 당장 다른 성도와 주변 사람들을 향해 관심을 갖고 도우십시오.(눅 12:33)

**셋째, 자신을 조금 낮추고 상대의 의견을 경청해야 합니다.**
비록 한몸된 지체이고 같은 그리스도인이고 같은 민족이지만 개인의 믿음 분량과 믿는 바는 모두가 다릅니다. 그러므로 복음의 진리에서 살짝 벗어난 문제들에 대해서는 '성서적이다, 비성서적이다', '옳다, 틀리다'로 나누어 논쟁하지 말고, '덕이 되는 것인가, 아닌가'라는 생각을 통해 겸손히 스스로를 낮추고 상대방의 의견을 마음으로 들어주십시오.(고전 10:31)

**오늘 본문을 통해** 서로를 세워주는 성도들의 세 가지 자세에 대해서 배웠습니다. 너무 기본적인 말들인 것 같지만, 반대로 그 기본을 얼마나 잘 실천하고 있었는지 돌아보십시오. 기초공사가 튼튼해야 고층 건물을 세울 수 있듯이 신앙과 교제의 기본이 튼튼해야 더욱 큰 영광을 하나님께 돌리는 그리스도인과 교회가 됩니다.
**오늘도** 하나님의 영광을 위해 덕을 세우십시오.

**주님! 큰 그림을 보고 모든 일에 결정을 내리는 혜안을 주소서!**

| 오늘 특별 적용 | |
|---|---|
| 오늘 특별 감사 | |

# 070

# 바울 사역의 특징

로마서 15장 1절부터 21절을 읽으십시오.
① 참된 믿음의 교제는 어떤 것인가?(1)
② 그리스도인의 궁극적 삶의 목표는 무엇인가?(6)

그리스가 마케도니아의 지배를 받고 있을 때, 그리스의 독립을 갈구하는 사람들이 아테네 광장에 모두 모였습니다.

그때 말 잘하기로 소문난 에스키네스라는 사람이 연단에 올라가 그리스 독립의 필요성과 마케도니아의 폭정에 대해 논리적으로 열정적인 연설을 했습니다. 에스키네스가 말을 마치자 사람들은 우뢰와 같은 박수를 보내며 멋진 연설에 환호를 보냈습니다.

다음으로는 데모스테네스라는 철학자가 올라갔습니다. 그의 연설은 에스키네스에 비하면 볼품없어 보일 정도였지만 그 안에 담겨 있는 진심이 느껴졌습니다. 데모스테네스의 연설이 끝나자 광장에 모인 사람들은 "필립 왕을 타도하자! 그리스를 되찾자!"라고 외치며 무기를 들고 일어났다고 합니다.

머리로는 알지 못해도 가슴으로 믿는 사람들은 자신의 삶을 통해 하나님의 능력을 체험하게 되고 하나님께 영광을 돌리게 됩니다. 사도 바울의 삶처럼 말입니다.

로마서(15장 1절부터 13절에는 그리스도인이 자신의 믿음에 따라 하나님께 영광을 돌리는 방법에 대해 나와 있고) 15장 14절부터 21절에는 로마서를 기록한 이유와 바울의 사역 특성에 대해서 기록이 되어 있습니다. 우리는 본문을 통해 바울의 사역에서 볼 수 있는 **참된 사역의 세 가지 특성**에 대해 배울 수 있습니다.

**첫째, 복음을 중점에 둔 사역을 해야 합니다.**

바울은 자신을 '복음의 제사장'이라고 일컬었습니다. '먹든지 마시든지 무엇을 하든지' 하나님의 영광을 위해서 하려면 복음이 모든 행동의 밑바탕에 깔려 있어야 합니다. 오늘 날의 교회는 주민 센터를 짓는다던가, 카페를 만든다던가 하면서 지역사회를 위한 일들을 진행하고 있는데 진정한 복음의 자세와 계획을 갖고 추진하는 일인지는 모두가 생각해 봐야 할 일입니다. 복음을 바탕으로 생명력 있는 사역을 하십시오.(히 4:2)

**둘째, 하나님의 영광과 능력에 의한 사역을 해야 합니다.**
바울은 성령님의 능력을 힘입어 가는 곳마다 권위와 지혜가 넘치게 말씀을 전했습니다. 또한 우리는 바울이 말씀을 전할 뿐 아니라 그 말씀에 합당한 삶을 살았다는 사실도 알 수 있는데, 그가 가는 곳마다 일어났던 놀라운 표적들이 그 사실을 뒷받침해줍니다. 온전히 하나님의 영광을 위해 사는 삶을 통해 성령의 능력이 임하는 사역을 하십시오.(엡 3:16)

**셋째, 상황을 생각지 않고 하나님의 뜻에 따르는 사역을 해야 합니다.**
바울은 많은 곳을 다니며 전도했지만 결코, 이미 기독교가 바로 선 곳에는 가지 않았습니다. 남의 터 위에 건축하는 것 보다 아직 복음이 전파되지 않는 곳에 전력을 다하는 것이 더욱 효율적인 방법이었기 때문입니다. 바울의 이런 자세는 오늘날 많은 목회자들이 묵상하고 본 받아야할 부분이기도 합니다. 하나님의 뜻에 합당한 사역으로 인도해달라고 기도하십시오.(고전 7:24)

**오늘 본문을 통해** 참된 사역의 세 가지 특성에 대해서 배웠습니다. 사역이라는 것은 곧, 하나님의 일입니다. 그러므로 모든 것이 하나님의 뜻에 따라, 이루어져야 합니다. 사역이라는 미명하에 자신의 생각과 계획대로만 실행하려고 하거나, 어떤 이득을 목적으로 일을 진행해서는 결코 안 됩니다.
**오늘도** 하나님을 위해, 하나님의 방법대로 사역하십시오.

**주님! 하나님의 뜻을 따라 행동하고 승리하며 살게 하소서!**

| 오늘 특별 적용 | |
| --- | --- |
| 오늘 특별 감사 | |

# 071

# 바람직한 구제의 조건

로마서 15장 22절부터 33절을 읽으십시오.
① 주님을 섬기는 바울의 열심은 어느 정도였는가?(23)
② 바울이 로마의 성도들에게 부탁한 것은 무엇인가?(30-32)

J. C. 페니는 미국에 2천여 개의 편의점을 갖고 있던 부자였습니다.
그는 58세에 파산하는 아픔을 겪었지만 가장 힘들 때에 하나님을 만나게 됐고 신앙으로 시련을 극복한 뒤 그 이전보다 더욱 큰 부자가 되었습니다. 그리고 엄청난 액수의 기부를 하기 시작했는데, 그를 알던 사람들은 모두 놀랐습니다. 파산하기 전까지 그는 자기 잇속만 챙길 줄 알았던 수전노로 유명했기 때문입니다. 그러나 파산에서 재기한 후 그는 많은 교회를 건축하고 사회사업에도 큰돈을 쏟아 부었습니다. 이런 갑작스런 변화에 대해 그는 이렇게 말했습니다.
"전에는 내가 피땀 흘려 번 돈이니 마음대로 할 권리가 있다는 생각에 빠져 있었습니다. 그러나 신앙을 가진 다음부터는 남에게 주는 기쁨이 날 위한 소비보다 훨씬 크다는 것을 알게 되었습니다."
물이 높은 데서 낮은 데로 흐르듯이, 재물을 가진 자가 못 가진 자에게 나누어 주는 것이 하나님이 우리에게 원하시는 일입니다.

로마서 15장 22절부터 33절에는 바울의 여행 계획과 기도 요청이 기록되어 있습니다. 특히 본문에는 예루살렘 성도들을 위한 '구제 헌금'에 대한 전달 계획도 기록되어 있는데, 이것은 마게도냐와 아가야 성도들이 예루살렘의 가난한 자들을 위하여 자발적으로 모은 헌금이었습니다. 우리는 본문을 통해 **바람직한 구제의 세 가지 조건**에 대해 배울 수 있습니다.

### 첫째, 자발적으로 해야 합니다.

마게도냐와 아가야의 성도들은 어떤 요청에 의해서 구제 헌금을 보내지 않았습니다. 당시 예루살렘에 기근과 핍박으로 인해 경제적으로 매우 어려운 성도들이 많이 있었는데 그들을 위해 자발적으로 나선 것입니다. 사실 마게도냐와 아가야 지역의 성도들 역시 로마의 지배하에 과도한 세금과 기독교에 대한 박해로 시달리고 있었지만 그들보다 더 어려운 예루살렘 지역의 성도들을 위해 헌금을 했습니다. 모든 구제는 자발적으로 행하십오.(고후 8:1-5,20)

### 둘째, 넘치는 기쁨으로 해야 합니다.

본문에 나오는 구제 헌금에는 몇 가지 의미가 담겨 있습니다. 첫째로 이방인들이 유대인 형제들에게 사랑을 표현한 의미가 있고, 유대인으로부터 받은 영적인 축복의 빚을 물질의 형태로 갚는 의미가 있습니다. 이런 의미가 담겨 있는 선물이었기에 넘치는 기쁨으로 구제에 대한 마음을 품고 실제로 행동할 수 있었던 것입니다. 구제를 통해 사랑의 실천과 연합의 기쁨을 표현하십오.(엡 2:12-22)

### 셋째, 사려 깊게 전달해야 합니다.

바울은 구제 헌금을 예루살렘에 전하면서도 혹시나 그들의 마음이 상하지 않을까 걱정되어 '성도들이 받음직하게 되기를' 위해 기도해 달라고 부탁했습니다. 우리의 구제는 더욱 겸손하게 신경 써서 전해야 될 필요가 있습니다. 구제를 실천할 때는 받는 사람의 입장에서 신경을 써 전달하십오.(미 6:8)

**오늘 본문을 통해** 바람직한 구제의 세 가지 조건에 대해서 배웠습니다. 구제는 형제에 대한 사랑과 연합의 기쁨을 표현하는 아주 바람직한 수단입니다. 그러나 이런 구제에 대해 거부감이 들거나 부담감이 생긴다면 무리하지 않아도 됩니다. 날마다 신앙이 성장하고, 충만한 교제를 통해 자발적으로, 기쁨으로 구제에 대한 마음이 드는 때가 곧 찾아올 것입니다.
**오늘도** 이웃들의 필요를 은밀하게 채워주며 사십시오.

주님! 나의 욕심보다 이웃의 필요에 먼저 눈을 돌리게 하소서!

| 오늘 특별 적용 | |
| --- | --- |
| 오늘 특별 감사 | |

# 072

# 하나님의 뜻을 따르는 비결

로마서 16장 1절부터 27절을 읽으십시오.
① 브리스가와 아굴라는 어떤 삶을 살았는가?(3-4)
② 바람직한 성도의 교제와 문안의 모습은 어떤 것인가?(16)

**영국의 한 귀족이** 부모로부터 많은 유산을 물려받았습니다.
그는 그 돈으로 뭔가 특별한 일을 해보고 싶었습니다. 남들이 아무도 하지 않는 일이 뭐가 있을까 생각하던 그는 돌연변이 쥐를 만들어보기로 결심했습니다. 그는 그 많은 돈을 돌연변이 쥐를 만드는 일에 모두 투자했습니다. 그리고 수십 년 후 마침내 돌연변이 쥐를 만들어 냈습니다. 그러나 그토록 바라던 쥐를 만들어 내고 나서, 그 귀족은 자신의 일이 모두 허사였다는 것을 알게 되었습니다. 많은 세월이 흘렀고, 많은 돈을 사용했고, 드디어 바라던 것을 만들었으나 그것은 자신에게도 아무에게도 어떤 유익이 되지 않았습니다.
세상의 목적과 목표는 일시적인 만족감을 줄지는 몰라도 결국에는 모두 허망한 것입니다. 우리의 목적을 바르게 알 때 인생의 마지막 목표를 바르게 설정할 수 있습니다. 하나님의 뜻을 따르십시오.

**로마서(16장 1절부터 16절에는** 로마 교회의 성도들에 대한 바울의 개인적인 인사가 기록되어 있고) 16장 17절부터 27절에는 거짓 선생에 대한 경고와 하나님을 향한 찬양이 기록되어 있습니다. 바울은 로마 교회 성도들에게 잘못된 가르침을 전하는 거짓 선생들을 특히 주의하라고 경고했습니다. 이제 로마서의 마지막인 본문을 통해 **하나님의 뜻을 따라 사역을 유지하는 세 가지 비결**에 대해 배울 수 있습니다.

**첫째, 잘못된 가르침에서 떠나야 합니다.**
그리스도인들의 기본적인 삶의 원리는 사랑과 용서이지만 영을 흐리는 잘못된 가르침에 대해서는 분명히 선을 그어야 합니다. 특히 이단자들을 대적하지 말고 '멀리하고, 떠나라'고 권고했던 사실을 기억하십시오. 이단자들의 궤변에는 논리도 없고 설득도 통하지 않기 때문입니다. 잘못된 사상과 가르침을 멀리하고 과감히 발을 빼십시오.(딤 3:10)

**둘째, 충성스럽게 동역해야 합니다.**

바울은 본문에서 그동안 함께 충성스럽게 동역했던 동역자들을 소개했습니다. 아무리 바울이라 하더라도 함께 했던 이들이 없이는 그 많은 사역을 감당할 수 없었을 것입니다. 하나님은 성도들이 하나 된 지체로써 모두 합력하여 하나님의 '공동 작품' 만들길 바라십니다. 그러기 위해서는 우리를 필요로 하는 곳에 헌신함으로 섬기는 희생이 필요합니다. 그러나 그 희생은 하나님께 영광이 되고 다른 사람들에게 힘이 되는 값진 보물과도 같은 희생입니다. 맡은 일에 충성하고, 서로 합력하여 선을 이루십시오.(롬 8:28/ 골 2:1-2)

**셋째, 모든 결과를 통해 하나님께 영광을 돌려야 합니다.**

우리의 모든 것이 하나님의 은혜이고, 모든 좋은 결과로 하나님께 영광을 돌려야 한다는 사실은 모두가 알고 있고, 또 당연히 여기는 사실입니다. 그러나 실제로 그런 삶을 살고, 영광을 하나님께 온전히 돌리는 성도들은 얼마나 될까요? 모든 것에 감사하는 마음으로 열매 맺는 삶을 통해 하나님께 영광을 돌릴 수 있습니다. 자신의 모든 것을 하나님께 돌리는 바울과 같이 날마다 감사하며 하나님께 영광을 돌리십시오.(고전 6:19-20)

**오늘 본문을 통해** 하나님의 뜻에 따라 사역을 유지하는 세 가지 비결에 대해서 배웠습니다. 로마서의 마지막은 '지혜로우신 하나님께 예수 그리스도로 말미암아 영광이 세세 무궁토록 있을지어다 아멘' 이라는 구절로 끝을 맺습니다. 우리의 마지막 인생의 마침표도 이런 고백과 함께 마무리할 수 있다면 너무나 멋진 일일 것입니다.
**오늘도** 하나님의 영광을 위해 활기차게 사십시오.

**주님! 모든 삶을 통해 하나님께 기쁨이 되고 영광을 돌리게 하소서!**

| 오늘 특별 적용 | |
|---|---|
| 오늘 특별 감사 | |

# 073

# 고린도서의 목적과 교훈

고린도전서 1장 1절부터 9절을 읽으십시오.
① 바울이 고린도 교인들을 생각하면서 확신한 한 가지는 무엇인가?(4)
② 고린도 성도들이 칭찬 받은 이유는 무엇인가?(7)

프랑스의 끌로드 모르강의 작품 중에 '인간의 증거' 라는 책이 있습니다. 주인공은 연합군 병사로 전쟁에 참여했다가 독일군의 포로가 되었습니다. 옥중에서 결핵에 걸려 석방이 되었으나, 계속해서 지하의 저항조직에 들어가 작전을 수행하다가 다시 붙잡히고 맙니다. 독일군은 바로 사형을 선고했습니다. 사형이 집행되는 날, 주인공 뿐 아니라 연합군의 편에 서서 싸웠던 다른 병사들도 함께 사형장으로 가고 있었습니다. 조국인 프랑스의 국가를 힘차게 부르며 사형장에 도착하자 집행관이 마지막으로 남길 말이 있냐고 묻자 주인공이 대답했습니다.

"나를 죽일 수도 있다. 더 많은 프랑스인을 죽일 수도 있다. 그러나 진리는 죽이지 못한다."

아무리 세상이 피폐해지고 성도들이 점점 힘을 잃어간다 하더라도 십자가의 진리는 변하지 않습니다.

**고린도전서 1장 1절부터 9절**에는 고린도 교회의 성도들에게 전하는 바울의 문안인사가 기록되어 있습니다. 고린도 교회는 바울이 제 2차 전도여행 중에 세운 교회로 1년 반이나 머물면서 양육했던 교회입니다. 우리는 고린도전서와 후서를 묵상하기에 앞서 먼저 바울이 **고린도서를 기록한 세 가지 목적**에 대해서 알아야 합니다.

**첫째, 고린도 성도들을 다시 세우기 위해서입니다.**

고린도는 큰 상업도시이자, 교통의 요지로써, 종교적인 중심지였던 곳 입니다. 이런 특성 탓에, 음란과 환락과 사치가 도시 안에 가득했습니다. 이런 곳에서도 성도들은 복음을 받고, 교회를 통해 신앙생활을 했지만, 바울이 떠나고 저마다의 생각이 스며들면서 내부적으로 여러 어려움들이 생기기 시작했습니다. 바울은 이런 성도들에게 다시 한번 진리를 전파하고 독려하기 위해서 편지를 썼습니다. 바울과 같이 남의 어려움과 약점에 관심을 가져주고 덮여주려고 노력 하십시오.(요 13:34)

**둘째, 구원의 불변함을 전하기 위해서입니다.**
바울은 인사말을 통해 고린도 교회 사람들을 구원받았다는 의미의 '성도' 라고 지칭했습니다. 그것은 비록 고린도 교회 성도들이 지금은 타락하고, 잘못된 길을 가고 있지만 한번 받은 구원의 효력은 그대로이기 때문입니다. 성도들에 대한 하나님의 구원의 효력은 영원함을 확신하십시오.(히 10:14)

**셋째, 평강은 하나님의 은혜로 이루어짐을 전하기 위해서입니다.**
은혜는 받을 자격이 없는 사람이 하나님의 베푸심을 통해 받는 것입니다. 우리가 이 은혜를 받게 될 때 자연스럽게 평강도 누릴 수 있게 됩니다. 그러나 주객이 전도되어 화평을 받은 뒤 은혜를 누리고자 하면, 종교적인 멍에에 매여 율법의 노예로 살아가는 잘못된 믿음을 갖게 됩니다. 은혜의 복음을 먼저 깨달으십시오.(롬 5:1)

**오늘 본문을 통해** 고린도서를 기록한 세 가지 목적에 대해서 배웠습니다. 바울은 많은 시간을 고린도에서 보내며 어려운 환경 속에서도 신앙을 지키려는 성도들에 대한 사랑과 격려의 마음으로 고린도서를 기록했습니다. 바울과 같은 마음으로 고린도서를 묵상해 나간다면 죄와 교리들 그리고 그리스도인의 실제적인 삶의 문제들에 대해서 큰 교훈을 얻을 수가 있습니다.
**오늘도** 은혜 가운데 평안을 누리며 사십시오.

**주님! 구원의 확신을 갖고, 또한 전하며 살아가게 하소서!**

| 오늘 특별 적용 | |
|---|---|
| 오늘 특별 감사 | |

# 074

# 진정한 합력의 필요성

고린도전서 1장 10절부터 17절을 읽으십시오.
① 바울이 고린도 성도들에게 명한 것과 그 이유는 무엇인가?(10-16)
② 분쟁이 생길 때 어떤 결과가 생기는가?(17)

**조선 시대 한 부부가** 부모님을 모시고 함께 살고 있었는데, 화목한 집안으로 온 동네에 소문이 자자했습니다.

어느 날 저녁을 짓다 말고 아내가 부엌에서 울고 있었습니다. 남편이 그 광경을 보고 이유를 물으니 밥을 태웠다는 것입니다. 그러자 남편이 말하기를 "내가 오늘 물을 조금밖에 길어오지 못해서 밥이 탄 것이니 당신 잘못이 아니오."라고 했습니다. 뒤늦게 그 모습을 본 시아버지가 말했습니다. "아니다, 니들 둘 다 잘못이 아니다. 내가 장작을 잘게 패지 못해서 불이 셌던 모양이다." 그때 뒤따라 들어온 시어머니도 말했습니다. "아니에요, 영감. 내가 밥타는 냄새를 못 맡아 가지고 이런 일이 생긴 겁니다." 그리고 식구가 모두 앉아 탄 밥을 맛있게 먹었습니다.

화평의 비결은 간단합니다. 상대의 잘못을 이해하고, 자신을 더욱 돌아보는 것. 그러나 그 반대의 일이 일어날 때 화평이 아닌 반목이 생기게 됩니다.

**고린도전서 1장 10절부터 17절에는** 고린도 교회의 분쟁에 대한 바울의 언급이 기록되어 있습니다. 당시 고린도 교회에서는 3가지 당파로 나뉘어져 있었는데 사람을 따르는 당파로 인해서 하나님을 섬기는 성도들 사이에서도 분쟁이 일어나고 있었습니다. 우리는 본문에 나오는 네 가지 당파를 사람들이 따랐던 이유를 통해 **진정으로 합력하는 세 가지 방법**에 대해서 생각해 볼 수 있습니다.

**첫째, 바울과 아볼로를 따르던 사람들이었습니다.**

바울은 고린도 교회를 세우고, 성도들을 양육하여 신앙의 터를 닦는 데에 도움을 주었습니다. 그리고 아볼로는 바울의 뒤를 곧장 이어 고린도 교회를 인도했습니다. 이런 연유로 고린도 교회의 초기 성도들 중에는 바울과 아볼로를 직접적으로 따랐던 사람이 많았다고 합니다. 우리는 이 분란을 통해서 먼저 된 사람이 더욱 겸손해야함을 알 수 있습니다. 신앙의 연륜은 곧 겸손의 연륜을 뜻한다는 사실을 깨달으십시오.(행 19:1)

**둘째, 베드로를 따르던 사람들이었습니다.**

베드로는 예수님의 수제자이자 유대인이었는데, 특히나 사도들의 대표 격으로 알려져 있었기 때문에 정통성을 주장하는 사람들이 유독 베드로를 따랐을 것입니다. 복음의 본질에 집중하지 않고 오직 목회자의 명성이나 카리스마에만 매료되어 있는 오늘날의 성도들에게도 이것은 거울이 됩니다. 복음을 권위의 수단으로 삼지 말고 그 자체로 기쁨을 누리십시오.(빌 1:27-28)

**셋째, 그리스도를 따르던 사람들이었습니다.**

마지막으로 그리스도를 따르던 사람들이 있었습니다. 이들은 보통 성도들보다 성경을 좀 알고 스스로 성숙하다고 생각되는 사람들이었습니다. 그리스도를 좇는 모습은 옳은 것이었으나 이들은 영적 교만에 빠져서 바울과 아볼로 같은 지도자들도 무시했습니다. 그리스도를 따르는 것은 모두가 한 몸이라는 사실을 인정하는 것과 같다는 사실을 기억하십시오.(고후 10:7)

**오늘 본문을 통해** 진정으로 합력하는 세 가지 방법에 대해서 배웠습니다. 그러므로 진정한 합력은 누가 옳고 그름을 따지는 것보다 모두가 같은 말과 생각을 품도록 하나님께 집중하고 겸손히 마음을 다해 교제하는 것을 통해 이루어집니다.

**오늘도** 성도들을 사랑하며 한몸으로 섬기십시오.

**주님! 사랑으로 서로를 덮어주며 기쁨으로 연합하는 교회가 되게 하소서!**

| 오늘 특별 적용 | |
| --- | --- |
| 오늘 특별 감사 | |

# 075

# 성도들이 지켜야할 십자가의 도

고린도전서 1장 18절부터 31절을 읽으십시오.
① 예수님의 십자가는 어떤 능력을 가지고 있는가?(18)
② 하나님의 능력은 누구에게 임하는가?(24)

**하나님께 귀한 종으로** 쓰임 받다 부르심을 받은 온누리교회의 하용조 목사님이 한번은 설교 중에 '예수님이 십자가에 못 박히셨다' 라는 성경 구절을 성도들이 더욱 깊이 묵상해야 한다고 말씀한 적이 있었습니다.

"십자가형은 잔인하고 치욕스러운 것이기 때문에 로마 시민들에게는 선고되지 않았습니다. 주로 노예나 반역자 혹은 극악한 강도들에게만 이런 십자가형이 주어졌습니다. 십자가에 달리면 약 3일 정도의 고통을 겪게 되는데, 먼저 탈진이 일어난 뒤, 계속해서 심한 육체의 아픔이 더해지고 점점 심한 고통을 느끼게 됩니다. 그 고통은 점점 심해져 사흘째에 최고의 고통을 경험한 뒤에 죽게 됩니다. 이 과정이 너무 힘들어 보일 때에는 다리를 부러뜨리거나 창으로 찔러서 빨리 죽게 도와주기도 했습니다. 이것이 예수님이 겪으신 십자가형이었습니다. 예수님이 십자가에 못 박히셨다는 한 구절을 통해 우리는 이런 고통이 그 안에 담겨있음을 알아야 합니다."

십자가는 가장 심한 고통의 길이었지만, 예수님은 묵묵히 그 길을 가셨습니다. 십자가의 길은 고통의 길이었지만 온 인류에게 구원을 주기 위한 생명의 길이었기 때문입니다.

**고린도전서 1장 18절부터 31절에는** 고린도 성도들에 대한 책망과 십자가의 도가 기록되어 있습니다. 바울은 교회의 복음과 핵심을 설명하며 교회 내에 파당이 생긴 고린도 교회 성도들을 책망했습니다. 우리는 본문에 나오는 십자가의 도를 통해 **교회 내의 분쟁과 갈등을 없애는 세 가지 방법**을 찾아볼 수 있습니다.

**첫째, 그리스도의 눈으로 봐야 합니다.**

고린도 교회에 파당이 생긴 것은 바울과 아볼로, 베드로, 그리고 예수님까지 모두 인간적인 눈으로 바라봤기 때문입니다. 물론 어떤 특별한 사역자를 존경하고 칭찬하는 것은 자연스러운 일입니다. 그러나 예수님보다 앞세우거나 자신의 어떤 목적이 들어가서는 안 됩니다. 크고 넓은 그리스도의 눈으로 모든 사람을 바라보십시오.(고전 1:10/ 유 1:21)

**둘째, 인간의 지혜가 아닌 성경의 지혜로 판단해야 합니다.**
고린도 교회의 성도들은 서로 자신의 지식과 식견이 옳다고 주장했습니다. 유대인들은 기적을 좋아했고, 헬라인들은 철학적인 사고를 통해 인간의 지혜를 자랑했습니다. 이런 사람들이 볼 때 '믿으면 구원 받는다'는 단순하고 명료한 십자가의 도는 미련하고 하찮은 것으로 보였을 것입니다. 그러나 십자가의 도는 하나님의 능력이 담긴 진리입니다. 스스로 지혜롭게 여기지 말고 하나님을 경외하십시오.(잠 3:7, 9:10/ 롬 1:16)

**셋째, 그리스도가 아닌 것을 자랑해선 안 됩니다.**
파당이 생기게 된 결정적인 이유 중에 하나는 사람의 업적과 행위를 자랑으로 삼고 영광을 돌렸기 때문입니다. 그러나 하나님은 잘난 사람들보다도 오히려 천하고, 멸시받고, 가난한 사람들을 사용하셨습니다. 우리가 약하고 모자랄지라도 주님이 우리의 지혜가 되시고, 의가 되시고 구원이 되십니다. 세상의 많은 것들보다 오직 주님만을 자랑하십시오.(갈 6:14/ 골 2:3)

**오늘 본문을 통해** 십자가의 도를 통해 교회 내의 분쟁과 갈등을 없애는 세 가지 방법을 배웠습니다. 물론 세상에 완벽한 교회는 없겠지만 그래도 우리는 하나님의 말씀을 따라, 성경의 원칙을 따라 더욱 연합하고 서로 사랑하며 발전해 나가야 합니다.
**오늘도** 세상의 것보다 하나님의 것을 의지하며 사십시오.

**주님! 십자가의 사랑을 깨닫고 변화되게 하소서!**

| 오늘 특별 적용 | |
|---|---|
| 오늘 특별 감사 | |

# 076

# 잊지 말아야 할 전도의 중요성

고린도전서 2장 1절부터 5절을 읽으십시오.
① 바울은 자신의 일생을 통해 어떤 결심을 했는가?(2)
② 바울이 전도할 때의 가진 두려움은 무엇이었고,
　당신이 가진 두려움은 무엇인가?(3)

**미국 소매상협회**(National Retail Goods Association)가 외판원들을 대상으로 한 조사에 의하면 판매원의 절반 정도인 48%가 손님에게 단 한 번 전화하고 판매를 포기한다고 합니다. 그리고 나머지의 절반인 25%는 두 번 전화한 뒤 판매를 포기하며, 나머지 15%는 세 번의 시도 뒤에 포기한다고 합니다. 종합해보면 88%의 외판원들이 3번 이내의 전화로 판매를 포기한다는 결론이 나옵니다. 그러나 나머지 12%의 외판원들은 손님들의 거절에도 불구하고 끈질기게 연락을 하고 선물을 보내고 설득을 하는데, 업체의 총 판매량을 계산해보면 끈질긴 12%의 외판원들이 판매하는 물량이 전체의 80%를 차지한다고 합니다.

타인의 자유와 생활을 침해할 만큼 무례하고 끈질기게 괴롭히자는 것이 아닙니다. 꾸준한 관심과 연락, 중보기도, 작은 선물들로 복음을 언제든지 영접하고 받을 수 있는 분위기를 만드는 노력이 필요합니다. 우리가 최선의 노력을 다할 때 나머지는 모두 성령님이 행하십니다.

**고린도전서 2장 1절부터 5절**에는 예전에 고린도 지역에서 전도할 때의 바울의 마음가짐에 대해서 나옵니다. 바울은 많은 학식과 자랑할 만한 권위가 있었지만 특별한 경우가 아니고서는 그런 것들을 조금도 내놓지 않고 오직 성령에만 의지하여 복음 그 자체를 전했습니다. 우리는 본문의 바울 고백을 통해 **전도에서 잊지 말아야 할 세 가지 사실**이 무엇인지 알 수 있습니다.

**첫째, 고상한 말과 지혜는 중요하지 않습니다.**
바울은 고린도에서 전도를 하기 전에 아테네에서 복음을 전했습니다. 바울은 철학적인 도시의 분위기에 맞게 지식인들의 입맛에 맞는 훌륭한 선교를 했지만, 사람들의 관심을 많이 끌지 못했고, 복음을 영접한 사람들도 많지 않았습니다. 오늘 날 우리들의 생각도 지식과 지혜를 동원해서 설득하고 전도하면 효과가 더욱 좋을 것 같지만 실상은 그렇지 않습니다. 작은 선행과 깊은 배려로 인해 마음이 감동되는 전도가 더욱 효과적일 때가 많습니다. 우리가 결론적으로 전해야 될 것은 하나님의 능력에 의지한 복음임을 잊지 마십시오.(행 17:16-34)

**둘째, 십자가와 그리스도가 반드시 전해져야 합니다.**
바울은 아테네에서의 일을 경험한 이후 '예수 그리스도와 십자가 복음' 만을 더욱 전하기로 다짐했습니다. 예수님이 나의 죄를 위해 십자가에서 돌아가시고, 다시 부활하셨다는 복음은 너무나 단순하고 명료하지만 그 속에 짐작할 수 없는 능력이 담겨 있기 때문입니다. 예수 그리스도의 보혈이 묻어있는 거룩한 복음을 전하십시오.(눅 4:18-19/ 롬 1:8)

**셋째, 성령의 능력으로 진지하게 전해야 합니다.**
바울은 어디서나 복음을 전하던 매우 담대한 사람이었지만, 본문에서는 성령의 나타남과 능력으로 증거하며 '약하고 두려워하며 심히 떨었다' 라고 기록되어 있습니다. 그리고 비록 두렵고 떨렸지만 성령의 능력에 의지하여 자신의 연약함을 극복해내고 온 힘을 다해 전도를 했던 것입니다. 바울과 같이 성령님께 의지해 떨림이 있을 정도의 간절한 마음으로 전도하십시오.(골 1:23)

**오늘 본문을 통해** 전도에서 잊지 말아야 할 세 가지 사실에 대해서 배웠습니다. 전도는 우리의 의지로 시작하지만 성령님을 통해 진행되어야만 영혼을 인도할 수 있습니다. 물론 시작이 어렵고, 과정도 힘들지만 영혼을 구원하는 일은 직접 체험해본 사람만이 알 수 있는 큰 영광입니다.
**오늘도** 예수 그리스도의 복음을 전하며 사십시오.

**주님! 복음의 중요성을 깨닫고 전도를 실천하게 하소서!**

| 오늘 특별 적용 | |
|---|---|
| 오늘 특별 감사 | |

# 077

## 신앙이 성장하는 원리

고린도전서 2장 6절부터 3장 9절을 읽으십시오.
① 하나님의 영적인 지혜의 특징은 무엇인가?(6-9)
② 영적인 일은 어떻게 분별해야 하는가?(13)

어떤 시인이 쓴 '아름다운 그리스도인' 이라는 글입니다.
'아름다운 그리스도인은 언제나 참을성을 잃지 않습니다.
아무리 화가 나도 인내하며 건설적인 길을 모색합니다.
다른 사람의 행운을 시기하지 않으며,
항상 타인의 단점이 아닌 장점을 보려고 노력합니다.
그러나 이런 것들 보다 더욱 중요한 것이 하나 더 있습니다.
바로 보여주는 것입니다.
아름다운 그리스도인은 무엇보다도
마음과 생활을 통해 예수님의 사랑을 보여줍니다'
신앙생활을 잘하고, 경건생활에 열심을 내는 것도 좋지만 가장 확실한 신앙 성장의 척도는 그리스도의 사랑의 향기를 풍기는 삶입니다.

고린도전서(2장 6절부터 16절에는 지성으로 파당을 세우지 말고 그리스도의 지혜로 함께 연합하라고 권고하는 바울의 권고가 기록되어 있고) 3장 1절부터 9절에는 성도를 성장시키는 원리에 대해서 나와 있습니다. 바울은 하나님의 복음을 다른 지식들과 섞을 필요가 없다고 보고, 성도들의 성장 역시 사람의 노력이 아닌 하나님의 역사가 중요하다고 설명했습니다. 우리는 본문을 통해 **신앙이 성장하는 세 가지 원리**에 대해서 생각해 볼 수 있습니다.

**첫째, 하나님의 지혜의 비밀을 알아야 합니다.**
바울은 자신의 경험을 통해 더 이상 복음 증거에 있어서는 인간의 지식을 따르지 않기로 작정했습니다. 그러나 이것은 인간의 지성을 비하하는 것이 아니라 하나님의 지혜가 비교할 수 없을 만큼 뛰어난 것임을 나타내는 것입니다. 바울이 깨달은 하나님의 지혜에 비밀은 어떤 사람이든 예수 그리스도를 믿음으로 그리스도의 한 몸인 교회를 이룬다는 것이었습니다. 예수님을 영접

함으로 하나님의 지혜에 비밀을 깨달으십시오.(골 2:2)

### 둘째, 성령의 인도를 받아야 합니다.

성령님은 하나님의 영이시기 때문에 하나님과 같고 하나님의 깊은 것이라도 모두 아십니다. 거듭나지 못하고 아직 세상에 속해 잇는 사람들에게는 자아를 포기하고 성령의 인도를 따르는 삶이 미련하고 따분하게 보일지 모르지만 이런 삶이야말로 '지혜와 계시의 영'을 따르는 복되고 거룩한 삶입니다. 성령님을 마음에 모심으로 그리스도의 마음을 가지십시오.(엡 1:17)

### 셋째, 분쟁을 멈춰야 합니다.

아름다운 연합은 좋은 지도자나 환경에 의해서 결정되는 것이 아닙니다. 고린도 교회는 바울이 1년 반이나 가르치고 모든 것이 풍족한 상황에 거하면서도 분쟁이 생기고 반목이 일어났습니다. 그러나 바울이 3주 밖에 머물지 않았고, 심한 핍박을 받았던 데살로니가 교회에서는 믿음의 열매들이 맺히고 있었습니다. 모든 분쟁을 멈추고 그리스도의 마음으로 하나가 되고 성령의 열매 맺는 모임이 되도록 노력하십시오.(살전 1:3,6)

**오늘 본문을 통해서** 신앙이 성장하는 세 가지 원리에 대해서 배웠습니다. 신앙과 인생의 좋은 멘토와 친구, 동료들을 만나는 것도 중요하지만 모든 것의 결국은 하나님께 달려 있다는 사실을 깨달아야 합니다.
**오늘도** 하나님의 원리를 통해 성장하며 사십시오.

**주님!** 세상의 무엇 하나 주님의 은혜가 아닌 것이 없음을 알게 하소서!

| 오늘 특별 적용 | |
|---|---|
| 오늘 특별 감사 | |

# 078

# 하나님의 집을 관리하는 법

고린도전서 3장 10절부터 23절을 읽으십시오.
① 바울은 하나님을 믿는 그리스도인을 무엇이라고 표현하였는가?(16)
② 분쟁을 막기 위하여 바울은 어떻게 하라고 했는가?(18~23)

**기원후 79년**, 이탈리아의 폼페이에서 거대한 화산 폭발이 일어났습니다. 폼페이 섬 근처에 있던 베스비우스 산이 삽시간에 거대한 용암을 내뿜기 시작하며 순식간에 폼페이 시 전체를 완전히 폐허로 만들어 버렸습니다. 오랜 세월이 지난 후 고고학자들이 화산재로 뒤덮인 폼페이 섬에서 유적들을 발굴하기 시작했는데, 유적지뿐 아니라 화산재로 인해 그 모습 그대로 굳어버린 사람들도 많이 발견되었습니다. 그 중에 특히나 눈길을 끌었던 것은 곧은 자세로 성문을 지키고 있던 보초병의 모습이었습니다. 혼란에 빠진 사람들은 대부분 도망을 치거나 겁에 질려있는 모습으로 굳어 있었는데, 이 보초병만큼은 아무런 동요도 없어 보였습니다. 런던의 한 미술관에는 이 병사의 모습을 그린 그림이 있다고 합니다. 그리고 그 그림 바로 밑에는 '충성' 이라는 짧은 제목이 붙여져 있습니다.

어떤 상황에서도 자신의 할 일을 다 하는 사람이 바로 충성된 사람입니다.

**고린도전서(3장 10절부터 15절에는** 성도들을 하나님의 밭에 비유한 내용에 대해서 나와 있고) 3장 16절부터 23절에는 성도들이 자신을 거룩하게 해야 할 이유에 대해서 기록되어 있습니다. 가장 중요한 것은 튼튼한 반석 위에 집을 짓는 것이지만, 그 위에 세워진 집을 관리하는 것 역시 중요한 것입니다. 오늘 본문을 통해 우리는 성도들의 몸인 **하나님의 집을 관리하는 세 가지 교훈**에 대해서 생각해 볼 수 있습니다.

**첫째, 세상에 마음을 두고 살면 안 됩니다.**
하나님의 집을 짓는 재료로 두 종류가 나오는데 첫째는 금, 은, 보석이고 둘째는 나무, 풀, 짚입니다. 나무와 풀과 짚은 모두 땅에 뿌리를 두는 것입니다. 즉, 예수 그리스도를 영접했지만 세상에 미련을 두고 육신의 삶을 살아가는 사람들을 나타낸 것입니다. 롯이 소돔에 머물러 다른 사람들과 어울렸던 삶과 같고, 출애굽한 이스라엘 사람들이 작은 어려움에 오히려 노예 생활을 그리워했던 것이 이와 같은 삶입니다. 과감히 세상적인 모든 것으로부터 마음을 떼어놓으십시오.(창 19:14,16/ 출 16:3)

### 둘째, 세상의 것을 자랑하면 안 됩니다.

고린도교회 성도들이 서로 다른 지도자를 따랐던 것은 세상적인 생각으로 목회자를 비교하고 판단했기 때문입니다. 그리고 그 사람들을 자신들의 대표로 생각하며 서로 자랑했기 때문에 분쟁이 일어났습니다. 예수님보다도 자신을 내세우는 사람들을 조심하고, 여러 가지 학위나 신앙 경력들은 단지 참고사항일 뿐이라는 것을 잊지 말아야 합니다. 세상의 그 어떤 것도 자랑거리가 될 수 없음을 기억하십시오.(요일 2:15-16)

### 셋째, 영원한 것을 구하는 삶을 살아야 합니다.

좋은 집의 재료로 나오는 금과 은과 보석은 모두 땅에서 캐낸 것들입니다. 밝게 빛나 세상의 빛이 되는 좋은 재료들처럼 그리스도인들도 세상 속에서 빛의 역할을 해야 합니다. 삶 속에서 만나는 많은 시험들 속에서도 빛을 잃지 않고 이겨내는 성도들은 하나님의 귀한 선물을 받게 됩니다. 영원한 것을 바라는 천국 성도에 합당한 생활을 하십시오.(마 5:14/ 히 11:6)

**오늘 본문을 통해** 성도들의 몸인 하나님의 집을 관리하는 세 가지 교훈에 대해서 배웠습니다. 구원을 받았다는 것은 이전의 것은 모두 버리고 새롭게 태어났다는 뜻입니다. 영원한 생명을 얻은 성도들은 이제 더 이상 썩어질 것들이 아닌 영원한 것을 기준과 목표로 삼고 새로운 삶을 살아야 합니다.
**오늘도** 예수님만을 귀하게 여기며 사십시오.

**주님! 세상의 어떤 것보다 귀한 주님의 이름을 널리 알리게 하소서!**

| 오늘 특별 적용 | |
|---|---|
| 오늘 특별 감사 | |

# 079

# 복음의 흐름

고린도전서 4장 1절부터 21절을 읽으십시오.
① 교회의 사역자들을 우리는 어떻게 생각해야 하는가?(1)
② 바울이 성도들을 책망한 이유는 무엇인가?(14)

'마시멜로 이야기'는 2007년에 국내에 출간되어 200만부 이상이 팔린 베스트 셀러입니다. 아주 적은 분량이지만 흥미로운 주제와 짜임새 있는 이야기 구성으로 아직까지도 많은 부수가 판매되고 있습니다. 사람들은 성공의 비결을 알기 위해 이 책을 구입하는데, 책 내용을 보면 성공의 비결을 단 한 줄로 압축해서 설명해 놓은 부분이 나옵니다.
『"아는 것을 실천하는 것이 힘이다." 실천하지 않는 앎은 진정한 배움이 아니다. 성공의 원리는 이처럼 간단하다.』-마시멜로 이야기, 호아킴 데 포사다-
성공하지 못하는 이유는 실천하지 못해서입니다.
탈무드에는 '말보다 행동이 소리가 크다' 라는 말이 나옵니다. 아는 말씀과 지식을 실천할 때에 믿지 않는 사람들을 주님께로 인도하고 연약한 믿음의 성도들에게까지도 영향력을 끼치는 역사가 일어납니다.

고린도전서(4장 1절부터 5절에는 고린도교회의 성도들에게 올바른 판단을 독려하는 바울의 권면이 기록되어 있고) 4장 6절부터 21절에는 아볼로에 대한 이야기를 통해 그리스도 안에서 중용을 지킬 것과 교만하지 말 것은 거듭 당부하는 내용이 나와 있습니다. 우리는 본문의 내용을 통해 **복음의 흐름에 관한 세 가지 교훈을 얻을 수 있습니다.**

**첫째, 우리가 본보기가 되어야 합니다.**
고린도교회 성도들은 '왕 노릇하는 사람' 으로, 바울은 '구경거리가 된 사람' 으로 표현되어 있습니다. 이것은 고린도교회 성도들이 영적 자만심에 빠져 있어 스스로를 왕으로 생각하며 거드름을 피우고 있음을 지적한 것입니다. 바울의 삶은 심한 고난을 이겨내며 고난을 받는 다른 성도들에게 본이 되는 삶이었습니다. 그리스도인들은 말이 아닌 행동으로 가르치는 삶을 살아야 합니다. 이 시대에 맞는 신앙인의 본보기가 되도록 노력하십시오.(요 13:15)

**둘째, 우리에게 복음을 전해준 분에게 감사의 마음을 가져야 합니다.**

본문 15절에는 '그리스도 안에서 일만 스승이 있으나 참된 아비는 많지 아니하니' 라는 구절이 나옵니다. 이것은 입으로 복음을 가르치는 사람은 많아도 참된 제자로 양육하는 사람은 많지 않다는 것을 나타냅니다. 바울은 고린도 교회 성도들을 자신이 직접 '낳았다' 고 표현했습니다. 우리에게 복음을 전해 주고 양육해준 분들에게 꾸준히 감사를 표현하고 고마워하십시오.(롬 6:17-18)

**셋째, 우리는 남의 감사와 칭찬에도 겸손해야 합니다.**

고린도교회 성도들 중에는 자신의 영적 상태를 과시하며 바울의 사도권을 의심하고, 험담하며, 무시한 사람들도 있었습니다. 자신이 어느 정도 성장했다고 여겨지자, 하나님의 자리에 선 것처럼 다른 사람들을 판단한 것입니다. 바울 역시 흠이 있었을 것이고 그 흠에 대해서 말하기는 아주 쉬웠을 것입니다. 신앙의 성장을 위해 열심을 내다보면 교만이 찾아올 때도 있습니다. 그러나 교만에 대한 성경의 경고들을 기억하며 더욱 더 겸손해 지기 위해 노력하십시오.(빌 2:3-4)

오늘 본문을 통해 복음의 흐름에 대한 세 가지 교훈을 배웠습니다. 스스로를 겸손하게 하고 행함의 본으로 다른 성도들을 세울 수 있는 성도가 되고, 항상 우리를 세워준 다른 분들에 대한 고마운 맘을 잃지 않아야 합니다.
오늘도 타인의 잘못보다 자신의 변화에 먼저 초점을 맞추며 사십시오.

**주님! 겸손함으로 본을 보이는 능력의 그리스도인으로 살게 하소서!**

| 오늘 특별 적용 | |
|---|---|
| 오늘 특별 감사 | |

# 교회 내에서의 죄와 징계

고린도전서 5장 1절부터 13절을 읽으십시오.
① 바울이 고린도 성도들을 책망한 것은 무엇인가?(2)
② 우리가 자랑하지 않아야 할 이유는 무엇인가?(7)

**미국의 어떤 방울뱀은** 매우 독특한 방법으로 사냥을 합니다.
이 방울뱀은 무서운 독을 가지고 있지만, 다람쥐를 잡을 때는 독을 쓰지 않는다고 합니다. 먼저 방울뱀은 다람쥐가 있을법한 지역에서 꼬리를 흔들어 소리를 냅니다. 다람쥐는 호기심이 많아서 방울뱀의 꼬리 소리를 듣고는 뱀이 있는 곳까지 알아서 찾아옵니다. 그러나 눈앞의 방울뱀을 본 순간 너무 놀라 꼼짝도 못합니다. 뱀은 다람쥐를 충분히 노려보다가 다람쥐가 완전히 경직상태가 되면 입을 벌려 한번에 삼킵니다. 방울소리로 유혹을 해 독을 쓰지 않고도 쉽게 다람쥐를 사냥하는 것입니다.
사람들은 죄가 제공하는 쾌락에 빠져 딱히 유혹하지 않아도 스스로가 찾아갑니다. 한번 유혹에 빠진 사람들은 하나님의 소리보다는 유혹의 소리에 더욱더 귀를 기울입니다.

**고린도전서(5장** 1절부터 8절에는 고린도교회 성도들의 음행에 대해서 바울이 꾸짖는 내용이 나와 있고) 5장 9절부터 13절에는 그런 음행을 행한 성도들에 대한 대처 방안들이 기록되어 있습니다. 성도들이 모인 교회 내에서의 음행은 구원이 약속된 성도들에게도 좋지 않은 영향력을 크게 미치기 때문에 자체적인 정화의 노력이 필요했습니다. 우리는 본문의 내용을 통해 교회 내에서의 **죄와 그에 대한 징계**에 대한 세 가지 사실을 알 수 있습니다.

**첫째, 우리는 죄에 민감해야 합니다.**
고린도교회에서 일어난 음행은 존속 간음이라는 끔찍한 죄였습니다. 성도가 아닌 사람들도 상상하기 힘든 이런 죄를 교회 내의 성도가 지었다는 것은 당시 고린도교회가 얼마나 죄에 대해서 둔감한 상태였는지를 잘 말해줍니다. 바울은 이런 죄뿐만 아니라 그 죄에 대해서 죄의식마저 갖지 못했던 둔감한 양심을 호되게 꾸짖었습니다. 모든 죄는 영혼의 건강에 좋지 않습니다. 작은

죄라도 마찬가지입니다. 작은 죄에도 민감하게 반응하십시오.(시 39:1)

**둘째, 우리는 위선자들과 사귀지 말아야 합니다.**
바울은 전에도 음행의 경고에 대해서 편지를 쓴 적이 있었으나, 그들은 듣지 않았습니다. 하나님을 안다고 말하면서도 음란한 죄를 짓고, 사기를 치고, 우상을 숭배하는 것은 하나님을 모욕하는 행위이며 불신자들을 교회에서 더 멀어지게 하는 행위입니다. 어떤 상황에서도 죄와는 확실히 구별된 생활을 하십시오.(히 3:13)

**셋째, 우리는 회개하지 않는 위선자를 쫓아내야 합니다.**
구원을 받고도 점점 심한 죄를 짓고, 회개조차 하지 못하는 사람들이 살아날 방법은 이미 없습니다. 이들은 암세포와 같이 다른 성도들에게도 죄에 대한 불감증을 전이시키며 이 땅에 이루어지는 하나님의 귀한 사역과 계획을 훼방합니다. 그러므로 성도의 흉악한 범죄에 대해서는 회개하고 자백하도록 권고를 하고, 그것을 거부할 경우에는 과감히 쫓아내는 것이 옳습니다. 언제나 죄를 두려워하는 깨끗한 마음으로 살아가십시오.(눅 17:3)

**오늘 본문을 통해** 교회 내에서의 죄와 그에 대한 징계에 대해서 배웠습니다. 우리는 죄인들에 대한 행동과 하나님을 모욕하는 위선자에 대한 행동을 잘 구분하고 때에 따라 지혜롭게 대처해야 합니다. 아울러 죄에 민감하게 반응하는 선한 양심을 가지고 성령님의 인도하심을 더욱 잘 따라야 합니다.
**오늘도** 도덕적으로 본이 되고, 그리스도의 모습을 나타내며 사십시오.

**주님! 죄를 멀리함으로 거룩한 주의 집인 교회가 되게 하소서!**

| 오늘 특별 적용 | |
|---|---|
| 오늘 특별 감사 | |

# 081

# 성도들의 몸 관리 방법

고린도전서 6장 1절부터 20절을 읽으십시오.

① 어떤 사람들이 하나님의 유업을 받지 못하는가?(9-10)
② 바울이 강조한 우리 몸에 대한 두 가지 사실은 무엇인가?(19-20)

**비둘기는** 평화를 상징하는 대표적인 새입니다.

그러나 집비둘기는 훨씬 오래전부터 충성의 상징으로 여겨졌습니다. 비둘기는 방향감각이 탁월하고, 기억력이 좋기 때문에 잘 훈련시키면 편지를 배달하는 '전서구'로 쓸 수 있습니다. '전서구'로 쓰임 받는 비둘기들은 아무리 먼 거리라도 주인을 정확히 찾아오고 오는 도중에 다른 비둘기 무리나 어떤 유혹이 다가와도 거들떠보지도 않고 곧장 날아옵니다. 그런데 성경에도 이 집비둘기가 나옵니다. 예수님이 '비둘기처럼 순결하라'라고 말씀하셨을 때 쓰인 비둘기는 '페리스테라'라는 헬라어로 당시의 집비둘기를 가리키는 표현이었습니다. 예수님이 말씀하신 순결은 단순히 도덕적인 순결을 말씀하신 것이 아니라, 하나님을 잊지 말고, 다른 유혹에 빠지지 말고 온전히 충성하는 뜻이라는 것을 알 수 있습니다.

하나님은 우리의 모든 것으로 주님께 충성하기를 바라십니다.

**고린도전서(6장** 1절부터 8절에는 교회 내에서의 성도들의 법정 소송에 대한 교훈이 기록되어 있고) 6장 9절부터 20절에는 고린도교회의 나머지 도덕적인 문제들과 성도들에게 순결한 삶을 요구한 내용이 나옵니다. 바울은 당시 고린도교회 성도들이 의롭지 못한 삶을 살면서도 자신들은 구원받아 죄가 없다고 말하는 것을 알고는 순결한 삶은 우리의 육체와 연관되어 있다는 사실을 전했습니다. 우리는 본문을 통해서 **성도들의 몸 관리에 대한 3가지 가르침**을 배울 수 있습니다.

**첫째, 우리의 몸은 성령의 전입니다.**

예수님을 영접하게 된 순간부터, 성령님은 영원히 우리 안에 거하고 계십니다. 우리의 몸은 성령님의 거하시는 집이나 마찬가지입니다. 그러므로 성령님이 거하시는 곳이 우리 안이라는 사실을 잊지 않고 조심해야 합니다. 마음

밭에 죄의 씨앗을 뿌리면 죄의 열매가 자라나기 때문입니다. 우리 몸에 죄를 짓는 것은 몸에 대한 것뿐 아니라 거하시는 성령님과 예수님에게도 짓는 것이라는 사실을 기억하십시오.(창 2:24/ 갈 6:8)

**둘째, 우리의 몸은 하나님의 것입니다.**
우리의 몸은 하나님께서 만드신 것이고, 예수님께서 피로 사신 것이고, 성령님께서 거하시는 곳입니다. 이 사실은 비록 우리 몸을 다룰 자유와 권한이 우리에게 주어졌고 우리 마음대로 사용할 수도 있지만 그것을 우리 마음대로 사용하는 것은 바른 사용법이 아니라는 사실을 알려줍니다. 하나님이 주신 자유와 몸을 잘 관리하는 성실한 청지기가 되십시오.(딤전 4:7)

**셋째, 우리의 몸은 하나님의 영광을 위해 쓰여야 합니다.**
로마서 12장에 나왔던 말씀대로 우리의 몸을 '하나님이 기뻐하시는 산제사'로 드려야 합니다. 물론 이와 같이 살기 위해서는 꾸준히 우리 몸을 지킬 수 있는 절제와 인내의 훈련이 필요하고 경건의 훈련도 해야 합니다. 큰 결심과 용기로 하나님의 영광이 되도록 자신을 사용하십시오.(롬12:1/ 고전 9:27, 10:31)

**오늘 본문을 통해** 성도들의 몸 관리에 대한 3가지 가르침을 배웠습니다. 우리에게 자유와 모든 것을 주신 하나님의 은혜에 감사하며, 우리 스스로의 결심으로 하나님을 위한 일에 스스로를 사용해야 합니다. 우리의 언어, 옷차림과 생각 등 모든 것을 통해 하나님께 영광을 돌릴 수 있을만한 거룩한 삶을 사십시오.
**오늘도** 우리의 몸을 드림으로 하나님을 기쁘게 하며 사십시오.

**주님! 거룩한 성전으로 몸을 다루고, 사용하게 하소서!**

| 오늘 특별 적용 | |
|---|---|
| 오늘 특별 감사 | |

# 082

# 결혼과 독신에 관한 가르침

고린도전서 7장 1절부터 9절을 읽으십시오.
① 부부생활에 있어서 중요한 교훈은 무엇인가?(1-3)
② 부부생활의 원리는 무엇인가?(4)

'홈, 스위트 홈' 이라는 책에는 결혼에 대한 다음과 같은 글이 나옵니다.
"결혼은 이 땅의 작품이 아니라 하나님의 작품입니다. 하늘에서 만들어진 'MADE IN HEAVEN' 표이기 때문에 천국에서 하나님이 주신 지침대로 사용하지 않으면 사고가 납니다. 그러므로 모든 결혼은 하나님이 세우신 법칙을 따라 순서대로 진행되어야 합니다."
결혼이 만들어낸 문제는 제도의 문제가 아니라 천국의 지침을 따르지 않는 사람들의 문제입니다. 말씀을 바탕으로 아름다운 결혼생활을 가꾸십시오.

고린도전서 7장 1절부터 9절에는 고린도교회 성도들의 질문에 대한 바울의 답변이 기록되어 있습니다. 본문에는 결혼 문제에 대한 답변이 기록되어 있었는데, 당시의 고린도 지역은 사치와 환락의 도시로 매우 부도덕한 상태였습니다. 본문의 내용은 고린도의 이런 사정을 바울이 염두에 둔 것임을 알고 있어야 합니다. 우리는 본문을 통해 **결혼과 독신에 관한 세 가지 가르침**을 배울 수 있습니다.

**첫째, 결혼은 성적인 죄를 피하게 합니다.**
하나님은 에덴동산에서 아담과 하와를 맺어주시고 생육하고 번성하라고 말씀하셨습니다. 성욕은 이에 필요한 본성적인 욕구이고 그것 자체는 전혀 문제가 될 것이 없습니다. 그리고 이것은 결혼을 통해 정상적인 부부생활로 해소하는 것이 가장 바람직한 원리입니다. 결혼을 통한 건전한 부부관계로 음란의 죄를 막고 진정한 축복을 누리십시오.(창 1:28)

**둘째, 부부는 서로의 의무를 다해야 합니다.**
부부 관계는 한쪽의 일방적인 지배와 복종으로 성립되는 것이 아닙니다. 남편은 아내를 자신의 몸처럼 사랑하고, 아내는 이런 남편에게 순종함으로써

한 몸이 되고 질서 있게 세워지는 관계입니다. 이런 질서는 몸과 마음뿐 아니라 영적인 면에서도 세워져야 합니다. 되도록 함께하고 하나님의 질서대로 관계를 세우는 부부가 되십시오.(엡 5:22-33)

**셋째, 결혼과 독신은 하나님의 뜻에 따라야 합니다.**
바울은 본문에서 바람직한 결혼 관계에 대한 충고뿐 아니라 독신에 대한 자신의 의견도 말하고 있습니다. 독신과 결혼은 우열을 가릴 수 있는 문제가 아니라 자신을 향한 하나님의 뜻에 따라 개인이 선택해야할 문제입니다. 결혼과 독신에는 각각의 장점이 있기 때문에 잘 분별하여 환경적으로, 신체적으로 문제가 생기지 않고, 하나님의 은혜 가운데 더욱 거할 수 있는 방법을 찾아야 합니다. 독신과 결혼에 대한 각각에 대한 하나님의 뜻이 있음을 알고 타인의 결정에 대해서도 존중해 주십시오.(마 19:10-12)

**오늘 본문을 통해** 결혼과 독신에 대한 세 가지 가르침에 대해서 배웠습니다. 결혼과 독신은 개인 상태와 환경에 따라 적절히 선택되어야지 특정한 이유에 따라 무분별하게 결정되어서는 안 됩니다. 두 사람의 연합을 가볍게 생각했다가 불행해진 많은 사람과 독신의 외로움을 이기지 못하고 유혹에 넘어간 많은 사람이 있습니다. 언제나 우리를 향한 하나님의 뜻을 알고 그에 맞는 선택이 가장 지혜로운 선택입니다.
**오늘도** 그리스도의 신부로 합당한 모습이 되십시오.

**주님! 결혼의 의미를 잘 깨달으며 살게 하소서!**

| 오늘 특별 적용 | |
|---|---|
| 오늘 특별 감사 | |

# 083

# 우상숭배의 결과

고린도전서 7장 10절부터 8장 13절을 읽으십시오.
① 우상에 대해 우리가 먼저 알아야 할 것은 무엇인가?(4)
② 그리스도인들은 자유에 대해서 어떤 개념을 갖고 있어야 하는가?(22)

**사탄이** 사람들을 유혹하기 위해서 놓는 일곱 가지 덫이 있답니다.

1. 누구나 하는 것인데 나라고 죄가 되겠는가!
2. 나는 아직 젊으니까 즐겨야 해. 신앙생활은 나이 들어서 해도 늦지 않아.
3. 이건 아주 작은 죄니까 괜찮아. 양심에 가책 될 것 없어.
4. 아무도 보지 않으니까 괜찮아.
5. 이번 딱 한번이니까 괜찮아. 이번만 하고 다시는 안 할 거야.
6. 그동안 너무 힘들게 살았으니까 이 정도는 보상이야.
7. 내가 하지 않아도 다른 사람이 할 거야.

사탄은 작은 죄를 통해 우리를 안심시키고 유혹합니다. 양심의 소리를 잠재울 정도로 작은 죄를 조심하십시오.

**고린도전서**(7장 10절부터 40절에는 성도들의 독신과 재혼문제에 대한 바람직한 해결방안이 나와 있고) 8장 1절부터 13절에는 우상과 제사 음식에 대한 문제에 대한 바울의 답변이 기록되어 있습니다. 오늘 본문을 통해서 우리는 우상 숭배의 결과와 **제사음식의 처리에 대한 세 가지 교훈**을 배울 수 있습니다.

**첫째, 우상에는 많은 종류가 있습니다.**

세상에는 많은 우상들이 있습니다. 시대마다 서로 다른 종교와 많은 신들이 있었고, 우리나라에도 과거에는 천지신명이라는 이름으로 많은 자연들을 섬기고 복을 빌었습니다. 또 우상의 모습이 아닌 우상도 있습니다. 재물과 권력, 사람, 심지어 종교 자체가 우상이 되는 경우도 있습니다. 그러나 성자, 성부, 성령인 하나님 한분만이 참된 신이며 유일한 신이라는 사실을 깨달아야 합니다. 하나님보다 더욱 귀하게 여기는 모든 우상을 다 버리십시오.(행 17:29/ 딤전6:10/ 빌 3:3-6/ 요일 2:15-17)

**둘째, 우상 숭배는 우리에게 해로움을 끼칩니다.**

우상 숭배는 하나님을 대적하는 행위입니다. 우상 숭배는 사람들에게 하나님을 잊게 하며, 하나님을 배반하여 떠나게 합니다. 우상 숭배에 빠진 사람들은 허망한 생각에 빠지며 안 좋은 일들에 끌려 다니게 됩니다. 그런데 유일한 하나님을 믿는다고 하면서도 다른 우상과 함께 하나님을 섬기거나, 귀신의 힘을 비는 점을 보러 다니는 성도들이 많이 있습니다. 공공연하게 공식 석상에서 미신적인 이야기를 하는 목회자들도 많습니다. 그러나 하나님과 다른 것을 겸하여 섬길 수 없음을 기억하십시오.(신 8:19/ 겔 14:5/ 롬 1:21-23/ 고후 6:15)

**셋째, 제사음식은 먹는 사람의 양심이 중요합니다.**

우상은 실제로 존재하는 것이 아니기 때문에 제사 음식 또한 우리에게 아무런 영향을 미치는 것이 아닙니다. 그러므로 이런 생각에서 자유로울 믿음이 있는 사람은 먹어도 문제가 없지만 다만 주위의 상황과 다른 믿음이 연약한 성도들의 문제와도 연관 지어서 생각해야 합니다. 바른 믿음으로 다른 사람들도 생각할 줄 아는 배려하는 성도가 되십시오.(눅 17:2)

**오늘 본문을 통해서** 우상 숭배의 결과와 제사음식의 처리에 대한 세 가지 교훈을 배웠습니다. 우상은 우리가 하나님보다 가치 있게 여기는 모든 것입니다. 그러므로 나의 최우선이 하나님인지를 점검함으로 우상 숭배에 대한 염려를 사전에 차단해야 하고, 모든 우상이 허황된 것이고 아무것도 아니라는 사실을 깨달아야 합니다.
**오늘도** 모든 허황된 것들을 버리고 하나님만을 따르십시오.

**주님!** 허황된 모든 우상을 버리고 오직 주님만 따르게 하소서!

| 오늘 특별 적용 | |
| --- | --- |
| 오늘 특별 감사 | |

# 084

# 그리스도인의 권리와 영적 자유

고린도전서 9장 1절부터 18절을 읽으십시오.
① 사도바울은 자신의 권위를 어떻게 사용했으며, 그 이유는 무엇인가?(12)
② 하나님은 우리가 어떻게 생활하기를 바라시는가?(13-14)

영국의 **카뉴트 왕**은 기행을 일삼는 괴짜 왕이었습니다.

그의 기행 중에 가장 특이한 것 하나는 바로 왕관을 거부한 것입니다. 하루는 신하들이 왕의 품위를 위해 제발 왕관을 써달라고 간청했습니다. 그러자 카뉴트 왕은 자신의 왕좌와 왕관을 바닷가로 가지고 나오라고 명령했습니다. 밀물이 밀려오기 직전에 왕은 외쳤습니다.

"바다야! 멈춰라!"

그러나 썰물은 점점 밀려들어왔고, 왕좌는 점점 밀물 속에 사라져갔습니다. 그때 카뉴트 왕이 신하들에게 말했습니다.

"그대들도 모두 똑똑히 봤을 거라고 생각하오. 그대들은 왕관과 왕좌가 무슨 권력이라도 되는 양 말하지만 보다시피 밀려오는 파도조차 막을 수가 없소. 왕관은 아무것도 아니며, 왕의 권력 역시 매우 하찮은 것이라오."

왕의 권력도, 빛나는 왕관도, 세상에서 잠깐 스쳐가는 허상일 뿐입니다. 세상에서 가장 귀한 가치와 권력은 예수님을 통한 구원을 통해 얻을 수 있습니다.

고린도전서 9장 1절부터 18절에는 그리스도인의 권리와 영적 자유에 대한 내용들이 기록되어 있습니다. 바울은 자신을 예로 들어 사도로서의 권리와 절제의 본에 대해서 전하고 있습니다. 우리는 본문의 말씀을 통해 **그리스도인의 권리에 대한 중요한 세 가지 사실**을 알 수 있습니다.

**첫째, 지식과 사랑이 조화되어야 합니다.**

바로 전 장에 바울은 제사음식에 대한 이야기를 하면서 우상 자체는 아무것도 아니기 때문에 그것을 믿을 믿음이 있다면 먹어도 상관없다고 말했습니다. 그러나 그것이 믿음이 여린 형제, 자매들을 실족하게 한다면 영원히 고기를 먹지 않겠다고도 말했습니다. 우리는 이런 바울의 모습에서 바르게 아는 지식과 남을 사랑하는 마음의 조화를 배울 수 있습니다. 바른 지식을 알고, 지

식보다 사랑을 우선하는 배려의 본을 보이십시오.(롬 14:13)

**둘째, 다른 사람의 권리를 존중해야 합니다.**

바울은 많은 교회의 기초를 세웠던 사도로서, 많은 권리를 가지고 있었습니다. 바울이 수고한 것에 비하면 이런 권리는 오히려 초라한 것이었지만 바울은 복음을 위해 어떤 권리도 누리지 않았습니다. 그러나 그렇다고 다른 사람의 권리를 무시하지는 않았습니다. 일한 사람이 대접받고, 좋은 씨가 좋은 열매를 맺는 것은 성경의 원리입니다. 자신의 권리가 소중하듯이 남의 권리도 인정하고 대우해 주십시오.(신 25:4, 8-11/ 엡 2:20)

**셋째, 우리의 권리를 희생할 줄 알아야 합니다.**

바울은 자신의 많은 권리와 특권을 가능하면 사용하지 않았습니다. 권리를 포기하는 희생을 통해 행여나 조금이라도 복음을 전하는데 장애가 되지 않게 하기 위해서였습니다. 그러나 희생에 관해서 반드시 알아야할 중요한 사실은 희생은 자신이 자원할 문제라는 것입니다. 때로는 권리를 포기하며 당당히 하나님의 사역을 감당할 믿음을 가지십시오.(고전 9:11-15)

**오늘** 본문을 통해 그리스도인의 권리에 대한 중요한 세 가지 사실을 배웠습니다. 그리스도인의 권리를 먼저 제대로 알고 있어야 그 권리를 제대로 활용할 수도, 제대로 희생할 수도 있습니다. 그러나 가장 중요한 것은 뭐든지 나의 결심을 통해 이루어져야 한다는 사실입니다.

**오늘도** 서로를 세워주며 권리와 희생이 조화를 이루게 하십시오.

**주님! 먼저 상대를 섬기고 세워주는 삶을 살게 하소서!**

| 오늘 특별 적용 | |
| --- | --- |
| 오늘 특별 감사 | |

# 085

# 죄를 두려워해야 할 이유

고린도전서 9장 19절부터 10장 13절을 읽으십시오.
① 복음의 열매를 맺기 위해서 사도 바울은 어떻게 생활했는가?(19)
② 승리하는 삶을 위해서 필요한 것은 무엇인가?(25)

영국에 로니 빅스라는 사람이 있었습니다.

그는 열차 강도를 계획해 큰돈을 벌었지만 곧 체포되어 감옥에 가게 되었습니다. 30년 형을 선고 받은 로니는 15개월 만에 탈옥을 감행하게 됩니다. 안전한 도피처를 찾아서 세계를 떠돌아다니기 시작했습니다. 그리고 브라질에 정착하여 35년을 숨어서 지냈습니다. 로니의 인생은 완벽한 범죄에 완벽한 탈옥이야기로 마무리되는 것 같았습니다. 그러나 지난 2010년에 브라질에서 한이메일이 런던 경시청으로 날아왔습니다.

발신인은 바로 로니 빅스였는데 오랜 도피 생활에 지쳤다면서 자수를 하러 런던으로 가겠다는 내용이었습니다. 안전지대에 있었지만 그는 마음의 부담감을 이기지 못하고 남은 인생을 감옥에서 보내기로 결심했습니다.

아무리 악한 사람이라고 하더라도 죄의 중압감에서 벗어나 자유롭게 살 수는 없습니다. 비록 몸은 자유롭다고 하더라도 이미 마음은 죄에 묶여있기 때문입니다.

고린도전서(9장 19절부터 27절에는 더 많은 사람들에게 복음을 전하고자 자신을 희생하는 사역자의 자세에 대해서 나와 있고) 10장 1절부터 13절에는 죄에 대해 경종을 울리는 내용이 기록되어 있습니다. 바울은 광야의 이스라엘 백성들을 언급하며 더더욱 죄를 멀리하며 정신을 차릴 것을 말세를 사는 우리들에게 권고하고 있습니다. 우리는 본문을 통해 **죄를 두려워해야 할 세 가지 이유**에 대해서 알 수 있습니다.

**첫째, 올바른 목표를 세우는 것을 방해합니다.**

아무리 빨리 달려도 결승점을 지나지 않으면 소용이 없는 달리기 경주처럼 인생 역시 올바른 목표를 향해 달려가야 합니다. 그러나 죄를 통한 잘못된 생각과 행동은 그리스도인의 바람직한 목표를 세우는 것을 방해합니다. 온전해질 때만이 올바른 인생의 목표를 세울 수 있기 때문입니다. 죄의 방해를 받지 말고 주님만을 바라보면 바른 목표를 세우십시오.(히 12:2)

**둘째, 방종으로 실패하는 삶을 살게 합니다.**
이스라엘 백성들은 죄악의 상징인 애굽에서 구원을 받았고, 그리스도와 연합하여 하나님의 인도를 받는 삶을 살았습니다. 그러나 끝없는 불평과 우상숭배로 결국 약속의 땅인 가나안 땅에 여호수아와 갈렙만이 들어가게 됩니다. 하나님의 인도하심과 기적들을 체험하면서도 감사하며 기뻐하기보다 순간마다 찾아오는 죄의 유혹을 이기지 못하고 굴복한 것입니다. 하나님을 경외하며 순종가운데 승리하는 신앙생활을 하십시오.(엡 4:17/ 빌 3:14)

**셋째, 죄의 결과가 무엇인지 역사의 결과가 말해줍니다.**
이스라엘 백성들이 광야에서 금송아지를 만든 것을 통해 우리는 우상 숭배하는 일의 교훈을 얻을 수 있습니다. 또 모압 땅을 지나며 이방 여인들과 음란한 죄를 지음으로 2만 명이 넘는 사람이 죽임을 당한 것을 통해 음란의 죄가 얼마나 큰 지도 배울 수 있습니다. 과거를 통해 잘못을 깨우치고 현명하게 미래를 준비해야 합니다. 잘못을 되풀이하지 말고 죄의 결과를 예상하고 지혜롭게 대처하는 성도가 되십시오.(출 32:6/ 민 21:5-6, 25:1-9)

**오늘 본문을 통해** 죄를 두려워해야 할 세 가지 이유에 대해서 배웠습니다. 죄가 무서운 것은 그 결과가 사망이기 때문입니다. 그러나 복음을 믿고, 십자가의 구원과 보혈의 능력으로 인해 죄를 씻고 정결케 될 수 있습니다.
**오늘도** 자신을 연단하며 죄를 멀리하고 경건에 이르는 훈련을 하십시오.

**주님! 죄로 인해 방해받지 않는 거룩한 삶을 살아가게 하소서!**

| 오늘 특별 적용 | |
| --- | --- |
| 오늘 특별 감사 | |

# 086

# 성도에게 나타나는 삶의 태도

고린도전서 10장 14절부터 11장 1절을 읽으십시오.
① 그리스도인의 행동의 기준은 무엇인가?(23-24)
② 우리가 이루어야 할 삶의 목적은 무엇인가?(31)

**영국의 경제학자** 찰스 핸디는 각 분야의 성공한 사람 29명을 분석해 '홀로, 천천히, 자유롭게' 라는 책을 썼습니다. 그는 책의 마지막 부분에서 자신의 모든 분석과 생각을 종합해 다음과 같은 결론을 내렸습니다.
"중요한 것은 좋아하는 일을 하는 것입니다.
남을 따라하지 마십시오. 남과 자신을 비교하지 마십시오.
자신을 믿으십시오. 일등을 바라지 말고, 좋아하는 일을 하십시오.
남을 따라하지 마십시오. 자신을 믿고,
홀로... 천천히... 자유롭게...
아무도 가지 않은 자신만의 길을 가십시오."
하나님과 함께함으로 성령님을 따라 살 때 가장 나다운 삶을 살 수 있습니다. 하나님의 계획을 따라 사는 것이 진정으로 나다운 삶입니다.

**고린도전서**(10장 14절부터 22절에는 우상의 제물과 주님의 만찬과의 관계에 대해서 나와 있고) 10장 23절부터 11장 1절에는 모든 그리스도인에게 영적인 자유가 있으나 모든 것은 하나님을 위한 삶을 살아야 한다는 말씀이 기록되어 있습니다. 오늘 본문을 통해서 우리는 **성숙한 성도들에게 나타나는 세 가지 삶의 태도**를 찾아볼 수 있습니다.

**첫째, 자신의 유익보다 타인의 유익에 관심을 가집니다.**
이기적인 사람은 나와 이웃의 관계를 '나의 그' 라는 3인칭적인 시점으로 규정합니다. 그리고 남을 생각하는 사람은 '나와 너' 라는 2인칭적인 시점으로 규정합니다. 그러나 사랑의 그리스도인들은 '우리' 라는 1인칭적인 복수의 개념으로 생각해야 합니다. 우리 모두가 하나라는 생각을 가질 때, 바울의 조언처럼 다른 사람의 유익을 구하는 삶을 살 수 있습니다. 우리 모두가 하나라는 공동체적인 시선으로 다른 사람을 바라보십시오.(마 6:4/ 엡 4:28)

**둘째, 교리를 고집하기보다는 덕을 세우기 위해 노력합니다.**

제사음식과 관련해 나왔던 문제처럼, 음식을 먹는 것은 전혀 잘못된 일이 아닙니다. 그러므로 옳고 그름만을 따지는 사람에겐 설령 누군가 그 모습을 보고 실족한다고 하더라도 아무런 문제될 것이 없습니다. 그러나 형제, 자매를 세우는 사람들은 옳고 그름을 넘어 다른 사람을 배려함으로 덕을 세웁니다. 그러므로 '누구 말이 옳냐' 보다는 '어떻게 하는 것이 덕을 세우는 행동이냐' 라는 사고방식으로 생각해야 합니다. 작은 배려가 많은 사람에게 큰 힘이 될 수 있음을 기억하십시오.(롬 15:2)

**셋째, 자신의 영광이 아닌 하나님의 영광을 위해 삽니다.**

우리가 다른 사람의 유익을 생각하고, 덕을 세우고자 노력하는 모든 근본적인 이유는 하나님의 영광을 높이기 위해서입니다. 심지어 우리가 비천에 처한다 할지라도 하나님의 영광이 높아진다면 우리는 기뻐해야 합니다. 나는 이제 더 이상 없고 오직 내 안에 살아계신 예수 그리스도만이 계시기 때문입니다. 언제나, 어디서나 하나님의 영광을 위한 삶을 사십시오.(빌 1:20/ 갈 2:20)

**오늘 본문을 통해** 성숙한 성도들에게 나타나는 세 가지 삶의 태도에 대해서 배웠습니다. 성숙한 성도의 모습은 말씀을 더욱 실천하고, 하나님을 더욱 사랑하고, 계명을 더욱 지키는 성도입니다. 다른 사람을 배려하고, 사실보다 사랑을 내세우고, 하나님의 영광을 세상에 드러내는 일들은 모두 그 과정 속에서 자연스럽게 일어나는 일들입니다.
**오늘도** 우리의 삶을 통해 하나님께 영광을 드리십시오.

**주님! 사랑으로 덕을 세우는 성숙한 그리스도인이 되게 하소서!**

| 오늘 특별 적용 | |
|---|---|
| 오늘 특별 감사 | |

# 087

# 성찬에 참여하는 바람직한 자세

고린도전서 11장 2절부터 34절을 읽으십시오.
① 당신이 반드시 기억해야 할 한 가지는 무엇인가?(11-12)
② 자신을 살피지 않고 성찬에 참여할 때 어떤 일이 일어나는가?(29-32)

아르메니아에서 일어난 대지진으로 많은 사람들이 죽고 다쳤습니다. 지진에 미처 대피하지 못한 수잔나도 4살 난 딸과 함께 무너진 콘크리트 더미 속에 갇혀 있었습니다. 구조대는 오지 않았고, 어린 딸은 배고픔을 참지 못하고 울기 시작했습니다. 수잔나는 아이를 위해 자신의 손을 유리조각으로 베어 피를 먹였습니다. 그렇게 14일 동안 수잔나는 아이에게 자신의 피를 먹였고, 그로 인해 아이와 함께 극적으로 구조대에 의해 구출될 수 있었습니다. 그리고 자신도 위험에 처한 상황에서 몸을 아끼지 않고 아이를 구한 수잔나의 이야기는 아르메니아 언론에 의해 전 세계로 퍼져 큰 감동을 주었습니다.

우리는 예화의 내용보다 더 큰 희생을 알고 있습니다. 우리는 예화의 내용보다 더 큰 사랑을 알고 있습니다. 예수님의 희생을 기억하고, 주님이 우리를 위한 피를 기억할 때에 우리는 진정으로 주님의 고난과 부활의 영광에 참예할 자격을 얻게 됩니다.

고린도전서(11장 2절부터 16절에는 예배시간에 모자나 수건을 쓰는 의식에 대해서 설명한 내용이 나와 있고) 11장 17절부터 34절에는 무질서한 성찬에 대한 책망과 함께 성찬에 참예하는 바른 마음가짐에 대해서 기록되어 있습니다. 우리는 본문을 통해 성찬의 예식에 참여하는 바람직한 세 가지 자세에 대해서 배울 수 있습니다.

첫째, 예수님의 고난을 기억하는 마음을 가져야 합니다.
성찬은 예수님이 십자가에서 우리 대신 못 박히시기 전날 제자들에게 행하신 예식입니다. 예수님은 친히 자신의 몸을 상징하는 떡을 떼어주시고, 피를 상징하는 잔을 나눔으로 최후의 만찬을 하셨습니다. 성찬에 임할 때 우리는 모든 죄를 먼저 회개하고 정결한 마음으로 주님의 고난을 기억하며 그 희생에 감사하는 마음을 가져야 합니다. 깨끗한 마음으로 주님께 우리의 몸과 마음

을 드리십시오.(롬 12:1)

**둘째, 새언약을 기억하며 소망하는 마음을 가져야 합니다.**
예수님의 보혈은 우리의 모든 죄를 다 용서하고 구원한 새로운 언약입니다. 이를 통해 정죄와 멸망에서 해방된 우리들은 이제는 소망의 하늘나라와 주님의 재림을 기다리며 천국의 삶을 이 땅에서 누려야 합니다. 아울러 한명이라도 더 많은 사람이 구원받길 원하는 주님의 마음을 헤아려야 합니다. 하나님의 확고한 언약을 기억하고 다른 영혼들에게도 전하십시오.(딤전 2:4)

**셋째, 서로를 섬기며 주님을 경외하는 마음을 가져야 합니다.**
고린도 성도들은 성찬을 하면서 '애찬'이라는 이름의 교제의 시간을 함께 가졌습니다. 그러나 사랑의 교제라는 주제에 걸맞지 않고 부자들은 맛있는 것을 가지고 와서 먹고, 가난한 사람들은 굶고 가는 일이 잦았습니다. 바울은 이런 행동에 대해, 이런 분쟁을 일으키는 사람들은 주의 성찬에 참여할 수 없으며 그렇게 파를 나누어 먹을 바에는 차라리 집에서 혼자 먹으라고 심한 책망을 했습니다. 모든 성찬과 교제에 주님을 경외하는 마음으로 진지하게 참여하십시오.(엡 5:21)

**오늘 본문을 통해** 성찬의 예식에 참여하는 바람직한 세 가지 자세에 대해서 배웠습니다. 성찬은 교회마다 다른 방식으로 기념하는 자율적인 의식이지만 그 순간만큼은 경건한 마음으로 주님을 기억하고, 하나님을 경외하는 마음으로 진지하게 행해져야 하는 것은 어디서나 동일합니다.
**오늘도** 예수님의 나를 향한 사랑을 생각하며 사십시오.

**주님! 거룩하고 성결한 마음으로 성찬에 참예하게 하소서!**

| 오늘 특별 적용 | |
|---|---|
| 오늘 특별 감사 | |

# 088

# 구원받은 성도들의 은사

고린도전서 12장 1절부터 27절을 읽으십시오.
① 은사가 하나님의 일을 하는 데 중요한 이유는 무엇인가?(22-26)
② 은사와 사역에 차별이 없는 이유는 무엇인가?(6)

**헨리 무어 목사님**이 어떤 지역의 부흥회에 초청을 받았습니다.

목사님은 항상 그랬듯이 오늘 예배에도 임할 성령님을 기대하며 힘 있게 메시지를 전하고 뜨겁게 기도를 했습니다. 그런데 평소와는 달리 성도들의 반응도 별로 없었고, 자신의 마음도 뭔가 무거워지고 있음을 느꼈습니다. 무어 목사님은 부흥회를 마치고 집으로 돌아가며 힘없는 목소리로 되뇌었습니다.

"성령님... 어째서입니까? 오늘은 왜 역사하지 않으셨습니까?"

그러다 우연히 벽에 붙어있는 포스터를 보게 되었습니다.

'와서 들어라! 영국에서 가장 뛰어난 목회자 헨리 무어의 설교를!'

오늘 있었던 부흥회를 홍보하는 포스터였습니다. 목사님은 그 포스터를 본 뒤 그날 부흥회가 실패한 이유를 알 수 있었습니다. 헨리 목사님은 곧 자신의 교만함을 회개하고 다시는 주님과 복음보다 자신을 더욱 내세우는 어떠한 일도 하지 않았습니다.

하나님이 주신 것을 통해 자신을 위해 사용하지 마십시오. 성령의 모든 역사와 은사와 은혜는 하나님으로부터 오는 것입니다.

**고린도전서(**12장 1절부터 11절에는 성령님이 주시는 다양한 은사에 대해 기록되어 있고) 12장 12절부터 27절에는 은사의 다양성과 모든 그리스도인은 결국 한몸이라는 것을 강조한 내용이 나옵니다. 오늘 본문을 통해 우리는 **구원받은 성도들과 은사에 관한 세 가지 사실**을 알 수 있습니다.

**첫째, 모든 성도에게는 한 가지 이상의 은사가 있습니다.**

바울은 그리스도가 머리요, 교회는 그 몸이라고 말했습니다. 모든 성도들은 그리스도의 몸에 붙은 서로 다른 지체인 것입니다. 지체라는 것은 그냥 붙어 있는 것이 아니라 몸의 기능을 담당해야 합니다. 이것이 은사의 존재 이유와, 은사가 다양한 이유입니다. 자신이 받은 은사를 잘 분별하십시오. (엡 1:22-23)

**둘째, 모든 은사에는 동일한 방향성이 있습니다.**

몸의 각 기관들은 달려 있는 곳도 다르고 각자 맡은 역할도 모두 틀립니다. 그러나 그 지체들이 하는 일은 모두 몸을 위한 일입니다. 연합이 잘 이루어지는 기관과 교회들은 멋진 오케스트라처럼 아름다운 소리를 내지만, 불평과 차별이 있는 곳에서는 바로 불협화음으로 이어집니다. 우리 모두가 공동운명체라는 생각으로 은사와 연합을 이해하십시오.(골 2:19)

**셋째, 은사는 경쟁적이 아니라 상호보완적입니다.**

은사의 문제에서 가장 중요한 것은 서로의 차이가 있을 뿐 능력의 높고 낮음이 없다는 사실입니다. 서로가 조화를 이루지 않으면 아무리 열심히 해도 풍성한 열매를 맺을 수가 없습니다. 모든 능력과 각 개인이 쓸모가 있고 합력해야 한다는 사실을 깨달음으로 세상에 본을 보이고 하나님께 영광을 돌릴 수 있습니다. 서로를 존중하며 은사를 이해하며 아름답게 합력하십시오.(살후 1:3)

**오늘 본문을 통해** 구원받은 성도들과 은사에 관한 세 가지 사실을 배웠습니다. 성도들이 모인 교회에서 세상과 똑같이 질투하고 미워하고 서로 연합하지 못한다면 구원의 능력과 복음을 전달할 어떤 힘과 능력도 내지 못할 것입니다. 교만과 열등감에 빠지지 말고 서로를 존중하며 세워주는 성도들의 성숙한 모습이 되어야 합니다.
**오늘도** 한몸의 원리를 따라 서로 사랑하십시오.

**주님! 모든 성도들이 그리스도의 몸의 지체임을 깨닫게 하소서!**

| 오늘 특별 적용 | |
|---|---|
| 오늘 특별 감사 | |

# 089

# 은사에도 사랑이 필요한 이유

고린도전서 12장 28절부터 13장 3절을 읽으십시오.
① 은사를 사용하는 바람직한 자세는 무엇인가?(1-3)
② 사랑의 속성중 당신에게 부족한 것은 무엇인가?(4-7)

**킴볼이라는** 주일학교 교사가 있었습니다.

킴볼 선생님이 맡은 반에는 무디라는 아이가 있었는데, 어느 날부터인가 무디가 교회를 나오지 않았습니다. 킴볼 선생님은 무디를 만나기 위해서 그의 집으로 찾아갔는데, 무디가 구둣방에서 일을 하고 있다는 사실을 알게 되었습니다. 집안 환경이 어려워서 학교도 다니지 못하게 된 무디는 구둣방에서 평일 내내 일을 하며 생활비를 벌고 있었습니다. 주말에는 몸이 피곤해 교회에 나가지 않았습니다. 무디의 딱한 사정을 알게 된 킴볼 선생님은 무디를 안고 뜨거운 눈물을 흘리며 무디를 위해 기도해 주었습니다. 그 사랑에 감동을 받은 무디는 다시 교회에 나오기 시작했고, 신앙이 점점 자라나 유명한 목회자가 되었습니다.

여러분이 아는 무디 목사님의 어린 시절 이야기인데, 하나님께 쓰임 받은 위대한 목회자는 한 주일 학교 교사의 뜨거운 사랑으로 탄생되었습니다. 사랑은 어려움을 극복할 힘이 되고, 위기를 받아주는 쿠션이 됩니다.

**고린도전서(12장 28절부터 31절에는** 은사의 근원과 다양성, 그리고 통일성에 대해서 다시 한번 강조하는 내용이 나오고) **13장 1절부터 3절에는** 은사보다 큰 능력이 사랑이라는 말씀이 기록되어 있습니다. 바울은 은사의 문제에 대해서 모두 다룬 뒤에 이보다 더 큰 은사를 사모하라고 말했는데, 이 더 큰 은사는 바로 사랑입니다. 우리는 본문을 통해 **사랑이 필요한 세 가지 이유에** 대해 알아볼 수 있습니다.

**첫째, 사랑은 모든 은사의 바탕입니다.**

바울은 방언, 예언, 지식, 믿음, 구제의 은사를 예로 들면서 이 모든 것이 사랑이 없이는 무익할 뿐임을 일깨웠습니다. 은사의 목적은 유익을 위함인데, 이 사랑이 없이는 교회와 자신에게 아무런 유익도 없다는 것입니다. 따라서 은사와 능력의 활용은 사랑의 바탕을 통해 이루어져야 합니다. 모든 은사의 활용과 선한 행실이 사랑으로부터 오는 것인지 확인하십시오.(요일 2:5)

**둘째, 사랑은 하나님의 속성이기 때문입니다.**
모든 사랑은 하나님으로부터 온 것입니다. 하나님은 사랑이시며, 사랑은 하나님의 속성이기 때문입니다. 하나님은 독생자를 주심으로 우리를 향한 사랑이 셀 수 없음을 보여주셨고, 성령님은 그 사랑을 넘치도록 부어주셨습니다. 하나님의 본성인 아가페의 사랑은 우리의 수련이나 노력이 아닌 오직 하나님으로부터만 오는 것입니다. 성도들이 사랑을 실천해야 하는 이유와 진정한 사랑을 전해야 하는 이유도 여기에 있습니다. 하나님의 사랑을 깨닫고 그 사랑으로 서로 사랑하십시오.(요 3:16/ 롬 5:5,8/ 요일 4:7)

**셋째, 사랑은 영원하기 때문입니다.**
사랑은 모든 은사의 완성이며 영원합니다. 예언이나 방언, 지식의 은사는 언젠가 쓸데없어지고 모두 사라지겠지만 사랑만은 남아있으며, 또 영원합니다. 그러므로 모든 그리스도인들이 가장 먼저 추구해야할 것은 사랑이며 또한 완성을 위해 달려가야 할 목표 역시 사랑입니다. 그 어떤 가치와 능력보다도 먼저 사랑의 도를 따르십시오.(마 22:40/ 롬 13:8)

**오늘 본문을 통해** 사랑이 필요한 세 가지 이유에 대해서 배웠습니다. 사랑 하나만으로 모든 문제를 해결할 수 있고, 사랑 하나만으로 천국의 기쁨을 맛볼 수 있습니다. 언제나 하나님의 끝없는 사랑을 잊지 말고 하나님과 이웃을 사랑하십시오.
**오늘도** 사랑을 실천하며 사십시오.

**주님! 어떤 신령한 은사보다도 그리스도의 사랑을 구하게 하소서!**

| 오늘 특별 적용 | |
| --- | --- |
| 오늘 특별 감사 | |

# 090

# 사랑을 통해 일어나는 일들

고린도전서 13장 4절부터 13절을 읽으십시오.
① 사랑의 가장 큰 가치는 무엇인가?(8)
② 그리스도인들이 가장 중요하게 생각해야할 성품은 무엇인가?(13)

런던에서 목회를 하던 렉스라는 목사님이 있었습니다.

렉스 목사님이 살던 마을에는 나이가 많은 노인이 계셨습니다. 그 노인은 큰 병을 앓아 엄청 몸이 아팠는데 교회를 몹시 싫어하던 분이셨지만 걱정이 되어 렉스 목사님이 집을 찾아갔습니다. 그러나 노인은 문전박대를 하며 말도 한마디 섞어주지 않았습니다. 목사님은 노인의 집안 사정이 좋지 않다는 사실을 알고는 양고기를 주문해 노인의 집으로 배달을 시켰습니다.

다시 며칠 뒤 방문을 하자 노인은 목사님을 반갑게 반겨주었습니다. 목사님은 노인에게 복음을 전했고, 함께 기도하는 시간까지 가졌습니다. 노인은 교회에도 몇 번을 참석했습니다. 그러나 병은 끝내 낫지 않아 결국 머지않아 숨을 거두었습니다. 노인은 렉스 목사님에게 이런 유언을 남겼다고 합니다.

'목사님 덕분에 저는 하늘나라에 갈 수 있습니다. 아마도 이제 곧 가겠지요. 저를 이렇게 변화시킨 것은 목사님의 설교가 아니라 양고기였습니다. 생전에 저의 어려움에 관심을 갖고 사랑을 표현해준 사람은 목사님뿐이었습니다'

사랑은 말이 아닌 실천이며 희생입니다. 주위에 사랑을 전하지 못하고 있다면 행동이 부족한 것이고 희생이 부족한 것입니다.

고린도전서(13장 4절부터 7절에는 사랑의 속성과 사랑의 결핍으로 인해 고린도교회의 문제가 일어났다는 내용이 기록되어 있고) 13장 8절부터 13절에는 사랑의 능력과 필요를 아름답게 표현한 바울의 고백이 나와 있습니다. 우리는 본문을 통해서 **사랑을 통해 일어나는 세 가지 변화**에 대해 배울 수 있습니다.

**첫째, 천국의 기쁨을 누리게 됩니다.**

하나님의 속성이자 하나님 그 자체가 바로 사랑입니다. 우리가 천국에 가서 하나님과 함께하는 삶 역시, 사랑이 가득한 삶입니다. 비록 세상이 아무리 험난한 여정이라 할지라도 사랑이 가득하다면 천국의 기쁨을 느낄 수 있고 천국의 삶을 살 수 있습니다. 가슴 속에 하나님의 사랑을 가득히 채우십시오.(눅 17:21/ 요일 4:16)

### 둘째, 믿음과 신앙이 계속해서 성장합니다.

바울은 성도의 성장을 실제 사람의 성장과 비교해서 설명했는데, 어른이 아이 때의 행동을 버리면서 자라나는 것 같이 구원 받은 사람은 이전의 말이나 행동을 버리는 것이 당연하다고 말했습니다. 예수님이 다시 오실 그날까지 우리는 더욱더 성장해야 하고 성숙해야 합니다. 재림의 예수님을 소망하며 사랑으로 인해 더욱더 신앙과 믿음을 성장시키십시오.(살후 1:3)

### 셋째, 은사를 100% 활용하게 됩니다.

믿음과 소망과 사랑, 이 세 가지는 모두 영원한 가치입니다. 그러나 믿음과 소망도 결국에는 사랑을 통해 일어나는 것입니다. 사랑할 때에 믿음이 생기고, 기쁨이 넘치는 소망을 갖게 됩니다. 그러므로 모든 행위와 가치 중에 가장 먼저 생각해야 할 것이 사랑이며, 가장 중요하게 생각해야 하는 것도 사랑입니다. 사랑을 바탕으로 은사를 100% 활용하십시오.(벧전 4:10)

**오늘 본문을 통해** 사랑을 통해 일어나는 세 가지 변화에 대해서 배웠습니다. 모든 문제의 해결은 사랑을 통해 가능하며, 모든 문제의 원인은 사랑의 결핍입니다. 더욱 더 사랑에 관심을 갖고, 말로 하는 사랑이 아닌 실천하는 사랑에 관심을 갖고 성장하는 그리스도인이 되도록 노력해야 합니다.
**오늘도** 하나님과 이웃을 구체적으로 사랑하며 사십시오.

**주님! 주님과 이웃을 위해 사랑을 더한 은사를 사용하게 하소서!**

| 오늘 특별 적용 | |
|---|---|
| 오늘 특별 감사 | |

# 091

# 방언과 예언 은사의 특징

고린도전서 14장 1절부터 25절을 읽으십시오.
① 방언과 예언의 차이는 무엇인가?(2-5)
② 방언과 예언의 은사를 가진 사람들이 기억해야 할 것은 무엇인가?(6-12)

**독일의 담스타트라는 곳에는** 기독교인들이 모이는 수도원이 있습니다. 바슬리에 슈링크라는 철학박사가 이 수도원을 개설하고 운영하는데 약 200명의 식구들이 필요한 음식을 모두 자급자족합니다. 따라서 농사를 지어야 하는데, 이곳에선 일절 농약을 쓰지 않고 비료도 주지 않습니다. 벌레가 먹어도 그냥 둡니다. 그랬더니 깨끗한 흙이 농작물을 더 튼튼하게 만들어서 병이 걸려도 스스로 이겨내게 만들었습니다. 벌레가 생기니 새들이 모여들어 알아서 벌레들을 잡아 주었습니다. 슈링크 박사는 '사람이 근시안적인 사고방식을 가지고 편법을 쓰면 당장은 좋아보일지 모르지만 결국은 모든 것을 망치게 된다' 며 사람들이 하나님이 정하신 순리를 지키며 살 것을 당부했습니다. 땅에는 하나님이 정하신 모든 창조의 법칙이 있습니다. 하나님이 주신 은사에도 마찬가지입니다.

**고린도전서 14장 1절부터 25절에는** 방언과 예언의 은사에 대한 설명이 나옵니다. 방언과 예언은 가장 널리 알려지고, 또한 가장 많은 오해를 불러일으키는 은사인데, 이 두 가지 은사를 올바로 이해함으로 예언과 방언의 참된 의미와 올바른 사용법을 깨달아야 합니다. 오늘 본문을 통해 **방언과 예언의 은사에 관한 세 가지 특징**을 알 수 있습니다.

**첫째, 방언은 모든 성도들에게 필요한 은사는 아닙니다.**
바울은 고린도교회 성도들에게 '너희가 다 방언 말하기를 원하나...' 라는 말을 통해 방언이 필요하다는 뜻을 전했습니다. 그러나 이것은 반드시 필요한 은사라는 강력한 권고보다는 '다 방언을 받는 것도 좋지만...' 과 같은 소극적인 의미의 권고입니다. 방언은 구원과 별개의 은사이며, 방언이 신앙의 척도가 될 수 없습니다. 그러므로 방언에 대한 부담과 오해를 털고, 올바른 은사 활용에 더욱 집중하십시오.(마 25:15/ 갈 6:4-5)

**둘째, 예언은 덕을 세우는 은사입니다.**

사람들은 예언의 은사가 점쟁이나 무당과 같이 '앞날을 미리 말하는 것(fore-telling)'이라고 생각하지만 이것은 전혀 잘못된 해석입니다. 물론 구약에서도 메시아에 대한 예언이 나왔고, 그대로 이루어졌지만 바울이 말한 은사로써의 예언은 '덕을 세우며 권면하여 안위 하도록(forth-telling)' 앞서 말하는 것입니다. 즉, 하나님으로부터 받은 말씀을 교회에 선포함으로, 교회에 덕을 세우는 것입니다. 복음과 덕을 세우는 용도로 예언의 은사를 활용하십시오.(딤전 4:14)

**셋째, 방언과 은사는 오해가 없도록 사용되어야 합니다.**

고린도교회의 성도들은 해석하는 사람도 없는 상황에서 무분별하게 방언을 사용하다가 바울에게 책망을 들었습니다. 예언의 은사도 마치 미래를 알려주는 식으로 해서 사람들을 현혹하는 거짓 선생들이 많이 있었습니다. 기본적인 신앙의 성찰이 가능하고 지식이 있는 사람이 예언과 방언의 은혜를 오해 없이 잘 사용할 수 있습니다. 은사를 더욱 더 분별 있게 사용하십시오.

**오늘 본문을 통해서** 방언과 예언의 은사에 관한 세 가지 특징을 배웠습니다. 교회를 다니면서 가장 자주 접하고, 자주 듣는 것이 예언과 방언의 은사인데, 우리는 각 은사의 특성을 잘 알고, 또한 그것을 올바로 이해하고, 활용하도록 더욱 노력해야 합니다. 바르게 이해되고 활용되는 은사만이 덕을 세우고 사랑을 전하기 때문입니다.

**오늘도** 은사를 통해 성도들을 권면하고 격려하며 사십시오.

**주님! 자랑의 은사가 아닌 은사를 통한 위로를 전하게 하소서!**

| 오늘 특별 적용 | |
|---|---|
| 오늘 특별 감사 | |

# 092

# 은사를 바르게 활용하는 법

고린도전서 14장 26절부터 40절을 읽으십시오.
① 은사 사용의 가장 중요한 원칙은 무엇인가?(26)
② 은사에 대한 결론은 무엇인가? 당신은 은사를 바르게 활
　용하고 있는가?(39~40)

**한국 최초의** 국제회의 통역사가 되어 유명해진 최정화 교수는 '엔젤 아우라
(Angel Aura)' 라는 책을 썼습니다.

천사와 선한 기운이라는 단어의 합성어인 엔젤 아우라는 선하며 긍정적인 모
든 기운을 뜻합니다. 국제회의 통역을 위해 세계 곳곳을 다닌 최 교수가 만난
성공한 리더들은 능력이나, 재력, 지위보다도 선한 기운을 탁월하게 갖고 있
었다고 합니다. 선한 기운을 갖고 있는 사람은 해를 당해도 복수를 생각하지
않고, 왼뺨을 맞으면 오른뺨도 댑니다. 당장은 이것이 손해처럼 보여도 결국
에는 반드시 보상을 받는다는 것이 최 교수의 주장입니다. 내가 양보하고 남
을 세워주면 더 크게 다시 나에게 돌아오는 것이 '엔젤 아우라' 의 효과입니
다.

하나님의 사랑과 예수님의 희생이 논리를 뛰어넘는 사랑이었던 것처럼 사랑
은 논리 이상의 가치입니다. 선한 마음에서 진짜 능력이 생겨납니다.

**고린도전서 14장 26절부터 40절에는** 많은 은사를 가지고 있었지만 잘못 사
용한 고린도 교회 성도들의 이야기가 나옵니다. 바울은 성도들에게 은사의
바른 사용과 활용법에 대해서 가르쳤습니다. 오늘 본문을 통해서 우리는 **은**
**사를 바르게 활용하는 세 가지 법칙**을 배울 수 있습니다.

**첫째, 자랑을 위해서는 사용되지 않아야 합니다.**
찬양과 가르침, 방언과 통역, 청소와 헌물과 같은 모든 일들은 자랑이 아닌 사
랑에서 우러나오는 마음으로 행해져야 합니다. 고린도교회 성도들은 자기만
족과 과시로 하나님의 이름을 빌어서 은사를 사용하고 자랑했습니다. 그래서
기도시간만 되면 저마다 소리 높여서 크게 방언을 했습니다. 은사를 제멋대
로 사용하여 덕을 그르치지 마십시오.(고전 5:6/ 약 4:16)

**둘째, 적절한 때에 사용되어야 합니다.**

은사를 사용할 때는 이것이 정말로 필요한 것인지 아니면 그냥 감정의 도취 상태에서 나오는 행동인지를 파악해야 합니다. '성령님께서 인도하시는 대로', '하나님의 뜻을 따라' 라는 말을 쓰는 사람들은 더욱 자신을 돌아봐야 합니다. 차가운 머리와 따스한 가슴으로 은사를 사용하십시오.(갈 5:23)

**셋째, 하나님의 질서를 따라 사용되어야 합니다.**

예배와 봉사와 교회의 사회활동의 모든 순서는 질서 있게 이루어져야 합니다. 설교 시간과 찬양 시간이 정해져 있어야 그 시간에 맞게 준비를 하고 헌신을 할 수 있습니다. 물론 가끔은 정말로 성령님의 임재를 느껴 돌발적인 행동을 할 수도 있습니다. 그러나 즉흥적인 인도하심만을 구하는 신비주의적 성향보다는 기도와 철저한 준비로 이루어지는 것이 바람직합니다. 성령님의 인도와 정해진 규칙 속에서 균형을 잘 잡으십시오.(골 2:5)

**오늘 본문을 통해** 은사를 바르게 활용하는 세 가지 법칙에 대해서 배웠습니다. 성경을 통해 우리는 은사와 그것을 바르게 활용하는 법을 알 수 있고, 또한 그것을 잘못 활용함으로 어떤 혼란과 문제들이 발생할 수 있는지 배울 수 있습니다.

**오늘도** 성경을 통해 모든 것을 배우고 깨닫는 삶을 사십시오.

**주님!** 성경을 통해 하나님의 질서를 알고, 적용하며 살아가게 하소서!

| 오늘 특별 적용 | |
|---|---|
| 오늘 특별 감사 | |

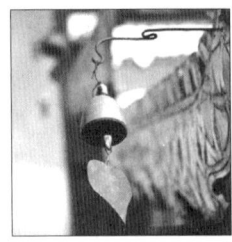

# 093

# 부활의 중요성과 확실한 증거

고린도전서 15장 1절부터 11절을 읽으십시오.
① 복음의 핵심은 무엇인가?(3-4)
② 예수님의 부활을 목격한 증인들은 몇 명이나 되는가?(6)

옥스퍼드 대학의 역사학 교수였던 토마스 아놀드는 이런 말을 했습니다. "저는 여러 해 동안 과거의 역사를 연구하고 조사했습니다. 근거 있는 과거의 사건들을 기록한 문헌과 유물을 토대로 사실 여부를 조사하는 것이 저의 일입니다. 그런데 그리스도가 죽으셨다 다시 살아나셨다는 사실보다 더 분명하고 이해할 수 있는 사실을 인류 역사에서 나는 보지 못하였습니다."

인도 수상 네루도 다음과 같은 말을 했습니다. "수천 년의 세월이 흐르도록 인도의 종교들은 사람들로 하여금 땅을 개간하고 집을 짓고 늪지를 메우고 댐을 건설하도록 자극하지 못했습니다. 그러나 교회는 세계 도처에서 인간의 짐을 덜어 주려고 노력해 왔습니다. 인도의 종교에는 없고 교회에는 있던 인간을 자극하고 이끌었던 힘의 차이는 바로 예수 그리스도의 부활에서 나온 것입니다."

부활은 소망이자 능력입니다. 구원받은 성도들에게는 부활의 소망과 기쁨이 반드시 함께해야 합니다.

고린도전서 15장 1절부터 11절에는 영혼과 육체의 부활에 대한 말씀이 기록되어 있습니다. 바울이 본문에서 거론한 부활은 사도행전에 기록된 사도들의 설교들 중에 가장 심오하고 핵심적인 내용입니다. 그래서 고린도전서 15장을 '부활의 장' 이라고도 합니다. 우리는 오늘 본문을 통해 **부활의 중요성과 증거에 대한 세 가지 사실**에 대해서 알 수 있습니다.

**첫째, 예수님의 부활은 죽음만큼 중요합니다.**
복음의 절대적인 2가지 요소는 예수 그리스도의 죽음과 부활입니다. 예수님의 죽음만 있다면 기독교는 슬픔의 종교로 끝났겠지만 부활을 통해 기쁨과 환희의 종교로 거듭났습니다. 예수님의 죽음은 끝이 아니라 과정이며 부활로 그 과정이 완성되었습니다. 다시 말하면 예수님의 죽음만을 믿어서는 구원받을 수 없습니다. 죽음 뒤의 부활까지 믿어야 합니다. 예수님이 죽음과 부활을 함께 믿으십시오.(롬 4:25)

**둘째, 부활은 새로운 생명이자 죄를 이길 힘입니다.**
예수님은 십자가에서 우리의 모든 죄를 안고 돌아가셨습니다. 그리고 부활을 통해 우리에게 영생의 소망을 주셨습니다. 사망에서 영생으로 가는 길을 전능으로 직접 보여주신 것입니다. 죄의 형벌에서 구원받고 영생을 믿는 우리들은 이제 죄의 세력에서 벗어났으며, 죄를 이길 힘을 얻었습니다. 부활하신 주님을 통해 새생명을 얻고 죄를 이기십시오.(벧전 1:3)

**셋째, 예수님의 부활에는 많은 증인들이 있습니다.**
당시에 예수님의 부활을 목격한 사람은 막달라 마리아, 베드로, 요한, 도마를 포함한 11제자와 엠마오로 가던 제자들, 500여명의 형제들, 스데반, 바울에 이르기까지 셀 수도 없습니다. 40일 동안 수많은 사람들이 부활한 예수님을 목격하고, 대화를 나누고, 함께 식사를 했습니다. 예수님은 자신의 부활이 영혼에 국한되지 않고 육체에도 일어난 일임을 제자들과 함께 음식을 드심으로 분명히 증명하셨습니다. 성경에 기록된 부활을 믿음으로 모든 의심을 버리고 새로운 생명을 받으십시오.(막 16:14)

**오늘 본문을 통해** 부활의 중요성과 증거에 대한 세 가지 사실에 대해서 배웠습니다. 그리스도의 죽음은 너무나 놀라운 사랑의 큰 사건이기 때문에 우리의 시선은 십자가에 머물 수밖에 없지만 거기서 한 걸음 더 나아가 기쁨의 부활과 다시 오실 주님에게까지 시선을 넓혀야 합니다.
**오늘도** 복음 안에서 살아있는 부활의 생명을 갖고 생활하십시오.

**주님! 복음을 확실히 믿는 부활의 증인이 되게 하소서!**

| 오늘 특별 적용 | |
|---|---|
| 오늘 특별 감사 | |

# 094

# 그리스도의 부활이 중요한 이유

고린도전서 15장 12절부터 19절을 읽으십시오.
① 주님의 부활을 통해 우리가 알 수 있는 사실은 무엇인가?(12-13)
② 기독교 신앙에서 부활이 중요한 이유는 무엇인가?(14-19)

**영국에 프랭크 모리슨이라는 젊은 변호사가 있었습니다.**
철저한 무신론자였던 모리슨은 기독교의 모든 교리 중에 부활만큼은 절대로 인정할 수 없다고 생각했습니다. 모리슨은 결국 부활의 허구성을 낱낱이 밝혀내 모든 그리스도인들을 깨우쳐 주겠다는 결심을 하고는 그날부터 모든 서적과 논문을 탐독하며 세밀하게 조사와 연구를 했습니다. 오랜 시간이 흐르자 믿을 수 없는 일이 일어났습니다. 부활의 허구성을 밝혀내려던 모리슨은 크리스천이 되어 있었고, 부활을 누구보다 더욱 진실하게 믿고 있었습니다. 부활을 누구보다 깊이 연구하던 그는 결국 부활의 진실과 그리스도의 복음을 믿을 수밖에 없게 된 것입니다. 그는 자신의 연구를 집대성하여 "누가 돌을 옮겼나?(Who moved the stone)"이라는 책을 내기도 했습니다.
믿지 않는 사람들에게는 부활만큼 허망한 소리도 없지만 성도들에게는 세상의 모든 문제를 해결할만한 힘이 있습니다.

고린도전서 15장 12절부터 19절에는 부활의 중요성에 대한 말씀이 기록되어 있습니다. 바울은 부활을 믿지 못하는 사람들의 믿음 없음을 꾸짖으며, 예수 그리스도의 부활이 없다면 우리의 신앙이 얼마나 초라한 것이고 우리가 얼마나 비참한 존재인지를 역설했습니다. 오늘 본문을 통해 **부활의 중요한 세 가지 이유**에 대해 살펴보겠습니다.

**첫째, 부활은 구약의 성취이기 때문입니다.**
예수님은 성경대로 죽으시고, 성경대로 부활하셨습니다. 구약에는 부활의 모습이 나온 부분이 몇 군데가 있는데, 표면적으로는 아브라함 역시 부활의 신앙이 있었기에 이삭을 바칠 수가 있었고, 아론의 마른 지팡이에서 싹이 난 것과 요나가 물고기 뱃속에서 3일간 갇혔다가 나온 것도 부활의 신앙과 관련이 있습니다. 부활을 통해 성경이 하나님의 말씀이라는 사실을 믿으십시오.(시

16:11-12/ 호 6:2)

**둘째, 부활은 복음의 핵심이기 때문입니다.**

부활은 구원의 완성이자 거듭남의 근거입니다. 부활을 반드시 알아야 구원이 완성되기 때문에 바울이 부활의 중요성을 알리기 위해서 그토록 노력한 것입니다. 칭의를 얻고 성화를 통해 매일 주님을 닮아가기 위해선 신앙에 부활의 소망이 반드시 포함되어 있어야 합니다. 또한 부활은 예수님의 승천과 성령님의 강림과 예수님의 재림에 대한 모든 전제가 되므로 매우 중요한 것입니다. 부활이 전하는 복음의 핵심을 듣고 믿으십시오.(롬 3:25/ 고전 15:1-4)

**셋째, 부활은 예수님의 신성을 증명하기 때문입니다.**

예수님은 아무도 할 수 없는 부활을 통해서 자신이 하나님의 아들이라는 사실과 신성을 나타내셨습니다. 이 부활의 사실을 믿는다면 예수님이 공생애 기간 동안 행하셨던 모든 이적과 창조와 구원, 사후 천국의 세계까지 어느 것 하나 믿지 못할 것이 없습니다. 부활의 중요성을 깨닫고, 주님이 부활을 통해 주시는 선물을 받으십시오.(롬 1:4/ 골 2:12)

**오늘 본문을 통해서** 부활의 중요한 세 가지 이유에 대해서 배웠습니다. 그리스도인들은 구원의 사실과 예수님의 부활을 매우 중요하게 생각해야 합니다. 부활을 제대로 믿지 못하면 구원도 없고, 온전한 신앙도 없게 됩니다.
**오늘도** 부활을 힘입어 승리하며 사십시오.

**주님! 부활의 의미를 상고하고, 또 진실로 믿는 신앙을 갖게 하소서!**

| 오늘 특별 적용 | |
|---|---|
| 오늘 특별 감사 | |

# 사람들이 부활을 믿지 않는 이유

고린도전서 15장 20절부터 34절을 읽으십시오.
① 부활의 소망이 없는 사람들은 어떤 생활을 하는가?(31-34)
② 예수님을 통한 구원이 가능한 이유는 무엇인가?(21)

유능한 인재를 스카우트하는 어떤 헤드 헌터는 면접을 볼 때마다 '사는 이유'에 대해서 물었습니다.

헤드 헌터는 면접자를 최대한 편안하게 만들어주고, 상대가 긴장이 완전히 풀린 상태가 되었다고 판단하면 갑자기 '그런데... 사는 목적이 무엇입니까?' 라고 물었습니다. 아무리 능력이 있고, 비전이 뚜렷한 사람도 그의 질문에 제대로 대답한 사람은 없었습니다. 헤드 헌터는 자신도 그 질문의 답을 찾을 수가 없었기에 채용 여부를 떠나서 항상 질문을 상대방에게 던졌습니다. 그러던 어느 날, 평소와 같이 헤드 헌터가 질문을 던지자 1초의 망설임도 없이 대답이 돌아왔습니다.

"천국에 가는 것입니다. 그리고 되도록 많은 사람들과 함께 가는 것입니다."

죽음 이후의 삶을 준비하는 사람들이 그리스도인입니다. 부활은 명백한 사실이고, 모든 그리스도인들은 이 사실을 깨닫고 믿는 사람들입니다.

고린도전서(15장 20절부터 28절에는 부활의 첫 열매인 그리스도에 대한 내용이 나와 있고) 15장 29절부터 34절에는 부활을 부인하는 사람들에게 부활의 당위성을 전하는 바울의 간증이 기록되어 있습니다. 오늘 본문을 통해 우리는 **부활을 반대하는 사람들의 세 가지 견해**에 대해 생각해 보겠습니다.

**첫째, 부활을 인정하면 선과 악을 따르는 사람들이 분명해집니다.**

부활을 부정하는 사람들은 삶이 다시 시작된다는 윤회설을 주장하던가 아니면 죽음 뒤에 삶이 곧장 끝나버린다는 허무한 결말을 이야기합니다. 그들의 주장대로 죽어서 삶이 끝나버린다면 살아서 우리가 지켜야할 모든 도덕적 의무와 양심의 책임은 사라져 버립니다. 반대로 부활을 인정한다면, 영생의 부활과 사망의 부활의 두 갈래 길에서 자신이 어떤 길을 따르는 사람인지가 드러납니다. 부활을 믿음으로 분명한 선의 길을 택하십시오.(마 7:26/ 엡 5:17)

**둘째, 악한 사람들은 부활을 부인합니다.**

사탄은 예수님의 제자들이 시체를 훔쳐갔다는 도적설과, 사실 십자가에서 죽음이 아니라 기절을 했다는 말도 안 되는 이론, 심지어 예수님이 십자가에 달렸을 때 일어난 소동으로 인해 다른 죄인과 예수님이 바꿔치기 됐다는 이야기까지 합니다. 그러므로 부활을 오해하게 만드는 소리에 속아 죄를 짓지 말라는 바울의 경고를 기억하십시오.(갈 3:1/ 딤후 2:23)

**셋째, 부활에는 부정할 수 없는 증거가 있습니다.**

먼저 성경의 서로 다른 저자들은 모두 부활하신 예수님을 보았다고 증거 했습니다. 예수님의 무덤 입구는 큰 돌로 막아두었고 앞에서 로마의 군인들이 철저하게 지키고 있었는데 비어있었습니다. 이것이 거짓말이면 로마 정부가 이 일을 묵인할 이유는 전혀 없습니다. 예수님의 부활을 목격한 수많은 사람들이 모두 동일한 환상을 보았다는 것도 이치에 맞지 않습니다. 우리의 모든 구원과 신앙의 근거가 되는 부활의 확고한 사실은 마음에 새기십시오.(마 28:6)

**오늘 본문을 통해** 부활을 반대하는 사람들에 대한 세 가지 견해에 대해서 살펴보았습니다. 아직도 부활이 믿어지지 않는다면 그것은 아직 진심으로 예수님을 영접하지 못했기 때문입니다. 그러나 오순절의 성령강림으로부터 지금의 자유로운 신앙과 모든 인류의 구원은 예수님의 부활 없이는 결코 이루어질 수가 없었던 일들입니다.

**오늘도** 성령 안에서 확신하며 순종하며 사십시오.

**주님!** 세상의 어리석음에 빠지지 말고 부활의 확신을 갖고 살게 하소서!

| 오늘 특별 적용 | |
|---|---|
| 오늘 특별 감사 | |

# O96

# 부활의 세 가지 모습

고린도전서 15장 35절부터 53절을 읽으십시오.
① 부활 후 우리의 몸에는 어떤 변화가 일어나는가?(35-44)
② 부활하는 사람들은 어떤 것을 주님께 받게 되는가?(45-49)

에드워드라는 사람은 양철을 가지고 사무용품을 만드는 일을 했습니다. 그는 자신의 신세가 너무도 비참해 일을 하면서도 끊임없이 불평과 불만을 그치지 않았습니다. 그러다 우연히 거듭남에 대한 목사님의 설교를 듣고 에드워드는 '그래, 난 거듭나야 한다. 난 거듭날 수 있다. 주님은 분명히 말씀하셨다' 라는 생각을 하게 되어 변화된 삶을 결심하게 됩니다. 그는 이 날 자신의 상태를 일기에 적었습니다.

"내 망치는 이제 불평과 불만이 아니라 찬양을 부르며 춤을 춘다. 나의 눈동자에는 생기가 넘치고, 내 마음속에는 생수가 샘솟는다. 이 모든 것이 예수님을 내 마음에 영접했기 때문이다."

완전히 다른 사람이 되어버린 에드워드는 많은 돈을 벌었지만, 그보다는 자신을 새롭게 변화시켜주신 주님의 사랑이 고맙고 기쁘다고 말했습니다. 그리고 자신의 삶을 하나님에 대한 감사의 시로 표현했는데, 훗날 '이 몸의 소망 무엔가' 라는 찬양의 가사가 되었습니다.

부활의 소망은 우리를 새롭게 만듭니다. 구원을 통한 죽음과 부활이 우리의 삶을 주님과 함께하는 천국으로 만들어줍니다.

고린도전서 15장 35절부터 53절에는 부활을 반박하는 사람들의 구체적인 질문과 그에 대한 사도바울의 대답이 나와 있습니다. 부활을 부인하는 사람들은 '죽은 사람이 다시 사는 것도 웃기지만 만약 다시 산다면 어떤 형태로 오느냐?' 고 물었고, 바울은 이에 대해서 씨앗의 비유로 설명했습니다. 오늘 본문을 통해서 **부활의 세 가지 모습**에 대해서 배울 수 있습니다.

**첫째, 부활의 몸은 실제의 몸입니다.**
부활은 영의 부활뿐 아니라 실제적인 육체의 부활도 의미합니다. 예수님이 부활하신 뒤에 시공을 초월하는 모습을 보이시면서도 제자들과 함께 음식을 드시고 대화를 나누고 도마에게 몸을 만져보라고 한 것을 통해서 우리는 부활 뒤의 우리의 몸이 어떻게 되살아날지 잘 알 수 있습니다. 부활에는 육신의 회복도 포함됨을 기억하십시오.(행 2:31)

### 둘째, 부활의 몸은 영혼의 몸입니다.

예수님께서는 부활한 뒤에 엠마오로 가는 두 명의 제자들에게 갑자기 나타나셨다가, 할 말을 마치시고는 또 다시 사라지셨습니다. 우리의 부활은 육체뿐 아니라 영혼의 부활을 포함하고 있기에 이런 일들이 가능해집니다. 오늘 날 많은 과학자들이 영혼이란 것은 존재하지 않으며 심지어 사람의 생각마저도 우연 속에 일어난 전기적 작용 중에 하나일 뿐이라고 주장하지만, 부활의 몸은 영혼과 하나된 영체임을 기억하십시오.(눅 24:13-31/ 요 20:19)

### 셋째, 부활의 몸은 영원하고 영화로운 몸입니다.

한 번 부활이 일어난 뒤에는 다시는 죽지 않는 영원한 생명을 가집니다. 부활을 통해서 우리가 갖게 되는 것은 하나님의 생명이기 때문입니다. 부활 이후의 삶은 지금과는 전혀 다른 세상에서 살게 됩니다. 그 나라는 이 땅에 있는 모든 악과 슬픔이 없고 오직 하나님과 교제하며 찬양하며, 천사와 같은 삶을 살게 됩니다. 부활을 통해 얻게 될 새 생명과 영화로움이 있음을 기억하십시오.(빌 3:21)

오늘 본문을 통해 부활의 세 가지 모습에 대해서 배웠습니다. 부활의 의미와 증거, 그리고 부활이 일어난 시기와 우리의 변화될 모습에 대해서 정확히 알고 있어야 쓸데없는 의심을 막고 진정한 구원을 얻을 수 있습니다. 성경을 통해 부활을 진정으로 깨닫고 성장하는 신앙의 발판으로 삼으십시오.
오늘도 부활의 소망을 품고 적극적으로 감사하는 삶을 살아가십시오.

**주님! 부활의 소망을 품고 늘 감사하며 살게 하소서!**

| 오늘 특별 적용 | |
| --- | --- |
| 오늘 특별 감사 | |

# 097

# 그리스도인과 부활의 삶

고린도전서 15장 54절부터 58절을 읽으십시오.
① 부활의 소망을 가진 그리스도인은 어떻게 살아야 하는가?(58)
② 그리스도인은 무엇으로 인해 감사해야 하는가?(57)

**중국 문화 혁명 시대에** 미국으로 보낸 스파이가 검거된 일이 있었습니다. 중국에서는 미국 정부의 엄격한 보안을 뚫기 위해서 최대한 서양인과 닮은 중국인을 뽑아서 영어를 하도록 가르치고, 철저히 서구적인 사고방식을 갖도록 훈련시켰습니다. 스파이는 미국의 한 정부기관에 무사히 취직을 하는데까지도 성공했습니다. 그러나 한 보안요원이 그를 의심하게 됐고, 그의 행동을 유심히 살폈지만 전혀 의심할만한 구석이 없었습니다. 그는 모든 식사를 미국식으로 했고, 집에서 여가시간에도 미식축구를 보며 응원을 했습니다. 보안요원은 마지막 테스트로 스파이의 근처에 가서 휘파람으로 중국 국가를 불었는데, 무의식중에 그 스파이가 발로 리듬을 맞추고, 보안요원을 쳐다보았던 것입니다. 혹시나 싶어 다른 나라 국가도 불어보았지만 전혀 반응이 없었습니다. 모든 것은 미국인처럼 바꾸었지만 단 한가지 몸속에 흐르는 피까지는 바꾸지 못했던 것입니다.

그리스도인의 거듭남은 모든 것의 변화를 뜻합니다. 부활 후 우리가 얻게 될 새로운 모습으로 그리스도인의 삶의 모습을 맞추십시오.

**고린도전서 15장 54절부터 58절에는** 다시 한번 부활의 중요성과 확실성을 강조하는 말씀이 기록되어 있습니다. 바울은 부활의 중요성을 거듭 강조하며 부활의 첫 열매의 모습을 설명하며 장차 우리도 어떻게 변할 것인지에 대해서 설명했습니다. 오늘 본문을 통해서 **부활의 삶에 대한 세 가지 교훈을 얻**을 수 있습니다.

**첫째, 부활의 삶은 거듭난 삶입니다.**
부활은 글자 그대로 '다시 산다'는 것을 뜻합니다. 바로 죽음이 전제되어 있습니다. 죽지 않으면 부활할 수도 없습니다. 그러므로 구원을 통한 죽음과 부활을 통해 내 욕심을 따라 사는 삶을 더 이상 지속하지 않고 주님을 위하는 하

나님 영광 중심의 삶을 살아야 합니다. 자신을 부인하고 예수님을 좇는 삶을 사십시오.(막 8:34)

**둘째, 부활의 삶은 능력의 삶입니다.**
예수님을 믿는 사람들은 더 이상 자신의 목표와 세상의 가치를 따르지 않고 '나를 사랑하고 나를 위해 자기 몸을 버리신 하나님의 아들을 믿는 믿음 안에서' 사는 것입니다. 믿음이 있는 사람에게는 악을 물리치고, 산도 옮길만한 능력이 있습니다. 복음은 모든 믿는 사람에게 구원을 주시는 하나님의 능력입니다. 그리고 이 믿음은 우리를 하나님의 의로 이르게 하고 어디서든 천국의 삶을 살게 합니다. 믿음을 통한 능력 있는 부활의 삶을 사십시오.(롬 1:16,17)

**셋째, 부활의 삶은 승리의 삶입니다.**
부활은 사망의 법에서 우리를 해방시켰습니다. 그리고 그리스도와 연합하여 늘 이기게 하는 승리의 삶을 살게 합니다. 구원을 얻은 성도들에게 승리는 이미 예정된 사실입니다. 그러므로 언제나 하나님께 감사드리고, 견고하며 흔들리지 않아야 합니다. 유혹에 흔들릴 수는 있어도 넘어가지는 말아야 합니다. 부활을 통한 승리의 예정을 믿고 굳건한 믿음으로 주님의 일을 흔들림 없이 하십시오.(롬 8:2/ 빌 1:20/ 살전 5:10)

**오늘 본문을 통해** 부활의 삶에 대한 세 가지 교훈을 배웠습니다. 부활의 삶은 죽음 뒤에 누리게 되지만, 부활을 믿는 성도들은 지금 이 땅에서도 부활의 기쁨을 누리며 동일한 삶을 위해 노력해야 합니다.
**오늘도** 부활의 새생명을 품고 늘 순종하며 사십시오.

**주님! 부활의 소식으로 기뻐하고 즐거워하게 하소서!**

| 오늘 특별 적용 | |
|---|---|
| 오늘 특별 감사 | |

# 098

# 성도들에게 필요한 권면

고린도전서 16장 1절부터 24절을 읽으십시오.
① 바울이 말한 헌금의 교훈은 무엇인가?(1-2)
② 당신은 사랑의 교제와 문안을 나누며 생활하고 있는 가?(19-20)

**숲 속에서 열심히 일하던** 올빼미가 있었습니다. 그런데 하루는 옆집의 눈먼 올빼미를 한 착한 까마귀가 먹여 살리는 것을 보았습니다.

'저렇게 착한 까마귀가 나 역시도 도와줄 텐데, 내가 이렇게 열심히 일할 이유가 없지 않은가?'

올빼미는 일을 그만 두고 까마귀의 도움을 받기로 했습니다. 그러나 까마귀는 눈 먼 올빼미에게만 먹이를 구해다 줬고, 일을 그만둔 올빼미는 점점 가난하여지고 점점 말라갔습니다. 그 모습을 본 다른 올빼미가 물었습니다.

"여보게, 갑자기 일을 그만두고 이런 생활을 하는 이유가 뭔가?"

"착한 까마귀가 남을 도와주는 것을 봤기 때문이네. 이대로 있다 보면 까마귀가 나도 도와 줄 것이고, 나도 도움을 받으며 편히 살고 싶다네."

"당신은 왜 하필 눈 먼 올빼미 신세가 되려고 하는 것인가? 당신은 눈도 있고 부지런하기도 하니 까마귀처럼 다른 사람을 돕는 것이 맞지 않은가?"

하나님이 모든 사람에게 알맞은 재능과 환경을 허락하셨습니다. 우리는 스스로 힘 닿는 데까지 열심히 노력하며 하나님의 뜻을 실천해야 합니다.

**고린도전서 16장 1절부터 24절에는** 고린도교회 성도들에 대한 바울의 권면이 기록되어 있습니다. 바울은 꾸짖고, 교훈하고 사랑으로 위로하며, 성도들을 위한 여러 권면을 하며 고린도서를 마쳤습니다. 우리는 오늘 본문을 통해 오늘 날 성도들에게 필요한 **바울의 세 가지 권면**에 대해서 알아야 합니다.

**첫째, 우리는 어려운 사람을 도와야 합니다.**

연보라는 것은 오늘날의 구제 헌금에 해당하는 것인데, 바울은 성도들을 위하여 연보를 하라고 권면했습니다. 우리의 삶이 넉넉하고 풍요로워 진 것과 복음을 받은 것은 모두 누군가의 헌신과 희생이 있었기 때문인데, 따라서 당연히 우리도 남을 위해 물질을 쓰고 복음을 전해야 한다는 것입니다. 정직하

고 바람직하게 하나님께 드리는 마음으로 구제하십시오.(행 11:27-30/ 롬 15:27)

**둘째, 연약한 모습을 버리고 믿음 위에 굳게 서야 합니다.**
바울은 고린도 교회 성도들의 믿음의 모습이 젖먹이 아이와 같이 연약한 모습이 아니라 남자답게 강건하여 지기를 바랐습니다. 교회는 사랑이 넘치는 부드러운 '교제의 장' 이기도 하지만 마귀와의 전쟁을 벌이는 '최전선' 이기도 합니다. 그러므로 사랑으로 서로 바라보면서도, 진리에 대해서는 흔들림 없는 의연한 모습으로 믿음의 반석 위에 서십시오.(히 5:12)

**셋째, 주님이 정하신 질서를 지키고 주님을 더욱 사랑해야 합니다.**
고린도 교회는 자기 자랑에만 급급한 모습을 보였습니다. 자기의 은사를 내세워 자랑하려고 다른 사람의 은사를 무시했고, 자신의 물질을 자랑하려고 다른 성도들의 가난함을 못 본체 했습니다. 자신의 지식을 자랑하려고 목회자들과 인도자들의 수고와 권위를 무시했습니다. 이 모든 문제의 원인은 하나님보다 자신을 더욱 사랑하고, 하나님이 세우신 질서를 무시했기 때문에 벌어진 일입니다. 하나님을 가장 사랑하고 모든 일을 사랑의 바탕 위에서 행하십시오.(요 14:15/ 요일 4:21)

**오늘 본문을 통해** 오늘 날 성도들에게 필요한 바울의 세 가지 권면에 대해서 배웠습니다. 본문에서 바울이 지적하는 고린도교회 성도들의 많은 문제들은 오늘 날에도 똑같이 일어나고 있는 일들입니다. 그러나 어떤 문제든 간에 하나님을 사랑하는 마음과 서로를 사랑하는 마음의 부족 때문에 일어나는 문제라는 것을 알고, 다른 해결책이 아닌 사랑으로 모든 것을 해결해야 합니다.
**오늘도** 사랑을 품은 마음으로 지혜를 따라 분별 있게 살아가십시오.

**주님! 주님의 가르침과 성경의 말씀을 온전히 실천하게 하소서!**

| 오늘 특별 적용 | |
| --- | --- |
| 오늘 특별 감사 | |

# 099

# 환란과 인내에 대한 교훈

고린도후서 1장 1절부터 2장 4절을 읽으십시오.
① 바울은 하나님을 어떻게 소개하였는가?(3)
② 하나님은 어떤 분이신가?(4)

**스펄전 목사님은** 말년에 암에 걸려 투병생활을 했습니다.

암은 온몸으로 퍼져나가 더 이상 손을 쓸 수 없는 지경이 되었고, 결국 모든 치료를 포기하고 안정을 취하는 것이 최선인 상태에까지 이르렀습니다. 한 성도가 병문안을 하러 목사님을 찾아왔는데, 행색이 너무 초췌해서 말을 걸기가 조심스러웠습니다. 결국 망설이다가 겨우 힘을 내어 한마디 물었습니다.

"목사님... 많이 힘드시죠?"

그런데 스펄전 목사님은 건강한 성도보다 더욱 밝은 목소리로 대답했습니다.

"네, 힘듭니다. 이루 고통을 말할 수 없을 정도로요. 그러나 괜찮습니다. 제가 더욱 아플수록 주님도 더욱 가까이 제 곁에 와 계시니까요."

힘든 고통 속에서도 주님의 사랑을 잃지 않는다면 더욱 넘치는 사랑과 위로를 받을 수 있습니다.

**고린도후서 1장 1절부터 2장 4절에는** 고린도 성도들에 대한 바울의 위로와 해명이 기록되어 있습니다. 바울은 고린도 교회의 문제들에 대한 소식을 듣고는 안타까운 마음으로 고린도전서를 보냈습니다. 그 결과 다행히 많은 성도들이 회개하고 바울의 권면을 따랐지만 일부 거짓 교사를 따르는 사람들은 여전히 바울을 배척했습니다. 오늘 본문을 통해 **환란과 인내에 관한 세 가지 교훈**에 대해서 배울 수 있습니다.

**첫째, 환란은 하나님의 위로를 알게 합니다.**

바울은 고린도 성도들에게 시험을 만나거든 온전히 기쁘게 여기라고 말했습니다. 환란은 인내를, 인내는 연단을, 연단은 소망을 이루기 때문입니다. 주님과 주님의 영광을 위한 '그리스도의 고난'을 당하는 성도들에게는 자기 백성을 위로하기 위한 '그리스도의 위로'가 고난보다 더욱 넘칩니다. 하나님의 위로가 우리와 늘 함께 있다는 사실을 기억하고 환란을 견디십시오.(롬 5:3,4)

**둘째, 환란은 다른 사람을 위로할 수 있게 합니다.**

'동병상련'이란 말처럼, 직접 당해보지 않은 사람들은 진심으로 다른 사람을 위로할 수가 없습니다. 그러므로 환란을 무조건 나쁜 것으로 볼 것만이 아니라 자신도 성장하고 다른 사람들도 위로함으로 섬길 수 있는 좋은 경험의 기회로 봐야 합니다. 고난을 위로하고 소망을 견고하게 함으로 다른 사람의 어려움을 더욱 잘 이해하고 섬기십시오.(살전 4:17-18/ 약 1:2)

**셋째, 환란은 하나님만을 의지하게 합니다.**

바울은 소아시아 지방의 전도여행에서 극심한 박해와 핍박을 받았습니다. 그러나 그 고난은 반대로 육신의 무력함을 깨닫게 했고, 다시 소생케 하시는 부활의 하나님께만 철저히 의지하게 만들었습니다. 성도라면 고난을 통해 하나님께 더욱 가까이 다가가야 합니다. 어떤 환란 중에도 감사와 기도를 드리고 그 안에 담긴 하나님의 뜻을 깨달으십시오.(신 10:20/ 시 18:18)

**오늘 본문을 통해** 환란과 인내에 관한 세 가지 교훈에 대해서 배웠습니다. 바울은 고린도 성도들의 오해에 해명을 하기에 앞서 먼저 고난과 그 고난에 임하는 하나님의 위로에 대해서 말했습니다. 이런 일로 여러 사람들이 고난을 당하고 힘들어하지만 그래도 여전히 우리 곁에 계신 주님을 통해 위로를 받고 더 나아가야 하기 때문입니다.
**오늘도** 위로의 하나님을 찬양하십시오.

주님! 환란 중에도 주님을 더욱 의지하고 감사를 그치지 않게 하소서!

| 오늘 특별 적용 | |
|---|---|
| 오늘 특별 감사 | |

# 죄를 지은 성도들을 대하는 지침

고린도후서 2장 5절부터 11절을 읽으십시오.
① 교회 내에서 잘못한 사람은 어떻게 대해야 하는가?(5-10)
② 다른 사람의 허물을 용서하면 어떤 유익이 있는가?(11)

**오스왈드라는** 사람의 인생은 불운의 연속이었습니다.
결혼에 세 번이나 실패한 그의 어머니는 사람을 절대로 믿지 말고 절대로 사랑해선 안 된다고 가르쳤습니다. 점점 부정적인 성격으로 자라난 오스왈드는 고등학교 때 친구와의 다툼 문제로 퇴학을 선고받았습니다. 이후 그는 자신의 잘못을 뉘우쳤지만, 다시 복학을 할 수는 없었습니다. 이후에 군에 입대한 뒤에도 불명예스러운 일로 전역하게 되었습니다. 사람들은 그를 실패자로 낙인찍고 아무런 기회도 주지 않으려고 했습니다. 평생을 한 번도 용서받지 못하며 살았던 오스왈드는 결국 자신의 분노를 주체하지 못해 권총을 들고 밖으로 나갔습니다. 그리고 케네디 대통령을 암살한 사람으로 역사에 부끄러운 이름을 영원히 남기게 되었습니다.
심리치료사 제임스 깁슨 박사는 '용서의 결핍이 오늘날의 사회를 만들었다'고 말했습니다. 사랑을 위해 정말로 필요한 것은 우선되는 용서입니다.

**고린도후서 2장 5절부터 11절**에는 악한 성도들을 꾸짖는 내용이 기록되어 있습니다. 당시 고린도 교회에는 성도임을 자처하면서 음란한 짓을 하고, 더욱 탐욕을 부리고, 우상을 숭배하며, 욕설을 일삼고, 술 취하고, 사기 치는 사람들이 많이 있었습니다. 우리는 오늘 본문을 통해 **범죄한 성도들을 대하는 세 가지 지침**에 대해서 알아야 합니다.

**첫째, 범죄한 사람은 마땅한 벌을 받아야 합니다.**
교회 내에서 죄를 짓는 성도들에 대해서는 단호하게 대처해야 합니다. 잘못을 묵과하다보면 그것은 교회의 누룩이 되어 금세 다른 성도들에게까지 죄를 퍼트리게 됩니다. 그럼에도 계속해서 죄를 짓고 다른 성도들을 시험에 빠지게 한다면 과감히 출교까지도 시켜야 합니다. 세상을 밝게 비추어야 할 교회가 타락해서는 안 됩니다. 세상 밖의 죄인은 품어야 하지만 회개하지 않는 교

회 내의 성도에 대해서는 단호하게 조치하십시오.(전 5:2)

**둘째, 신실한 성도들은 잘못을 가르쳐야 합니다.**
바울은 편지를 보낸 목적 중의 하나가 '사도'의 권위를 가진 자신의 말에 성
도들이 순종하는지 알아보기 위해서였다고 했습니다. 바꿔 말하면 이것은 신
실한 성도들은 바울과 같이 다른 사람들의 잘못을 지적하고 올바로 가르쳐야
한다는 뜻입니다. 기도하는 마음으로 길 잃은 성도들의 잘못을 깨닫게 알려
주십시오.(시 71:17/ 요이 1:10)

**셋째, 회개한 성도들은 용서하고 사랑으로 위로해야 합니다.**
고린도 성도들은 먼저 보낸 바울의 편지를 받고는 권면을 따라 죄지은 성도
들을 강력하게 징계한 것 같습니다. 그러나 너무 지나쳐서 뉘우치고 회개하
는 사람까지도 매몰차게 외면했던 것 같은데, 바울은 하나님이 우리의 죄를
용서해주신 것 같이 우리도 그들의 죄를 용서하고, 위로함으로 사랑을 나타
내야 한다고 말했습니다. 참회하고 죄의 길에서 다시 돌아오는 성도들은 진
심으로 용서하고 하나님의 사랑으로 품어주십시오.(히 5:2)

**오늘 본문을 통해** 범죄한 성도들을 대하는 세 가지 지침에 대해서 배웠습니
다. 경찰이 부패하면 범죄를 막을 수가 없듯이, 교회가 타락하면 세상은 더욱
어둠속에 빠집니다. 사탄은 그런 이유로 교회를 더욱 어렵게 하고, 성도들끼
리 미워하고 서로 다투게 합니다. 그러므로 죄에 대해 지혜롭게 대처하여, 올
바로 가르치고, 단호히 대처하고, 사랑으로 품어주는 성도가 되도록 노력해
야 합니다.
**오늘도** 사랑 안에서 서로를 인도하며 사십시오.

**주님! 미워하는 마음 대신 사랑이 가득한 마음을 품게 하소서!**

| 오늘 특별 적용 | |
|---|---|
| 오늘 특별 감사 | |

# 101

# 그리스도의 향기가 미치는 영향

고린도후서 2장 12절부터 17절을 읽으십시오.
① 바울이 세계를 돌아다니며 확신한 한 가지는 무엇인가?(14)
② 바울은 믿는 성도들이 무엇이라고 표현했는가?(15-17)

장미 중에 가장 향기로운 장미는 발칸 산맥의 한밤 중에 피는 장미입니다. 발칸 산맥은 매우 산세가 험하고 날이 춥습니다. 그리고 그곳의 장미는 한 낮이 아니라 밤에만 피기 때문에 가장 좋은 향을 내는 장미를 얻기 위해서는 추운 밤에 험한 산을 올라야 합니다.

하지만 그럼에도 불구하고 좋은 향수를 만들려는 사람들은 그 장미를 얻기 위해 산을 오릅니다. 햇빛이 비치는 때의 장미는 아직 피지 않아서 밤에 피는 장미 절반 정도의 향 밖에 없는데, 가장 좋은 장미를 얻기 위해선 조금 더 수고로움을 감수하여 반드시 밤에 따야만 합니다. 그리고 그것은 그만한 가치가 있습니다.

우리의 삶은 하나님께 제사와 향기로 드려집니다. 자신도 잘 가꾸지 못하는 성도의 향이 있고, 자신만을 가꾸어 내는 성도의 향이 있고, 다른 사람까지도 함께 가꾸어 내는 성도의 향이 있습니다. 좋은 향기를 위해 수고할 가치가 있는 것처럼 하나님께 향기로운 제사를 올리기 위해 수고를 하십시오.

고린도후서 2장 12절부터 17절에는 그리스도 안에서의 승리와 곳곳에 퍼지는 그리스도의 향기에 대한 내용이 기록되어 있습니다. 바울은 우리가 그리스도 안에 있을 때 승리하게 되고, 우리를 통해 그리스도를 아는 지식을 곳곳에 향기처럼 퍼지게 하시는 하나님께 감사를 드렸습니다. 우리는 오늘 본문을 통해 세 가지 그리스도의 향기가 무엇인지 알아볼 수 있습니다.

**첫째, 죽음의 향기입니다.**
로마 군인들의 당당한 개선 행진은 화려함과 영광을 나타냈습니다. 그러나 그것은 로마 군인과 시민들에게 일어나는 일이었고, 전쟁에 패해 끌려오는 노예들에게는 패배와 절망뿐이었습니다. 죄와 사망의 권세를 이기고 모든 사람을 구원할 능력이 있는 그리스도의 향기도 그 사실을 믿지 않고 거절하고 대적하는 사람에게는 죽음의 향기로 다가옵니다. 믿음만으로 모든 사람이 구원 받을 수 있지만 믿음은 전적인 개인의 선택임을 기억하십시오.(롬 6:21)

**둘째, 생명의 향기입니다.**
복음을 받아들일 때 우리는 그리스도의 향기를 풍기게 되고, 또한 그리스도의 향기가 우리에게 생명의 향기가 됩니다. 복음을 받아들여 예수님을 영접한 사람들이 부활하신 예수님에 대한 증인이 되는 것이 세상에 그리스도의 향기를 전하는 일입니다. 언제 어디서나 주님을 증거하며 그리스도의 향기를 풍기는 아름다운 주님의 꽃이 되십시오.(딤후 1:10)

**셋째, 생명에 이르게 하는 향기입니다.**
그리스도의 향기를 풍기는 성도를 통해 세상 사람들은 죽음의 향기를 맡고, 구원받은 성도들은 생명의 향기를 맡습니다. 그러나 여기에서 끝나는 것이 아니라 우리는 죽음의 위기에 처한 사람들을 생명의 향기를 맡는 사람들로 변화시킬 수 있는 사람이 되어야 합니다. 더 많은 사람들이 이 향기를 맡고 복음에 대해서 들을 수 있게 말씀을 실천하고 복음을 알리고, 사랑으로 섬기는 성도들이 되어야 합니다. 영원한 죽음으로 가고 있는 영혼들에게 간절한 마음으로 본을 보임으로 복음을 전하십시오.(행 5:42)

**오늘 본문을 통해** 세 가지 그리스도의 향기가 무엇인지 배웠습니다. 복음은 생명과 죽음을 나누는 경계입니다. 죽어가는 영혼들을 구하는 사명은 모든 성도들의 것이며 이 사명이 얼마나 막중한지 깨달으십시오.
**오늘도** 복음을 깨닫고 복음을 올바로 증거하며 사십시오.

**주님!** 그리스도의 향기로 새로운 생명을 얻게 하소서!

| | |
|---|---|
| 오늘 특별 적용 | |
| 오늘 특별 감사 | |

# 102

# 율법과 복음의 차이점

고린도후서 3장 1절부터 18절을 읽으십시오.
① 바울을 만족하게 한 것은 무엇이었는가?(4-5)
② 주님이 우리에게 허락하신 것은 무엇인가?(17)

**율법과 복음에 대한** 차이를 잘 알려주는 예화가 있습니다.

집을 나가기 전에 아내에게 '그날의 할 일'을 쪽지로 주는 남편이 있었습니다. 남편은 매일 아내가 해야 할 일을 적어서 건네준 뒤 집에 돌아와 그 일을 하지 않았다면 '왜 당연히 해야 할 일을 하지 않았느냐'고 화를 내었습니다. 아내는 남편의 화를 피하기 위해서 쪽지에 적힌 일을 했지만 그 일은 너무나도 고역이었습니다. 결혼생활이 마치 감옥생활과도 같았습니다.

수십 년이 지난 후 남편이 죽고 아내는 다른 남자와 재혼을 했습니다. 새로운 남편은 아내를 너무 사랑해 어떤 것도 요구하지 않고, 아침에 나가며 아내에게 사랑을 고백했고 오후에 돌아와서도 아내에게 사랑을 고백했습니다. 아내는 남편을 기쁘게 하기 위해서 집에 있는 동안 많은 일들을 감당했습니다. 그 것은 전 남편이 요구한 일들보다도 훨씬 더 많았지만 아내는 그 일이 전혀 힘들지 않고, 오히려 더욱 기쁨이 넘치게 만들어주었습니다.

율법과 복음의 차이, 그것은 수동과 자동 그리고 의무와 사랑의 차이입니다.

**고린도후서 3장 1절부터 18절에는** 새로운 언약과 그 언약을 지키는 일꾼에 대한 말씀이 기록되어 있습니다. 바울의 사도권을 의심하고 공격하던 사람들은 바울이 예루살렘 교회의 추천서를 가지고 있지 않았다고 헐뜯었습니다. 그러나 바울은 그런 먹으로 쓴 추천서보다도 자신을 통해 성령의 인도 가운데 살아가고 있는 고린도 성도들이 더욱 확실한 추천서이며 그리스도의 편지라고 말했습니다. 오늘 본문을 통해 **율법과 복음의 세 가지 차이점**에 대해서 살펴볼 수 있습니다.

**첫째, 율법은 돌판에 새겨졌으나, 복음은 마음에 새겨집니다.**

율법은 하나님께서 돌판에 새겨서 모세에게 주신 것입니다. 그러나 이 율법은 외적인 것으로 우리의 삶을 근본적으로 변화시킬 수는 없습니다. 그러나 복음은 예수님을 통해서 하나님의 은혜로 주신 것입니다. 이 복음은 성령님을 통해 우리의 마음에 새겨지고, 그로인해 삶이 완전히 바뀌게 됩니다. 밖의 율법을 지키는 것이 아니라 안의 성령님을 따르십시오.(갈 4:21/ 히 8:4)

**둘째, 율법은 죽게 하지만, 복음은 생명을 줍니다.**
바울은 율법을 '의문(儀文)'이라고 하며 '죽이고, 정죄하는 것'이라고 표현했습니다. 율법은 죄를 지적하여 깨닫게 하고, 죄인인 우리가 마땅히 죽을 수밖에 없는 존재임을 보여줍니다. 율법의 역할은 우리의 무력함과 죄악된 속성을 철저히 깨닫게 함으로 오직 그리스도 예수만 의지해야 한다는 사실을 알게 하는 것입니다. 율법은 죽이는 것이지만 복음은 영을 살리는 것임을 깨달으십시오.(갈 3:24)

**셋째, 율법은 일시적인 영광이지만, 복음은 영원한 영광입니다.**
바울은 '의문'인 율법도 얼마간의 영광이 있는데, 하물며 영으로 의롭게 하는 복음이야 말로 얼마나 크고 영원한 영광이겠느냐고 반문했습니다. 구약의 성막이나 의식 같은 형식과 모형적인 것들도 영광이 있기는 했지만, 그 실체인 그리스도가 오시면 모두 희미해져 사라져 버릴 것들이었습니다. 복음의 영원한 영광을 믿음으로 소유하고 누리십시오.(딤전 1:11)

**오늘 본문을 통해** 율법과 복음의 세 가지 차이점에 대해서 배웠습니다. 율법과 복음은 서로 관계된 것이지만 분명한 차이점을 가지고 있습니다. 이 차이점을 잘 숙지할 때 무엇이 복음과 연관된 것이고 무엇이 중요하지 않은 것인지 잘 깨닫고, 영원한 영광의 복음을 소유하고 누릴 수 있게 됩니다.
**오늘도** 복음의 참 의미를 깨닫고 영광스러운 새생명 가운데 살아가십시오.

**주님! 복음의 영광을 구하며 누리는 삶을 살게 하소서!**

| 오늘 특별 적용 | |
| --- | --- |
| 오늘 특별 감사 | |

# 103

# 고난과 영광의 관계

고린도후서 4장 1절부터 18절을 읽으십시오.
① 바울은 어떤 자세로 사역하였는가?(5)
② 당신은 당신이 믿고 있는 신앙의 가치를 잘 알고 있는 가?(7)

**성공하는 사람과** 실패하는 사람은 같은 상황에서도 다르게 반응합니다.

성공하는 사람은 자신의 실수를 인정합니다.

그러나 실패하는 사람은 책임을 회피하고 남에게 미룹니다.

성공하는 사람은 고난을 피하지 않고 견뎌냅니다.

그러나 실패하는 사람은 고난을 피하려고, 결국 고난에 쓰러집니다.

성공하는 사람은 항상 최선에 최선을 다 하려고 합니다.

그러나 실패하는 사람은 다른 사람 정도의 노력으로 만족합니다.

성공하는 사람은 더 나은 방법을 계속해서 찾고 발전하는 꿈을 꿉니다.

그러나 실패자는 한계를 인정하고 현실에 안주합니다.

성공하는 그리스도인과 실패하는 그리스도인의 차이점도 이와 같습니다. 하나님의 말씀에서 가능성을 찾는 사람과 항상 현실의 벽에 포기하는 사람의 차이입니다.

**고린도후서**(4장 1절부터 6절에는 율법과 비할 수 없는 복음의 소중함에 대해서 기록되어 있고)4장 7절부터 18절에는 복음을 전하는 일의 가치에 대한 내용이 나옵니다. 복음을 증거하는 일은 하나님께 영광을 돌리는 일이지만 또한 우리를 위한 것이며 그 일을 할 수 있다는 자체의 영광에 대해서 바울은 말했습니다. 오늘 본문을 통해 **고난과 영광에 관한 세 가지 사실**을 살펴볼 수 있습니다.

**첫째, 그리스도인에게는 고난이 따릅니다.**

바울은 막중한 복음 증거의 사명을 가진 성도들이 당할 고난에 대해서 기록했습니다. 그 고난은 복음을 전하는 사람들이 겪게 될 고난임과 동시에 사도 바울이 당한 고난이었습니다. 옥에 갇히고, 수없이 죽을 정도의 매를 맞고, 죽을 고비까지 경험한 고난을 바울은 사방이 막히고, 어쩔 수 없는 답답한 상황이 되고, 핍박을 당하고, 거꾸러진다고 표현했습니다. 세상은 여전히 마귀의 영향력 아래 놓여있기 때문에 모든 그리스도인들에게는 고난이 따를 수밖에 없습니다. 그러나 그런 고난의 과정을 통해 하나님은 성도들을 축복으로 이끄신다는 사실을 기억하십시오.(롬 8:17)

**둘째, 그리스도인은 고난을 두려워해서는 안 됩니다.**
고난은 이 세상을 살아가는 모든 사람들에게는 피할 수 없는 일입니다. 그러나 그 고난을 극복할 힘과 용기를 우리는 주님으로부터 얻을 수 있습니다. 우리는 고난의 이유와 그 해결책을 알고 있기 때문에 전혀 고난에 대해서 두려워할 필요가 없습니다. 우리 안에 값진 보배이신 예수님이 있다는 사실을 잊지 마십시오.(행 5:41)

**셋째, 그리스도인이 받을 영광은 고난에 비할 바가 안 됩니다.**
마귀는 온갖 방법을 통해 우리를 넘어뜨리려고 합니다. 그러나 진리의 반석 위에 집을 지은 성도들은 결코 무너지지 않고 망하지 않습니다. 날마다 우리를 새롭게 하는 예수님의 생명이 있기에 우리는 낙심하지도 않습니다. 겉 사람인 우리의 몸은 나날이 늙고 병들어갈지라도 우리의 속사람은 천국을 향해 나날이 더욱 새로워져가고 있습니다. 눈앞에 보이는 삶에 너무 연연하지 말고 보이지 않는 나라에 소망을 두고 살아가십시오.(벧전 4:13)

**오늘 본문을 통해** 고난과 영광에 대한 세 가지 사실을 배웠습니다. 고난이란 단어는 보는 것만으로도 사람의 힘을 빠지게 하고 두렵게 만듭니다. 그러나 성도들은 오히려 고난을 담대히 맞고 슬기롭게 그것을 극복함으로 신앙의 성장과 다른 사람의 본이 되는 기회로 삼을 줄 알아야 합니다.
**오늘도** 고난을 영광으로 여기며 승리하십시오.

**주님! 주님과 함께함으로 담대히 고난을 이겨내게 하소서!**

| | |
|---|---|
| 오늘 특별 적용 | |
| 오늘 특별 감사 | |

# 104

# 그리스도인이 가져야 할 확신

고린도후서 5장 1절부터 10절을 읽으십시오.
① 사도 바울의 소망은 무엇이었는가?(1-4)
② 예수님의 약속이 사실이라는 것을 어떻게 알 수 있는가?(5)

**영국의 한 대학생이** 불치병을 선고받았습니다.

의사는 그가 1년 정도 밖에 살지 못할 것이고 길어야 2년일 것이라고 말했습니다. 청년은 자신의 남은 삶을 아프리카 선교에 사용하기로 결심했습니다. 그 사실을 알게 된 대학의 교수는 학생을 불러 말했습니다.

"자네의 인생은 얼마 남지 않았는데 어째서 아프리카로 가려는가? 1년 동안 거기에서 무엇을 할 수 있겠나? 여생의 마지막을 즐겨야 하지 않겠나?"

그러나 청년은 자신의 뜻을 굽히지 않고 대답했습니다.

"건물을 짓기 위해서는 기초 공사를 해야 합니다. 저는 아프리카에 선교의 기초 공사를 하러 가는 것입니다."

청년은 아프리카로 떠났고, 의사의 진단대로 1년 뒤 죽고 말았습니다. 청년은 죽기 전 교수에게 다음과 같은 편지를 보냈습니다.

"교수님, 제가 그리스도인이 아니고, 천국에 대한 확신이 없었다면 저는 1년의 시간을 이곳에 오지 않고 쾌락과 평안한 죽음을 위해 보냈을 것입니다. 죽은 뒤 천국이 있다는 사실과 구원에 대한 확신이 저를 이곳에 불렀습니다."

진리에 대한 확신은 인생에서 가장 가치 있는 일을 할 수 있게 도와줍니다.

**고린도후서 5장 1절부터 10절에는** 장차 그리스도인들이 누리게 될 영광에 대해서 나옵니다. 바울은 복음을 전하며 고난을 당하는 일에 대해서 먼저 설명한 후 그런 일들을 마땅히 감당하고 감내한 사람들이 이후에 누리게 될 영광과 영광스러운 몸으로 변모할 것을 사모하는 마음을 드러냈습니다. 우리는 오늘 본문을 통해 **그리스도인의 세 가지 확신**에 대해서 배워야 합니다.

**첫째, 육신의 영화에 대한 확신입니다.**

우리의 장막집이 무너지면 우리는 영원한 하나님의 집을 소유하게 됩니다. 바울은 '육신의 영화'가 어서 오기를 고대했습니다. 그러나 바울은 그날이 오기 전에 더 많은 사람들에게 복음을 전해야할 사명이 있고, 이것이 주님을 기쁘게 하는 것이므로 어떤 방법으로든 주님을 기쁘시게 하겠다고 말했습니다. 육신의 영화에 대한 확신을 갖고 고대하면서도 지금의 사명을 중요하게 생각함으로 주님을 기쁘시게 하십시오.(롬 8:30)

**둘째, 끝날에 있을 심판에 대한 확신입니다.**
세상의 마지막 날에는 하나님의 심판이 온 세상을 향해 있습니다. 그리고 그때가 오지 않더라도 우리의 생이 다하는 날 우리는 모두 그리스도의 심판대 앞에 서서 살아온 삶을 평가받게 됩니다. 구원을 받든 받지 못했든 간에 마지막 때의 심판은 누구도 피할 수 없는 사실입니다. 하나님의 심판을 대비하는 자세로 삶을 사십시오.(요 12:48/ 벧후 3:7)

**셋째, 주님이 주실 상에 대한 확신입니다.**
예수님을 영접한 성도들에게는 멸망이 없습니다. 그러나 구원받은 이후의 행실에 대해서는 죽고 사는 심판이 아닌 행위에 대한 보상을 받게 됩니다. 사랑의 수고와 순종을 한 성도들에게는 주님이 예비하신 상이 있고, 전시용 신앙과 불평뿐인 신앙을 가졌던 성도들은 부끄러움 가운데 세워지게 될 것입니다. 죄의 문제를 해결하는 데서 그치는 것이 아니라 그 이후의 상에도 소망을 두고 달려가십시오.(빌 3:14)

**오늘 본문을 통해** 그리스도인의 세 가지 확신에 대해서 배웠습니다. 그리스도인들은 마음에 평안이 있어야 합니다. 성경을 깨닫고 신앙이 깊어질수록 우리는 진리의 더욱 많은 부분들에 대한 확신을 갖게 되고 더욱 깊은 평안을 얻게 됩니다.
**오늘도** 주님의 재림을 맞는 마음으로 살아가십시오.

**주님! 세상의 근심과 걱정을 버리고 승리하는 삶을 살게 하소서!**

| 오늘 특별 적용 | |
| --- | --- |
| 오늘 특별 감사 | |

# 105

# 그리스도인이 가져야 할 목표

고린도후서 5장 11절부터 21절을 읽으십시오.
① 주님이 우리를 대신하여 죽으신 이유는 무엇인가?(15)
② 구원받은 성도들의 사명은 무엇인가?(18)

미국의 내시빌 주에서 윌마 루돌프라는 한 여자아이가 태어났습니다. 소아마비가 선천적으로 있었던 아기를 위해 부모님은 의사를 찾아갔지만 의사는 어쩔 수 없다고 말했습니다. 하루는 아이가 엄마에게 자신은 다른 아이들처럼 걸을 수 없냐고 묻자 엄마는 다음과 같이 대답했습니다.
"윌마, 하나님을 믿으렴. 의사는 고칠 수 없지만 하나님은 고쳐주실 거야."
어린 윌마는 엄마의 말을 정말로 믿었습니다. 윌마는 하나님이 자신을 고쳐주실 거라 굳건히 믿고 하나씩 목표를 정했습니다. 첫 번째 목표는 목발을 짚지 않고 걷는 것이었는데 12살 때 목발을 떼고 걸을 수 있게 되었습니다. 윌마에게 희망을 주었던 엄마도 놀랐습니다. 윌마는 다음 목표인 농구선수의 꿈을 이루었고 스케이팅선수도 되었습니다. 그리고 마지막으로 올림픽에 육상선수로 나와 금메달리스트까지 되었습니다.
그리스도 안에서 바로잡힌 목표는 삶과 인생에 놀라운 능력을 가져다주고 믿음을 더욱 성숙하게 만들어줍니다.

고린도후서 5장 11절부터 21절에는 새로운 피조물과 그리스도의 사신인 성도들에 대한 내용이 기록되어 있습니다. 바울은 성도들의 역할이 그리스도의 사신으로 하나님과 사람을 화목하게 만드는 데에 우리의 사명이 있다고 말했습니다. 오늘 본문을 통해 **그리스도인의 삶과 목표에 대한 세 가지 교훈**을 얻을 수 있습니다.

**첫째, 그리스도인은 자신을 위해 살아선 안 됩니다.**
몇 년 전부터 불기 시작한 자기계발 열풍으로 인해 각종 성공에 관한 책들과 온갖 세미나들이 우후죽순처럼 쏟아져 나오고 있습니다. 이 책들은 결국 모두 자신을 위한 성공의 길이라는 종착역을 목표로 하고 있습니다. 그러나 그리스도인은 예수님을 위해 살아야 합니다. 예수님이 우리를 위해 세상의 그 무엇보다도 값진 자신의 생명을 주셨다는 사실을 잊지 말고 나보다도 주님을 중심에 놓으십시오.(눅 4:43/ 고전 7:23)

**둘째, 그리스도를 위해 산다는 것이 무슨 뜻인지 알아야 합니다.**
그리스도를 위해 산다는 것은 나의 모든 것을 하나님의 뜻과 계획을 위해 드린다는 뜻입니다. 우리의 시간과 재능, 관계까지도 모든 것들을 하나님의 선한 계획이 이 땅에 펼쳐지기를 바라는 마음으로 드리는 것입니다. 물론 이런 삶을 통해서도 성공을 할 수 있습니다. 그러나 이것은 하나님을 위한 삶에서 얻어진 부산물들이지 목적 그 자체가 아닙니다. 우리의 모든 문제를 해결하신 주님의 보혈과 그 사랑의 가치를 깨달으십시오.(고전 6:20)

**셋째, 그리스도의 사신으로의 직분을 잘 감당해야 합니다.**
모든 그리스도인은 그리스도를 대신하는 사신입니다. 다른 나라에 본국을 대표해서 파견된 오늘날의 '대사' 직으로 우리는 하늘나라를 대표하는 사람들입니다. 이것이 복음 증거의 중요한 이유이며, 우리가 항상 그리스도인이라는 사실을 자각하고 살아야 하는 이유입니다. 대사직분을 맡은 백성답게 당당하고 진지하게 복음을 전하십시오.(빌 3:20)

**오늘 본문을 통해** 그리스도인의 삶과 목표에 대한 세 가지 교훈을 얻었습니다. 자신이 그리스도인이라고 생각하고, 또한 구원받았다고 생각하는 사람들은 많지만 정작 그리스도인의 삶이 아닌 자신만을 위한 삶을 사는 사람들이 너무도 많습니다. 그리스도인이라는 단어의 의미와 뜻을 다시 한번 깨달음으로 하나님의 대사로의 삶을 잘 감당하는 그리스도인이 되어야 합니다.
**오늘도** 그리스도의 대사답게 생활하십시오.

주님! 화평케 하는 중대한 사명을 감당하는 성도가 되게 하소서!

| 오늘 특별 적용 | |
|---|---|
| 오늘 특별 감사 | |

# 106

# 참된 그리스도인이 되는 방법

고린도후서 6장 1절부터 7장 1절을 읽으십시오.
① 바울은 그리스도인의 삶을 어떻다고 묘사하였는가?(10)
② 그리스도인들이 악과 타협해서는 안 되는 이유는 무엇인가?(16)

1930년대에 미국에 금주법이라는 것이 있었습니다.

경제 정책의 일환으로 한시적으로 시행된 것이었는데, 술을 좋아하는 사람들은 몰래 비밀 장소에 술집을 만들어 술을 팔았습니다. 술 제조가 어려워져서 밀수도 큰 폭으로 증가하기 시작했습니다. 당국에서는 법을 어기는 사람들을 잡아들이기 위해서 술집과 밀수 현장을 습격했지만 번번이 허탕만 칠뿐이었습니다. 경찰 중의 한 명이 업자들로부터 돈을 받고 검거 소식을 미리 알려주었기 때문입니다. 자신의 직책에 대한 책임을 버리고 뇌물을 수수한 경찰들 때문에 금주법은 결국 껍데기뿐인 법이 되고 말았습니다.

법을 집행해야 할 경찰이 탐심과 타협을 할 때 법은 어지러워집니다. 선을 행해야 할 그리스도인들이 죄와 타협을 할 때 세상은 어지러워지고 하나님의 복음이 가려집니다.

고린도후서 6장 1절부터 7장 1절에는 그리스도인들의 어려움과 윤리적인 문제에 대해 나와 있습니다. 결론적으로는 7장 1절의 '그런즉 사랑하는 자들아 이 약속을 가진 우리가 하나님을 두려워하는 가운데서 거룩함을 온전히 이루어 육과 영의 온갖 더러운 것에서 자신을 깨끗케 하자' 는 권면이 핵심입니다. 우리는 오늘 본문을 통해 **참된 그리스도인으로 돌아오기 위해서 필요한 세 가지 태도**에 대해서 알 수 있습니다.

**첫째, 자신에 대한 태도를 바꾸어야 합니다.**

바울은 고린도 교인들에게 거짓 없는 조언과 넓은 마음을 가지고 대했다고 고백하며 고린도 교회 성도들도 바울에게 보답하는 마음으로라도 자신에게 마음을 넓게 열라고 부탁했습니다. 우리는 스스로의 마음을 열지 못하고 솔직하지 못할 때 다른 사람의 사랑을 받지 못합니다. '나' 를 중심으로 다른 사람들을 판단하지 말고 '나' 를 돌아보는 태도로 바꾸십시오.(사 59:2/ 마 7:4)

**둘째, 세상에 대한 태도를 바꾸어야 합니다.**

바울은 고린도 성도들에게 '믿지 않는 자와 멍에를 같이하지 말라' 고 경고했습니다. 본문의 '멍에' 는 공동의 목표를 향하는 모든 행위의 연합을 나타낸다고 볼 수 있습니다. 그리스도인이 성공을 위해서 주색을 좋아하는 상대방에게 접대를 할 수 있겠습니까? 이런 타협이 이루어지는 동시에 하나님보다 우상을 더욱 숭배하게 되는 것입니다. 하나님과 멀어지게 하는 모든 세상의 일과 절대로 타협하지 마십시오.(신 22:10)

**셋째, 말씀에 대한 태도를 바꾸어야 합니다.**

그리스도인이면서도 말씀을 즐거이 여기지 않고, 지키면 좋으나, 지키기 힘든 일이라고 생각하는 사람들이 많이 있습니다. 경건생활을 하는 시간을 아까워하고, 일주일에 한 번 교회 가는 것은 괜찮으나, 그 밖의 예배나 기도회 참석은 시간낭비라고 생각하는 사람들도 많습니다. 말씀을 가볍게 여기고 기도로 하나님과 대화를 하지 않는 사람은 성숙할 수가 없습니다. 다윗처럼 말씀을 즐겁게 묵상하며 경건의 즐거움을 깨달으십시오.(마 13:23)

**오늘 본문을 통해** 참된 그리스도인으로 돌아오기 위해서 필요한 세 가지 태도에 대해서 배웠습니다. 열매를 보고 나무를 알듯이 구원 뒤의 행실을 보고 단지 마음의 안식을 얻기 위해 그리스도인처럼 사는 것인지 주님의 사랑을 깨닫고 그리스도인이 된 것인지를 알 수 있습니다.
**오늘도** 예수님께 기쁨을 드리며 죄는 모양이라도 버리는 삶을 사십시오.

**주님! 말씀으로 인해 커다란 결실을 맺는 풍성한 삶을 살게 하소서!**

| 오늘 특별 적용 | |
|---|---|
| 오늘 특별 감사 | |

# 107

# 하나님의 뜻을 알 수 있는 방법

고린도후서 7장 2절부터 16절을 읽으십시오.
① 바울이 고린도전서를 기록한 열매가 무엇인가?(8-9)
② 주님 안에서의 근심은 어떤 열매를 가져다 주는가?(11)

**많은 사람들이** '하나님 저의 뜻을 이루어주소서' 라고 기도했습니다. 그러나 링컨은 '하나님 뜻에서 벗어나지 않게 하소서' 라고 기도했습니다. 세계적인 신학자인 우찌무라 간조오는 임종에 앞서 이런 고백을 했습니다. "저도 지금까지 하나님께 원하는 것을 이루어 달라고 많은 기도를 드렸습니다. 그러나 응답을 받지 못해 많은 실망을 했습니다. 이제 돌이켜보니 만약 저의 기도대로 하나님이 응답하셨다면 저는 정말 거만하고 인정이 없는 사람이 되었을 것 같습니다. 하나님이 저의 기도를 들어주지 않으신 것은 저의 영혼을 살리고 진정으로 좋은 것을 주기 위한 것이었습니다." 링컨처럼 하나님의 뜻을 벗어나지 않는 삶을 위한 기도가 필요합니다. 그 기도를 통해 우리는 하나님이 우리를 더 좋은 곳으로 인도하심으로 우리의 기도에 응답하셨다는 사실을 알게 됩니다.

**고린도후서 7장 2절부터 16절에는** 고린도 성도들의 회개로 인한 바울의 기쁨이 기록되어 있습니다. 바울은 그토록 보고 싶어 했던 디도를 마게도냐에서 만나 고린도 교회의 소식을 듣게 되었습니다. 성도 간의 유익한 교통의 기쁨이 나와 있는 오늘 본문을 통해 우리는 **하나님의 뜻을 알려주는 세 가지 교훈**에 대해서 알 수 있습니다.

**첫째, 말씀과 신앙의 선배들의 가르침을 따라야 합니다.**
본문에는 사도의 가르침을 따라야 될 7가지 이유가 나와 있습니다. 사도들은 성도들의 유익을 위했고, 그들과 생사를 함께 했고, 자랑스러워했고, 몸이 아파도 그들을 위했습니다. 그리고 하나님께서 위로하고 계시고, 잘못된 길을 가는 성도들이 뉘우쳐 올바른 길로 가기를 원했고, 두려움과 존경 가운데 서로 깊이 사랑하길 원했습니다. 성도들은 이런 순전한 사도의 모습을 보이는 목회자와 교역자들에게 감사하고 가르침에 따라야 합니다. 나의 지식이나 자

존심을 내세우지 말고 말씀에 맞는 가르침을 따르십시오.(살 2:9)

**둘째, 사망에 이르는 세상의 근심을 버려야 합니다.**
하나님의 뜻대로 하는 근심은 후회할 것이 없는 구원에 이르도록 우리를 이끌지만 세상 근심은 사망을 이루는 것입니다. 우리의 육신과 생활을 유지하는데 필요한 것에 해당하는 모든 근심이 세상 근심입니다. 예수님은 무엇을 먹을지, 무엇을 입을지 걱정하지 말라고 분명하게 말씀하셨습니다. 삶의 필요한 모든 것을 풍성히 주실 주님을 믿음으로 세상의 근심을 버리십시오.(요 14:27)

**셋째, 하나님의 뜻대로 근심해야 합니다.**
하나님의 뜻대로 근심하는 사람들은 죄를 바로잡고자 하는 간절한 마음이 생기고, 잘못을 인정하며 솔직히 얘기합니다. 하나님의 뜻대로 하는 근심은 '말씀을 따를 것인가, 아닌가' 라는 고민이 아니라 '나는 왜 더욱 말씀대로 살지 못하는가' 라는 고민입니다. 그러나 이 근심 역시 우리의 영혼에 유익이 되는 것입니다. 그러므로 이런 근심까지도 모두 감사하며 기뻐하는 성도가 되십시오.(롬 8:28/ 살전 5:16-18)

**오늘 본문을 통해** 하나님의 뜻을 알려주는 세 가지 교훈에 대해서 배웠습니다. 말씀과 세상 사이의 고민이 아니라 말씀을 실천하는 과정으로 인해 고민하고 깨달음을 얻는 우리의 모습이 되어야 합니다.
**오늘도** 근심을 버리고 기쁨을 누리며 사십시오.

**주님! 주님께 마음을 확정하므로 고민과 근심에서 벗어나게 하소서!**

| 오늘 특별 적용 | |
|---|---|
| 오늘 특별 감사 | |

# 108

# 구제헌금의 중요성

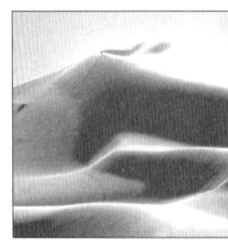

고린도후서 8장 1절부터 15절을 읽으십시오.
① 바울은 마게도냐 성도들의 헌금을 무엇이라고 표현했는가?(3-4)
② 헌금이 나타내는 것은 무엇인가?(8)

**세 명의 그리스도인이** 헌금에 대한 이야기를 나누고 있었습니다.
첫 번째 그리스도인이 먼저 헌금에 대해서 말했습니다.
"저는 헌금을 다음처럼 정합니다. 땅에다 줄을 긋고 돈을 하늘로 던져서 오른쪽에 가는 건 헌금으로 내고 왼쪽으로 가는 것은 제가 가집니다."
두 번째 그리스도인이 말했습니다.
"저는 땅바닥에 원을 그려놓고 돈을 공중으로 던집니다. 그리고 원에 들어간 것은 헌금으로 내고 아닌 것은 제가 가집니다."
세 번째 그리스도인이 말했습니다.
"여러분은 자신의 전부를 드려야 한다는 말을 듣지 못했습니까? 저는 가진 돈을 모두 하나님께 드리기 위해서 공중으로 던집니다. 그러나 간혹 하나님이 필요 없다고 다시 땅으로 보내주시면 그 돈은 다시 받습니다."
헌금은 예배생활에서 빠질 수 없는 중요한 요소입니다. 그러나 많은 그리스도인이 이런 헌금에 대한 기준이 정확하지 않고, 성경적 의미와 실제적인 적용법에 대해서 제대로 알지 못합니다.

**고린도후서 8장 1절부터 15절에는** 연보에 대해서 나와 있습니다. 연보는 오늘 날의 구제헌금과 성격이 같다고 보면 되는데, 마게도냐 성도들은 자신들의 상황도 어려웠지만 다른 사람들을 위해 기쁘게 연보를 내놓았습니다. 우리는 오늘 본문을 통해 **구제헌금에 대한 세 가지 사실**에 대해서 알아야 합니다.

**첫째, 헌금은 짐을 지우기 위한 것이 아니라는 사실을 알아야 합니다.**
헌금은 우리에게 짐을 지우기 위한 것이 아니라 은혜와 복을 누리게 하는 것임을 먼저 제대로 알아야 합니다. 헌금은 내 것을 하나님께 드리는 '기부' 의 개념이 아닙니다. 헌금은 하나님께서 주신 구원의 은혜와 물질에 대한 모든 감사의 마음을 담은 행동입니다. 그리고 이 물질은 다른 어려운 성도를 돕는 일과 자신의 신앙의 성장과 교회의 운영과 같이 유익한 일에 사용됩니다. 헌금을 드릴 수 있는 상황을 은혜로 여기십시오.(롬 12:8)

**둘째, 헌금은 마음에서 우러나오는 행동이어야 합니다.**
마게도냐 지역의 성도들은 온갖 어려움에 처해있었습니다. 그러나 바울이 그들의 헌금을 만류하거나 다시 돌려보내지 않았습니다. 그것은 마게도냐 성도들의 자발적인 헌금이었고, 하나님의 뜻을 따라 참여했던 것이기 때문입니다. 진정한 헌금의 의미를 깨닫고 감사의 마음으로 드리십시오.(눅 11:41)

**셋째, 헌금은 계획한 대로 실천해야 합니다.**
헌금은 마음에서 우러나와야 하고, 또한 하는 사람의 마음에 근심이나 시험의 꺼리가 되어선 안 됩니다. 여러분의 마음과 상황을 고려해, 헌금의 기준을 세워 놓고, 그것을 착실히 지켜나가십시오. 액수가 아닌 마음에 더욱 집중한다면 하나님이 주시는 것들에 대한 감사한 마음이 커져가며 자연스러운 신앙의 성장이 이루어집니다. 신실한 마음으로 소중한 마음을 담아 헌금하십시오.(민 30:2/ 요일 3:18)

**오늘 본문을 통해** 구제헌금에 대한 세 가지 사실에 대해 배웠습니다. 헌금은 하나님에 대한 우리의 감사의 표현이며, 모든 것이 하나님의 은혜임을 주장하는 행위입니다. 우리가 물질보다 하나님을 더욱 섬긴다는 것을 보여주는 행위이자, 선한 일에 참여할 수 있는 좋은 방법으로의 헌금에 더욱 힘쓰십시오.
**오늘도** 하나님이 주신 물질로 사람들과 나누며 사십시오.

**주님! 하나님의 일에 물질을 아까워하지 않게 하소서!**

| 오늘 특별 적용 | |
|---|---|
| 오늘 특별 감사 | |

# 109

# 헌금을 통한 복

고린도후서 8장 16절부터 9장 15절을 읽으십시오.
① 주님을 섬기는 디도의 자세는 어떠했는가?(17)
② 연보가 가진 중요한 의미는 무엇인가?(11)

**스탠리 탬이라는** 미국의 유명한 사업가가 있었습니다.

그는 1976년에 척추암 말기의 중병에 걸렸으나 여러 사람의 중보 기도로 병이 낫는 기적을 체험했습니다. 독실한 신앙인이었던 스탠리 씨는 이후에 더욱 주님의 일에 힘썼습니다. 전 세계의 90여개의 나라에 3백 개가 넘는 교회를 세웠고, 250억을 헌금했습니다. 그리고 스탠리 씨는 그보다 더 중요한 자신의 삶을 주님께 드렸습니다.

병이 나은 뒤에 그는 다음과 같은 다섯 가지 수칙을 정해놓고 매일 실천했다고 합니다.

① 오늘 하루 고난이 있더라도 하나님께 늘 감사할 것.

② 타인에게 상처 주는 일은 절대로 하지 않을 것.

③ 희생이 따르더라도 성령의 인도에 먼저 순종할 것.

④ 화를 내기보다는 사랑으로 행할 것.

⑤ 주님께서 기뻐하시는 일을 세 가지 이상 할 것.

체험은 모든 헌신을 가능하게 합니다. 하나님의 은혜를 알고, 사랑을 아는 사람과, 그것을 체험한 사람의 차이점은 헌신의 정도를 통해 알 수 있습니다.

**고린도후서(8장 16절부터 9장 5절에는 연보의 관리와 준비하는 자세에 대해서 기록되어 있고)** 9장 6절부터 15절에는 연보를 함으로 받는 복에 대한 설명이 나와 있습니다. 바울은 우리가 헌금을 해야 되는 이유의 바탕이 되는 '청지기 정신'에 대해서 본문에 설명했는데, 오늘 본문을 통해 **헌금을 드리는 바른 정신과 그에 따른 복에 대한 세 가지 사실**을 알 수 있습니다.

**첫째, 헌금은 기쁜 마음으로 해야 합니다.**

하나님은 우리의 돈이 필요한 분이 아닙니다. 헌금은 행위 자체에 초점이 맞춰져 있는 것이라는 사실을 알아야 합니다. '심은 대로 거둔다'는 말을 생각하며 우리는 헌금을 기쁘게 드려야 합니다. 헌금은 하나님께 드리는 당연한 감사의 표시인데, 주님은 그런 사람들에게 더 큰 복을 준다고 하시니 기쁘지 않을 수가 있겠습니까? 헌금이 선한 일에 대한 것임을 알고 마음을 다해 실천하십시오.(신 28:47-48)

**둘째, 헌금은 복을 얻게 합니다.**
한 사람의 바른 헌금의 자세는 주위의 사람들에게 큰 깨우침을 줍니다. 또 헌금은 다른 사람뿐 아니라 자신도 유익하게 합니다. 하나님은 하나의 씨앗이 자라서 많은 과실을 맺듯이 하나님은 우리의 헌신을 통해 어떤 형태로든 그 이상의 풍성한 은혜를 거두게 하십니다. 하나님의 은혜를 서로 나누는 바른 헌금생활로 주님이 주시는 큰 복을 누리십시오.(말 3:10)

**셋째, 헌금은 나누게 합니다.**
우리의 헌금을 통해 교회가 운영되고, 연합을 위해 필요한 많은 일들을 할 수가 있습니다. 또한 물질의 일부는 어려운 가운데 처한 다른 성도들을 돕는데 사용되고, 또 다른 일부는 해외에서 하나님의 복음을 전하는 선교사님들을 위해 사용됩니다. 감사와 기도의 헌금으로 드리고 나누는 삶을 실천하십시오.(마 5:16)

**오늘 본문을 통해** 헌금을 드리는 바른 정신과 그에 따른 복에 대한 세 가지 사실을 배웠습니다. 헌금 생활을 지혜롭게 하는 성도들은 승리하는 삶을 사는 것입니다. 물질로 인해 우리의 믿음을 어지럽게 하려는 마귀의 계략이 끼어들 틈이 없기 때문입니다. 현명한 선택과 나눔의 길을 선택하십시오.
**오늘도** 다른 사람의 필요를 생각하고 공급하려 노력하는 삶을 사십시오.

**주님! 물질의 헌신이 구제에 반드시 필요한 일임을 알게 하소서!**

| 오늘 특별 적용 | |
|---|---|
| 오늘 특별 감사 | |

# 110

# 하나님에게 칭찬을 받는 행동들

고린도후서 10장 1절부터 18절을 읽으십시오.
① 고린도 교인들이 범한 잘못은 무엇인가?(7)
② 하나님께 인정받는 사람은 어떤 사람인가?(18)

**한 유명한 신학 교수에게** 제자들이 찾아와서 물었습니다.
"진정한 그리스도인은 어떻게 살아야 합니까?"
"세상에 대해서 완전히 죽어야 한다."
그러나 제자들은 교수의 뜻을 이해하지 못했습니다.
교수는 제자들에게 오늘 밤 공동묘지에 가서 큰 소리로 욕을 하고 다음날 오라고 했습니다. 제자들은 교수의 명에 따라 욕을 하고 다음 날 다시 찾아왔습니다. 교수는 이번엔 밤에 공동묘지를 찾아가 칭찬을 하고 내일 다시 오라고 말했습니다.
제자들은 교수의 말대로 한 뒤 다음날 다시 찾아왔습니다.
"어떤가? 묘지에서 누군가 반응을 하던가?"
"아니요. 죽은 사람들이 어떻게 반응을 하겠습니까?"
"사람들이 칭찬을 해도 주님이 하신 일이니 우리는 좋아할 것이 없네. 사람들이 욕을 해도 우리가 죄인이었다는 사실은 거짓말이 아니니 우리는 화낼 것이 없네. 세상에 신경 쓰지 않을 때 주님만 신경 쓰며 살 수 있게 된다네."
믿는 사람의 자랑은 오직 그리스도뿐입니다.

**고린도후서 10장 1절부터 18절에는** 바울의 사도권에 대한 변론이 기록되어 있습니다. 바울은 그리스도인은 자랑도 주 안에서 이루어져야 한다고 지적하며 주님 밖에는 자랑할 것이 없음을 설명했습니다. 오늘 본문을 통해 **하나님께 칭찬받는 세 가지 행동**에 대해서 배울 수 있습니다.

**첫째, 하나님이 주신 달란트를 사용하는 행동입니다.**
하나님은 모든 사람에게 달란트를 주셨습니다. 우리는 재능의 종류와 크기에 상관없이 모두 그것을 지혜롭게 사용해서 주님께 영광을 돌려야 합니다. 거짓 교사들은 하나님이 주신 달란트를 잘못 사용했습니다. 하나님이 주신 달

란트를 하나님의 뜻에 맞게 사용하십시오.(마 25:21)

**둘째, 자신이 아닌 주님을 자랑하는 행동입니다.**
거짓 교사들은 정도에 지나친 자기자랑을 했습니다. 그러나 그들과 비할 수 없을 정도의 헌신을 한 바울은 오직 하나님의 은혜만을 자랑했고, 다른 사람의 수고도 절대로 자신의 것처럼 자랑하지 않았습니다. 교만과 자기자랑은 하나님에게 가야할 영광을 자기에게로 돌리는 큰 죄입니다. 우리의 근원이신 주님만을 자랑하고 높이십시오.(눅 12:19-20)

**셋째, 사람이 아닌 하나님을 의식하는 행동입니다.**
사람을 의식할 때 외식하게 됩니다. 바리새인들은 사람의 인정을 받으려 큰 길에서 사람들이 보는 시간에만 큰 소리로 기도하고, 또한 그런 시간에만 자선 사업을 했습니다. 그리스도인들은 하나님 중심의 삶을 사는 사람들입니다. 따라서 '왼손이 하는 일을 오른손이 모르게 하라' 는 하나님의 말씀의 뜻을 이해해야 합니다. 일시적이고 주관적인 사람의 칭찬을 구하지 말고 하나님의 십자가를 짐으로 영원불변한 칭찬을 받는 사람이 되십시오.(마 6:5)

**오늘 본문을 통해** 하나님에게 칭찬받는 세 가지 행동에 대해서 배웠습니다. 자기자랑과 교만의 덫에 걸릴 때 하나님에 대한 믿음과 경건생활 까지도 잘못된 도구로 사용되게 됩니다. 그러나 하나님에게 칭찬받기 위한 신앙생활을 하는 성도는 비록 사람들의 눈에는 띄지 않고 소소한 오해를 받을지언정 하나님의 인정과 변하지 않는 칭찬을 받게 됩니다.
**오늘도** 하나님 앞에서 순간순간을 즐겁게 사십시오.

**주님! 끝없는 겸손으로 오직 주님만 높이게 하소서!**

| 오늘 특별 적용 | |
| --- | --- |
| 오늘 특별 감사 | |

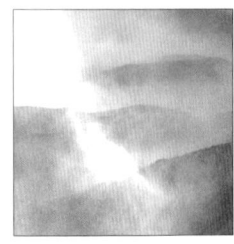

# 111

# 하나님의 은혜에 대한 감사

고린도후서 11장 1절부터 12장 10절을 읽으십시오.
① 우리의 생활에서 무엇을 조심해야 하는가?(3)
② 바울의 수고는 누가 보기에 정직한 것이었는가?(31)

퀴리 부인은 노벨상을 두 번이나 수상한 뛰어난 과학자입니다.
아인슈타인은 퀴리 부인을 '유명한 사람들 가운데 명예 때문에 순수함을 잃지 않은 유일한 사람'이라고 높게 평가했고, 수많은 과학자들도 퀴리 부인을 존경하고 그와 함께 연구하길 바랐습니다. 퀴리 부인은 예술가나 천재들처럼 튀거나 모나지 않은 평범한 삶을 살았습니다. 라듐을 발견하기 위한 4년의 연구 기간 동안에도 두 아이를 돌보고 가사 일을 소홀히 하지 않았습니다. 퀴리 부인은 주부로써의 역할이 오히려 연구를 하는 데에 힘이 되었다면서 이렇게 말했습니다. "저는 좋은 남편을 만나서 정말 행복해요. 사랑스런 아이들도 그렇고요. 하나님께서 가정이란 큰 복을 내려주신 거라고 생각해요."
퀴리 부인은 일이 가져다주는 참된 행복을 알았습니다. 그리고 그것이 하나님으로부터 오는 것이라는 귀중한 비밀도 깨달았습니다.

고린도후서(11장 1절부터 33절에는 바울이 당한 고난에 대해서 기록되어 있고) 12장 1절부터 10절에는 바울의 환상과 기도 응답에 대한 말씀이 나옵니다. 바울은 자신의 사도권을 거듭 고린도 성도들에게 확인 시켜 주기 위해서 자신이 받은 환상과 계시를 말해주었습니다. 우리는 오늘 본문을 통해 하나님의 은혜에 감사하는 성도들의 세 가지 모습에 대해서 기억해야 합니다.

**첫째, 겸손으로 늘 하루를 살피는 모습입니다.**
바울은 본문에서 자신이 천국을 체험했던 이야기를 조심스럽게 꺼냈습니다. 14년 전의 이 놀라운 체험은 그리스도인에겐 큰 자랑거리였지만 바울은 14년 동안 다른 사람들에게 말하지 않았습니다. 또한 14년 전의 자신을 '그'라는 3인칭으로 표현해 다른 사람인양 겸손하게 말하고 있습니다. 바울의 고백을 통해 매일을 겸손을 실천하는 삶으로 준비해야 한다는 사실을 깨달으십시오.(시 149:4)

**둘째, 하나님의 은혜에 자족하는 모습입니다.**

바울이 말했던 '육체의 가시'가 무엇인지는 정확히 알려져 있지 않지만 그것이 매우 바울을 괴롭게 했던 것이라는 사실은 분명히 알 수 있습니다. 하나님을 위해 전적으로 헌신하고 있는 바울에게 이런 일이 일어나는 것은 이해하기 힘든 것이지만 바울은 이조차도 자신의 겸손을 위해 하나님이 주신 것이라고 받아들였습니다. 나에게 임한 하나님의 깊은 은혜를 묵상하고 그로 인해 감사할 줄 아는 성도가 되십시오.(시 31:19/ 롬 5:20)

**셋째, 약점으로 인해 기뻐하는 모습입니다.**

바울은 자신의 약점이 사라지기를 하나님께 간절히 기도했습니다. 그러나 하나님은 바울에게 은혜가 족하다는 응답을 주셨고 바울은 그것을 받아들였습니다. 그리스도인들은 자신의 기도가 이루어질 때에만 기뻐하는 것이 아니라 이루어지지 않을 때도 기뻐해야 합니다. 기도가 이루어지는 것과 이루어지지 않는 것 모두 하나님의 응답이기 때문입니다. 어떤 경우든지 항상 기뻐하며 하나님의 은혜에 감사하는 자세를 잃지 마십시오.(살전 5:16-18)

**오늘 본문을 통해** 하나님의 은혜에 감사하는 성도들의 세 가지 모습에 대해서 배웠습니다. 어떤 사람들은 '기도를 해도 하나님이 100% 들어주지 않는다면 그냥 세상 사람에게도 일어날 수 있는 확률이나 마찬가지가 아니냐?'고 말합니다. 그러나 시간이 흐르고 지난날의 기도 제목들을 뒤돌아 볼 때 우리는 하나님을 인정하는 사람과 그렇지 않은 사람의 인생의 차이가 무엇인지, 어째서 '이루어지지 않은 기도 역시 하나님의 응답인지' 어떤 이론보다도 더욱 확실하게 체험으로 깨닫게 될 것입니다.

**오늘도** 하나님의 선한 계획을 믿고, 늘 감사하는 삶을 사십시오.

주님! 우리의 약점까지도 아름답게 쓰시는 주님을 더욱 신뢰하게 하소서!

| 오늘 특별 적용 | |
|---|---|
| 오늘 특별 감사 | |

# 112

# 주님의 재림을 대비하는 자세

고린도후서 12장 11절부터 13장 10절을 읽으십시오.
① 바울이 교훈을 이야기한 목적은 무엇인가?(19)
② 바울은 우리가 어떤 사람들이라고 말하였는가?(6-10)

고대 페르시아의 다리우스 황제가 그리스로 쳐들어갔습니다. 막강한 군대를 이끌고 그리스에 도착한 다리우스 왕은 적장인 알렉산더에게 선전포고를 하며 참깨가 잔뜩 들어있는 부대를 선물로 보냈습니다.
'우리의 부대가 이처럼 많으니 항복하라' 는 의미였습니다.
알렉산더는 그에 대응하는 선물로 겨자씨 하나를 보냈습니다.
'작은 씨지만 크게 자라는 겨자씨처럼 우리는 수가 적지만 놀라운 용맹을 가지고 있다' 는 의미였습니다.
절반도 되지 않는 적은 군사였지만 용맹함과 뛰어난 전술로 싸울 준비가 되어있던 알렉산더의 군대는 페르시아를 물리치고 승리를 거두었습니다.
우리는 하나님의 일에 쓰임을 받기 위해, 또한 마지막 날을 대비하기 위해서 항상 준비를 갖추는 신앙을 가져야 합니다.

고린도후서(12장 11절부터 21절에는 바울의 사도권에 대한 권위와 거듭된 회개의 촉구에 대해서 기록되어 있고) 마지막 장인 13장 1절부터 10절에는 바울의 고린도 교회 방문 계획과 경고에 대해서 나와 있습니다. 바울은 여전히 죄를 짓는 교인들에 대해서는 엄한 징계가 있을 것이라고 경고했습니다. 그러나 이런 징계 역시 성도들을 세우기 위한 것이지 무너트리기 위한 것은 아니라고 설명했습니다. 우리는 오늘 본문을 통해 주님의 **재림을 대비하는 세 가지 자세**에 대해서 알 수 있습니다.

**첫째, 어리석음을 버리고 지혜로워야 합니다.**
바울은 본문 이전에서 그리스도의 복음을 믿는 고린도 성도를 '지혜로운 자' 라고 표현했고 거짓 교사들을 '어리석은 자' 라고 표현했습니다. 그러나 하나님을 아는 것이 지혜이고, 하나님을 떠나는 것이 어리석음이라는 것을 깨닫고 결코 지혜를 떠나지 마십시오.(요 8:32/ 롬 8:2)

**둘째, 자신을 시험해야 합니다.**

바울은 본문에서 고린도 성도들에게, 또한 오늘날의 우리에게 믿음이 있는지 시험해보고 스스로 확증하라고 말했습니다. 우리 안에 예수님이 계시지 않는다면 우리는 버려진 사람으로 마지막에는 영원한 멸망에 이르기 때문입니다. 내가 진정으로 십자가에서 날 위해 죽으신 예수님을 믿는 것인지 분명하게 대답할 수 있는 믿음을 가지십시오.(롬 8:9)

**셋째, 예수님 맞을 준비를 해야 합니다.**

바울은 자신이 징계할 기준을 '두 세 증인의 확증'으로 정했습니다. 이것은 회개했는지의 여부에 대해서 확실히 조사를 한 뒤에 징계하겠다는 뜻입니다. 바울의 징계는 멸망을 피하기 위해서 취하는 조치이지만 예수님이 오셨을 때의 회개하지 않은 사람에게 임할 심판은 다시 돌이킬 수 없는 멸망으로 영원한 부끄러움을 당하게 하는 것입니다. 지금 당장 예수님이 오신다 해도 부끄럽지 않을 삶을 준비하십시오.(고전 3:15)

**오늘 본문을 통해** 주님의 재림을 대비하는 세 가지 자세에 대해서 배웠습니다. 주님의 재림은 먼 훗날의 이야기가 아닙니다. 구약을 통해 신약에 이르러 오늘날 까지 점점 주님이 오실 날은 다가오고 있습니다.
**오늘도** 다시 오실 주님을 사모하는 마음으로 사십시오.

주님! 구원을 통한 재림의 확신을 갖고 사는 성도가 되게 하소서!

| 오늘 특별 적용 | |
|---|---|
| 오늘 특별 감사 | |

# 113

# 날마다 신앙이 성장하는 생활

고린도후서 13장 11절부터 13절을 읽으십시오.
① 고린도 교인들을 향한 바울의 마지막 문안은 무엇인가?(11-12)
② 바울이 항상 함께 하기를 구한 것은 무엇인가?(13)

**노래를 지저귀는 새들 중에** 카나리아의 소리가 가장 곱다고 합니다. 카나리아는 몸집이 작고 약해보일수록 고운 노래를 부르는데, 카나리아들이 잔뜩 있는 공원에는 탄성을 자아낼 정도로 아름다운 지저귐이 퍼져나간다고 합니다. 이런 합창이 가능한 것은 수많은 카나리아 중에 있는 '솔리스트' 들 때문입니다. 카나리아의 무리마다 한 두 마리씩 노래를 주도하는 솔리스트가 있는데, 이들의 노랫소리가 다른 새들을 자극해 화음을 만들고 더욱 영롱한 소리를 내게 하기 때문에 카나리아를 대규모로 기르는 곳에서도 이 솔리스트들은 절대로 팔지 않는다고 합니다. 사랑과 위로, 격려를 주도하며 교회를 이끌어나가는 사람, 비난과 비판, 미움을 심으며 교회를 퇴보시키는 사람, 어떤 솔리스트가 되고 싶으십니까? 다른 사람들을 올바로 이끌어 성숙한 신앙을 갖게 하고 하나님께 아름다운 찬양을 올려드리는 신앙의 솔리스트가 되어야 합니다.

**고린도후서 13장 11절부터 13절에는** 마지막 작별인사와 축복기도가 기록되어 있는 것으로 끝을 맺고 있습니다. 바울은 여러 가지 모습으로 글을 적었으나 결국은 모두 그리스도의 바른 복음을 전하기 위한 방법이었습니다. 고린도서의 마지막인 본문을 통해 우리는 날마다 **성장하는 신앙을 위한 세 가지 모습**에 대해서 깨달아야 합니다.

**첫째, 매일 성장하는 신앙을 목표로 삼아야 합니다.**
바울은 작별인사로 고린도 성도들에게 '온전케 되라' 고 말했습니다. 이것은 믿음 안에 나날이 성숙해 가라는 의미입니다. 고린도전서에서부터 바울은 성도들을 어린아이와 젖먹이 상태로 비유했습니다. 아기 때에 성장이 멈춰있는 사람이 없듯이 신앙도 매일 매일 성숙해져야 합니다. 성장이 멈춰버린 신앙과 교회를 부끄러워할 줄 알고 성장을 목표로 항상 전진하십시오.(고전 3:6)

**둘째, 하나님 안에서 서로 격려해야 합니다.**

세상을 살아간다는 것은 답답하고, 힘들고, 괴롭고, 끝이 없는 싸움을 보는 것과 같습니다. 때로는 구원받은 성도들이 이런 세상에 지쳐 낙심하고 좌절하고 잘못된 가르침에 미혹되기도 합니다. 그러나 하나님은 우리를 일으켜 치료해 주시고 사랑과 격려로 힘을 북돋아 주십니다. 하나님의 위로를 받음으로 다른 사람을 격려하여 함께 손잡고 은혜의 보좌 앞으로 나아가십시오.(살전 5:14)

**셋째, 성령님과 교통하고 하나님의 사랑 안에 거해야 합니다.**

'마지막으로 말하노니 형제들아 기뻐하라 온전케 되며 위로를 받으며 마음을 같이 하며 평안할지어다 사랑과 평강의 하나님이 너희와 함께 계시리라 거룩하게 서로 문안하라' 우리가 기뻐할 수 있는 이유, 세파에 지쳐도 다시 일어설 수 있는 이유는 사랑과 평강의 하나님이 언제나 우리와 함께 계시기 때문입니다. 성령님과 교통함으로 하나님의 뜻에 따르고 주님의 사랑 안에 거함으로 사랑과 평강의 충만함을 누리십시오.(엡 1:4-5/ 요일 3:17)

**오늘 본문을 통해서** 날마다 성장하는 신앙을 위한 세 가지 모습에 대해서 배웠습니다. 예나 지금이나 세상에서 문제란 없을 수가 없으며 교회 또한 마찬가지입니다. 그러나 하나님의 은혜 안에서 해결 못할 문제 역시 없으며 이런 문제들은 오히려 우리를 더욱 성숙하게 만들어주는 발판의 역할을 하게 됩니다.

**오늘도** 항상 기뻐하며 주님을 바라봄으로 서로 격려하며 사십시오.

**주님! 날마다 신앙이 성장하는 기쁨의 복을 누리게 하소서!**

| 오늘 특별 적용 | |
|---|---|
| 오늘 특별 감사 | |

# 114

# 신앙의 선배들이 갖춰야할 자세

갈라디아서 1장 1절부터 5절을 읽으십시오.
① 그리스도의 사역은 누구의 뜻에 의한 것인가?(4)
② 우리가 모든 것으로 주님께 영광을 돌려야 하는 이유는 무엇인가?(4-5)

'비참해지는 방법' 이라는 다음과 같은 글이 있습니다.

「오직 여러분 자신에 대해서만 생각하십시오.
이야기 할 때는 가능한 '나' 라는 말을 자주 사용하고,
다른 사람의 관심을 사기 위해서 끊임없이 노력하십시오.
사람들을 당신의 말에 귀 기울이게 만들고,
사람들이 언제나 당신에게 칭찬해줄 것을 기대하십시오.
힘든 일은 회피하고, 좋은 시간을 갖기 위해서만 노력하십시오.
다른 사람을 사랑할 여유가 있다면,
당신을 더욱 사랑하고 가꾸십시오.
이것은 더 이상의 증명이 필요 없는 100% 확실한 '비참해지는 방법' 입니다.」
내가 중심이 아닌 다른 사람을 위한 신앙의 배려를 보여주십시오.

**갈라디아서 1장 1절부터 5절**에는 갈라디아 교인들에 대한 바울의 인사가 기록되어 있습니다. 바울은 전도 여행을 통해 갈라디아 지방에 많은 교회들을 세웠습니다. 그런데 이곳에 유대 율법주의자들이 들어와서 바울은 사도가 아니며, 할례를 받고 율법을 지켜야 구원을 받는다고 가르치기 시작했습니다. 오늘 본문에 나오는 바울의 인사말을 통해 **신앙의 선배들이 갖춰야 할 세 가지 자세**에 대해서 기억해야 합니다.

**첫째, 영적으로 어린 성도들을 돌봐야 합니다.**
갈라디아 성도들의 영성을 위해 바울은 많은 수고를 했습니다. 1차 전도 때는 이 지역에 여러 교회를 세웠고, 2차, 3차 전도 여행 때에 거듭 방문하며 성도들의 믿음을 굳게 하기 위해 힘썼습니다. 복음을 전하고 의의 길로 들어오게 하는 것이 중요한 문제지만, 거기서 그치는 것이 아니라 한 걸음 더 나아가 영적

인 문제들을 다루고 보살필 줄 알아야 합니다. 영적으로 어린 성도들을 사랑으로 양육하십시오. (딤전 4:6)

## 둘째, 하나님 안의 은혜와 평강을 전해야 합니다.

사람의 참된 평안은 오직 하나님 안에서만 구할 수 있습니다. 그러나 사람들은 이런 사실을 모르고 세상의 재물이나 권세나 명예에서 만족을 찾으려 하고 있습니다. 하나님의 은혜와 평안을 알고 누리는 성도들은 이 사실을 아직 모르는 사람들에게 전할 의무가 있습니다. 하나님을 영접하므로 얻은 평안과 은혜를 다른 이에게 전하십시오. (애 3:38)

## 셋째, 그리스도께 영광을 돌리는 본을 보여야 합니다.

바울은 단순히 안부만 묻거나, 겉치레로 끝나기 쉬운 서두의 인사말에서도 철저히 하나님의 영광에 대해서 적었습니다. 모든 영광을 하나님께 돌리려고 하는 이런 모습들을 통해 그리스도를 존귀하게 하는 삶과, 그리스도께 영광이 되는 삶이 어떤 것인지를 알 수 있습니다. 모든 일을 통해 하나님께 영광을 돌림으로 다른 성도들의 본이 되십시오. (고전 10:31/ 빌 1:20)

**오늘** 본문을 통해 신앙의 선배들이 갖춰야 할 세 가지 자세에 대해서 배웠습니다. 바울은 순수한 복음을 위협하는 지식과 행동들에 대해서 갈라디아 성도들을 보호하기 위해서 갈라디아서를 썼습니다. 바울의 관심과 사랑의 자세를 가지고 우리도 갈라디아서를 묵상하며, 주위에 혼란스러워하고 힘들어하는 성도들에게 다가가는 자세를 취해야 합니다.
**오늘도** 어려움 가운데 있는 성도들을 문안하고 찾아가십시오.

주님! 기도와 사랑으로 교제의 관계를 더욱 굳건히 하게 하소서!

| 오늘 특별 적용 | |
|---|---|
| 오늘 특별 감사 | |

# 115

# 복음을 믿을 때 조심해야 할 점

갈라디아서 1장 6절부터 10절을 읽으십시오.
① 우리를 미혹하게 하는 이론들에 대해서 어떻게 대처해야 하는가?(7)
② 복음을 변질시키는 사람들의 최후는 무엇인가?(8-9)

**어떤 교회에서** 외딴 섬에 선교를 할 것인지 회의를 하고 있었습니다.
교회의 모든 교역자와 재직들이 모여서 의견을 나누었지만 점점 의견은 '외딴 섬에 선교를 하는 것은 무리다' 라는 쪽으로 기울여졌습니다.
인구가 적고, 내륙에서 멀어 많은 돈이 필요한데다가 이미 토착 미신이 강하게 자리 잡고 있어서 별로 효율적인 선교가 아니라는 생각에서였습니다. 슬슬 회의가 마무리되려고 하고 있을 때 갑자기 목사님이 손을 들고 외쳤습니다.
"복음이 어디에 전해져야 할지는 우리가 정할 일이 아닙니다. 판단은 하나님께 맡기고 우리는 그저 열심히 복음을 증거합시다!"
목사님의 말을 통해 사람들은 복음의 뜻과 의미에 대해서 중요한 깨달음을 얻었고, 외딴 섬에까지 하나님의 복음이 전파될 수 있었습니다.
하나님께서 예수님의 죽음과 사람의 가치를 따지셨다면 우리를 위한 복음도 없었을 것입니다.

**갈라디아서 1장 6절부터 10절에는** 다른 복음에 대해서 엄중히 경고하는 내용이 기록되어 있습니다. 바울은 잘못된 복음을 주저 없이 저주했는데, 우리는 오늘 본문을 통해 **복음을 믿을 때 주의해야할 세 가지** 사항에 대해서 살펴볼 수 있습니다.

**첫째, 복음에서 떠나있어선 안 됩니다.**
갈라디아 지역의 성도들에게 처음 복음이 전해졌을 때, 그들은 말씀을 올바로 깨닫고 열정적이고 순수하게 자라났습니다. 그러나 유대주의자들이 주장하는 바울의 사도권에 대한 의심과 율법주의 복음을 듣고는 점점 복음에서 멀어지게 되었습니다. 그 결과, 사랑이 식고, 마음의 평안대신 불신이 싹트기 시작했습니다. 하루의 모든 삶이 온전히 복음 위에서 진행되도록 언제나 말

씀 안에 거하십시오.(요 15:9/ 요일 2:27)

**둘째, 복음은 불변의 진리입니다.**
바울은 '다른 복음은 없다' 라고 강력히 복음의 유일성을 선포했습니다. 복음의 내용이 바뀌었다면 그 순간 그것은 더 이상 복음일 수 없습니다. 복음의 중심에 예수님이 없는 것은 모두 거짓인 엉터리 복음입니다. 바울은 심지어 천사가 와도 잘못된 복음을 전한다면 저주를 받을 것이라고 말했습니다. 잘못된 진리에 현혹되지 말고 성경이 말하는 바른 복음을 붙잡으십시오.(히 13:8/ 요일 4:6)

**셋째, 복음을 사람의 뜻대로 사용하면 안 됩니다.**
바울은 복음을 잘못 전하는 것이 얼마나 잘못된 행동인지에 대해서 말한 뒤에 자신의 모든 수고와 인생을 걸고, 자신이 전한 것이 바른 복음이라는 뜻을 증명했습니다. 다메섹 도상에서 변화된 후 '그리스도의 종' 으로만 살았던 바울에게 '그리스도의 종' 이라는 역할은 그만큼 중요한 것이고 또 전부였습니다. 복음을 오로지 하나님의 기쁨과 영광을 위해서만 사용하십시오.(마 24:4/ 롬 16:17-18 )

**오늘 본문을 통해** 복음에 있어서 주의해야할 세 가지 사항에 대해서 배웠습니다. 참 진리를 발견한 성도들은 복음의 소중함을 깨닫고 자신의 모든 것으로 복음을 유지시키고 또 전파하기 위해 평생을 노력해야 합니다.
**오늘도** 복음의 확신으로 흔들리지 말고 승리하는 삶을 사십시오.

주님! 오로지 성경이 가르치는 참 진리의 말씀에만 순종하게 하소서!

| 오늘 특별 적용 | |
|---|---|
| 오늘 특별 감사 | |

# 116

# 복음의 근원

갈라디아서 1장 11절부터 24절을 읽으십시오.
① 바울의 삶을 보고 초대교회의 성도들은 어떤 반응을 보였는가?(18-24)
② 하나님은 언제부터 우릴 선택하셨는가?(15)

**워렌 위어스비 목사님은** 하나님이 사도 바울을 12제자의 범주에 속하지 않게 하신 이유에 대해서 다음과 같이 말했습니다.

"단적으로 말하면, 12제자의 사역은 유대인들을 위한 것이며, 왕국과 관련된 것이나, 바울의 사역은 이방인들에 대한 것이고, 한몸인 교회의 비밀과 관련된 것이었습니다. 12제자는 이 땅의 예수님께 부르심을 받았으며, 그들의 메시지는 이 땅에서의 소망을 이스라엘에게 제시하는 것이었습니다."

그러나 워렌 위어스비 목사님은 비록 부름과 사역의 형태는 달랐지만, 모든 사도들의 임무는 같은 하나님의 복음을 더욱 효과적으로 전하기 위한 하나님의 계획의 일부일 뿐이기 때문에, 서로의 사역과 메시지에 대해서 옳고 그름을 따지는 것은 무의미하다고도 덧붙였습니다.

그리스도인에게는 자신의 자랑이라는 것이 있어서는 안 됩니다. 우리는 모두 같은 복음과 같은 소망, 그리고 같은 주님을 따르는 한 지체이기 때문입니다.

**갈라디아서 1장 11절부터 24절에는** 복음의 근원을 설명하는 바울의 간증이 기록되어 있습니다. 바울은 자신이 하나님의 부르심을 받은 때와 자신의 태생과 지나온 길을 설명하면서 이 모든 것이 가능하게 된 것은 하나님의 완전하신 계획과 그 속에서부터 나온 복음이 있었기 때문이라고 말하고 있습니다. 본문을 통해 우리는 **복음의 근원에 대한 세 가지 사실**에 대해서 살펴볼 수 있습니다.

**첫째, 복음은 사람이 만들어 낸 것이 아닙니다.**
무신론을 주장하는 사람들은 종교가 단지 '죽음을 두려워해 만든 인간의 창조물'이라고 말합니다. 그러나 그들의 모든 주장은 참된 복음에 대해서 단 1%도 제대로 모르는 무지한 소리입니다. 인간의 죄성을 생각해본다면 타락한 인간이 구원받을 수 있는 방법은 오직 복음밖에 없습니다. 복음이 참된 것이 아니라면 진짜 참된 것을 알려주면 될 텐데 아무도 그렇게 하질 못하고 있습니다. 복음은 하나님으로부터 나와 예수님을 통해 사람들에게 전해진 구원의 기쁜 소식임을 기억하십시오.(롬 1:16/ 엡 3:7)

**둘째, 복음은 사람과 하나님의 합작품이 아닙니다.**
사람은 복음 자체에 어떤 영향을 미치거나 수정하여 더 완벽하게 만들 수는 없습니다. 인간은 주어진 구원을 그냥 받을 수 있는 존재이지, 그것을 가공하거나 복음의 원리와 문제에 대해서 협력할 수 있는 존재가 아닙니다. 복음은 오직 믿음으로만 받을 수 있으며 그것이 은혜입니다. 참된 복음을 깨달아 구원의 확신과 능력이 나타나는 삶을 사십시오.(요 3:27/ 행 4:12/ 고전 2:12)

**셋째, 복음은 예수 그리스도의 계시로 말미암은 것입니다.**
하나님께서는 예수 그리스도를 우리 대신 심판의 형틀에 못박으시고, 부활케 하심으로 복음을 이루셨습니다. 이런 목적이 아니고서는 예수님은 십자가에 달려 돌아가셔야할 어떤 이유나 죄목도 가지고 있지 않으셨습니다. 하나님을 통해, 예수님의 계시로 받은 복음을 흔들림 없이 확증하십시오.(요 14:6)

**오늘 본문을 통해** 복음의 근원에 대한 세 가지 사실에 대해서 배웠습니다. 믿음이 흔들리지 않고 신앙이 올곧게 자라기 위해선 먼저 복음의 근원과, 복음의 필요성, 복음의 능력에 대해서 제대로 알아야 합니다. 기독교는 아무런 생각 없이 무조건 믿는 종교가 아닙니다. 인간에게 하나님이 주신 이성과 모든 감정을 사용해서, 모든 의문을 해결한 믿을 수밖에 없는 종교입니다.
**오늘도** 우리를 구원하신 예수님께 흔들림 없이 감사와 영광을 돌리십시오.

**주님! 예수 이름 외에 다른 복음이 없음을 알게 하소서!**

| 오늘 특별 적용 | |
|---|---|
| 오늘 특별 감사 | |

# 117

# 복음의 세 가지 특징

갈라디아서 2장 1절부터 10절을 읽으십시오.
① 바울은 자신의 사역이 헛되지 않게 하기 위해서 무엇을 했는가?(2)
② 바울이 디도에게 할례를 주지 않은 이유는 무엇인가?(3-5)

약 200년 전에 미국에 아도니람 저드슨이란 청년이 있었습니다.

그는 25살에 대학 교수로 초빙을 받았고, 보스턴의 어떤 큰 교회의 담임 목사로 청빙을 받을 만큼의 수재였습니다. 그러나 그는 결혼한 지 보름 만에 아내와 함께 인도로 가는 배를 탔습니다. 그러나 동인도회사의 방해로 들어가지 못하고 결국 미얀마로 들어가 복음을 전했습니다.

미얀마는 전통적인 불교 국가였기 때문에 저드슨을 박해했는데, 그를 감옥에 1년 반이나 가두었습니다. 그 기간 동안 아내는 몸이 약해져 죽고 말았고, 저드슨도 몸이 약해져 고국으로 돌아가려고 했습니다. 그러나 고국 땅을 밟지도 못하고 도중에 숨을 거두고 말았습니다.

그의 복음의 길은 끝까지 고난의 길이었지만 그런 도중에 성경을 번역하여 불교 국가 최초의 성경을 완성하고 그것을 통해 많은 사람들의 영혼이 구원받는 일로 쓰임을 받았습니다.

**갈라디아서 2장 1절부터 10절에**는 예루살렘에서 직접 사도에 대한 자격을 인정받은 바울의 과거가 기록되어 있습니다. 바울은 계속되는 간증을 통해 자신이 예루살렘에서 직접 인정받은 그리스도의 사도이며, 이것은 하나님으로부터 바로 온 것임을 분명히 밝혔습니다. 우리는 본문을 통해 **복음의 세 가지 특성**에 대해서 살펴볼 수 있습니다.

**첫째, 복음은 누구에게나 같은 믿음을 줍니다.**

바울은 예루살렘에 가서 야고보와 베드로, 요한과 같은 정통성 있고 유명한 사도들에게 자신이 깨닫고 전한 복음을 설명했습니다. 사도들은 바울의 생각을 듣고는 자신들의 믿음과 같음을 인정하고 교제의 악수를 청했습니다. 복음은 모든 사람들이 공유할 수 있는 믿음을 줍니다. 믿음의 성도들과 한마음 한뜻으로 연합하십시오.(고후 4:13)

**둘째, 복음은 타협할 수 없습니다.**

유대주의자들은 자신들의 전통대로 할례를 반드시 받아야 구원이 이루어진다고 주장했습니다. 할례를 인정하면 바울도 더욱 편하게 복음을 전할 수 있었겠지만, 그럼에도 그것은 복음과 전혀 연관이 없는 것이었기에 바울은 타협하지 않았습니다. 복음은 예수님의 죽으심과 보혈의 공로를 믿는 것으로 충분하고 또 완전합니다. 예수님을 통한 복음 그 자체만을 순수하게 믿고 따르십시오.(막 12:32/ 히 6:17)

**셋째, 복음은 자유를 누리게 합니다.**

율법주의자들이 갈라디아 교회를 방문한 것은 그리스도 안에서 참된 자유를 느끼던 성도들을 다시 율법으로 속박하기 위해서였습니다. 율법주의자들은 참된 자유를 누리는 성도들을 이해하지 못했고, 그래서 자신들의 정통성을 무기로 삼아 그들을 다시 자신들과 같은 굴레 안에 끌어들임으로 속박하려고 했습니다. 그러나 우리는 복음을 믿음으로 이미 완전한 자유를 누릴 모든 준비를 마친 것입니다. 복음을 통한 참된 자유를 누리고 죄와 율법에서 자유로워지십시오.(요 8:36/ 고후 3:17)

**오늘 본문을 통해** 복음의 세 가지 특성에 대해서 배웠습니다. 성경의 처음부터 끝까지는 모두 복음에 대한 것입니다. 그리스도인의 탄생과 죽음까지도 역시 복음에 대한 것입니다. 천국에 가는 순간까지, 그리고 천국에 갈 수 있게 만들어주는 것도 물론 복음입니다. 계속 반복되는 내용이지만 그 속에서 복음의 본질을 더욱 깨닫고 우리 삶에 적용시키는 일은 우리의 믿음과 신앙에 매우 중요한 일입니다.

**오늘도** 변함없는 복음의 진리 안에서 생활하는 삶을 사십시오.

**주님!** 영원토록 동일한 하나님의 사랑과 복음에 감사하며 찬양하게 하소서!

| 오늘 특별 적용 | |
| --- | --- |
| 오늘 특별 감사 | |

# 118

# 잘못을 권면하는 지혜

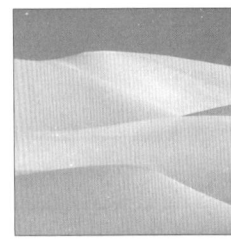

갈라디아서 2장 11절부터 14절을 읽으십시오.
① 베드로의 잘못은 무엇이었는가?(11-13)
② 바울은 베드로에게 뭐라고 책망했는가?(14)

**화가 홀맨 헌터가** 그린 '세상의 빛' 이라는 성화가 있습니다.

성화에는 예수님이 문 밖에 서서 한 손에는 등불을 들고 다른 손으로 계속 문을 두드리고 있는 모습이 그려져 있습니다. 문에는 손잡이가 없어서 안에서만 열 수 있음을 나타내고 있는데, 이것은 예수님을 영접하기 위해서는 우리가 안에서 문을 열어야 하며, 예수님은 끊임없이 우리 마음의 문을 두드리고 계신다는 사실을 알려줍니다.

실제로 하나님은 끊임없이 우리의 마음을 두드리고 계십니다. 주님을 믿지 않는 사람뿐 아니라 구원받은 성도들의 마음에도 주님은 계속해서 우리를 권면하십니다. 때로는 말씀을 통해, 성도는 다른 사람에게 권면할 줄 알아야 하고, 다른 사람의 권면을 받아들일 줄도 알아야 합니다.

갈라디아서 2장 11절부터 14절에는 베드로와 바울의 만남에 대한 사건이 기록되어 있습니다. 바울은 베드로의 잘못을 책망했던 때의 일을 얘기하면서 자신의 자격이 예루살렘의 12제자보다 결코 못하지 않다는 것을 드러냈는데, 비록 높은 사람이라 하더라도 잘못된 것은 서로 권면하고 잡아주는 것이 옳은 것임을 알게 하려고 한 말입니다. 우리는 본문을 통해 사람들의 **잘못을 권면하는 지혜로운 세 가지 원리**에 대해서 배울 수 있습니다.

**첫째, 완벽한 사람은 없습니다.**

베드로는 12제자 중의 한 명이었고, 수제자로써 예루살렘 교회의 지도자 역할을 했던 사람이지만 그런 베드로도 분명한 실수를 한 때가 있었습니다. 오늘날의 성도들도 하나님이 아니라 가끔 교계의 유명한 지도자나 영적인 리더들을 추앙하고, 필요 이상으로 높이고 따르는 경우가 있는데 이것은 신앙적으로 매우 조심히 다루어야 할 문제입니다. 사람이 아닌, 오직 하나님만을 믿고 의지하십시오.(고전 3:7/ 고후 1:9)

**둘째, 교회 내의 공적인 문제는 공개적으로 해결해야 합니다.**

본문에서 바울이 언급한 베드로의 잘못은 안디옥 교회에서 이방인들과 식사를 하던 베드로가 갑자기 유대인들이 들어오자 슬그머니 자리를 피한 것에 있었습니다. 그러자 그 모습을 본 바나바까지 슬쩍 자리를 따라서 떠나려고 했습니다. 베드로의 위선적인 행동이 바나바에게까지 영향을 끼친 것이었습니다. 그러므로 교회를 혼란하게 만드는 잘못된 행동과 가르침은 모두 공개적으로 지적하고, 그런 지적을 받았을 때는 겸손하게 베드로처럼 수용하십시오.(벧전 5:5)

**셋째, 교회 밖의 사적인 문제는 개인적으로 해결해야 합니다.**

예수님께서는 형제가 죄를 지을 땐 먼저 둘이 만나서 조용히 타이르라고 말씀하셨습니다. 예수님은 그래도 듣지 않으면 한 두 사람을 더 데리고 가서 타이르고, 그래도 듣지 않으면 교회에 말을 하는 것이 옳다고 하셨습니다. 그러나 일련의 모든 과정 속에는 형제, 자매를 사랑하는 마음과 기도하는 자세로 이루어져야 함을 잊지 마십시오. 성도의 잘못을 비난의 차원에서 공론화하지 말고 성경의 가르침을 따라 덕을 세우십시오.(고전 6:6-7)

**오늘 본문을 통해** 사람들의 잘못을 권면하는 지혜로운 세 가지 원리에 대해서 배웠습니다. 사람이 사는 세상에 문제가 전혀 없을 수는 없습니다. 교회 내에서도 마찬가지입니다. 그러나 일어난 성경의 가르침을 따라 해결함으로 교회의 덕을 세우고 개인의 영을 살리는 성도와 모임이 되도록 힘을 쓰십시오. **오늘도** 지혜롭게 서로 권면하며 사랑을 나타내십시오.

**주님! 사랑의 교훈으로 지혜롭게 권면하는 자세를 갖게 하소서!**

| 오늘 특별 적용 | |
|---|---|
| 오늘 특별 감사 | |

# 119

# 스스로는 불가능한 구원

갈라디아서 2장 15절부터 21절을 읽으십시오.
① 우리를 의롭게 하는 유일한 방법은 무엇인가?(16)
② 바울이 표현한 그리스인의 삶은 무엇인가?(20)

'이해할 수 없으나 존재하는 것' 이라는 작자 미상의 시입니다.

우리는 전기의 신비를 설명할 수 없으나,
그것을 믿고 사용합니다.

우리는 노을이 왜 나의 마음을 기쁘게하는지 이해하지 못하지만
해가 지고 뜰 때마다 물들이는 하늘을 보며 감동을 받습니다.

우리의 인생은 알지 못하고 신비한 것들 투성이지만
그 안엔 행복이 있고 즐거움이 있고 놀라움이 있습니다.

마찬가지로 우리는 구원과 거듭남의 신비로움에 대해서 이해하지 못합니다.
그러나 능히 알 수 없을 정도로 큰 은혜를 주신 하나님께 감사하십시오.

갈라디아서 2장 15절부터 21절에는 예수님을 믿어야만 의롭게 되는 원리에 대해 기록되어 있습니다. 유대인이었던 바울은 율법을 통한 구원을 더 당연하게 받아들일만한 환경에 처해 있었습니다. 그러나 율법을 지켜서는 의롭게 될 수 없다고 바른 복음을 믿고 전했습니다. 오늘 본문을 통해 우리가 **스스로 구원할 수 없는 세 가지 이유**에 대해서 알 수 있습니다.

**첫째, 우리의 선행은 절대적인 의에 미치지 못합니다.**
어떤 사람들은 대다수의 기독교인보다도 훨씬 선한 삶을 사는 것 같은데 이런 사람들은 왜 구원을 받을 수 없다고 하는 걸까요? 그것은 하나님의 절대적인 선의 기준에 어떤 사람도 미치지 못하기 때문입니다. 생각으로든 마음으로든 죄를 짓지 않아야 구원을 받을 수 있는데, 드러나는 행동만으로도 죄를

짓지 않는 사람은 존재하지 않습니다. 죄에서 벗어날 수 있는 사람이 없기에 누구도 자신을 구원할 수 없다는 사실을 기억하십시오.(엡 2:8/ 딤후 1:9)

**둘째, 행위에 의한 구원은 하나님의 은혜를 버리는 것입니다.**
구원은 스스로 살아날 방법이 없는 인간을 위해 하나님께서 마련한 길입니다. 하나님의 완전하신 계획은 구원이 모든 사람에게 값없이 주어지도록 역사하셨습니다. 스스로의 행위로 구원받고자 하는 것은 이 은혜를 거부하고 저버리는 것입니다. 구원, 그 자체는 믿음으로 이미 완전히 이루어지는 분명한 사실임을 믿으십시오.(엡 2:8)

**셋째, 행위에 의한 구원은 예수님의 십자가를 버리는 것입니다.**
예수님은 십자가에서 모든 것을 이루셨다고 말씀하셨습니다. 예수님이 이루신 것은 인류를 죄에서 해방하는 하나님의 거룩한 계획입니다. 스스로의 노력에 의한 구원은 하나님의 은혜뿐 아니라 예수님의 십자가도 거부하는 것입니다. 내 안에 살아계신 예수 그리스도의 믿음을 따라 함께 살아가십시오.(고전 1:18/ 골 1:20)

**오늘 본문을 통해** 우리가 스스로 구원할 수 없는 세 가지 이유에 대해서 배웠습니다. 하나님 앞에 철저히 무력한 모습으로 항복을 하는 것도 구원이지만, 주신 복을 누리며 기쁘게 하나님께 모든 것을 맡기는 것도 구원입니다.
**오늘도** 나의 의가 아닌 십자가의 은혜로 살아가십시오.

**주님! 십자가의 보혈로 우리가 구원 받았음을 잊지 않게 하소서!**

| 오늘 특별 적용 | |
| --- | --- |
| 오늘 특별 감사 | |

# 120

# 믿음과 관련된 교훈들

갈라디아서 3장 1절부터 14절을 읽으십시오.
① 바울이 갈라디아 교인들에게 어리석다고 말한 이유는 무엇인가?(1-5)
② 율법에 얽매인 삶은 무엇과 같은 삶인가?(3)

탄광촌의 한 광부에게 목사님이 전도를 하고 있었습니다. 광부는 구원에 대한 얘기를 듣고는 말했습니다.

"그저 믿기만 하라니요? 그렇게 값진 것이 구원이라면 그 값이 너무 쌉니다."

목사님은 광부의 말을 듣고 대답했습니다.

"오늘은 일을 하고 오셨나요? 탄광 아래로 내려갔다 오셨겠죠?"

"네, 버튼만 누르면 승강기가 알아서 내려다 줍니다."

목사님은 그 말을 듣고는 다시 한번 구원에 대해서 설명했습니다.

"형제님은 버튼만 눌렀지만 그 승강기를 만들기 위해서 탄광회사는 이미 많은 돈과 시간을 들여 설치를 해놓았습니다. 구원이 그것과 같습니다. 이미 하나님이 예수님을 통해 구원을 완성해 놓았으니, 형제님이 버튼을 눌러 지하로 내려가듯이 믿기만 하면 됩니다."

구원은 댓가는 결코 하찮지 않습니다. 그것은 세상의 무엇과도 비교할 수 없는 예수님의 고귀한 희생으로 이루어진 귀한 댓가입니다.

갈라디아서 3장 1절부터 14절에는 율법과 믿음에 대해 말하며, 깨달음을 망각한 갈라디아 교인들을 책망하는 내용이 나옵니다. 바울은 그리스도가 우리를 위해 십자가에서 돌아가신 장면이 눈앞에 생생한데 어째서 벌써 다른 유혹에 빠졌느냐고 갈라디아 교인들을 책망했습니다. 우리는 본문을 통해 **율법과 믿음에 관련된 세 가지 교훈**에 대해서 생각해 봐야 합니다.

**첫째, 구원의 근본은 믿음입니다.**

바울은 구약의 아브라함의 예를 들어서 이신칭의에 대해서 설명했습니다. 구약에 나오는 많은 계명과 율법들은 특정한 사정에 의해서 하나님이 인간에게 주신 것이지, 구약이든 신약이든 구원의 근본은 믿음이라는 사실은 변함없습니다. 이러한 변함없는 하나님의 말씀에 대한 믿음을 통해 아브라함과 함께

복을 받는 기쁨을 누리십시오.(롬 1:17/ 엡 2:8)

**둘째, 율법은 저주 아래에 있게 합니다.**
본문에서 바울은 율법을 지켜서 구원을 받으려는 사람들은 모두 저주아래에 있는 것이라고 표현했습니다. 이것은 '우리가 무엇을 했는가?' 라는 스스로의 노력의 개념이 들어가 율법으로는 구원을 받을 수 없다는 사실을 분명히 못을 박는 말씀입니다. '성령'으로 시작해 '육체'로 마치려는 실수를 했던 갈라디아 교인들과 같이 되지 말고 구원으로 율법의 저주 아래에서 벗어나십시오.(히 7:19, 10:1)

**셋째, 믿음은 은혜 아래에 있게 합니다.**
믿음 자체가 우리를 구원하고 큰 능력을 주는 것은 아닙니다. 무엇에 대한 믿음이냐가 정말로 중요한 것입니다. 올바른 믿음은 '내가 무엇을 했는가?' 가 아니라 '하나님께서 무엇을 하셨는가?' 라는 질문을 하게 합니다. 우리를 오로지 하나님께만 의지하도록 만드는 것이 가장 좋은 믿음이고, 좋은 신앙생활입니다. 저주에서 우리를 구해주신 하나님을 믿음으로 은혜 아래에 거하십시오.(롬 6:14/ 빌 3:8-9)

**오늘 본문을 통해** 율법과 믿음에 관련된 세 가지 교훈에 대해서 배웠습니다. 은혜로 받은 구원으로 성도의 삶을 시작한 후에도 우리는 스스로의 노력을 앞세우기 보다는 항상 내 안의 하나님을 나타내고 그분의 음성을 따르는 사람으로 살아야 합니다. 신앙의 노력이 필요하다면 내 안의 예수님을 더욱 드러내는 것만이 유일하게 필요한 노력입니다.
**오늘도** 믿음 안에서 하나님의 은혜를 풍성히 누리며 사십시오.

주님! 온전한 믿음으로 주님의 은혜 안에 거하게 하소서!

| 오늘 특별 적용 | |
|---|---|
| 오늘 특별 감사 | |

# 121

# 하나님이 율법을 주신 이유

갈라디아서 3장 15절부터 29절을 읽으십시오.
① 율법의 유효기간은 어느 때까지인가?(19)
② 그리스도 안에 있는 사람들에게는 무엇이 약속되어 있는가?(29)

어떤 교회에서 성도간의 큰 분쟁이 일어났습니다.

두 성도의 문제는 작은 금전적인 문제였지만 오해가 불거져 감정적인 싸움으로 점점 변해갔습니다. 목사님이 중간에 중재를 하려고 했지만 두 성도는 목사님의 말도 듣지 않고 서로 언성을 높였습니다. 그러던 중 한 사람이 도저히 화를 참지 못하고 외쳤습니다.

"더 이상 말로는 안 되겠군! 그만 끝내고, 법대로 합시다, 법대로!"

그러자 목사님이 말했습니다.

"성도님, 정말 법대로 하기를 원하십니까? 만약 하나님께서 법대 우리를 다루셨다면 우리 모두는 벌써 지옥에 갔을 것입니다. 법이 잘못된 것은 아닙니다. 그러나 법보다 위대한 원리가 있고 법보다 현명한 해결책이 분명히 있습니다."

율법은 죄를 알게 하지만 우리를 구원할 해결책은 아닙니다. 그리스도인 은총이 우리의 유일한 구원의 방법입니다.

갈라디아서 3장 15절부터 29절에는 변하지 않는 하나님의 율법과 약속에 대해 기록하고 있습니다. 하나님은 아브라함을 의롭다고 인정하셨습니다. 그러나 430년 후에 하나님은 모세에게 율법을 주셨습니다. 얼핏 보면 모순처럼 보이는 오늘 본문을 통해 우리는 하나님이 **율법을 주신 세 가지 이유**에 대해서 깨달을 수 있습니다.

### 첫째, 율법은 표본적으로 주신 것입니다.

율법은 하나님이 아브라함과의 약속을 바꾸거나 파기하기 위해서 준 것이 아니라, 믿음에 '더하여' 준 것임을 먼저 이해할 필요가 있습니다. 이것은 예수 그리스도가 이 땅에 오시기까지의 임시방편이었습니다. 이 율법은 장차 오실 그리스도의 그림자이자, 하나님의 구원의 계획에 불과한 것으로 예수님이 오신 이후로 이 율법은 그 역할을 충분히 다한 것입니다. 율법의 참된 의미와 역할을 이해하십시오.(히 10:1)

## 둘째, 율법은 죄를 깨닫게 하려고 주신 것입니다.

율법을 지켜서는 결코 구원을 얻을 수 없습니다. 그러면 어째서 율법이 필요한 걸까요? 그것은 죄를 깨닫는데 율법이 필요하기 때문입니다. 율법이 살인하지 말고, 도둑질하지 말라고 알려줌으로 인해, 그리고 싶은 우리의 마음의 잘못된 점을 비추어 깨달을 수 있습니다. 율법은 환자의 보이지 않는 병을 찾아주는 엑스레이 같은 것이지만, 그 병을 치료할 수는 없습니다. 율법은 우리의 죄를 비추어주는 거울의 역할을 한다는 것을 이해하십시오.(롬 3:20, 7:7)

## 셋째, 율법은 우리를 그리스도께 인도하기 위한 것입니다.

바울은 율법이 우리를 그리스도에게로 인도하는 몽학선생의 구실을 한다고 했습니다. 몽학선생은 노예출신의 가정교사로, 주인의 귀한 자녀들을 가르쳤는데, 자녀들이 성장한 뒤에는 몽학선생이 더 이상 필요 없듯이 그리스도를 영접한 뒤에는 율법도 의미가 없습니다. 그리스도를 통해 이미 구원된 사람에게는 율법의 저주가 아무런 영향을 미치지 못한다는 사실을 이해하십시오.(롬 2:18)

**오늘 본문을 통해** 하나님이 율법을 주신 세 가지 이유에 대해서 배웠습니다. 율법과 믿음의 관계는 성경 전체를 통해 어우러지고 있기 때문에, 믿음이 있으므로 율법은 더 이상 의미 없다고 생각하는 것보다는 율법이 왜 주어지고 여전히 어떤 역할을 할 수 있는지에 대해서 바르게 이해하고 적용하십시오. **오늘도** 율법의 정죄에 억눌리지 말고 자유를 누리며 사십시오.

**주님! 율법의 정죄에서 해방된 진리의 자유를 누리게 하소서!**

| 오늘 특별 적용 | |
|---|---|
| 오늘 특별 감사 | |

# 122

# 성도들의 바람직한 생활 자세

갈라디아서 4장 1절부터 11절을 읽으십시오.
① 우리가 그리스도를 믿기 전에는 어떠하였는가?(1-3)
② 아들에게는 어떤 특권이 있는가?(7)

'백화점 왕' 워너메이커가 아직 조금 큰 상점을 운영하고 있었을 때 어떤 한 청년이 일자리를 달라고 무작정 찾아왔습니다.

직원은 이미 충분한지라 거절했지만 청년은 제발 할 일을 달라고 간청했습니다. 워너메이커는 어쩔 수 없이 아주 적은 시급을 제시하며 말했습니다.

"직원이 이미 충분해서 다른 일을 시킬 수가 없습니다. 상점의 유리창을 닦는 일이라도 괜찮다면 하십시오."

그 청년은 다음날부터 매장에 일찍 나와 유리창을 닦기 시작했습니다. 그리고 일이 끝나도 상점의 다른 일을 익히며 시간을 보냈습니다. 그러면서도 유리창이 조금이라도 더러워지면 다시 재빨리 닦았습니다. 결국 청년의 정성과 성실한 자세에 매료된 워너메이커는 이후에 사업을 확장하며 자신이 맡았던 그 상점의 운영을 그 청년에게 맡겼습니다.

작은 일에 겸손한 자세로 최선을 다하는 사람들이 정말로 훌륭한 사람으로 성장합니다. 신앙의 기초를 탄탄히 다짐으로 흔들리지 않는 반석위에 믿음의 집을 세우십시오.

갈라디아서 4장 1절부터 11절에는 유업을 이을 자와 율법주의에 대한 경계에 대한 말씀이 기록되어 있습니다. 바울이 갈라디아서에서 본문과 같이 여러 비유로 비슷한 내용을 설명한 것은 이런 갈라디아 성도들에게 복음을 쉽게 이해시키고 설득시키기 위해서였습니다. 우리는 본문을 통해 믿음으로 구원된 **성도들의 바람직한 삶의 세 가지 자세**에 대해서 알 수 있습니다.

**첫째, 율법의 완성자로서 살아야 합니다.**

예수님은 '내가 율법이나 선지자를 폐하러 온 것이 아니라 완전케 하러 왔다' 고 말씀하셨습니다. 그러나 히브리서에는 '전의 계명이 무익하므로 폐하고' 라는 말씀도 나옵니다. 구원의 조건으로서의 율법은 폐지된 것이고, 성도들은 그 실체인 그리스도를 믿음으로 구원받는다는 것을 말하고 있기 때문입니다. 구원 이후의 율법적으로 완성된 삶도 우리 안에 있는 예수님을 따라 삶으로 가능하게 됩니다. 주님의 능력으로 율법의 도덕적인 삶 이상인 성결의 삶을 살아가십시오.(롬 2:13)

### 둘째, 유업의 상속자로서 살아야 합니다.
주님을 믿고 구원을 받은 우리들은 더 이상 죄의 노예가 아니라 하나님을 '아바 아버지' 라고 부를 수 있는 유업의 상속자입니다. 우리가 세상의 어떤 것에도 관심을 두지 않고 오로지 주님만 섬길 수 있는 것은 이 땅의 모든 것보다 더욱 귀한 하나님의 유업의 상속자이기 때문입니다. 하나님의 은혜에 감사하며, 땅이 아닌 하늘의 것을 바라보며 사십시오.(고전 6:9-10)

### 셋째, 초등학문으로 돌아가는 실수를 해서는 안 됩니다.
구원을 통해 자유를 누리기보다는 짐을 더 진 것과 같이 힘겹게, 허덕이며 살아가는 성도들도 많이 있습니다. 이것은 참된 구원이 아니라 율법주의와 종교의식 등에 이끌려 살아가기 때문에 그렇습니다. 주일 성수가 십계명의 원칙을 지키기 위해서 일어나는 형식적인 행동이 아니라 스스로에게 위로와 하나님에게 영광이 되는 예배를 위해서 참여하는 행동이 되어야 합니다. '안식일은 하나님이 아니라 사람을 위해 있는 것이다' 라는 하나님의 말씀을 통해 참된 자유의 조건을 깨달으십시오.(막 2:27/ 요 10:10/ 골 3:2)

**오늘 본문을 통해** 율법을 넘어 믿음으로 구원된 성도들의 바람직한 세 가지 자세에 대해서 배웠습니다. 구원된 성도들은 율법이 지켜지는 삶, 그 이상의 성결한 삶을 살게 된다는 사실을 잊지 말아야 합니다.
**오늘도** 그리스도의 풍성함을 누리며 사십시오.

주님! 세상을 향해 뒤돌아 보지 않고 온전히 주님께로만 나아가게 하소서!

| 오늘 특별 적용 | |
|---|---|
| 오늘 특별 감사 | |

# 123

# 예수님을 마음속에 모시는 일

갈라디아서 4장 12절부터 20절을 읽으십시오.
① 당신은 인간적인 관계보다 진리를 우선시하는가?(16)
② 당신은 올바른 대상에게 올바로 봉사하고 있는가?(17-18)

**주변에 믿는 친구들을** 많이 가진 어떤 정유소의 사장이 있었습니다.
주유소 사장은 완고한 성격의 무신론자였기에 주변의 믿는 친구들이 전도하기 위해 부단히 노력했지만 별 소득이 없었습니다. 그러던 하루는 아주 오래 전에 일했던 직원이 찾아왔습니다.
"제가 예전에 이곳에서 일을 했을 때 기름 한 통을 훔친 적이 있습니다. 그때의 저는 그것이 잘못인지 몰라서 훔치고 나서도 아무런 거리낌이 없었습니다. 그러나 최근에 저는 그리스도인이 되었고, 하나님은 그때의 잘못을 제가 갚아야 한다고 알려주셨습니다. 그래서 이 돈을 들고 지금 찾아온 것입니다. 그리고 그때의 잘못을 진심으로 사과드립니다. 저를 용서해주십시오."
사장은 분노보다 오히려 큰 감동을 받았습니다. 결국 사장은 그날의 경험을 통해 주님을 영접하게 되었습니다. 친한 친구들의 전도도 소용이 없었지만 용기 있는 정직의 실천이 한 사람의 영혼을 구원했습니다. 다른 사람을 전도할 수 있는 일이라면 어떤 수고도 결코 헛되지 않습니다.

**갈라디아서 4장 12절부터 20절에는** 갈라디아 교인을 위해 다시 해산의 노력으로 복음을 전하는 바울의 권고가 기록되어 있습니다. 유대인이자 열성 있는 사람이었던 바울의 과거는 누구보다도 율법에 얽매인 사람이었습니다. 그러나 복음으로 자유의 몸이 된 이후에 바울은 자신의 온 몸을 던져서 이 복음을 전하기 시작했습니다. 우리는 본문을 통해 마음 안에 **예수님을 모실 때** 일어나는 세 가지 일에 대해서 알 수 있습니다.

**첫째, 그리스도께서 기뻐하십니다.**
예수님은 우리에게 자신을 계시해주셔서, 예수님만이 유일한 구원자이시며 주(主)님이심을 깨닫게 합니다. 이 계시를 통해 우리는 구원의 확신을 갖게 되고, 예수님을 우리 마음에 영접하고, 임금과 구주로 섬기게 됩니다. 그리고 예수님은 이런 우리를 자녀로 높여주십니다. 예수님을 온전히 모심으로 기쁘시게 하는 성도가 되십시오.(눅 15:10)

### 둘째, 그리스도께서 사십니다.

구원은 우리가 그리스도와 함께 십자가에 못 박힘으로 우리는 이미 죽었습니다. 그리고 그리스도와 함께 부활함으로 이제는 내가 죽고 온전히 예수님만 살아계신 것입니다. 따라서 구원받은 뒤 우리는 그리스도의 생명에 의해서 살아나가야 합니다. 구원 이후의 삶은 내가 아닌 주님과 함께하는 삶인 것을 깨닫고 나를 더 내려놓으십시오.(고후 13:4)

### 셋째, 그리스도의 형상이 이루어지게 하십시오.

예수님은 자신을 계시함으로 구원을 받게 하시고, 생명을 주실 뿐만 아니라, 우리를 그리스도의 아름다운 형상으로 자라가게 하십니다. 하나님의 아들을 믿는 것과 아는 일에 더욱 힘을 쓸 때 성숙한 사람으로 그리스도의 충만하신 분량의 경지로 하나님이 우리를 이끄십니다. 그리스도의 삶을 흉내 내는 것이 아니라 그리스도의 생명에 의해 인도받는 삶을 사십시오.(엡 4:13)

**오늘 본문을 통해서** 마음 안에 예수님을 모실 때 일어나는 세 가지 일에 대해서 배웠습니다. 예수님을 우리 마음에 모셨다면 복음을 마음에만 두는 것이 아니라 그것을 전하고 그로 인한 변화가 일어나야 합니다. 신앙의 성숙과 믿음의 성장은 나를 더 나타내고 자랑하는 것이 아니라 겸손히 내 안의 주님을 더욱 드러내는 것임을 잊지 마십시오.
**오늘도** 그리스도를 닮은 모습으로 세상에 빛을 비추며 사십시오.

**주님! 날마다 주님을 더욱 닮아가는 기쁨을 누리게 하소서!**

| 오늘 특별 적용 | |
|---|---|
| 오늘 특별 감사 | |

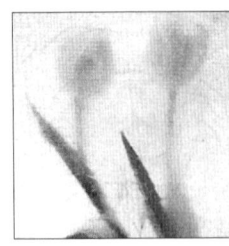

# 124

# 율법의 역할과 주의할 점

갈라디아서 4장 21절부터 31절을 읽으십시오.
① 바울이 언급한 율법의 비유와 그 결론은 무엇인가?(21-28)
② 유업을 받는 자는 어떠한 사람인가?(30)

**노예 제도가 있던 시절** 한 노예가 농장을 탈출해 시카고로 왔습니다.
그는 변호사를 찾아가 도움을 요청했습니다.
"알겠네, 그런데 한 가지 궁금한 게 있네, 거기선 먹고살기가 어려웠나?"
"아닙니다. 먹을 것은 부족하지 않았습니다."
"그럼 뭐가 문제였지? 주인의 학대가 있었나?"
"아닙니다. 주인은 저희가 노예였다고 학대를 하지는 않았습니다."
변호사는 갑자기 이해할 수 없다는 투로 말했습니다.
"그렇다면 도대체 왜 그런 좋은 환경을 두고 도망을 친 건가? 여기는 훨씬 열악한 환경인데 말이야?"
"제 환경이 그렇게 좋아 보이시거든 선생님이 대신 가셔도 좋습니다. 저에게는 단지 자유가 필요했을 뿐입니다."
주님을 믿음으로 우리는 죄에서 자유하게 되었습니다. 우리 스스로 묶지만 않는다면 어떤 죄와 율법도 우리를 다시 속박할 순 없습니다.

**갈라디아서 4장 21절부터 31절에는** 율법주의자들에 대한 바울의 질문이 나와 있습니다. 바울은 아브라함과 두 아들의 비유를 통해 율법은 그리스도에게 인도하는 역할을 위해 주어진 것이라는 자신의 주장을 다시 한번 강조했습니다. 오늘 본문을 통해 구원받은 성도들이 **율법에 대해서 조심해야 할 세 가지**에 대해서 생각해 볼 수 있습니다.

**첫째, 종의 자녀처럼 살아서는 안 됩니다.**
아브라함은 자녀를 얻지 못하자 여종인 하갈을 통해서 아들을 낳았습니다. 이스마엘은 아브라함의 자녀이지만 종의 자녀입니다. 믿음이 아닌 육체를 따라 낳은 아들인 이스마엘은 행위를 요구하는 율법을 나타내고 있습니다. 그리고 나중에 이스마엘이 믿음으로 얻은 아들인 이삭을 희롱했던 것처럼 갈라디아 교인들을 유대주의자들이 핍박하고 있었습니다. 아들이면서도 종의 자녀 같이 사는 어리석음을 행치 마십시오.(창 16:2, 21:9)

**둘째, 율법의 참 뜻과 역할을 잊어서는 안 됩니다.**
아브라함을 통해 믿음이 구원의 역할을 하게 된 것과 그럼에도 율법이 우리에게 주어진 이유, 율법의 역할과 완성, 그리고 예수님이 구원자로 오신 이후의 역할은 우리가 지금까지 계속해서, 또 반복해서 배워왔던 내용입니다. 그러나 이런 깨달음은 우리의 삶과 신앙에 바로 연결되어야 합니다. 책과 말씀을 볼 때만 이런 사실들을 이해하고 느끼는 것이 아니라 그 깨달음을 통한 자유한 신앙과 새로운 삶으로 이어지는 삶을 사십시오.(요 1:17)

**셋째, 약속의 자녀답게 살아가야 합니다.**
아브라함은 아내 사라를 통해 이삭을 낳았습니다. 이삭은 하나님의 언약을 통해 낳은 아들이기 때문에 하나님의 은혜와 믿음을 나타냅니다. 우리가 믿음으로 구원받은 것 역시 하나님의 약속에 의한 것이므로 우리도 이삭과 같은 약속의 자녀라는 사실을 항상 기억해야 합니다. 하늘의 권세와 유업을 가진 그리스도의 자녀답게 살아가십시오.(사 9:6/ 요 5:24)

**오늘 본문을 통해** 율법에 대해서 조심해야 할 세 가지 사항에 대해서 배웠습니다. 오늘날에도 율법을 제대로 모르면서 무조건 종교의 굴레를 강조하는 사람들이 많이 있기 때문에, 참된 의미의 복음을 믿고 구원을 받은 성도들도 늘 정신을 차려야 합니다. 이전의 종의 삶으로 돌아가지 말고 주님 안에서 자유와 기쁨을 계속해 누리는 것이 성도의 삶입니다.
**오늘도** 하나님의 자녀답게 기쁨으로 생활하십시오.

**주님! 잘못된 학문과 복음에 빠지지 않게 하소서!**

| 오늘 특별 적용 | |
| --- | --- |
| 오늘 특별 감사 | |

# 125

# 잘못된 종노릇

갈라디아서 5장 1절부터 15절을 읽으십시오.
① 그리스도인에게 율법의 행위 대신 필요한 것은 무엇인
가?(2–6)
② 그리스도인의 진정한 자유는 어떤 모습인가?(13–15)

**실명은 밝혀지지 않았지만** 미국에서 실제로 일어났던 일이라고 합니다.
어떤 유명한 권투 선수가 은퇴를 한 뒤에 예수님을 믿고 크게 변화되었습니
다. 그에게는 선수 시절에 사이가 유난히 안 좋았던 라이벌이 있었는데 그가
그 소문을 듣고는 정말인지 시험해 보려고 만남을 제안했습니다. 그리고 정
말로 만나자마자 주먹을 날려 일격에 남자를 쓰러트렸습니다. 그러나 그는
전혀 반격을 하지 않고 일어나 옷을 툭툭 털며 말했습니다.
"선수시절에는 확실히 내가 무례한 일을 많이 했네. 그러나 주님께서 날 용서
해주신 것처럼 자네도 날 용서해줬으면 하네."
이것은 주먹을 날린 남자의 상식을 벗어나는 놀라운 모습이었습니다. 두 권
투 선수는 서로 절친한 친구가 되었고, 믿음의 동역자가 되었습니다.
사소한 분노와 이기심에서 벗어나는 것이 진정으로 자유한 그리스도인의 모
습입니다. 주님이 우리를 구원해주셨다는 놀라운 사랑의 사실 앞에서는 세상
의 어떤 일도 그저 사소한 일일 뿐입니다.

**갈라디아서 5장 1절부터 15절에는** 그리스도와 자유에 대한 말씀이 기록되어
있습니다. 갈라디아서의 1장과 2장에는 은혜의 복음을 변호하는 내용이 나와
있고, 3장과 4장에서는 복음을 교리적으로 설명했으며, 5장과 6장에는 그 적
용에 대한 내용이 나와 있습니다. 오늘 본문을 통해 **세 가지 종노릇**에 대해서
살펴볼 수 있습니다.

### 첫째, 율법의 종노릇입니다.

바울은 갈라디아서 전체를 통해 지루할 정도로 율법에 대해서 반복 설명하
고 있습니다. '율법은 결코 구원의 조건이 아니다' 라는 메시지를 전하기 위
해서였습니다. 당시 갈라디아 성도들의 율법에 대한 고집이 어느 정도였는지
를 잘 말해줍니다. 그러나 믿음에 의한 복음이라는 진리는 너무나도 중요하

고 결코 바뀔 수 없는 것이기 때문에 바울은 계속해서 설명하고 있습니다. 율법에 종노릇을 하며 그리스도의 은혜를 떨쳐버리지 말고, 율법에서 해방되어 그리스도의 은혜를 받으십시오.(약 2:10)

**둘째, 관계의 종노릇입니다.**
예배의 가장 큰 목적인 하나님을 경배하고 영광을 높여드리는 찬양이 목적이 아니라 친교와, 위로와, 사업상의 이익 같은 다른 목적들로 인해 신앙생활을 한다면 율법과 마찬가지로 종노릇을 하는 것입니다. 무익한 일에 시간을 허비하지 말고 바른 구원의 길을 걸으십시오.(딛 3:3-5)

**셋째, 사랑의 종노릇입니다.**
예수 그리스도의 십자가를 의지하는 사람은 율법에서 완전히 해방되었고, 자유함을 얻었습니다. 그러나 그것이 방종을 뜻하는 것은 아닙니다. 사랑과 겸손이 없는 자유는 진정한 자유가 아니라 죄 안에 자신을 풀어두는 방종입니다. 그리스도를 통해 지배받는 생명의 법은 사랑의 법입니다. 서로를 기꺼이 섬기며 사랑의 종노릇하십시오.(롬 8:2/ 약 1:25)

**오늘 본문을 통해** 세 가지 종노릇에 대해서 배웠습니다. 우리의 생명을 갉아 먹는 나쁜 것에서는 해방되어야 하고, 우리에게 생명이 되는 좋은 것에는 더욱 가까이 가야 합니다. 예수님의 사랑을 알 때, 성령님의 생명의 법을 알게 되고, 어떤 논리와 권리, 주장과, 이해타산보다도 먼저 사랑을 실천하게 됩니다. **오늘도** 그리스도의 사랑으로 서로 섬기며 사십시오.

**주님! 주님의 사랑을 통해 참된 자유의 삶을 살게 하소서!**

| 오늘 특별 적용 | |
|---|---|
| 오늘 특별 감사 | |

# 126

# 조심해야 할 욕망

갈라디아서 5장 16절부터 26절을 읽으십시오.
① 육체의 욕심을 물리칠 수 있는 방법은 무엇인가?(16)
② 그리스도인의 특징은 무엇인가?(24) 당신에게는 그러한 특징이 있는가?

**세제를 판매하는 사람이** 친구 그리스도인에게 다음과 같은 말을 했습니다. "자네가 믿는 종교의 복음이 그렇게도 귀하고 능력이 있다는데 말이야, 게다가 자네 같은 사람들이 또 열심히 전하고 있고 말이지, 그런데 왜 세상은 점점 죄악이 늘어나고 부조리가 날로 심해지는지 내게 설명을 좀 해줄 수 있겠나?" 성도는 다음과 같이 지혜롭게 대답했습니다.

"자네가 세제를 많이 만든다고 해서 모든 옷이 다 새하얗지는 않네. 여전히 어떤 사람은 옷을 자주 빨지 않고, 더러워져도 그냥 입고 다니지, 하지만 더러운 옷을 입고 다닌다고 세제를 만드는 사람을 탓할 수는 없지 않은가?"

세상이 어떠하든, 우리의 감정이 어떠하든 복음의 능력은 변함이 없습니다. 그것을 사용하는 성도와 사용하지 않는 성도가 있을 뿐입니다.

**갈라디아서 5장 16절부터 26절에는** 자유를 얻은 성도들의 삶의 원리에 대해 기록되어 있습니다. 예수 그리스도를 믿음으로 율법의 종노릇에서 해방된 교인들에게 이제는 어떻게 살아가야 하는지에 대해서 말한 것입니다. 우리는 오늘 본문을 통해 **조심해야 할 세 가지 욕망**에 대해서 배울 수 있습니다.

**첫째, 하나님의 말씀에서 멀어지게 만드는 욕망입니다.**

성령님의 인도를 따라 사는 사람은, 말씀과 자신의 욕망 가운데에서 고민하는 갈등이 없습니다. 성령이 충만한 사람은 늘 사랑과 기쁨과 평안을 누립니다. 그러나 육체의 욕망을 따라 사는 사람은 우상 숭배와 사탄의 욕망을 도와주는 잘못된 삶을 살게 됩니다. 성령을 따르지 않는 삶은 결국 멸망으로 우리를 인도하기 때문에 말씀에 비추어 우리의 행동이 잘못되었다면 바로 돌아설 용기를 가져야 합니다. 악을 멀리 하고 하나님의 말씀에 따라 진리 안에서 주님을 예배하십시오.(요 4:24)

**둘째, 사람들과 멀어지게 만드는 욕망입니다.**

성령님을 따르는 사람들은 사람들과의 관계도 원만하게 유지합니다. 그들은 더욱 오래참고, 친절을 실천하며, 될 수 있는 한 선한 자세로 사람들을 대합니다. 그러나 육체의 욕망을 따르는 사람들은 이기적이기 때문에 그들의 관계는 다투고, 시기하고, 남을 원수 삼고, 질투하는 것들로만 가득 차 있습니다. 열매를 통해 그 사람이 어떠한지 알 수 있는 법입니다. 사랑의 풍성한 열매를 맺어서 아름답게 하나님께 영광을 돌리십시오. (요 15:8-12)

**셋째, 거듭난 자신으로부터 멀어지게 만드는 욕망입니다.**

성령님께 순종하는 사람의 특징은 온유와 절제입니다. '노하기를 더디하는 자는 용사보다 낫고 자기 마음을 다스리는 자는 성을 빼앗는 자보다 나으니라' 라는 잠언 말씀처럼, 인내와 절제는 아주 중요합니다. 육체의 욕망에 이끌려 사는 사람은 절제하지 못하기 때문에 술 취함과 방탕과, 낭비와, 더러운 생각을 하며 육체의 쾌락에서 허우적댑니다. 욕망을 따라 자신을 파괴하지 말고 절제와 인내로 성령을 따르십시오. (잠 16:32)

**오늘 본문을 통해** 조심해야 할 세 가지 욕망에 대해서 배웠습니다. 천국을 가기 전까지 우리는 끊임없이 세상의 유혹과 시험과 마주치게 됩니다. 우리의 욕망은 이미 십자가에서 예수님과 함께 못 박혔다는 사실을 기억하며 인내와 절제를 무기로 유혹을 물리쳐 나가십시오.

**오늘도** 사랑 안에서 성령 충만한 생활을 하십시오.

**주님! 세상의 욕망을 모두 버리고 주님의 순결한 신부가 되게 하소서!**

| 오늘 특별 적용 | |
|---|---|
| 오늘 특별 감사 | |

# 127

# 서로 은혜를 나누는 성도들

갈라디아서 6장 1절부터 10절을 읽으십시오.
① 형제, 자매가 죄를 범하였을 때 우리는 어떻게 해야 하는
가?(1)
② 신앙생활의 중요한 원리는 무엇인가?(7)

**경북 문경의** 유명한 하숙집 '청운각'을 운영하던 조차임 씨는 생전에 많은
액수의 장학금을 기부했습니다.

머리는 좋았지만 집안 환경이 어려웠던 많은 수재들이 조 씨의 도움으로 무
사히 학업을 마칠 수 있었습니다.

나중에 조사된 바로는 조 씨의 장학금을 받고 학업을 이어나간 학생들 중 89
명은 교수가 되었고 24명은 법조인으로 성공했다고 합니다. 더욱 기쁜 소식
은 이들이 인성까지 바르게 자랐다는 사실입니다. 이들은 기반이 잡힌 뒤 다
시 모여 십시일반 돈을 모아 수천만 원 상당의 장학기금을 조성했습니다.

최초의 장학금을 전달하며 이들은 말했습니다.

"우리가 받았던 사랑을 이제는 돌려줄 때가 되었다고 생각합니다."

우리는 은혜를 너무 쉽게 잊습니다. 은혜는 감사하고 나눌수록 더욱 풍성해
집니다. 사랑을 통해 기쁨과 생기가 넘치는 은혜를 나누십시오.

**갈라디아서 6장 1절부터 10절에는** 은혜 아래 거하는 성도들의 생활에 대한
교훈이 기록되어 있습니다. 바울은 새로워진 성령 안에서의 행동 지침에 대
해서 가르쳤는데, 이것은 성령 안에서 자유롭게 이루어지는 자유한 생활입니
다. 우리는 오늘 본문을 통해 성도들과의 관계에서 **은혜를 나누는 세 가지
방법**을 배우고 실천해야 합니다.

**첫째, 짐을 서로 나누어져야 합니다.**

그리스도인의 삶은 자기중심적이 아니라 다른 사람을 유익하게 하는데 초점
이 맞춰져야 합니다. 누군가 잘못을 저질렀다면 그것을 질타하고 공론화하지
말고 온유하게 바로 잡을 수 있도록 도와주고, 자신도 경각심을 갖고 스스로
를 낮추어야 합니다. 다른 사람의 잘못을 눈감아주라는 뜻이 아니라 타인을
비난하지 말고 그 사람의 심정을 이해하고 짐을 나누려는 노력을 먼저 하라

는 뜻입니다. 말로만 사랑한다고 고백하지 말고 타인의 아픈 심정까지도 정말로 나누고 위로하십시오. (고전 13:3/ 골 3:14)

## 둘째, 좋은 것을 함께 나누어야 합니다.

구원받은 성도들의 무리인 교회는 그리스도의 몸입니다. 그러므로 서로에 대해 더욱 잘 알고, 자신의 몸같이 사랑하고 나누어야 합니다. 어려운 사람에겐 물질이 될 수도 있고, 작은 호의가 담긴 선물이 될 수도 있고, 외로운 사람에겐 따뜻한 한 마디의 격려가 될 수도 있습니다. 좋은 것을 나누는 행동은 손해를 보는 행동이 아닙니다. 심은 대로 거둔다는 하나님의 말씀을 잊지 말고 더욱 선행을 베풀고 좋은 것을 나누십시오. (요 3:6/ 엡 1:23/ 히 11:6)

## 셋째, 신앙을 서로 나누어야 합니다.

정기적으로 서로가 처했던 어려움과 그 때에 임하셨던 하나님의 손길을 진솔하게 나누는 것은 서로의 신앙이 자라는 데에 도움을 주고 실제로 역사하시는 하나님에 대해서 더욱 잘 알게 합니다. 그러나 자신을 내세우거나 누군가를 더욱 특별한 사람으로 만드는 자리가 되지 않게 조심하십시오. 각각의 성도에게 임하시는 하나님을 서로 나누고 합력함으로 덕을 세우십시오. (몬 1:6)

**오늘 본문을 통해** 성도들과의 관계에서 은혜를 나누는 세 가지 방법을 배웠습니다. 예수님을 따르는 성도들끼리도 좋은 것을 나누지 못하고, 서로 사랑하지 못하고, 신앙의 체험을 이해하지 못한다면 세상 어떤 사람들이 복음을 믿고 체험할 수 있겠습니까? 우리에게 임하시는 하나님의 은혜를 돌아보며 그 은혜에 더욱 감사한 마음을 가지고 함께 나누십시오.
**오늘도** 은혜의 모임을 갖고, 좋은 사랑의 선물을 전하며 사십시오.

**주님! 은혜를 통한 바른 교제로 서로의 신앙이 더욱 성장하게 하소서!**

| 오늘 특별 적용 | |
|---|---|
| 오늘 특별 감사 | |

# 128

# 십자가의 세 가지 능력

갈라디아서 6장 11절부터 15절을 읽으십시오.
① 우리를 오류에 빠트리기 쉬운 생각은 어떤 생각인가?(13)
② 바울이 유일하게 자랑했던 한 가지는 무엇인가?(14)

**16세기 프랑스에** 비롱 장군은 나라에 큰 공헌을 했습니다.

그가 일흔이 되던 해에 중병에 걸려 목숨이 매우 위독해졌습니다. 비롱 장군은 자신의 임종이 얼마 남지 않은 것을 직감하고는 친구들과 가족들을 불러 모았습니다. 그리고 마지막 유언을 남기기 시작했습니다.

"그동안 우리 프랑스를 위해서 많은 일을 했네. 그리고 또 많은 것을 받았네, 그러나 아직도 하지 못한 일들과 아쉬운 일들이 몇 가지가..."

그러자 그의 친한 친구가 갑자기 그의 말을 가로 막았습니다.

"그런 말은 그만 하게, 결국 어쩔 수 없는 일들이라네. 이제 마음을 편히 놓고 임종을 준비하게."

예수님은 십자가에 달려 돌아가시면서 '다 이루었다' 고 말씀하셨습니다. 십자가의 죽음을 통해 모든 사람의 구원을 이루신 주님, 십자가의 능력은 무엇 하나 부족함이 없는 완전한 능력입니다.

**갈라디아서 6장 11절부터 15절에는** 그리스도의 십자가의 강조와 율법주의에 대한 경고가 기록되어 있습니다. 바울은 이 부분을 특별히 더욱 큰 글씨로 쓰며 강조했다고 말했는데, 그것은 십자가의 복음을 강조하기 위해서 적은 것이며 바울의 친서가 분명하다는 사실을 나타내는 증거입니다. 십자가의 능력에 대해서 나온 본문을 통해 우리는 **십자가의 세 가지 능력**에 대해서 알 수 있습니다.

**첫째, 죄와 율법에서 구원하는 능력입니다.**

바울은 유대인들이 율법을 중시하는 복음을 전한 것은 율법을 내세워 그들의 혈통을 자랑하기 위해서라고 말했습니다. 그러나 그리스도의 십자가의 능력은 우리를 죄를 알게 하는 율법과 죄 자체에 대해서 구원하는 능력입니다. 십자가의 능력으로 우리는 거듭나고, 성령을 받고, 영생을 누리게 됩니다. 깨끗

케 하는 십자가의 능력을 믿고 죄와 율법의 속박에서 벗어나십시오.(벧전 1:5)

## 둘째, 거듭나게 하는 능력입니다.

십자가의 능력으로 죄와 율법에서 벗어난 우리들은 십자가의 능력을 통해 하나님과 연결될 수 없었던 과거의 삶을 청산하고 새로운 삶을 살게 됩니다. 이 새로운 삶은 참된 기쁨과 평안, 새로운 비전과 영생을 향해 달려가는 하나님의 자녀로써의 삶입니다. 변화시키는 십자가의 능력으로 세상의 종노릇에서 벗어나십시오.(벧전 1:23)

## 셋째, 성령의 열매를 맺게 하는 능력입니다.

십자가의 능력은 우리를 세상으로부터 구원하고, 땅의 법이 아닌 하늘의 법을 따라 살게 합니다. 죄와 율법에서 벗어나고 하나님의 자녀로 거듭난 우리들은 이제 성령의 열매를 맺을 수 있습니다. 우리의 삶은 이제 세상을 행복하게 하고 하늘 나라를 바라보는 삶으로 바뀌었습니다. 십자가의 능력으로 풍성한 성령의 결실을 맺으십시오.(롬 7:4)

**오늘 본문을 통해** 십자가의 세 가지 능력에 대해서 배웠습니다. 본문에 쓰인 십자가의 능력이란 단어는 바울이 글씨를 크게 강조해서 썼을 만큼 그리스도인의 신앙과 복음의 핵심입니다. 우리가 십자가를 통해 더욱 기억하고 느낄 것은 예수님의 보혈의 공로와 은혜뿐입니다.

**오늘도** 나를 위해 피 흘리신 예수님을 자랑하며 사십시오.

**주님! 주님의 십자가가 나를 위한 것임을 진실로 깨닫게 하소서!**

| 오늘 특별 적용 | |
|---|---|
| 오늘 특별 감사 | |

# 129

# 갈라디아서의 교훈

갈라디아서 6장 16절부터 18절을 읽으십시오.
① 바울이 모든 사람에게 있기를 바란 것은 무엇인가?(15-16)
② 바울은 몸에 어떤 흔적을 가졌는가?(17) 또, 당신은 어떤 흔적을 가지고 있는가?

**존 캐디 선교사**는 식인종이 사는 작은 섬에 들어가 복음을 전했습니다. 그는 그리스도의 사랑으로 식인종들을 돌보고 그들의 언어까지 배워 성경을 번역하고 교육을 시켰습니다. 그러나 그의 사역의 일대기보다 묘비에 적힌 글을 통해서 우리는 그의 사역이 어떠했는지 더욱 잘 알 수 있습니다.
「그가 1848년, 여기에 왔을 때 이곳에는 그리스도인이 단 한명도 없었다. 그러나 그가 세상을 떠난 1872년, 여기에는 단 한명의 식인종도 없었다.」
모든 식인종이 복음을 믿고 그리스도인이 된 것입니다. 복음은 한 섬을, 그것도 흉악한 식인종을 모두 새사람으로 변화시킬만한 능력이 있습니다.
복음이면 충분합니다. 지금 우리가 믿는, 우리에게 전해진, 주님이 증거하신 그 복음이면 충분합니다.

**갈라디아서 6장 16절부터 18절**에는 갈라디아 성도들에게 전하는 바울의 마지막 인사가 나옵니다. 바울은 갈라디아서를 마치면서 그들의 긍휼과 평강을 위해 기도하며 다시는 이런 문제가 생기지 않게 되기를 바랐습니다. 오늘 본문을 통해 우리는 **갈라디아서가 주는 마지막 세 가지 교훈**을 마음에 새겨야 합니다.

### 첫째, 인본주의를 조심해야 합니다.

휴머니즘 사상이 복음에 잘못 접합될 때 하나님의 은혜를 인간적으로 변화시킵니다. 영화와 소설 같은 문화계에서는 예전부터 이런 시도를 계속 해왔습니다. 예수님을 인간적으로 격하시켜서, 인간과 같은 문제를 놓고 고뇌하는 모습을 그리는가 하면, 대놓고 음모론을 제기하며 기독교의 근본적인 사상에 도전하는 책들은 그 역사를 논할 수 있을 정도로 아주 오랜 기간에 걸쳐 출판되었습니다. 그러나 성경 속의 예수님의 모습과 말씀들은 오히려 이런 사상과 문화들이 전혀 범접할 수 없는 모습을 보입니다. 그러므로 본체인 성경을

어설프게 해석하는 잘못된 사상에 빠지지 말고 성경속의 진리와 복음을 발견하십시오.(딤전 6:20)

**둘째, 복음의 변질을 조심해야 합니다.**
바울이 십자가와 예수님의 은혜를 그토록 강조했던 것은 복음의 변질을 막기 위해서였습니다. 십자가는 인간이 구원받을 수 있는 유일한 구원의 방법이므로 복음이 변질되는 것은 모든 인간이 구원받을 수 없게 됨을 뜻합니다. 잘못된 성경해석으로 그럴듯하게 꾸며놓은 거짓 신학에 현혹되지 말고 복음의 변질에 대해서는 철저히, 그리고 단호하게 대처하십시오.(갈 1:6)

**셋째, 주님의 은혜를 벗어나지 말아야 합니다.**
갈라디아서의 마지막은 '우리 주 예수 그리스도의 은혜가 너희 심령에 있을지어다 아멘' 이라는 기도로 맺어져 있습니다. 바로 전에 나온 규례를 행한다는 것은 은혜의 원리를 따르라는 표현입니다. 선한 행위는 구원 받기 위해 필요한 것이 아니라 변화되어 행하게 되는 일이라는 사실을 마지막까지 잊지 마십시오.(행 14:22)

**오늘 본문을 통해** 우리는 갈라디아서의 마지막이 주는 세 가지 교훈을 배웠습니다. 갈라디아서를 공부하며 우리는 복음의 소중함과 십자가의 능력, 그리고 은혜를 받은 성도들이 마땅히 행해야 할 행동들에 대한 교훈들을 배웠습니다. 잘못된 복음으로 다른 사람들과 하나님을 근심하게 하지 말고 항상 진리의 말씀으로 성령님을 바르게 따르는 성도의 본분에 충실함으로 하나님의 기쁨이 되십시오.
**오늘도** 충만하게 삶에 넘치는 그리스도의 은혜를 느끼며 사십시오.

**주님! 삶속에 임하시는 주님의 은혜를 풍성히 누리게 하소서!**

| 오늘 특별 적용 | |
|---|---|
| 오늘 특별 감사 | |

# 130

# 신실함의 뜻

에베소서 1장 1절부터 14절을 읽으십시오.
① 하나님이 우리에게 주신 축복은 무엇인가?(4-5)
② 죄 사함을 받을 수 있는 유일한 길은 무엇인가?(7)

'변함없는 사랑' 이라는 작자 미상의 시입니다.

「아낌없이 바칠 수 있는 나의 모든 것을
적어도 지금은 바치고 싶습니다

나의 참된 사랑과 감정을 다스리며
시기 다툼 미움 질투 다 버리고
진실한 마음으로 사랑하렵니다

사랑은 오래 참는 것이라고
당신은 가르쳐 주셨고 당신을 닮으라고 하셨습니다

변함없는 마음으로 나 주님을 사랑하려 합니다.」
변함없는 사랑, 이것이 곧 신실함입니다.
시를 다시 한번 읽으며 신실하신 하나님을 묵상하십시오.

**에베소서 1장 1절부터 14절에는** 에베소교회에 대한 바울의 인사와 하나님의 영광을 찬미하는 내용이 기록되어 있습니다. 바울은 에베소교회 성도들의 신실함에 대해서 언급했는데, 신실함은 하나님뿐 아니라 자신과 이웃에 대해서도 이루어져야 합니다. 우리는 에베소서의 시작인 오늘 본문을 통해 **신실함**에 대한 세 가지 교훈을 알 수 있습니다.

**첫째, 신실은 믿음을 뜻합니다.**
'신실하다' 라는 뜻의 헬라어는 '피스토이(Pistoi)' 이고, '믿음' 이라는 헬라어는 '피스티스(Pistis)' 입니다. 이 둘은 같은 어원에서 나온 단어로 신실하다는 것은 믿을 수 있다는 것을 뜻하며, 충성스러움을 표현하는 것입니다. 그러므로 하나님을 믿는다면 하나님께 신실해야 합니다. 믿음과 신실을 분리시켜 생각하지 마십시오.(골 1:7/ 딛 2:10)

### 둘째, 신실은 꾸준함을 뜻합니다.
하나님의 사랑은 태초부터 지금까지 변함이 없습니다. 하나님의 계획은 창조 이래로 지금까지 변함없이 이루어지고 있습니다. 이것이 신실하신 하나님의 속성입니다. 우리도 믿음의 대상과 찬양의 대상이신 하나님께 꾸준해야 합니다. 하나님의 자녀답게 신실함을 본받아 실천하십시오.(딤전 4:16)

### 셋째, 신실은 이 시대에 필요합니다.
사람과 사람, 하나님과 인간 사이의 믿음과 신뢰가 무너지면서, 이 시대에 참으로 신실한 사람을 찾기가 쉽지 않습니다. 하나님께 신실하지 못함으로 많은 사람들이 점점 죄악된 길로 빠져들고 있고, 그들을 돌아오게 만들 사람도 많지 않습니다. 이런 시대에 신실함으로 깨어있는 그리스도인이 진정으로 필요합니다. 신실의 가치를 지키면서, 하나님의 신실함을 세상에 보여줄 수 있는 파수꾼이 되십시오.(눅 10:2/ 딤전 4:6)

**오늘 본문을 통해** 우리는 에베소서의 시작인 신실함에 대한 세 가지 교훈을 배웠습니다. 하나님을 믿는 모든 사람들은 신실해져야 하며, 하나님은 신실한 성도들을 한 마음 한 뜻으로 모아 자신의 계획을 실행시키고 영광을 드러내십니다. 하나님의 은혜의 풍성함과 크나큰 사랑에 신실함으로 보답하는 그리스도인이 되어야 합니다.
**오늘도** 하나님과 사람과의 약속들을 신실하게 지키며 사십시오.

**주님! 주님의 말씀을 나타내는 신실한 일꾼되게 하소서!**

| 오늘 특별 적용 | |
| --- | --- |
| 오늘 특별 감사 | |

# 131

# 바른 교회에서 이뤄져야 할 것들

에베소서 1장 15절부터 23절을 읽으십시오.
① 바울이 하나님께 감사한 이유는 무엇인가?(15-16)
② 그리스도와 교회의 관계는 무엇인가?(22-23)

**영국의 청교도들이** 신앙의 자유를 찾아 '메이 플라워' 호를 타고 간신히 아메리카 대륙에 도착했을 때에, 그들은 모진 고생을 하며 겨우 정착을 했습니다. 그들이 처음으로 수확했을 때 가장 먼저 드린 것은 감사 예배였습니다. 가장 먼저 세운 건축물은 교회였고, 그 다음은 학교였습니다. 3년이 지난 뒤에야 그들은 자신들이 살 집을 지었습니다. 사람들은 철저히 하나님 중심, 감사 중심의 삶을 살았습니다. 이것이 그들을 위험한 모험을 하게 만들었고, 안전한 정착을 하게 만들었고, 미국이란 나라를 세우게 만들었습니다. 하나님 중심으로 살 때 하나님이 주시는 기쁨과 평안을 맛보게 됩니다. 하나님 중심으로 살 때 즐거이 헌신하며 나를 통해 일하시는 하나님의 손길을 느끼게 됩니다. 이제는 올바른 우선순위를 다시 찾을 시간입니다.

**에베소서 1장 15절부터 23절에는** 바울의 기도가 기록되어 있습니다. 바울은 에베소교회 성도들이 하나님을 바르게 알고, 부르심의 소망을 갖고, 풍성한 영광을 누리고, 무한한 하나님의 능력을 알게 하기 위해 기도했습니다. 그리고 바울은 교회의 역할에 대해서도 언급했습니다. 우리는 본문을 통해 **바른 교회에서 이루어져야 할 세 가지 행동**에 대해서 기억해야 합니다.

**첫째, 예수님을 사랑하며 순종해야 합니다.**
교회는 신약에 와서 급하게 계획되어 생긴 것이 아니라 이미 창세전에 예전된 것입니다. 세상을 창조하시면서 하나님은 예수님이 이 땅에 오실 것을 계획하셨고, 그의 신부된 교회도 이미 예정하셨습니다. 그리고 아담에게 필요한 모든 것을 주셨습니다. 모든 동식물의 이름을 짓게 하고, 돕는 배필까지 허락하셨습니다. 아담뿐만 아니라 오늘날에도 하나님은 자신의 모든 것을 모든 사람들에게 베풀어 주고 계십니다. 모든 사람이 하나님을 사랑하고 순종해야 하지만, 특히나 교회에서는 더욱 그래야 합니다. 하나님의 은혜가 없이는 아

무엇도 누릴 수 없음을 기억하십시오.(롬 16:19)

**둘째, 성도들을 사랑하며 섬겨야 합니다.**
교회는 예수님을 영접한 모든 성도들로 이루어진 공동체입니다. 모든 성도는 그리스도 안에서 한 몸이나 다름없습니다. 다만 누차 말했듯이, 서로의 은사에 따라 쓰임과 직분이 다를 뿐입니다. 서로의 능력을 인정하고, 서로의 허물을 덮어주며 사랑의 권고함으로 주님 앞에 바르게 서고 하나님의 말씀을 온전히 실천하는 커다란 공동체가 교회의 역할입니다. 그러기 위해선 성도들 사이에도 비전을 공유하고 서로 사랑하고 섬겨야 합니다. 가까운 성도들과 이웃부터 먼저 관심을 갖고 사랑하십시오.(요 13:34/ 벧전 1:22)

**셋째, 만물을 사랑하고 다스려야 합니다.**
첫 사람 아담에게는 모든 만물을 다스리라는 임무가 주어졌습니다. 예수님 안에서 회복된 우리의 사명 역시 세상을 섬김으로 다스리는 것입니다. 만물은 몸 된 교회와 머리이신 예수님의 발아래 있는 것이기 때문입니다. 우리가 만물의 창조주이시고 주인이신 하나님의 자녀라는 사실을 기억하십시오.(롬 8:19-8:22)

**오늘 본문을 통해** 참된 교회에서 이루어져야 할 세 가지 행동에 대해서 배웠습니다. 교회는 건강한 공동체가 되어야 합니다. 그러기 위해선 하나님의 말씀과 성도들 간의 사랑과 세상을 향한 발걸음이 어우러져야 합니다. 그리고 하나님은 우리가 능히 그렇게 할 능력과 환경을 허락하셨습니다.
**오늘도** 교회의 사명에 합당하게 사십시오.

**주님! 하나님이 바라는 모습으로 성장하는 교회를 위해 노력하게 하소서!**

| 오늘 특별 적용 | |
|---|---|
| 오늘 특별 감사 | |

# 132

# 그리스도인이 알아야할 것들

에베소서 2장 1절부터 10절을 읽으십시오.
① 주님을 믿지 않는 삶은 어떠한 삶인가?(2-3)
② 선한행위로 구원 받을 수 없는 이유는 무엇인가?(9)

바닷가재가 성장하는 과정 중에 탈피를 합니다.

바닷가재는 점점 몸이 커가며 껍질이 더 이상 맞지 않게 되는데 이럴 때는 지금 껍질을 벗어버리고 더 커다란 새로운 껍질을 뒤집어 써야 합니다.

보통 5년에 25번 정도의 탈피를 합니다. 성장한 뒤에도 1년에 한번 씩은 껍질을 벗습니다. 그러나 이 탈피는 매우 끔찍하고 힘든 과정입니다. 바닷가재의 껍질은 매우 단단해서 강한 압력을 가해 쪼개야 합니다. 껍질에 금이 생기면 바닷가재는 누워서 그 틈을 벌려 빠져나오기 위해서 안간힘을 씁니다. 그리고 가까스로 껍질을 벗고 나오면 바닷가재는 완전한 무방비 상태가 됩니다. 그러나 그 무방비상태를 두려워하면 바닷가재는 더 자랄 수가 없습니다. 탈피는 힘들고 두려운 과정이지만 바닷가재의 성장에 꼭 필요한 과정입니다.

그리스도인들은 구원을 받은 뒤에도 계속 성화를 위해 탈피해야 합니다. 때로는 자신의 죄가 떠올라 괴롭고 벌거벗은 기분이 들 때도 있지만 그 모든 것이 더 큰 성장을 위한 과정이라는 사실을 이해해야 합니다.

에베소서 2장 1절부터 10절에는 하나님의 은혜로운 구원이 설명되어 있습니다. 바울은 우리를 지으신 분이 예수님이며 우리는 그리스도 예수 안에서 선한 일을 위하여 지음 받았다고 그 목적을 설명했습니다. 그리고 이 모든 일은 하나님이 이미 전부터 예비해놓으셨다고 말했습니다. 오늘 본문을 통해서 **그리스도인이 알아야할 세 가지**에 대해서 생각해 봐야 합니다.

**첫째, 우리는 허물과 죄로 죽었던 사람입니다.**

범죄한 아담으로 인해, 그의 후손인 우리도 모두 죄인이 되었습니다. 그대로라면 세상의 풍속을 따라가고 마귀의 세력 아래서 진노의 자녀로 살다 죽을 수밖에 없는 운명입니다. 하나님의 구원이 임한 뒤에도 여전히 복음을 받아들이지 않는 사람들의 삶은 이와 같습니다. 이제는 믿음으로 모든 문제를 해결할 수 있지만 선택은 스스로의 몫입니다. 우리의 과거를 생각하고 하나님의 은혜를 생각하십시오.(롬 5:15/ 엡 1:7)

**둘째, 우리는 하나님의 은혜로 구원을 얻은 사람입니다.**
하나님께서는 사람들의 악함을 보면서도 사람들을 향한 사랑을 멈추지 않으셨습니다. 결국은 예수님을 보내어, 우리 대신 피 흘려 죄의 벌을 받게 하셨습니다. 이런 공로로 인해 비록 우리가 아무것도 한 것이 없을지라도 우리 대신 죽으신 주님을 믿음으로 구원받을 수 있는 것입니다. 믿는 사람을 구원해주실 하나님이 아니라, 믿는 사람을 구원하신 하나님이십니다. 값없이 주신 하나님의 구원에 감사하고 또 기뻐하십시오.(롬 4:5)

**셋째, 우리는 선한 일을 감당해야할 사람입니다.**
선한 일을 한다고 해서 우리가 구원을 받는 것은 아닙니다. 그러나 우리는 선한 일을 해야 합니다. 그리스도 안에서 새로 태어난 피조물인 우리는 전과 같지 않고, 하나님께서 만드신 걸작입니다. 구원 받은 증거로 나타나는 표현 중 하나가 주변을 향한 사랑과, 선한 일의 실천입니다. 하나님은 성도들을 통해 하나님의 영광과 선한 일을 나타내기 위해서 구원하셨습니다. 온 맘을 다해 하나님을 기쁘시게 하는 성도가 되십시오.(고후 5:17/ 딛 2:14)

**오늘 본문을 통해서** 우리의 세 가지 모습에 대해서 배웠습니다. 우리는 죄인이었고, 구원받았고, 선한 일을 감당해야 합니다. 그리고 우리의 이런 모습들을 통해서 우리는 모든 사람들에게 임하는 하나님의 은혜와 구원의 계획, 비전에 대해서 더욱 잘 알 수 있습니다.
**오늘도** 복음 안에서 변화되어 하나님의 영광을 선포하십시오.

**주님! 새롭게 거듭난 모습으로 주님의 사명을 감당하게 하소서!**

| 오늘 특별 적용 | |
|---|---|
| 오늘 특별 감사 | |

# 133

# 그리스도 안에서 누리는 화평

에베소서 2장 11절부터 22절을 읽으십시오.
① 십자가에는 어떤 능력이 있는가?(16)
② 모든 성도들과 예수님은 어떠한 관계에 있는가?(20-22)

조슈아 리브만이라는 청년이 자신의 인생을 통해 꼭 소유하고 싶은 것들을 종이에 적어보았습니다.

'건강, 지식, 명예, 사랑, 권력, 돈 ...' 그 밖의 실제적인 물질들을 적은 목록을 가지고 그는 자신이 평소에 존경하던 선생님을 찾아가 검토를 요청했습니다. "훌륭한 소원이군. 그러나 정말로 중요한 한 가지는 빠졌군, 그게 없다면 여기 있는 것들을 모두 가진다고 해도 자네의 인생은 평생 불안할거라네."

청년은 불안해하며 물었습니다.

"도대체 무엇입니까? 선생님, 제발 저에게 가르침을 주십시오."

선생님은 아무 말 없이 청년이 가져온 종이의 맨 마지막에 '마음의 평안' 이라고 적었습니다.

청년은 그 글을 보고 큰 충격을 받았습니다. 청년은 마음의 평안이 어떤 물질의 가치보다 중요하다는 것을 깨닫고 나중에 '마음의 평안' 이라는 책을 내어 세계적인 베스트셀러 작가가 되었습니다.

마음의 평안은 무엇보다 중요합니다. 그리고 참된 마음의 평안은 그리스도 안에서만 누릴 수 있는 것입니다.

**에베소서 2장 11절부터 22절**에는 그리스도 안에서의 화평에 대해서 기록되어 있습니다. 예수님의 죽음은 단지 죄의 해결만이 아니라 '원수된 것' 즉, 의문에 속한 계명의 율법을 폐하고, 새사람을 지어 화평하게 하기 위한 것이기도 했습니다. 우리는 오늘 본문을 통해 **그리스도 안에서 누리는 세 가지 화평**에 대해서 알 수 있습니다.

**첫째, 성도간의 화평입니다.**

유대인들은 자신들이 하나님의 선택을 받은 민족이라고 생각했습니다. 이것은 맞는 사실이지만 그렇다고 유대인들의 우월성을 나타내는 것은 아니었습니다. 하지만 유대인들은 이방인을 짐승같이 여기고, 서로 담을 쌓아 격리를 시켜놓고 원수같이 지냈습니다. 그러나 본문에서 바울은 그리스도가 이 담을 무너뜨리고 서로 화평하게 했다고 말하고 있습니다. 그리스도 안의 모든 형제와 자매들은 평등하다는 사실을 기억하십시오.(마 5:9)

## 둘째, 그리스도안의 화평입니다.

예수님은 한 성전이고 우리는 그 안에 서로 모인 지체입니다. 성도와 화평하지 못하고, 하나님과 화평하지 못한 이유는 우리가 그리스도 안에 머물러 있지 않기 때문입니다. 모퉁이돌인 예수님 위에 모두가 서로 연결되어 있기 때문입니다. 그리스도 안에 더욱 머물러 화평을 누리십시오. 주님을 통해 서로 하나가 되어 화평을 누리십시오.(롬 14:19)

## 셋째, 하나님과의 화평입니다.

그리스도 안에서 우리는 하나님과도 화평할 수 있습니다. 십자가의 상징성이 보여주는 것처럼, 가로로는 사람들끼리의 화평을 잇는 다리로, 위로는 하나님과의 화평을 잇는 역할을 예수님이 하고 계시기 때문입니다. 우리는 예수님의 보혈에 힘입어 기쁨으로 보좌 앞에 나갈 수 있게 되었습니다. 주님 안의 화평을 누리며 하나님을 사랑하십시오.(히 10:19,20)

**오늘 본문을 통해** 그리스도 안에서 누리는 세 가지 화평에 대해서 배웠습니다. 그리스도 안에서 누리는 화평은 완전합니다. 그리스도 안에 있을 때 사람들과 하나님과도 화평할 수 있습니다.
**오늘도** 그리스도 안에 거함으로 화평을 누리며 사십시오.

**주님! 참된 사랑으로 어디서나 주님이 주시는 평안을 누리게 하소서!**

| 오늘 특별 적용 | |
|---|---|
| 오늘 특별 감사 | |

# 134

# 하나님이 쓰시는 사람

에베소서 3장 1절부터 13절을 읽으십시오.
① 예수님을 믿음으로 얻어지는 결과는 무엇인가?(12)
② 바울은 자신의 고난에 대해서 뭐라고 말했는가?(13)

**평생을 아프리카에서 봉사하며** 살았던 선교사 리빙스턴은 '아프리카의 등불' 이라는 별명으로 불렸습니다.

리빙스턴이 한창 아프리카에서 의료선교를 하고 있었을 때 영국에 있던 그의 동료들이 편지를 보냈습니다.

"리빙스턴, 자네를 돕기 위해 몇 명의 의사들을 현지로 보내려고 하네. 자네가 있는 곳으로 갈 수 있는 가장 좋은 길을 알려주길 바라네."

리빙스턴은 이 편지에 다음과 같은 답장을 보냈습니다.

"길이 있어야만 오겠다는 사람들이라면 여기에 와도 아무런 의미가 없네. 나는 길이 없더라도 찾아오겠다는 사람을 원한다네."

헌신과 희생은 아무런 노력 없이 이루어지는 것이 아닙니다. 아주 쉬운 봉사와 헌신이라도 그에 합당한 노력과 희생이 들어가는 고귀한 행동입니다.

**에베소서 3장 1절부터 13절에는** 하나님의 경륜과 바울의 사명이 기록되어 있습니다. 바울은 자신이 모든 성도들보다 더 작은 자라고 겸손히 표현하며 그런 자신에게도 하나님의 측량할 수 없는 은혜가 임한다고 그리스도의 풍성함을 표현했습니다. 우리는 오늘 본문을 통해 **쓰임 받는 사람이 되기 위한 세 가지 조건을** 살펴볼 수 있습니다.

**첫째, 하나님의 은혜와 비밀을 깨달아야 합니다.**

바울은 다메섹으로 가는 도중에 예수님을 만났고, 사도로 부름을 받았습니다. 하나님의 계시를 통해 비밀을 깨달은 것입니다. 비밀을 깨닫기 전에도 바울은 열심 있는 바리새인이었습니다. 하지만 은혜를 알지 못했기에 그의 열심은 아무것도 아니었고 스데반이라는 하나님의 일꾼을 죽음으로 몰고 갔습니다. 주님께 바르게 쓰임받기 위해서는 하나님의 은혜와 비밀을 먼저 바르게 깨달아야 합니다. 구원의 기본을 바로잡고 확신을 가지십시오.(행 8:1)

**둘째, 겸손해야 합니다.**

고린도전서는 주후 56년에 쓰인 것인데 여기서 바울은 자신을 '사도 중에 지극히 작은 자'라고 표현했고, 주후 62년경에 쓴 본문에서는 '모든 성도 중에 지극히 작은 자보다 더 작은 나'라고 자신을 표현했습니다. 세월이 흘러가며 더 많은 사역을 감당하며 크게 쓰임 받았지만 바울은 더욱 겸손한 자세를 취했습니다. 이후 64년경에 쓰인 디모데서에는 '죄인 중에 괴수'라고까지 표현했습니다. 신앙이 깊어질수록 더욱 겸손한 자세를 취하십시오.(마 11:29/ 약 4:6)

**셋째, 사명을 제대로 알고 감당할 준비가 되어야 합니다.**

성공을 하기 위해선 자신의 재능을 알고, 자신이 무엇을 하고 싶어하는지에 대해 명확한 목표를 세워야 합니다. 그러나 많은 그리스도인들이 자신의 은사가 무엇이며, 사명이 무엇인지에 대한 아무런 생각이 없어 습관적으로 신앙생활을 하고 기계적으로 삽니다. 바울은 자신의 사명이 이방인에게 복음을 전하는 것임을 알고, 성령님의 인도하심을 따라 죽을힘을 다해 수고했습니다. 쓰임 받을 준비가 먼저 되어 있는지 스스로를 돌아보십시오.(골 1:29)

**오늘 본문을 통해** 쓰임 받는 사람이 되기 위한 세 가지 조건에 대해서 배웠습니다. 모든 그리스도인들에 대한 하나님의 사명과 계획은 분명합니다. 본문을 통해 그 조건과 선행 준비에 대해서 잘 기억한 뒤 차근차근 기도로 준비할 때 하나님께서 나아갈 사명과 분명한 은사를 밝혀 주실 것입니다.
**오늘도** 하나님의 충성스러운 도구로 쓰임 받는 삶을 사십시오.

**주님! 사명을 깨닫고 사명을 감당하는 신실한 성도의 삶을 살게 하소서!**

| 오늘 특별 적용 | |
|---|---|
| 오늘 특별 감사 | |

# 135

# 끝이 없는 그리스도의 사랑

에베소서 3장 14절부터 21절을 읽으십시오.
① 당신의 속사람은 지금 강건한 상태로 있는가?(16)
② 우리에게 하나님의 능력이 나타나는 이유는 무엇인가?(21)

**다음과 같은** 구인광고가 있다고 생각해보십시오.
「사람을 구합니다!
- 매일 빨래와 청소를 해주실 분.
- 기상 시간과 귀가 시간에 맞춰서 맛있는 요리를 해주실 분
- 비가 올 땐 가족들을 위해 우산을 가지고 역으로 나와 주실 분
- 위험한 일이 생길 땐 걱정해주고, 때로는 희생해주실 분
- 기쁜 일이 있을 땐 가장 크게 웃어주고, 아플 땐 끝까지 간호해주실 분
- 아이들을 위해 날마다 기도하고 축복해주실 분」
이런 구인광고가 있다면 대부분은 힘들다고 마다할 것입니다. 그런데 돈 한 푼 받지 않고 이런 일들을 하는 분들이 있습니다. 바로 우리들의 어머니입니다.
어머니가 이런 일들을 연약한 몸으로 감당할 수 있는 것은 자녀와 가족들을 진정으로 사랑하기 때문입니다. 사랑은 모든 일을 가능케 합니다.

**에베소서 3장 14절부터 21절에는** 바울의 두 번째 기도가 기록되어 있습니다. 바울은 자신이 깨달은 그리스도의 사랑은 넓이와 높이와 길이와 깊이가 모든 사람에게 충만하게 임할 정도로 크고 거대하다고 표현하며 에베소 성도들도 그 사랑을 깨닫게 되기를 바란다고 기도했습니다. 우리는 오늘 본문을 통해 **그리스도의 사랑에 대한 세 가지 특징**에 대해서 배울 수 있습니다.

**첫째, 그리스도의 사랑은 무한합니다.**
하나님은 사랑이라고 성경은 말하고 있습니다. 이 사랑은 온 세상을 다 덮을 만큼 충분하며, 창세전부터 영원 후까지 오래토록 이어지며, 우리의 죄값을 치를 정도로 깊은 음부까지 내려가며, 우리를 하늘 보좌로 올릴 만큼이나 높은 사랑입니다. 하나님의 사랑은 우리가 측량할 수 없을 만큼 무한합니다. 무

한한 하나님의 사랑을 받은 우리도 될 수 있는 한 다른 사람을 사랑하려는 마음을 가져야 합니다. 하나님의 무한한 사랑을 느끼고 품으십시오.(엡 3:8-9)

### 둘째, 그리스도의 사랑은 공평합니다.

하나님은 모든 사람을 다 똑같이 사랑하십니다. 믿음이 없는 악인이라 할지라도 하나님은 그 영혼을 애타게 찾고 계십니다. 간혹 하나님의 사랑이 기독교인에게만 임한다고 생각하고 은연중에 그런 말이나 행동으로 나타내는 성도들이 있는데 이것은 다른 사람들의 마음에 큰 상처를 주고 더욱 더 복음으로부터 멀어지게 만들 수 있습니다. 모든 사람에게 공평한 하나님의 사랑을 세상 사람들이 깨닫게 하십시오.(딛 2:11-2:13)

### 셋째, 그리스도의 사랑은 실제적입니다.

그리스도의 사랑은 추상적인 사랑이 아닙니다. 본문에서 하나님의 사랑을 '넓이와 높이와 길이'라고 표현한 것과 같이, 실제적으로 표현할 수 있는 사랑입니다. 예수님의 사랑은 우리를 위해 이 땅에 오셔서 온갖 고난과 십자가의 죽음까지 감내하신 실제적인 사랑입니다. 말로만 하나님의 사랑을 표현하는 것이 아니라 실제적인 행동으로 하나님과 지체들에게 사랑을 표현하십시오.(골 1:15-1:17)

**오늘 본문을 통해** 그리스도의 사랑에 대한 세 가지 특징에 대해서 배웠습니다. 그 사랑을 통해 누릴 수 있는 모든 평안과 복음 성령님을 통한 깨달음으로 누리게 됩니다. 그러므로 먼저 우리가 그 사랑을 깨닫고 그 사랑을 알지 못하는 사람들을 깨닫게 하는 것이 중요합니다.

**오늘도** 마음에 그리스도의 사랑을 깊이 뿌리박고, 터를 굳게 하십시오.

**주님! 그리스도의 사랑이 날마다 마음 속에서 자라나게 하소서!**

| 오늘 특별 적용 | |
|---|---|
| 오늘 특별 감사 | |

# 136

# 교회와 성도의 유익

에베소서 4장 1절부터 16절을 읽으십시오.

① 하나님께서 우리에게 은사를 주신 목적은 무엇인가?(12)
② 성도들이 은사를 올바로 사용하면 어떤 일이 일어나는가?(13)

**도산 안창호 선생**은 힘겨운 일제 강점기 때 민족을 계몽하고 국민성을 고양시키는 데에 큰 역할을 담당했습니다. 특히나 어려운 시대일수록 우리 국민이 힘을 합치고 연합하는 것이 중요하다며 다음과 같은 말을 했습니다.

"잠깐 여행을 하는 데도 의심스러운 사람과는 함께 가고 싶지 않습니다. 그런데 한 민족이라면 어떻겠습니까? 한 민족이 바른 길로 나아가려고 할 때에 의심이 가는 사람과 함께 할 수 있겠습니까? 서로가 서로를 의심하며 누구도 함께하려고 하지 않을 것입니다. 그래서 연합에 가장 중요한 것은 신뢰입니다."

신뢰가 없다면, 목적이 같더라도 연합할 수 없고 하나된 방법을 세울 수 없습니다.

신뢰란 서로의 말과 행동을 순전히 믿어야 하는 행동입니다. 그러나 서로가 신뢰함으로 연합을 하게 될 때 얻을 수 있는 아주 많은 이득이 있습니다.

그리스도인들은 더욱 연합해야 합니다. 그리고 연합을 위해서 신뢰가 필요합니다. 우리가 하나님을 믿듯이, 다른 사람들에게 신뢰와 믿음을 줄 수 있는 사람이 되어야 합니다.

**에베소서 4장 1절부터 16절**에는 그리스도의 몸인 교회에 대해서 기록되어 있습니다. 바울은 여러 교회에 보내는 편지로 교회의 중요성과 역할에 대해서 누차 강조하며 설명하고 있습니다. 교회는 온 몸이 각 마디를 통하여 도움을 주는 것같이 각 지체의 분량대로 역사하며 그 몸을 자라게 하는 중요한 역할을 하기 때문입니다. 우리는 오늘 본문을 통해 **교회를 통해 성도들이 얻는 세 가지 유익**에 대해서 알 수 있습니다.

**첫째, 연합하게 되는 유익입니다.**

바울은 계속해서 교회가 '한몸' 이라는 사실을 강조하고 있습니다. 삼겹줄은 쉽게 끊어지지 않는다는 잠언의 말처럼 우리의 영성도 성령으로 하나가 될 때 더욱 강력해집니다. 성도들이 선한 뜻을 가지고 하나 된 마음으로 모일 때 교회가 사회의 어두운 곳을 위해 쓰임 받는 귀중한 역할도 감당하게 됩니다. 단, 성령으로 하나 되고 하나님의 일을 위해 연합하십시오.(전 4:12/ 고후 13:11)

**둘째, 은사를 깨닫고 사용하게 되는 유익입니다.**
성도들의 모든 은사는 교회와 연관되어 있습니다. 은사가 성도간의 경쟁이 되고 스스로의 자랑이 되면 빛이 바래고 하나님의 징계를 받게 되지만 본문에서 바울이 말한 대로 지체의 역할을 잘 감당하는 도구로써 사용되면 건강한 몸을 세우는 데에 사용됩니다. 은사를 발견하고 그것을 통해 사명을 감당하는 것, 하나님이 주신 축복임을 깨달으십시오.(고전 10:13/ 벧전 4:10)

**셋째, 신앙이 성숙해지는 유익이 있습니다.**
어른과 아이의 몸은 같은 몸이고 같은 지체가 달려있지만, 기능에 있어서는 큰 차이가 납니다. 성도들의 신앙이 자라지 못하고 붙어있기만 할 때, 몸은 어른으로 자라지 못하고 아이의 수준에 머물러 있게 됩니다. 교회가 세상에서 제 역할을 하지 못하는 것은 아직 그 일을 감당하지 못할 만큼 충분히 성장하지 못한 것입니다. 교회의 모임을 통해 신앙의 성장을 이루십시오.(골 2:5)

**오늘 본문을 통해** 교회를 통해 성도들이 얻는 세 가지 유익에 대해서 배웠습니다. 오늘 날의 한국 사회에서는 교회의 역기능이 너무 부각되고 자극적으로 기사화되고 있는 것 같습니다. 그러나 하나님의 거룩한 성전인 교회의 역할을 바로 알고, 성도들도 힘을 낸다면 다시금 사회에서 빛이 되고 존경받는 교회의 본래 모습으로 돌아가게 될 것입니다.
**오늘도** 예수님과 함께 연합한 성도의 모습대로 사십시오.

**주님! 주님의 뜻을 세상에 널리 알리는 도구가 되게 하소서!**

| 오늘 특별 적용 | |
|---|---|
| 오늘 특별 감사 | |

# 137

# 거룩한 성도가 되기 위해 할 일들

에베소서 4장 17절부터 32절을 읽으십시오.
① 옛사람과 새사람의 차이점은 무엇인가?(22-24)
② 우리가 거짓을 버려야 하는 이유는 무엇인가?(25)

**조선시대에** 철종 임금의 이야기입니다.

철종 임금은 원래 왕손의 직계손이 아니었습니다. 그러나 23대 헌종 임금이 승하하고 뒤를 이을 아들이 없어서 후계자를 정할 수가 없었습니다. 신하들은 그래서 가장 가까운 왕족을 계속해서 찾기 시작했고, 그 결과 철종 임금을 찾았는데 그는 당시에 강화도에서 마치 평민처럼 살고 있었습니다.

신하들은 철종 임금을 한양으로 모셔와 즉위식을 갖고 왕으로 삼았는데, 교육을 받지 못하고 외딴 곳에서 살았던 탓에 언행에 품위가 없고 모자라는 것이 한두 가지가 아니었습니다. 그러나 신하들은 어쨌든 왕으로 모셨고, 왕에게 필요한 것들을 하나 둘씩 가르치기 시작했습니다. 시간이 흐르자 어느덧 여느 왕과 다를 바 없는 풍모를 갖춘 왕의 되었다고 합니다.

그리스도인들도 그리스도 안에서 살아가다 보면 진정한 그리스도인의 모습으로 변화하게 됩니다.

**에베소서 4장 17절부터 32절에는** 그리스도 안에서의 새로운 생활에 대해 기록되어 있습니다. 바울은 에베소 교인들에게 하나님을 따라 의와 진리의 거룩함으로 지으심을 받으라고 권면했는데, 거룩하기 위해선 의롭고 진리를 알아야 하며, 하나님을 따라야 합니다. 오늘 본문을 통해 **참다운 그리스도인의 생활을 위한 세 가지 교훈**을 살펴볼 수 있습니다.

**첫째, 옛 사람을 벗어버려야 합니다.**

우리 모두는 예수님을 영접하기 전에는 세상적인 가치관과 육신의 소욕을 따라 살았습니다. 물론 약간의 도덕적 기준은 다르겠지만, 하나님의 기준으로 볼 때는 누구하나 다를 바 없는 똑같은 삶이었을 것입니다. 그러나 구원을 통해 죄를 사함 받고 깨끗케 되었기에 이제는 새로운 삶을 살 수 있는 은혜를 누리게 된 것입니다. 잠깐 넘어질지라도 새사람이 다시 변하는 것은 아니라는

사실을 기억하십시오.(엡 4:22-4:23)

**둘째, 옛 습관을 벗어버려야 합니다.**

우리에게는 여전히 육신의 잘못된 습관들이 남아 있습니다. 우리의 마음은
기쁨이 가득하고, 구원의 생기가 넘치지만 반대로 우리의 행동은 이와는 정
반대의 행동을 할 수도 있습니다. 이런 모습들은 죄악된 과거로 인해 일어나
는 어쩔 수 없는 현상이지만 그래도 하나님의 자녀라는 자신감을 항상 잃지
말고, 넘어져도 당당히 일어나 선으로 악을 이기십시오.(골 3:9)

**셋째, 새사람을 입어야 합니다.**

주님의 보혈로 깨끗게 된 우리는 옛 사람의 더러움을 모두 벗어버리고 아담
이 처음에 창조된 것과 같이 영광스런 몸으로 변할 수 있습니다. 우리의 속까
지 완전히 성화되기 위해서는 매일, 매순간마다 일어나는 끊임없는 변화가
중요합니다. 생활 속의 작은 경건 생활이 중요한 이유가 바로 이것 때문입니
다. 그리스도 안에 살려고 노력한다면 성령의 새사람으로 거듭나게 됩니다.
거듭난 사람다운 가치관과 믿음을 가지십시오.(롬 12:2/ 골3:10)

**오늘 본문을 통해** 참다운 그리스도인의 생활을 위한 세 가지 교훈을 배웠습
니다. 그리스도인으로 점점 변화되는 과정을 이해하지 못하면 시험에 들게
되고, 쉽게 포기하게 됩니다. 그러나 반대로 우리에게 고난이 많은 것은 마귀
가 그만큼 우리를 견제한다는 뜻이고, 우리가 점점 하나님의 뜻대로 변화되
고 있다는 사실이라는 것을 기억해야 합니다.
**오늘도** 예수님 닮기를 바라며, 정말로 닮아가며 사십시오.

**주님! 말이 아닌 행동으로 거듭나게 하소서!**

| 오늘 특별 적용 | |
|---|---|
| 오늘 특별 감사 | |

# 138

# 하나님을 잊지 않는 성도의 삶

에베소서 5장 1절부터 14절을 읽으십시오.
① 예수님은 우리를 어떻게 사랑하셨는가?(1-2)
② 성도는 어떤 삶을 살아야 하는가?(8-9)

폴란드의 유명한 작곡가인 쇼팽은 '피아노의 시인'이라고 불립니다. 그는 뛰어난 피아니스트였고, 또 뛰어난 작곡가로 당대의 천재로 불렸습니다. 쇼팽은 특히나 자신의 조국인 폴란드에 대한 애국심이 대단했습니다. 그의 아버지는 어려서부터 쇼팽이 나라를 사랑하는 마음을 가지도록 교육시키며 틈나는 대로 "폴란드의 자랑이 되어다오."라고 말했습니다. 또한 음악을 위해 유학을 떠나는 아들에게 흙을 담아주며 "어디를 가든지 조국을 잊지 말아다오."라고 부탁했는데, 쇼팽은 그런 아버지의 마음을 잘 이어받아 '어디를 가든 폴란드의 이름을 더럽히지 않을 것이다'라는 생각으로 평생을 살았습니다. 그는 38세의 젊은 나이에 세상을 떠났지만 '내가 늘 가지고 다니던 조국의 흙을 나의 무덤에 넣어주시오'라는 유언을 남기며 끝까지 조국에 대한 사랑을 표현했습니다.

항상 하나님을 잊지 않고, 그 이름에 누를 끼치지 않는 행동을 하는 것이 거룩입니다. 거룩은 평생을 통해 하나님께 드려야할 귀한 선물입니다.

에베소서 5장 1절부터 14절에는 빛의 역할을 하는 성도의 삶에 대해서 기록되어 있습니다. 바울은 이전에 죄안에 거하던 우리들의 삶을 어두움이라고 표현한 뒤 반대로 구원 받은 뒤의 삶을 주 안의 빛이라고 표현했습니다. 오늘 본문을 통해 **성숙한 성도의 삶을 위한 세 가지 교훈**에 대해서 생각해 볼 수 있습니다.

**첫째, 성도는 거룩해야 합니다.**
거룩은 '따로 구별되었다'는 뜻입니다. 성도는 세상에서 구별된 사람을 뜻합니다. 이 두 가지 단어에서의 구별은 모두 죄로부터의 철저한 구별입니다. 어둠이란 빛이 전혀 없는 상태로 거룩하지 못할 때의 우리의 삶은 칠흑같이 어두웠습니다. 그러나 이제는 구원을 통해 빛의 자녀가 되었기 때문에 빛 가운데 거하고 있습니다. 성도의 빛은 하나님 안에 거할 때에만 나오는 것이므로 늘 거룩하십시오.(벧전 1:15-16)

### 둘째, 성도는 하나님을 기억해야 합니다.

구약의 역사를 보면, 이스라엘 백성들이 하나님을 잊었을 때 죄를 범했다는 사실을 알 수 있습니다. 사람들은 자기 옳은 대로 행하며, 하나님을 아예 그들의 기억 속에서 지워버렸습니다. 하나님을 생각하지 않을 때 마음은 편할지는 모르지만 그들의 현실은 앞이 전혀 보이지 않는 어두움 속에 갇혀 있는 것입니다. 우리의 근원과 우리의 비전을 잊지 않고 기억하십시오.(딤후 2:8)

### 셋째, 성도는 빛의 열매를 맺어야 합니다.

성경은 성도들과 빛에 대해서 많이 연관을 시키고 있습니다. 빛의 열매란 '모든 착함과 의로움과 진실함'에 있는 것으로, 선하고 의롭고 진실한 빛의 생활을 할 때 하나님이 보시기에 기쁘고 아름다운 빛의 열매가 우리들의 삶을 통해 맺어지게 됩니다. 반대로 우리가 악하고, 거짓되고 불순한 생활을 한다면 하나님이 주신 성도의 고귀한 특권을 포기한 것이며 선한 빛 가운데 결국 악행이 드러나게 됩니다. 세상의 풍조를 따라가지 말고 아름다운 빛의 열매를 맺는 빛나는 삶을 사십시오.(잠 12:12/ 렘 17:8)

**오늘 본문을 통해** 성도의 삶을 위한 세 가지 교훈에 대해서 배웠습니다. 구원을 받은 성도들에게는 빛의 자녀로써 마땅히 해야 할 의무가 있습니다. 구원의 기쁨에서 머물러 있는 신앙이 아니라 그 이후의 풍성한 빛의 열매까지 맺을 수 있는 신앙으로 성장하십시오.
**오늘도** 하나님 앞에 귀한 빛의 열매를 바치며 사십시오.

**주님! 성령의 결실을 맺는 좋은 마음밭을 갖게 하소서!**

| 오늘 특별 적용 | |
|---|---|
| 오늘 특별 감사 | |

# 139

# 성령 충만을 점검하는 방법

에베소서 5장 15절부터 27절을 읽으십시오.

① 성령 충만의 결과는 무엇인가?(18,21)
② 하나님을 경외하는 사람들은 서로 어떻게 행동해야 하는 가?(21)

'이솝 우화'에 나오는 이야기입니다.

엄마와 아이 둘이서 사는 가정이 있었는데, 하루는 엄마가 아들의 잘못을 심하게 꾸중했습니다. 아들은 그날 밤 집을 나가 뒷산으로 올라갔습니다. 아들은 분을 이기지 못해 큰 소리로 '엄마 미워'라고 소리를 질렀습니다. 그러자 '엄마 미워'라고 메아리가 돌아왔습니다. 아들은 깜짝 놀랐습니다. 메아리의 외침은 마치 온 세상이 엄마가 밉다고 하는 것 같았기 때문입니다. 이번에는 '엄마 사랑해'라고 외쳤습니다. 그러자 온 세상이 엄마를 사랑한다고 말하는 것 같았습니다. 아들은 자신이 하는 대로 상대의 반응이 돌아온다는 사실을 깨닫고, 다시 집으로 돌아가 엄마에게 잘못을 빌었습니다. 그리고 때로는 엄마의 반응이 심하게 돌아와도 부딪치지 않고, 메아리의 교훈을 실천했습니다. 그러자 서로가 서로를 사랑하는 아름다운 가정으로 변하게 되었습니다. '대접 받고자 하는 대로 남을 대접하라'라는 예수님의 말씀이 모든 관계의 진리입니다. 이 간단하지만 심오한 진리를 잊지 말고 실천하십시오.

에베소서 5장 15절에서 27절에는 성령 충만한 삶에 대해 기록하고 있습니다. 성령 충만은 성령님에 의해 지배를 받는 삶입니다. 우리는 오늘 본문을 통해서 **성령 충만을 확인할 수 있는 세 가지 방법**에 대해서 배울 수 있습니다.

**첫째, 하나님과의 관계를 살펴보아야 합니다.**

본문에서는 '주께 노래하고, 찬송하며, 범사에 감사하며, 그리스도를 경외'하라고 말했습니다. 뒤에 조건들은 우리가 성령 충만을 받기 위해서 해야 할 일들인데, 사실 성령님의 지배를 받는 것이 성령 충만이기 때문에 자연스럽게 우리는 하나님을 찬양하고 감사하며 경외할 수밖에 없습니다. 하나님이 명하신 말씀들을 잘 지키고 있는지, 하나님의 음성에 순종하며 양심에 거리낌이

없는지 돌아보십시오. (잠 20:27/ 행 8:21)

**둘째, 사람과의 관계를 살펴보아야 합니다.**

바울은 하나님과의 관계에 대해서 먼저 말한 뒤, 곧바로 아내와 남편의 관계, 자녀와 부모의 관계 그리고 고용인과 피고용인의 관계에 대해서 언급했습니다. 이 말씀을 통해 우리는 성령 충만은 먼저 하나님과의 관계가 중요하지만 사람과의 관계도 중요하다는 교훈을 알 수 있습니다. 하나님과의 관계는 이상이 없다고 생각하지만 대인관계가 좋지 않다면 문제가 있는 것입니다. 관계를 살핌으로 성령의 상태를 진단하십시오. (마 5:24/ 롬 12:18)

**셋째, 하루 일과를 살펴보아야 합니다.**

성령님이 우리 삶에 임하시는지 가장 잘 알 수 있는 시간은 하루를 마치고 나서입니다. 하루를 마치고 나서 그날의 일들을 돌아보십시오. 나를 내세우는 이기적인 삶이었는지, 혹은 하나님을 나타내고 성령의 이끌림을 받은 복음적인 삶이었는지 파악할 수 있습니다. 매일 하루를 성찰하므로 성령님께 더 지배를 받는 삶을 사십시오. (사 26:10)

**오늘 본문을 통해서** 성령 충만을 확인할 수 있는 세 가지 방법에 대해서 배웠습니다. 바울은 자신의 서신들에서 누차 성령의 충만을 강조하면서 이것은 특정한 사람의 은사가 아니라 모든 그리스도인들이 마땅히 받아야 할 은사임을 강조하고 있습니다. 성령 충만은 우리가 흔들림 없는 믿음과 바른 신앙생활을 할 때에 자연스럽게 생길 수밖에 없는 현상임을 깨닫고 더욱 관계의 아름다움에 신경 쓰십시오.

**오늘도** 관계를 바로 세움으로 성령이 충만해지는 삶을 사십시오.

**주님! 언제나 모든 행동이 성령 안에 거하도록 하소서!**

| 오늘 특별 적용 | |
|---|---|
| 오늘 특별 감사 | |

# 140

# 한몸을 이루는 연합

에베소서 5장 28절부터 33절을 읽으십시오.
① 남편이 아내를 사랑해야 하는 이유는 무엇인가?(28)
② 성경적인 부부관계는 어떤 원리를 따르고 있는가?(33)

**우리 선조들은** 마을에 자체적으로 지키며 살아야할 자치규약인 향약이란 것을 정해놓고 살았습니다.

향약의 네 번째 규약은 환난상휼(患難相恤)인데 서로 돕는 것에 관한 내용입니다. 그 내용을 살펴보면 다음과 같습니다.

'서로 구제해야할 근심스러운 재난은 대체로 일곱 가지이다.

첫째는 수재와 화재인데, 정도가 작으면 사람을 보내어 구제하고, 정도가 심하면 모든 마을 사람이 달려가 구제해야한다.

둘째는 도적인데, 적은 수는 마을 사람이 잡아야하고, 세력이 크면 관청에 알려 잡아야한다.

셋째는 질병인데, 가벼운 것은 서로 문안하고, 심하면 의원을 보내 치료하게 해야 한다.

넷째는 사람이 죽었을 때 장사를 돕고 부조하는 것이다.

다섯째는 외롭고 의지할 데 없는 사람을 힘써 돕는 것이다.

여섯째는 억울하게 무고를 당한 사람을 돕는 것이다.

일곱째는 가난한 사람을 힘껏 구제하는 일이다. '

사랑과 은혜가 충만한 교제와 관계에는 표현이 반드시 따라야 합니다.

**에베소서 5장 28절부터 33절에는** 한몸에 대한 비밀과 교훈이 나와 있습니다. 바울은 부부의 상태를 통해 한몸을 설명한 후 이것을 교회와 그리스도의 관계에 대해서까지 확장시켜 말했습니다. 특히나 이 연합의 비밀이 크다고 바울은 표현했는데, 오늘 본문을 통해 **한몸이 되는 세 가지 연합의 특징**에 대해서 알 수 있습니다.

**첫째, 연합은 상하의 관계가 아닌 사랑의 관계입니다.**
예수님과 교회의 연합에서 예수님이 머리이고, 교회는 그 몸이듯이, 부부의
관계에서도 남편이 머리이고 아내가 몸입니다. 그러나 이것은 상하의 관계로
맺어진 것이 아닙니다. 이미 한몸으로 맺어진 이상 어느 곳이 더 낫다는 우열
을 가리는 것은 어리석은 일이기 때문입니다. 서로의 맡은 일을 수행하며 사
랑으로 감싸는 한몸의 연합을 이루십시오.(눅 10:36-37)

**둘째, 한 몸은 조직체가 아니라 유기체입니다.**
유기체는 생명을 가진 공동 운명체입니다. 유기체는 어느 한 부분에만 이상
이 생겨도 모든 부분이 영향을 받습니다. 손톱 밑에 조그마한 가시만 박혀도
온 몸이 고통을 느끼게 됩니다. 따라서 연합된 한몸에서는 모든 부분이 소중
하며, 모든 부분이 자신의 역할을 바르게 감당해야 합니다. 모든 연합의 구성
원들을 자신의 몸과 같이 사랑하십시오.(고전 6:15)

**셋째, 한몸은 영적으로, 육적으로, 조직적으로 이루어집니다.**
한몸의 연합은 우리와 그리스도, 그리스도와 교회, 그리고 부부와 같이 삶의
여러 영역에서 이루어집니다. 우리 삶의 모든 영역에 한몸으로써의 연합과
같은 원리가 적용되어야만 합니다. 문제가 있는 연합의 장소에 그리스도의
사랑을 더함으로 진정한 한몸으로 연합하십시오.(고전 12:20-26)

**오늘 본문을 통해** 한몸이 되는 세 가지 연합의 특징에 대해서 배웠습니다.
부부, 가족, 교회, 그리고 하나님과의 관계가 단순히 조직적인 것이 아니라 사
랑으로 유기적인 연합임을 이해하고, 또 적용할 필요가 있습니다.
**오늘도** 한몸의 원리를 깨닫고 사랑을 베풀며 사십시오.

주님! 그리스도와 성도와의 연합의 원리를 깨닫고 실천하게 하소서!

| 오늘 특별 적용 | |
|---|---|
| 오늘 특별 감사 | |

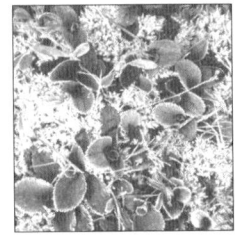

# 141

# 섬김의 올바른 자세

에베소서 6장 1절부터 9절을 읽으십시오.

① 우리는 부모님께 어떤 자세를 가져야 하는가?(2)
② 우리가 이러한 원리를 따라야 하는 이유는 무엇인가?(6)

**로마의 황제였던** 네로는 자신의 권력을 무자비하게 휘둘렀던 폭군입니다. '쿼바디스'라는 영화를 보면 네로가 로마 시내에 불을 지른 뒤 자신의 궁전에서 그 불타는 도시와 허둥대는 사람들을 보며 만족하고 즐거워하는 장면이 나옵니다. 그는 자신의 권력을 자신의 쾌락을 위해서만 사용했으며, 다른 사람들의 고통과 안위 같은 것은 생각도하지 않았습니다. '자신의 권력'을 '자신을 위해' 사용하는 것이 당연하다고 생각했기 때문입니다.

그리고 우리가 아는 또 다른 왕이 있습니다. 그 왕은 죽은 사람도 살릴 만큼 전지전능한 능력을 가졌습니다. 그러나 그런 능력에도 자신보다 못한 인간들에게 죽임을 당했고, 자신을 죽인 사람들을 구원하기 위해서 자신의 모든 것을 바쳤습니다.

모든 것을 가지셨던 주님은 그 모든 것으로 우리 인간들을 섬기셨습니다. 구원에 예수님의 완벽한 섬김의 결과입니다.

**에베소서 6장 1절부터 9절에는** 부모와 자녀, 그리고 주인과 종의 관계가 기록되어 있습니다. 바울의 노예에 대한 언급을 통해 어떤 사람들은 바울이 노예제도를 찬성했다고도 이야기하나, 바울은 오히려 당시의 관습과도 같았던 노예에 대한 처우에 권리의 존중을 요구했던 사람으로 이는 사실이 아닙니다. 우리는 본문을 통해 **섬김의 세 가지 자세**에 대해서 기억해야 합니다.

**첫째, 주님께 하듯이 해야 합니다.**

바울은 사람들에게 매우 높은 섬김의 수준을 요구하고 있는데, 마치 하나님께 대한 것과 같아야 한다고 기준을 정했습니다. 세상의 권위와 지위의 모든 것들은 하나님으로부터 온 것이기 때문에 가끔 부당한 사람이 그 자리에 있다 하더라도, 자리에 대한 권위는 우리가 인정을 해야 합니다. 하나님의 말씀을 청종하는 사람이라면 부모님께 더욱 순종하고, 상사에게 예우를 갖추고,

웃어른을 공경할 줄 알아야 합니다. 주님께 하듯이 사람들을 섬길 줄 아는 사람이 되십시오.(골 3:23)

### 둘째, 주님의 마음으로 해야 합니다.

바울은 먼저 행동의 자세에 대해서 말한 뒤에, 행동의 마음에 대해서 이야기했습니다. 행동은 누구나 할 수 있지만, 그 행동에 합당한 마음까지 갖추는 것은 더 어려운 일입니다. 그러나 바울은 자신의 안위를 위해 사람을 기쁘게 하려는 간사한 마음이 아니라, 하나님을 사랑하듯이, 기쁜 마음으로 섬겨야 한다고 분명히 말했습니다. 섬김의 행동뿐 아니라 진실한 마음까지도 갖추기 위해 노력하십시오.(고전 2:16/ 빌 2:5)

### 셋째, 위와 아래의 구분이 없어야 합니다.

당시에는 노예제도가 일반적인 사회제도로 받아들여졌습니다. 그러나 바울은 마지막 절에서 상전들도 같은 마음으로 종들과 아랫사람들을 섬기라고 명령했습니다. 가장 높은 하나님도 하늘에 계시고 우리의 외모로 우리를 취하시지 않기 때문입니다. 높은 자리에 있을수록 더욱 아랫사람들을 섬기는 예수님의 본을 따르는 성도가 되십시오.(요 13:13-17)

**오늘 본문을 통해** 섬김의 세 가지 자세에 대해서 배웠습니다. 우리가 모두 한 몸 이라는 유기체적인 생각이 없을 때, 서로를 미워하고, 자기를 자랑하는 일들이 일어나게 됩니다. 먼저 그리스도안의 연합의 정신을 바로 깨닫고 나서야 환경에 구애를 받지 않는 올바른 섬김의 자세를 취할 수 있게 됩니다.
**오늘도** 서로를 섬기고 사랑하십시오.

**주님! 주님의 본을 따라 겸손으로 본을 보이고 먼저 섬기게 하소서!**

| 오늘 특별 적용 | |
| --- | --- |
| 오늘 특별 감사 | |

# 142

# 마귀를 대적하는 방법

에베소서 6장 10절부터 24절을 읽으십시오.
① 우리가 강해질 수 있는 방법은 무엇인가?(10)
② 하나님의 전신갑주가 무엇인가?(14-17)

그리스도인에게 날마다 일어나는 세 가지 기적이란 글입니다.

첫째, 예수님을 믿는다고 매일, 매주 고백하면서 성경말씀은 읽지 않는 것.

둘째, 예수님을 사랑한다고 고백하고, 천국과 지옥의 삶을 믿으면서 전혀 전도할 생각은 하지 않는 것.

셋째, 이럼에도 불구하고 아무런 의심 없이 자신감 있게 예수님을 사랑한다고 다시 고백하는 것.

일부 성도들을 꼬집는 유머이지만, 깊이 생각해 볼 부분이 있습니다. 과연 우리의 신앙 가운데 말씀의 능력이 살아 숨 쉬고 있습니까? 우리 삶 속에 예수님의 발자취가 드러나고 있습니까? 우리가 믿는 만큼의 신앙과 말씀의 능력이 그만큼 우리 삶 속에서 나타나고 있는지 다시 돌아봐야 합니다.

에베소서 6장 10절부터 24절에는 그리스도인의 영적 투쟁에 대한 말씀이 기록되어 있습니다. 바울은 바른 영적인 자세로 무장하여 마귀를 대적할 것을 주문하며, 에베소서를 끝마쳤습니다. 특히나 하나님의 전신갑주를 입고 마귀를 대적하라고 말하며, 복음과 말씀의 능력과 그것을 위한 태도에 대해서 세세히 설명하고 있습니다. 에베소서의 마지막인 오늘 본문을 통해 **마귀를 대적하는 세 가지 방법**에 대해서 배울 수 있습니다.

**첫째, 하나님의 전신갑주를 입어야 합니다.**

모든 성도들은 예수님의 군사입니다. 군인들이 적군과 전투를 펼치는 것처럼 성도들은 악한 마귀들과 영적인 전투를 펼칩니다. 군인들은 총과 칼로 무장하지만 성도들은 말씀과 믿음으로 무장합니다. 하나님의 전신갑주는 진리와 의, 복음과 믿음, 그리고 구원입니다. 이것은 모든 마귀의 공격을 무찌를 완벽한 방어이며, 모든 죄와 사망을 물리칠 수 있는 완전한 공격입니다. 살아있는 말씀과 신앙으로 영을 무장하십시오.(딤후 2:3)

**둘째, 기도해야 합니다.**

하나님의 전신갑주를 통해 우리는 마귀의 공격을 완벽히 막을 수 있고, 또 무찌를 수 있습니다. 그러나 여기에 기도가 더해져야 합니다. 기도는 성도들을 전진시키는 막강한 힘입니다. 예수님이 마음이 어려울 때마다 기도하셨던 것처럼, 힘들고 어려운 중에 더욱 기도하는 자세를 가지십시오.(벧전 4:7)

**셋째, 중보하고 격려해야 합니다.**

바울은 자신의 기도 제목도 상세히 얘기하며 에베소 교인들에게 중보를 부탁했습니다. 교회에 모인 성도들도 단순한 교제에서 끝나는 것이 아니라 서로의 삶을 자세히 나누며 기도 제목을 공유하는 시간으로 이어져야 합니다. 또한 바울이 에베소 교인을 위로하기 위해 두기고를 보낸 것처럼, 우리도 생활 중에 힘든 사람들을 찾아가고 위로하며 서로 격려해야 합니다. 지금도 우리를 위해 기도하고 중보하고 계시는 하나님처럼 서로를 위해 기도하고 격려하십시오.(행 16:40/ 살전 5:25/ 히 13:18)

**오늘 본문을 통해** 마귀를 대적하는 세 가지 방법에 대해서 배웠습니다. 바울이 편지의 마지막을 영적 투쟁에 대한 권고로 마무리한 것은 성도들을 넘어트리려는 마귀의 수법이 점점 더 간교하고, 무서워지기 때문입니다. 그러나 하나님의 말씀으로 무장하고 기도로 나아간다면, 이미 승리하신 예수님만을 따라간다면 아무것도 두려워할 것은 없습니다.

**오늘도** 믿음의 승전가를 부르며 마귀를 대적하십시오.

**주님! 사랑의 실천으로 마귀를 대적하고 승리하게 하소서!**

| 오늘 특별 적용 | |
| --- | --- |
| 오늘 특별 감사 | |

# 143

# 기쁨과 사랑에 대한 교훈

빌립보서 1장 1절부터 11절을 읽으십시오.
① 바울이 빌립보 성도들에게 있기를 바란 것은 무엇인가?(2)
② 바울이 구한 5가지 사실은 무엇인가?(9-11)

오스카 와일드의 '고집쟁이 거인'이라는 동화입니다.

큰 저택에 아름다운 정원을 가지고 있는 거인이 먼 나라로 오랫동안 여행을 떠났다가 돌아왔습니다. 그런데 자신의 정원에 아이들이 몰려들어 해맑게 놀고 있는 모습을 보았습니다. 아름다운 자신의 정원이 다른 사람들에게 알려지는 것이 싫었던 거인은 아이들을 모두 내쫓고 정원 근처에 큰 담을 쌓았습니다. 그리고 문을 굳게 닫고 '내 정원에는 아무도 들어올 수 없다'라고 써 붙여 놓았습니다. 거인은 이제 아이들이 없어져서 속이 시원했지만, 어쩐지 정원은 더욱 쓸쓸해 보였고, 이전처럼 빛이 들어오지도 않아 보였습니다.

그러던 어느 날, 갑자기 정원에서 꽃향기가 나고, 빛이 만발하는 것을 거인은 느꼈습니다. 되살아난 정원에 너무 기뻤던 거인은 아이들이 어느새 정원에 들어온 것을 발견했습니다. 거인은 아이들을 내쫓은 것이 자신의 실수였음을 깨닫고, 정원을 가로막는 담을 모두 부수고, 모든 아이들이 다시 정원을 이용할 수 있게 만들었습니다. 정원은 거인과 함께, 아이들과 함께, 모든 사람들이 즐길 수 있는 아름다운 공간으로 변하게 되었습니다.

좋은 것도 서로 나누지 않는다면 그것은 본래의 빛을 잃은 쓸모없는 것이 되고 맙니다.

**빌립보서 1장 1절부터 11절**에는 빌립보 교회에 대한 바울의 감사와 기도가 기록되어 있습니다. 바울은 서문을 통해 빌립보 교회의 성도들이 항상 복음 안에서 교제함으로 인해 더욱 그들을 위하여 항상 기쁨으로 간구한다고 말하고 있습니다. '기쁨의 서'라고도 불리는 빌립보서의 첫 장을 통해 **기쁨과 사랑에 대한 세 가지 사실**을 살펴볼 수 있습니다.

**첫째, 항상 기뻐해야 합니다.**

빌립보서는 '기쁨의 서신'이라고 불립니다. 그런데 바울이 이 서신을 기록했을 당시에는 감옥에서 수감생활을 하고 있었습니다. 바울에게 가해지는 핍박은 일반 수감자들보다도 더욱 심했을 것입니다. 그러나 바울은 기뻐했고, 감사했고, 또한 그 기쁨과 감사를 편지로 다른 사람들에게 전했습니다. 복음으로 인해 늘 기쁨이 충만한 삶을 사십시오.(시 34:2/ 고후 6:4-10)

### 둘째, 기쁨의 이유를 알아야 합니다.

바울의 기쁨은 자기 안에 계신 그리스도로 인해 누리게 되는 것이므로 궁정이든 감옥이든 그의 기쁨에는 변함이 없었습니다. 4장 밖에 안 되는 짧은 분량에 바울은 기쁨이란 단어를 16번이나 사용했습니다. 그리스도인의 참된 기쁨은 오직 그리스도를 통해서만 얻을 수 있습니다. 항상 예수님 안에서 살아가십시오.(히 12:2)

### 셋째, 사랑을 더욱 풍성케 해야 합니다.

바울은 빌립보 성도들에게 '예수님의 심장'으로 사랑한다고 고백했습니다. 이 시대의 성도들도 바울과 같이 뜨거운 마음으로 서로를 사랑하고 세상을 품어야 합니다. 바울은 빌립보 교인들의 사랑을 하나님이 지식과 모든 총명으로 더욱 풍성케 해달라고 기도했습니다. 사랑 가운데 가장 선한 것을 분별하고, 진실하며, 흠이 없게 사십시오.(벧후 1:5-7)

**오늘 본문을 통해** 기쁨과 사랑에 대한 세 가지 사실을 배웠습니다. 그리스도의 힘은 믿을 수 없는 것을 믿고, 바랄 수 없는 것을 바라고, 환란 중에도 기뻐하며, 고난 중에도 감사하는 생활을 통해 나타납니다. 축복과 형통의 삶은 역경이 존재하지 않는 삶이 아니라 역경을 주님과 함께 이겨내는 삶입니다.
**오늘도** 기도와 감사, 기쁨이 살아 숨 쉬게 하십시오.

**주님! 삶 속에 기쁨과 감사와 소망이 언제나 넘치게 하소서!**

| 오늘 특별 적용 | |
| --- | --- |
| 오늘 특별 감사 | |

# 144

# 고난을 바라보는 관점

빌립보서 1장 12절부터 18절을 읽으십시오.

① 바울이 감옥에 갇힘으로 일어난 결과는 무엇인가?(13-14)
② 바울의 유일한 관심사는 무엇인가?(18) 또, 당신의 지금 관심사는 무엇인가?

**은을** 제련하는데 있어서 가장 중요한 것은 불순물을 제거하는 것입니다.
세공을 하기 전에 먼저 채굴된 은은 조각조각 부서져서 도가니에 들어갑니다. 그리고 서서히 온도를 높여 가열하면 은이 서서히 녹기 시작합니다.
은이 녹는 순간에도 눈을 떼어선 안 됩니다. 은이 일정한 온도에 올라가면 녹아가는 은 사이로 불순물이 나오기 때문입니다. 불순물이 나오면 재빨리 제거를 합니다. 온도가 높아질수록 불순물이 점점 많이 나오며 확실하게 구분됩니다.
불순물이 많이 제거된 은은 점점 맑게 변해 주위 사물을 비출 정도가 됩니다. 도가니에 들어간 은은 색이 탁해 은인지도 모를 정도이지만 이런 정련의 과정을 통해서 맑은 본연의 은으로 돌아갑니다.
그리스도인의 고난도 환란과 어려움 중에 점점 그리스도의 형상으로 변화되어가는 과정으로 생각해야 합니다.

**빌립보서 1장 12절부터 18절**에는 복음의 전진에 대한 내용이 기록되어 있습니다. 바울은 자신은 고난을 당했지만 그 고난을 통해서 도리어 복음은 전진했다고 말하며, 그리스도인의 고난에 대해서 빌립보 성도들이 제대로 알기를 원했습니다. 오늘 본문을 통해 **그리스도인의 고난에 대한 세 가지 시각**에 대해서 알 수 있습니다.

**첫째, 하나님의 관점에서 바라보아야 합니다.**
바울이 감옥에 갇혀있는 동안 빌립보 성도들은 열심히 복음을 전했습니다. 그러나 바울이 옥에 갇힌 틈을 타서, 신앙을 과시하기 위해서 경쟁적으로 복음을 전하는 성도들도 있었습니다. 그러나 바울은 복음이 전파되고 있다는 사실에 이런 사실마저도 기쁘게 받아들였습니다. 바울처럼 우리도 세상의 모든 것을 복음의 관점에서 바라보아야 합니다. 하나님의 관점에서 영광이 되

는 관점을 가지십시오.(시 59:9/ 미 7:7)

**둘째, 하나님을 사랑하면 이길 힘을 얻습니다.**
바울과 빌립보 성도들 간의 이해관계는 복잡하게 얽혀있었습니다. 바울을 시기하고 넘어서려는 사람들도 있었고, 바울을 존경하고 따르던 사람들도 있었습니다. 그러나 이 모든 문제는 복음의 전파와 하나 된 연합이라는 목적만 해치지 않는다면 모두 시간이 흐르거나 한번의 깨달음으로 해결될 수 있는 사소한 문제들입니다. 가장 중요한 하나님의 사랑 안에서 벗어나지만 않으면 말입니다. 그러므로 하나님의 사랑 안에 거하는 것이 가장 중요합니다. 하나님을 사랑하는 데 더욱 힘쓰십시오.(신 16:17/ 사 12:2)

**셋째, 모든 것이 합력하여 복음의 유익을 돕습니다.**
바울이 감옥에 갇힌 것도 슬픈 일이었고, 빌립보 교인들 중 일부가 바울을 견제하는 것도 좋은 일은 아니었습니다. 그러나 이 모든 일들은 오히려 복음의 확산이 더욱 더 빨라지는 선한 결과를 일으켰습니다. 바울의 감옥생활을 보며 담대함을 가진 성도들도 있었고, 결국 복음의 전파라는 순기능이 더욱 활발해졌습니다. 어떤 어려움에 처할지라도 하나님의 손길을 기다리며 감사하십시오.(롬 11:29)

**오늘 본문을 통해** 그리스도인의 고난에 대한 세 가지 시각에 대해서 배웠습니다. 하나님의 사랑 안에 있고, 말씀을 이루기 위해 노력을 한다면 교회 안의 여러 문제와 성도들 간의 힘든 관계도 모두 극복이 가능합니다. 그리고 하나님은 이런 모든 계획들을 통해 결국 복음을 전파하는 유용한 도구로 사용하십니다.
**오늘도** 주님의 마음으로 아픔과 기쁨을 함께하는 삶을 사십시오.

주님! 주님을 위한 고난을 오히려 기뻐하는 신앙을 갖게 하소서!

| 오늘 특별 적용 | |
|---|---|
| 오늘 특별 감사 | |

# 145

# 가치 있는 삶을 사는 방법

빌립보서 1장 19절부터 26절을 읽으십시오.
① 바울은 죽든지 살든지 누가 존귀히 되길 원했는가?(20)
② 바울이 이 땅의 삶을 택한 이유는 무엇인가?(24-26)

'코르네지아의 보석'이라는 이야기입니다.

로마에 코르네지아라는 지혜로운 여인이 있었습니다. 하루는 그 여인의 집에서 여러 귀부인들이 모여 담소를 나누었습니다. 식사를 마치고, 차가 나오자 갑자기 귀부인들은 너나 할 것 없이 보석 이야기를 하기 시작했습니다.

"이 보석은 로마에 몇 개 없는 거랍니다."

"이 다이아몬드는 1캐럿이 넘는 귀한 보석이에요."

귀부인들은 얌전히 듣고만 있던 주인 코르네지아에게도 이 집의 가장 귀한 보석을 보여 달라고 청했습니다.

코르네지아는 잠시 후 자신의 두 아들을 데리고 온 뒤 말했습니다.

"저의 두 아들입니다. 우리 집에서 이 두 아들보다 더 귀한 보석은 없습니다."

귀부인들은 자신의 허영심에 부끄러움을 느끼고 하나 둘 씩 집으로 돌아가기 시작했습니다.

보석에 신경을 쓰는 삶보다 자녀에게 신경을 쓰는 삶이 더 가치 있는 것처럼 우리도 무엇을 위해 사느냐가 우리의 가치를 결정합니다.

**빌립보서 1장 19절부터 26절**에는 그리스도인의 삶의 목적에 대해서 기록되어 있습니다. 특히 본문의 20절의 바울의 고백을 통해서 온전히 그리스도만을 따르는 삶이 어떤 것인지 알 수 있습니다. 우리는 본문을 통해 **가치 있는 인생을 위한 세 가지 교훈**을 얻을 수 있습니다.

**첫째, 인생은 유한합니다.**

그래서 사람들은 지금 살면서 느끼는 즐거움과 쾌락, 말초적인 즐거움이 전부인 것으로 착각합니다. 그러나 인생이란 시간은 길고 짧음은 있지만 누구에게나 한정된 것임을 깨닫고, 더욱 가치 있는 일을 해야 합니다. 인생과 시간의 한계를 깨닫고 더욱 가치 있는 일을 찾으십시오.(갈 6:8)

**둘째, 인생은 하늘의 보화를 쌓을 기회입니다.**

바울은 죽어서 하늘나라에 가는 것도 주님과 함께하기 때문에 좋은 일이지만 이 세상의 삶 역시 아직 하나님을 모르는 사람들에게 복음을 전하는 큰일을 할 수 있기 때문에 마찬가지로 좋은 일이라고 고백했습니다. 죽어가는 영혼들에 대한 하나님의 안타까움을 가지고 더욱 열심히 복음을 전하는 성도가 되십시오.(마 5:12/ 롬 10:15)

**셋째, 인생을 주님 중심의 삶으로 살아야 합니다.**

바울의 인생 목표는 오직 '주님이 존귀하게 되는 것' 뿐이었습니다. 그것을 위해서라면 바울은 매를 맞아 죽든지, 겨우 살든지 상관하지 않았습니다. 바울의 안에는 자신이 아니라 그리스도가 살고 있었기 때문에 그의 모든 삶은 하나님의 영광을 위한 주님 중심의 삶이 될 수 있었습니다. 짧은 인생의 유한한 시간을 더욱 기쁘고 즐겁게 살아가려면 주님 중심의 삶을 살아야 합니다. 오늘도 모든 선택의 시간에 주님을 위한 결정들을 내리십시오.(단 6:10/ 행 4:19)

오늘 본문을 통해 가치 있는 인생을 위한 세 가지 교훈을 배웠습니다. 단순히 시간을 아끼는 것이 능사는 아닙니다. 시간을 주님을 위해 사용하는 것이 유한한 인생의 시간을 잘 활용하는 가장 지혜로운 방법입니다.
오늘도 다른 사람을 더욱 유익하게 하며 영혼구원에 힘쓰십시오.

주님! 영혼구원을 위해 시간과 인생을 사용하는 지혜로운 사람되게 하소서!

| 오늘 특별 적용 | |
|---|---|
| 오늘 특별 감사 | |

# 146

# 그리스도인에게 필요한 각오

빌립보서 1장 27절부터 2장 4절을 읽으십시오.
① 바울이 그리스도에게 받은 두 가지 은혜는 무엇인가?(29)
② 사랑이 충만한 성도들은 어떤 행동을 해야 하는가?(4)

**고대 기록에** '카스틸 전투' 라는 일화가 전해져 내려오고 있습니다.
카스틸이라는 주요 전략지에서 두 나라가 전쟁을 벌이고 있었습니다. 쳐들어오는 나라는 병력이 몇 배나 센 강대한 나라였지만 이들에 맞서는 나라는 약소국에 병사도 훨씬 적었습니다. 카스틸 전투가 벌어지기 전날에 방어하는 진영의 장군은 모든 병사들을 불러놓고 외쳤습니다.
"싸우기 싫은 병사는 떠나도 좋다. 하지만 싸우다 죽을지언정, 나라와 우리의 가족들을 위해 나와 함께하고자 하는 병사들은 지금 내가 그은 선을 넘어와라! 후회하지 않게 싸우다 죽게 해주겠다!'
장군의 말에 감동을 받은 병사들은 모두 선을 넘어왔습니다. 그런데 단 한 명만이 금을 넘어오지 않았습니다. 그는 장군과 병사들을 향해 말했습니다.
"장군님, 저는 부상을 당해 그리로 갈 수가 없습니다. 방금 그었던 금을 제 뒤로 그어주시지 않겠습니까?"
다음날 벌어진 카스틸 전투는 방어하는 진영의 커다란 승리로 끝났습니다.
죽기를 각오한 병사들은 전장에서 몇 배의 위력을 나타냅니다. 죽음을 각오한 사명자들은 세상에서 몇 배의 그리스도의 능력을 나타냅니다.

**빌립보서 1장 27절부터 2장 4절에는** 그리스도인다운 삶에 대해서 기록되어 있습니다. 29절에는 '그리스도를 위하여 너희에게 은혜를 주신 것은' 주님을 위하여 고난도 받게 하려 하심이라는 말씀이 나와 있는데, 이것은 모든 그리스도인들에게 매우 의미 있는 말씀입니다. 오늘 본문을 통해 **그리스도인에게 필요한 세 가지 각오**에 대해서 깨달아야 합니다.

**첫째, 그리스도인은 복음에 합당한 삶을 살아야 합니다.**
복음은 우리가 인생에서 발견할 수 있는 가장 놀랍고 위대한 진리입니다. 모든 죄악을 물리치고 선한 것을 일으키는 것이 복음의 위대한 능력입니다. 복

음을 깨닫고, 그 깨달음에 합당한 삶을 사십시오.(롬 1:17)

**둘째, 그리스도인은 고난도 각오해야 합니다.**
하나님의 진리의 길에는 영롱한 무지개만이 피어있지 않습니다. 오히려 주님은 이 길이 좁은 길이고, 고난의 길이라고 말씀하셨습니다. 복음을 통해 우리가 얻는 진짜 복은 하나님의 사랑을 깨닫게 되는 것이며, 죽음 뒤에 영생이 보장되는 것이며, 그 사실들을 통해 고난도 달게 받을 수 있게 되고 믿음이 성장하게 된다는 사실입니다. 진정으로 주님을 사랑하는 마음으로 모든 고난을 달게 받으십시오.(마 7:14)

**셋째, 그리스도인은 남을 자신보다 낮게 여겨야 합니다.**
바울은 자신이 이 땅에 있음으로 다른 사람들이 유익을 얻을 것이라고 말했었습니다. 이것은 다른 사람을 자신보다 높게 여기며, 그들을 위해 섬기는 삶을 살겠다는 각오를 말한 것입니다. 그리스도의 자녀로써 하늘의 특권과 능력을 얻은 모든 성도들은 다른 사람들에게 세상의 작은 가치들을 양보하고 베푸는 여유와 아량을 가져야 합니다. 자신의 일을 감당할 뿐 아니라 남까지 배려하는 사랑을 베푸십시오.(빌 2:3/ 벧전 2:17)

**오늘 본문을 통해** 그리스도인에게 필요한 세 가지 각오에 대해서 배웠습니다. 그리스도인들은 하늘의 소망을 갖고 살아가는 사람들입니다. 그리스도인들이 이 땅에서 추구하는 것은 안정과 만족이 아닌, 이후의 삶을 준비할 각오와 헌신입니다.
**오늘도** 모든 분야에서 그리스도인답게 행동하십시오.

**주님! 복음을 위해서는 고난도 두려워하지 않는 용기를 갖게 하소서!**

| 오늘 특별 적용 | |
|---|---|
| 오늘 특별 감사 | |

# 147

# 그리스도의 마음

빌립보서 2장 5절부터 18절을 읽으십시오.
① 예수 그리스도는 누구이며, 어떤 일을 하셨는가?(6-8)
② 주님의 삶을 통해 우리는 무엇을 배워야 하는가?(1-5)

하와이 군도의 몰로카이 섬은 '하늘을 꿈꾸는 섬'이라고 불립니다.
그러나 이곳은 약 100여 년 전에는 한센병 환자들을 격리시키는 장소로 사용
되었습니다. 사람들은 몰로카이 섬을 '하늘의 형벌을 받은 사람들이 모이는
섬'이라는 뜻을 가진 '천형의 섬'이라고 불렀습니다. 1873년 이런 곳에 다미
앵이라는 성직자가 들어왔습니다. 그는 섬사람들에게 복음을 전했지만, 젊고
잘생긴 용모의 다미앵을 섬사람들은 받아들이지 않고 "하나님이 그토록 사
랑이시라면 왜 우리를 이렇게 만들었습니까?"라고 되물었습니다.
다미앵은 이후로 밤마다 하나님께 한센병에 걸리게 해달라고 기도했습니다.
다미앵은 한센병에 걸린 뒤 가족들에게 이런 편지를 보냈다고 합니다.
'저는 한센병이 걸렸습니다. 그러나 슬퍼하지 마십시오. 이것은 오랫동안 기
도했던 저의 바램이었습니다. 하나님의 은총이 드디어 나에게 내렸습니다'
많은 사람들에게 복음을 전하고 영혼을 구할 수 있다면 고난과 형벌도 축복
이 될 수 있습니다.

빌립보서 2장 5절부터 18절에는 그리스도를 본받는 삶에 대해서 기록되어
있습니다. 바울은 그리스도를 본받는 삶에 대해서 우리 안에 '그리스도 예
수'의 마음이 있어야 한다며 그것을 품을 것을 권면했습니다. 우리는 본문을
통해 그리스도의 마음을 품을 때 일어나는 세 가지 과정에 대해서 생각해
볼 수 있습니다.

**첫째, 먼저 예수님의 마음을 품어야 합니다.**
예수님의 마음을 품는 것은 새로운 시각과, 새로운 행동과, 새로운 삶을 가능
하게 합니다. 예수님의 마음은 모든 사람에 대한 사랑의 마음이며, 잃어가는
영혼에 대한 안타까운 마음이며, 목숨을 버리면서까지 사랑하는 희생의 마음
이기 때문입니다. 나보다 남을 먼저 생각하고 세우는 배려의 사람이 되십시

오.(요일 3:16)

**둘째, 손과 발로 실천해야 합니다.**
예수님의 마음을 품으면 우리의 시각과 생각이 달라집니다. 이전에는 아무렇지도 않게 느껴졌던 일들에 도움을 주고 싶고, 그냥 알고 지내던 사람도 전도를 하고 싶어집니다. 예수님의 마음을 품은 뒤에는 생각들을 실천하는 것이 필요합니다. 실천으로 이어지지 않는 깨달음은 아무런 효력도 없는 것입니다. 하나님이 주시는 마음에 민감하게 반응하십시오.(요일 3:18)

**셋째, 경외하는 마음으로 구원을 이루어야 합니다.**
'구원을 이루라'는 본문에 나오는 말씀은 복음을 받아 하나님의 자녀가 되고 천국을 갈 수 있도록 노력하라는 말이 아닙니다. 이런 것은 예수님을 믿는 순간에 이미 모두 해결된 것이며 얻게 된 것입니다. 본문의 뜻은 비록 구원을 얻은 신분이지만 아직 우리의 죄된 모습이 많이 남아있기 때문에 계속해서 예수님을 닮아가는 '성화'의 단계를 이루라는 것입니다. 재물과 시간과 여러분의 삶을 주님께 드리십시오.(엡 5:21/ 히 11:7)

**오늘 본문을 통해** 그리스도의 마음을 품을 때 일어나는 세 가지 과정에 대해서 배웠습니다. 다양한 신앙생활과 믿음생활과 경건생활의 방법이 있지만 그것들을 통해서 우리가 나아가야 할 방향은 모두 같습니다. 예수님의 마음을 품고, 예수님의 생각을 실천하고, 예수님과 점점 닮아가는 것이 모든 그리스도인의 목표가 되어야 합니다.
**오늘도** 거듭난 생활로 하나님께 기쁨이 되십시오.

**주님! 오로지 주님의 마음을 닮는 것이 인생의 온전한 목표가 되게 하소서!**

| 오늘 특별 적용 | |
|---|---|
| 오늘 특별 감사 | |

# 148

# 문제해결을 위해 필요한 일들

빌립보서 2장 19절부터 30절을 읽으십시오.
① 바울이 디모데를 보내려 했던 이유는 무엇인가?(19-20)
② 에바브로디도의 삶을 통해 당신이 느끼는 것은 무엇인가?(30)

예전에 한 방송에서 여러 직업을 인터뷰하는 프로가 있었습니다.
리포터가 한번은 꽃을 파는 할아버지를 찾아가 물었습니다.
"요즘같이 돈만 보는 시대에 할아버지는 평생 꽃을 파셨잖아요? 너무나 아름다운 모습 같아요. 꽃은 어쩌다 팔게 되신 거예요?"
"먹고 살라고 팔기 시작했습니다. 지금도 돈만 있으면 이런 일 안할 거예요."
한번은 지방에 내려가 길쌈으로 무형문화재가 된 할머니에게 물었습니다.
"할머니, 한 올 한 올 정성들여 전통의 미를 계속해서 이어 내려오고 계신데, 길쌈의 전체 과정 중에서 언제가 가장 즐거우세요?"
"이거 한 필 다 짜서, 돈이 들어올 때가 가장 즐겁습니다."
그 방송이 나간 뒤 시청자들은 인터뷰한 사람들이 너무 돈만 밝힌다고 생각했습니다. 꽃을 돈 때문에 팔아서 안 된다는 법이 없고, 전통도 돈을 벌기 위해 할 수 있는 것인데, 정작 자신들도 먹고 살기 위해 일을 하면서 '꽃과 전통'이라는 이유로 선입견을 가지고 판단했던 것입니다.

**빌립보서 2장 19절부터 30절**에는 바울이 동역자들을 위로하고 생각하는 내용이 기록되어 있습니다. 바울은 디모데와 에바브라디도의 신실함을 먼저 설명하고 그들이 빌립보 교회에 필요할 것이라며 보내기를 원했습니다. 오늘 본문을 통해 **교회의 문제를 해결하는데 필요한 세 가지 조건**에 대해서 배울 수 있습니다.

**첫째, 신실한 믿음의 사람들이 있어야 합니다.**
당시 빌립보 교회에는 어떤 심각한 문제가 있었습니다. 빌립보 성도들은 이 문제에 대해서 도움을 받기를 원했지만 그들 주위에는 아무도 도움을 주려는 사람이 없었습니다. 바울은 이런 사정을 알았기에 자신이 속히 가려고 했고, 그들의 사정을 도울 수 있는 디모데와 에바브라디도를 파송하려 했습니다.

교회의 문제를 해결하는 데에는 디모데와 에바브라디도와 같이 믿고 신뢰할 수 있는 사람들이 많이 있어야 합니다. 어려운 문제도 지혜롭게 해결하는 교회의 신실한 성도가 되십시오.(엡 3:10/ 약 3:17)

**둘째, 성도들 간에 관심과 사랑이 있어야 합니다.**
빌립보 성도들은 에바브로디도가 생명이 위독할 만큼 아픈 것을 알고는 근심할 정도로 그를 아끼고 사랑했습니다. 에바브로디도 몸이 아픈데도 불구하고 빌립보 성도들을 위해서 찾아갔습니다. 서로간의 이처럼 깊은 관심과 사랑이 있다면, 교회 내의 어떤 문제도 생길 이유가 없고, 설령 생긴다 해도, 금세 사라지고 말 것입니다. 교제와 예배의 시간에 표면적인 만남 이상의 진실한 교제를 나누십시오.(골 4:12/ 살전 5:26)

**셋째, 헌신하는 성도들을 귀하게 여겨야 합니다.**
바울은 에바브로디도같은 성도들을 존귀히 섬기라고 했습니다. 에바브로디도와 같은 성도들은 자기 목숨까지도 내놓고 죽도록 섬기는 사람들입니다. 사람이 자신의 친구를 위해 목숨을 버리는 것이 가장 큰 사랑이라던 예수님의 말씀처럼 교회에서도 헌신하는 성도들을 더욱 사랑하고 인정해주는 것이 필요합니다. 남을 위해 희생하고 헌신할 줄 아는 성도들은 존경하며 대접하십시오.(요 15:13/ 롬16:4)

**오늘 본문을 통해서** 교회의 문제를 해결하는데 필요한 세 가지 조건에 대해서 배웠습니다. 서로의 의견만 첨예하게 대립하다보면 절대로 문제는 해결되지 않습니다. 더 넓은 시야로 볼 줄 알고, 사랑으로 허물을 덮고, 자신을 양보할 줄 아는 사람들에 의해서 문제는 해결됩니다.
**오늘도** 다른 성도들의 아픔에 관심을 갖고 사십시오.

**주님! 지체된 성도들의 아픔에 관심을 갖고 감싸주고 어루만져주게 하소서!**

| 오늘 특별 적용 | |
| --- | --- |
| 오늘 특별 감사 | |

# 149

## 전진하는 그리스도인의 특징

빌립보서 3장 1절부터 16절을 읽으십시오.
① 바울이 계속 성도들에게 권면하는 내용은 무엇인가?(1)
② 바울이 가장 귀하게 생각했던 것과(8-9) 당신이 가장 귀하게 생각하는 것은 무엇인가?

**일본을 통일한** 도요토미 히데요시의 아내 요도기미는 그의 남편을 항상 자랑스럽게 여겼습니다.

도요토미가 죽고 난 뒤에도 이런 그녀의 자세는 전혀 변함이 없었습니다. 그녀는 무슨 말을 하든지 죽은 전 도요토미를 생각하며 말했습니다. 그녀가 가장 많이 하던 말은 '전하가 살아계실 때는…' 이라는 말이었습니다. 시대가 전란에 휩싸이고 천하통일의 위업은 무너져 내렸지만 여전히 그녀는 남편이 살던 시대를 추억하며 '천하제일의 가문' 이라는 의식에서 벗어나지 못했습니다. 결국 머지않아 오사카 성은 전란을 이겨내지 못하고 함락되었고 곧 도요토미 가문의 비극으로 이어지고 말았습니다.

좋았던 시절 역시 과거일 뿐입니다. 현실을 직시하지 못하고 과거에만 얽매이면 다가올 미래라는 소중한 현실을 잃게 됩니다. 과거의 영광은 과거일 뿐입니다. 미래를 위해 오늘 해야 할 일들을 먼저 생각해야 합니다.

**빌립보서 3장 1절부터 16절에는** 율법주의에 대한 경고와 전진하는 그리스도인의 삶에 대해서 나와 있습니다. 바울은 율법주의를 이겨내기 위해서는 그리스도를 바르게 아는 지식이 필요하다고 주장하며, 성령으로 봉사하고 그리스도 예수를 자랑하고 육체를 신뢰하지 않는 것이 곧 율법이라고 말했습니다. 본문을 통해서 **미래를 향해 전진하는 그리스도인의 세 가지 특징**에 대해서 알 수 있습니다.

**첫째, 그리스도가 중심인 신앙을 가졌습니다.**

신앙에서 가장 중요한 것은 그리스도를 바르게 아는 것입니다. 바울은 예수님을 알기 전에도 신앙이 있었고, 알고 난 후에도 신앙이 있었지만 그리스도를 알기 전의 신앙은 오직 율법만을 강조한 잘못된 신앙이었습니다. 구원의 확신을 갖는 것은 좋지만 겸손함을 통해 자만함으로 넘어지지 않도록 조심해

야 합니다. 주님만을 따라가는 성도가 되십시오.(요 20:31/ 갈 5:6)

**둘째, 세상과 구별된 가치관을 가졌습니다.**
바울은 예수님을 만난 뒤에 이전에 자신에게 유익하던 세상의 모든 가치가 다 해로운 것이라고 고백했습니다. 구원을 깨달은 사람들에게는 예수 그리스도밖에는 자랑할 것이 없어야 합니다. 그리스도인들은 세상에 대해서 죽고 그리스도에 대해서 다시 살아난 사람들이기 때문에 더 이상 학문이나 가문, 종교적 배경과 같은 다른 어떤 세상의 자랑거리도 내세워서는 안 됩니다. 세상의 법을 따라가지 말고 하나님의 생명의 법을 따르십시오.(엡 4:24)

**셋째, 그리스도 안에서 미래를 바라봅니다.**
과거의 회상에만 사로잡혀 따라가다 보면 결국은 쇠퇴하고 망하게 됩니다. '내가 왕년에는', '한 때는 우리 집이' 라는 말을 하는 사람의 미래가 불 보듯 뻔한 것과 마찬가지입니다. 그리스도인 가운데도 자신의 과거의 신앙경력과 한때 '새벽기도를 얼마나 나갔는지', '성경을 몇 번 읽었는지', '기도를 몇 시간을 했는지' 에 대해서 자랑스럽게 말을 하는 사람들이 있는데, 안타깝게도 이런 분 중에는 실패한 신앙생활을 하고 있는 사람들이 있습니다. 푯대를 향하여 하나님의 상을 위해 달려가십시오.(행 20:24/ 딤후 4:7)

**오늘 본문을 통해** 그리스도인의 세 가지 특징에 대해서 배웠습니다. 세상의 끝이 다가올수록 사회가 발전할수록, 더욱 더 복음은 설자리를 잃고 전파가 힘들어질 것입니다. 그러나 하나님의 비전을 바라보고 담대히 실천하는 성도들을 통해서 여전히 많은 영혼들이 주님 앞으로 돌아오는 역사가 일어날 수 있습니다.
**오늘도** 하나님께서 주신 비전을 따라 사십시오.

**주님! 세파에 흔들리지 않고 온전히 복음을 따라 비전을 세우게 하소서!**

| 오늘 특별 적용 | |
|---|---|
| 오늘 특별 감사 | |

# 150

# 그리스도인이 가지고 있는 권리

빌립보서 3장 17절부터 4장 3절을 읽으십시오.
① 바울을 가장 슬프게 했던 사실은 무엇인가?(18)
② 예수 그리스도가 우리를 위해 해주신 일은 무엇인가?(21)

콜린 스미스 목사님이 22살에 런던에 있는 '엔필드 복음 자유 교회(Enfield Evangelical Free Church)'에 부임하게 될 때에, 처음 하는 목회자 생활에 큰 부담감을 가졌다고 합니다.

목사님은 신학교시절에 자신을 지도해주신 한 교수님에게 자신의 심정을 편지로 보냈는데, 다음과 같은 답장이 왔습니다.

'자네는 곧, 그 일이 자네가 감당하기에 힘든 것이라는 사실을 알게 될 것이네. 그리고 자네가 결코 생각할 수도 없었던 일들을 통해 그 일을 감당하게 되고 하나님을 입증하는 삶을 살고 있다는 사실을 발견하게 될 거라네'

이때의 짧은 답장으로 목사님은 큰 힘을 얻고 부담감 없이 사역에 전념을 할 수 있었습니다. 그리고 그 교회는 런던 지역에서 가장 부흥한 교회 중의 하나가 되었습니다.

감당할 수 없는 일들이 생긴다면 하나님의 능력을 체험할 준비가 된 셈입니다. 그리스도의 능력은 모든 성도들에게 주신 하나님의 권리입니다.

**빌립보서 3장 17절부터 4장 3절에는** 그리스도인의 시민권과 확신에 대해서 기록하고 있습니다. 바울은 그리스도인의 소망이 세상이 아닌 하늘에 있다는 것을 명시하며 이 땅에 다시 오실 그리스도와 죽은 뒤에 만날 그리스도를 통해 우리가 희망과 소망을 가져야 한다고 말하고 있습니다. 우리는 본문을 통해 **그리스도인의 세 가지 권리**에 대해서 알 수 있습니다.

**첫째, 그리스도인들은 하늘나라 시민권이 있습니다.**
시민권의 가치는 그 나라의 국력에 의해서 정해지는데, 그런 이유로 국적을 포기하면서까지 더 좋은 나라의 시민권을 따려는 사람들이 많이 있습니다. 시민권이 바뀌면 이전 나라의 법에 더 이상 적용받지 않고 새로운 나라의 법에 적용을 받습니다. 마찬가지로 그리스도인들은 하늘의 시민권을 가진 사람이라는 사실을 늘 상기하면서 살아야 합니다. 천국의 시민권을 가진 당당한 그리스도인의 삶을 사십시오.(히 3:1)

**둘째, 그리스도인들은 말씀의 능력이 있습니다.**
하늘의 시민권을 가진 그리스도인들은 더 이상 세상의 법을 적용받는 것이 아니라 새로운 법을 적용받습니다. 이 법은 곧 하나님의 말씀이며, 우리에게 주신 성경입니다. 우리가 그 말씀대로 믿고 실천한다면 어떤 사람이든지 하나님이 약속하신 말씀의 능력과 기적을 체험할 수 있습니다. 세상에서 말씀의 능력을 실천하는 그리스도인의 삶을 사십시오.(행 10:38/ 고전 4:20)

**셋째, 그리스도인들은 천국의 영생이 있습니다.**
구원의 확신을 받은 사람들의 이름은 하나님의 생명책에 기록되어 있습니다. 바울은 자신의 동역자들의 이름이 생명책에 기록되어 있다고 분명하게 말했습니다. 구원받은 그리스도인들은 모두 이 사실에 대해서 확신을 갖고 그로 인해 기뻐해야 합니다. 그것을 약속하신 분은 하나님이며 하나님에겐 실수가 없기 때문입니다. 구원의 사실을 통한 기쁨을 늘 갖고 생활하십시오.(눅 10:20)

**오늘 본문을 통해** 그리스도인의 세 가지 권리에 대해서 배웠습니다. 하나님을 영접한 사람은 이미 그 이름이 생명책에 기록되어 있습니다. 그러므로 우리는 늘 확신 속에서, 기쁨 속에서 살아가야 합니다.
**오늘도** 그리스도인의 긍지를 가지고 세상에 빛을 비추며 사십시오.

**주님! 그리스도인의 능력을 세상 속에서 사용하게 하소서!**

| | |
|---|---|
| 오늘 특별 적용 | |
| 오늘 특별 감사 | |

# 151

# 그리스도인을 위한 바울의 권고

**빌립보서 4장 4절부터 9절을 읽으십시오.**
① 바울이 거듭해서 부탁하고 있는 것은 무엇인가?(4)
② 그리스도인은 염려 대신 어떤 일을 해야 하는가?(5) 왜 그
   럴 수 있는가?(7)

**늦가을에** 가장 분주한 동물 중 하나는 다람쥐입니다.

다람쥐는 식량이 없는 겨울에 대비해서 도토리를 저장합니다. 구덩이를 파서 도토리를 저장하는 것이 다람쥐의 방법인데, 이 구덩이도 하나만 파는 법이 없습니다. 도토리 하나당 구멍을 매번 새로 파면서 약 2000개 정도의 구멍에 다가 도토리를 저장합니다. 구멍을 크게 파서 몇 십 개씩 저장하는 것이 훨씬 편할 법도 한데, 절대로 그렇게 하지 않습니다.

먹이를 다른 다람쥐나 동물이 발견할 경우에 대비하기 위해서입니다. 구멍이 몇 개 발견 되도 여전히 다른 구멍들은 건재하기 때문에 다람쥐는 아무런 걱정 없이 겨울을 날 수 있습니다.

하나님이 주신 모든 순간들에 우리가 감사를 차곡 차곡, 매일 매일 저장한다면 우리의 삶이 더욱 풍성해지고, 기쁨이 충만해질 것입니다. 하루에 한번씩, 되도록 자주, 감사하는 습관을 들이십시오.

**빌립보서 4장 4절부터 9절에는** 그동안의 교훈을 요약하며 마지막으로 권고하는 내용이 기록되어 있습니다. 바울은 빌립보 성도들에 대한 마지막 교훈으로 '아무것에도 염려하지 말고 오직 모든 일에 기도와 간구를 감사함으로 하나님께 아뢰라' 라는 말을 남겼는데, 이것은 빌립보 교회 성도들뿐 아니라 모든 그리스도인이 절대로 잊지 말고 기억해야할 말씀입니다. 오늘 본문을 통해 그리스도인들을 위한 **바울의 세 가지 권고**에 대해서 알 수 있습니다.

### 첫째, 항상 기뻐하십시오.
바울은 빌립보서 전체를 통해 계속해서 기쁨을 강조하고 있습니다. 잊지 말아야할 것은 바울은 이 편지를 쓰면서 옥에 갇혀있는 상태였다는 것입니다. 그럼에도 바울은 기쁨에 대해서 거듭 강조하며 빌립보 성도들에게 권면하고 있습니다. 고통과 기쁨은 삶 속에서 반복되나, 예수님을 향한 소망은 사라지

지 않고 남아있기 때문입니다. 그리스도의 소망을 바라봄으로 항상 기뻐하십시오.(잠 8:30/ 롬 8:24)

### 둘째, 감사함으로 하나님께 아뢰십시오.

사람이 어떤 문제와 어려움을 마주할 때 가장 먼저 두려움과 염려가 생깁니다. 그러나 우리에게는 모든 것을 평안케 하시는 하나님이 계신다는 사실을 잊어서는 안 됩니다. 하나님께 감사함으로 주님께 의지하게 되고 주님이 주시는 참된 평안을 알게 됩니다. 하나님께서는 그분의 자녀를 가장 좋은 길로 인도한다는 사실을 굳게 믿고 담대하십시오.(롬 8:28)

### 셋째, 늘 하나님과 동행하십시오.

사실 하나님은 늘 우리와 함께 하고 계십니다. 단지 우리의 상태가 그것을 인지하지 못하고, 마치 혼자 남겨져 있다고 느끼는 것뿐입니다. 그러나 우리가 하나님의 임재를 기억하고, 하나님이 기뻐하시는 삶을 살아 나갈 때 마음속에서 우러나는 하나님의 평강을 누릴 수 있습니다. 하나님이 기뻐하시는 일을 통해 참된 평안을 누리고 하나님이 언제나 함께 하신다는 사실을 깨달으십시오.(창 5:24/ 마 28:20)

**오늘 본문을 통해** 그리스도인들을 위한 바울의 세 가지 권고에 대해서 배웠습니다. 모든 그리스도인들은 주님을 더욱 의지하고, 주님을 기쁘시게 하는 삶을 위해 노력해야 합니다. 그리고 그런 행동과 노력들은 다시 우리에게 더 큰 기쁨과 성령의 충만으로 돌아옵니다.
**오늘도** 하나님 안에서, 하나님의 기쁨을 누리며 사십시오.

**주님! 주님으로 인해 늘 기뻐하고 즐거워하는 삶을 살게 하소서!**

| 오늘 특별 적용 | |
|---|---|
| 오늘 특별 감사 | |

# 152

# 그리스도의 능력 보여주는 법

빌립보서 4장 10절부터 23절을 읽으십시오.
① 하나님의 말씀을 행할 때 어떤 축복이 따르는가?(9)
② 바울과 빌립보 성도들의 사랑은 하나님이 보시기에 어떠했는가?(18)

**어떤 시골에** 작은 교회가 있었습니다.

시골치고는 사람이 적은 편은 아니었지만, 주민들이 영 복음에 관심을 보이지 않았습니다. 교회의 목사님과 성도들은 이 지역을 변화시키기 위해서 여러 가지 아이디어를 생각해보았지만 결국 결론은 '하나님의 사랑을 마을 사람들에게 보여주는 것' 한가지 밖에 없었습니다.

성도들은 자신들의 목표를 잊지 않기 위해서 교회의 출입문 위에 '우리는 그리스도를 전파한다' 라고 써 붙였습니다. 그리고 한시라도 그 목표를 잊지 않기 위해서 지갑에도 붙이고 최대한 그것을 실천할 방법을 찾았습니다.

처음에는 별로 효과가 없었지만 시간이 지날수록 마을 사람들이 복음에 대해서 관심을 갖기 시작했습니다. 그렇게 한 두명이 복음을 받아들이기 시작하자 폭발적인 부흥이 마을에 일어났습니다. 성도 본연의 본분과 예수님의 사랑의 위력을 잊지 않을 때에 복음이 점점 퍼져나가고 신앙이 점점 성장해 나갑니다.

**빌립보서 4장 10절부터 23절에는** 빌립보 교인들에 대한 바울의 문안과 그리스도 안에서 누릴 수 있는 능력에 대해서 나와 있습니다. 바울은 빌립보서를 끝맺으며 감사와 문안을 전했습니다. 빌립보서의 마지막인 오늘 본문을 통해 **그리스도의 능력을 세상에 보여주는 세 가지 방법**에 대해서 배워야 합니다.

**첫째, 우리 능력의 근원에 대해서 알아야 합니다.**

'내게 능력주시는 자 안에서 내가 모든 것을 할 수 있느니라' 는 바울의 고백처럼 말씀의 능력에 대해서 잘 설명하고 있는 구절은 없을 것입니다. 그러나 이 구절에서 가장 중요한 것은 '내가 모든 것을 할 수 있다' 는 사실이 아니라 '내게 능력주시는 자 안에서' 라는 조건입니다. 우리의 능력이 어디서 오고,

무엇을 위해 필요한지를 정확히 알아야, 능력이 주어집니다. 능력의 근원과 필요한 그 이유에 대해서 먼저 진지하게 묵상하십시오.(히 5:5-9)

### 둘째, 그리스도의 능력으로 살아가야 합니다.
빌립보서 1장은 우리 삶의 목적이신 그리스도를, 2장은 우리 삶의 본보기이신 그리스도를, 3장은 우리 삶의 목표이신 그리스도를, 그리고 마지막 4장은 우리의 능력이신 그리스도를 나타내며 이 모든 이유를 통해 기뻐하라는 가르침입니다. 중요한 것은 하나님과의 동행과 사랑을 전하는 삶입니다. 그리스도의 사랑을 힘입어 참으로 승리하는 삶을 사십시오.(롬 15:13)

### 셋째, 그리스도의 능력으로 연합해야 합니다.
빌립보 성도들은 바울의 선교를 지원하고 있었는데, 바울은 이 부분에 대해서 특히나 감사를 표현했습니다. 빌립보 성도들의 지원은 물질적인 부분에만 국한된 것이 아니라 중보와 사랑과 지대한 관심과 이해하는 마음까지도 포함된 것입니다. 성도와 교회가 함께 연합해 복음의 사역자들을 세우십시오.(고후 13:11/ 히 10:36)

**오늘 본문을 통해** 그리스도의 능력을 세상에 보여주는 세 가지 방법에 대해서 배웠습니다. 하나님의 능력은 어떤 상황에서도 감사와 기쁨을 누릴 줄 아는 사람들을 통해 세상에 전파됩니다. 바울은 빌립보서 전체를 통해 그 방법과 그로 인한 기쁨이 어떤 것인지에 대해서 반복해서 설명했습니다. 빌립보서를 묵상하며 하나님으로부터 얻는 참된 기쁨과 그리스도인의 생활의 여러 교훈을 얻는 성도님들이 되기를 간절히 소망합니다.
**오늘도** 믿는 성도들끼리 같은 마음을 가지고 기쁨으로 섬기며 사십시오.

주님! 구원 받은 성도들이 주님을 위하 한마음 한뜻으로 연합하게 하소서!

| 오늘 특별 적용 | |
| --- | --- |
| 오늘 특별 감사 | |

# 153

# 세상속의 그리스도인의 위치

골로새서 1장 1절부터 8절을 읽으십시오.
① 성도가 의미하는 바는 무엇인가?(2)
② 골로새 교인들이 맺은 열매는 무엇인가?(6), 또 당신은 어떤 열매를 맺었는가?

더러운 연못에도 연꽃은 피어납니다.

흙탕물에 피어나고 주변을 물고기나 다른 생물들이 돌아다니면서 더러운 물을 튀겨도 연잎에는 더러운 흙탕물이 묻지 않습니다. 사람이 아무리 연잎을 더럽게 하려고 일부러 물을 뿌리고 흙을 뿌려도 연잎은 더럽혀지지 않고 항상 깨끗함을 유지합니다. 이른바 '연잎 효과'라는 것입니다.

연잎을 현미경으로 확대해서 보면 아주 작은 돌기들이 연잎에 가득한데 이 돌기들이 물방울이 연잎을 적시지 못하게 만들고 굴려서 떨어트려버립니다. 오히려 물방울을 떨어트리면서 기존의 잎에 있던 먼지까지 끌어안고 떨어지게 만들어 오히려 더욱 표면이 깨끗해집니다. 이런 원리를 통해 연꽃은 잎의 표면을 항상 청결하게 유지시킵니다.

거룩한 삶은 연잎과 같은 삶입니다. 어떤 유혹이 와도 그 유혹을 떨쳐낼 뿐 아니라 선한 영향력까지 미치는 삶이 하나님이 바라시는 성도들의 삶입니다.

골로새서 1장 1절부터 8절에는 골로새 성도들에 대한 인사와 하나님께 영광을 돌리는 감사가 기록되어 있습니다. 오늘 본문 중에는 특히 2절을 주의 깊게 봐야 하는데, 짧은 말씀이지만 오늘 본문을 통해 우리는 세상속의 그리스도인에게 도움이 되는 세 가지 교훈에 대해서 알 수 있습니다.

**첫째, 우리는 세상 가운데 있습니다.**

'골로새에 있는 성도들'이라는 본문의 구절은 하늘의 시민권을 가진 '성도'들이 지금 소속되어 있는 장소를 말합니다. 당시 골로새의 배경은 쇠퇴해가는 무역항으로 이단 사상이 만연하고 도덕적인 부패가 심했던 곳입니다. 따라서 본문의 '골로새에 있는 성도들'이라는 표현은 단순한 표현이 아니라 바로 골로새 성도들이 지금 처한 상황이 얼마나 어려운 것인지 떠올려 주는 인사였습니다. 현실에서 도피하지 말고 빛과 소금으로 살아가십시오.(마 5:13-15)

**둘째, 우리는 세상 가운데서도 거룩해야 합니다.**

바울은 '골로새에 있는 성도들'이라는 현실을 일깨우는 말에 곧 이어서 '그리스도 안에서 신실한 형제'라는 표현을 썼습니다. 우리의 삶은 비록 세상에서 이루어지고 있지만, 우리의 마음은 그리스도 안에서 신실해야 합니다. 우리는 땅의 현실은 인정하고 땅에서 살아가지만 성도들은 하늘의 마음을 가지고 하늘의 삶과 같이 살아가야 합니다. 타락한 세상 속에서도 성도의 거룩함을 행하십시오.(마 26:20)

**셋째, 우리는 말씀으로 무장해야 합니다.**

성도들을 세상의 죄에 물들지 않게 하는 것은 하나님의 말씀입니다. 연잎의 돌기처럼 진리의 말씀이 우리 마음에 가득하고 우리 삶에 자리 잡고 있을 때 어떤 유혹이 와도 우리를 적시지 못하고 흘러내리게 됩니다. 마음속에 자리 잡은 말씀으로 유혹을 물리치고 선한 영향력을 세상에 끼치십시오.(엡 6:13-17)

**오늘 본문을 통해** 세상속의 그리스도인에게 도움이 되는 세 가지 교훈에 대해서 배웠습니다. 그리스도인들은 우리의 인생이 어디를 향해서 가는지 아는 사람들입니다. 거기에 더해 지금 우리가 있는 곳이 어디이며 여기서 무엇을 해야 하는지도 알아야 합니다. 구원을 통해 죽음 뒤 천국의 삶을 보장 받았지만 거룩한 삶을 통해 지금 이 땅에서도 천국의 삶도 누릴 수 있기 때문입니다. **오늘도** 그리스도의 능력으로 세상을 이끌어 나가며 사십시오.

**주님! 말씀의 능력이 임하는 능력 있는 성도의 삶을 살게 하소서!**

| 오늘 특별 적용 | |
|---|---|
| 오늘 특별 감사 | |

# 154

# 기독교의 본질

골로새서 1장 9절부터 23절을 읽으십시오.
① 바울의 구체적인 기도제목은 무엇이었는가?(9~12)
② 예수님의 십자가 죽음의 결과는 무엇인가?(20~23)

다른 종교의 이야기라 정확하게는 밝힐 수는 없지만, 세계적으로 종교학에 큰 영향력을 가지고 있는 한 분이 이런 말을 한 적이 있습니다.
"우리의 본래 마음은 모두 깨끗하고 빛나고 넓습니다. 영원한 변함이 없는 맑은 마음입니다. 이 마음은 거울과도 같아서 아무리 오랫동안 때가 묻고 먼지가 올라있어도 닦기만 하면 거울은 다시 깨끗해집니다. 그런데 거울 그 자체를 생각해보면 그 위에는 어떤 것도 올려서는 안 됩니다. 옛 성현들의 주옥같은 말씀들도 맑은 마음을 가진 사람에게는 빛을 가리는 어두움일 뿐입니다. 불교를 믿는 사람은 석가를 버리고 기독교를 믿는 사람들은 예수를 버려야 합니다."
구원을 받기 이전의 삶을 생각해보십시오. 주님의 말씀이 내 마음에 들어오기 전의 삶과 지금의 삶을 다시 선택할 수 있다면 어떤 것을 선택하시겠습니까? 나의 삶에 변화와 기쁨을 더해주신 복음의 말씀이 진리의 말씀입니다.

**골로새서 1장 9절부터 23절**에는 예수님의 인격과 사역에 대해서 씌여 있습니다. 바울은 예수님의 사역이 사람과 하나님의 사이를 화평하게 만드는 것이었고, 또 그 사실로 인해 기뻐하셨다고 말했습니다. 우리는 오늘 본문을 통해 **기독교의 본질에 대한 세 가지 사실**에 대해서 배워야 합니다.

**첫째, 기독교는 단순한 종교가 아닙니다.**
다른 모든 종교는 자신을 위해 필요한 무언가를 하는 '나' 에 초점이 맞춰져 있지만 기독교는 모든 것의 근원이신 '하나님' 에 초점이 맞춰져 있습니다. 예수님을 믿는 사람들은 기독교를 버릴 순 있어도 예수님을 버릴 수는 없습니다. 기독교는 단순한 종교가 아닙니다. 종교와 복음의 차이에 대해서 올바르게 이해하십시오.(요 14:17/ 갈 3:1)

**둘째, 구원의 길은 하나입니다.**

구원이 예수님에게만 있다는 사실을 많은 사람들이 독선이라고 언짢아 합니다. 당시 골로새 교회에서도 이 같은 말이 있었고, 또한 이러한 믿음을 없애려는 많은 시도들이 있었습니다. 그러나 성경은 분명히 인간이 악한 존재이고, 예수님을 통해 구원을 얻는다고 선포합니다. 우리는 자신의 마음을 돌아보고 성경의 말씀을 알아보고 성령님을 체험해봄으로 이것이 진리인지 아닌지 어느 누구나 확인해볼 수 있습니다. 타락한 모든 인간을 위해 예수님이 죄값을 대신 치루시고 날 위해 죽었기 때문에 구원의 길이 열릴 수 있었다는 사실을 잊지 마십시오.(막 16:16/ 요 3:17)

**셋째, 구원을 받는 방법도 하나입니다.**

진리는 하나이고, 구원의 길도 하나입니다. 바로 하나님의 아들이신 독생자 예수 그리스도를 믿는 것입니다. 인간을 구원하려는 하나님의 계획은 매우 오랫 동안 복잡한 역사들로 이루어졌지만 그 결과는 매우 간단합니다. 우리가 죄인임을 알고, 예수님을 믿고, 구원을 받는 것입니다. 예수님이 날 위해 죽으심으로 우리의 모든 문제가 해결된다는 사실을 믿으십시오.(마 19:17/ 요 14:6)

**오늘 본문을 통해** 기독교의 본질에 대한 세 가지 사실에 대해서 배웠습니다. 우리가 선하게 느껴지도록 우호적으로 친절하게 대하는 분이 아니라 선하심 그 자체입니다. 하나님을 나의 잣대에 맞추려고 하면 많은 불평과 불만이 쏟아지지만, 나의 기준이 아닌 선함의 기준, 하나님의 기준에 나를 맞추려고 하면 참된 회개와 거듭남의 은혜가 넘치게 됩니다.

**오늘도** 길과 진리, 생명이신 예수님을 확신하며 예수님만 의지하십시오.

**주님! 유일한 구원의 방법과 구원의 길을 바로 알게 하소서!**

| 오늘 특별 적용 | |
|---|---|
| 오늘 특별 감사 | |

# 155

# 섬김과 희생에 대한 교훈

골로새서 1장 24절부터 2장 5절을 읽으십시오.
① 바울이 교회의 일군이 된 것은 무엇을 위한 것인가?(25)
② 바울은 구체적으로 무엇을 수고했으며 그 목적은 무엇이
었는가?(2)

**평생을** 인도의 빈민가에서 봉사를 하며 살았던 마더 테레사가 하루는 이런 질문을 받았습니다.

"평생 동안 봉사를 하셨잖습니까? 같은 시간 동안 다른 사람들은 더욱 잘 살게 되었고, 더욱 높은 자리에 오르게 되었습니다. 그런 사람들을 볼 때 질투와 시기심이 안 생기십니까? 이제는 조금 쉬고 싶지 않으십니까?"

마더 테레사는 이 질문에 아주 기가 막힌 대답을 했습니다.

"허리를 굽히고 사는 사람들에게는 위를 쳐다볼 수 있는 시간이 없습니다."

그리고 환한 미소를 짓고는 다시 봉사를 하기위해 움직였습니다.

진정으로 섬기는 사람들에게는 시기와 질투를 할 여유조차 없습니다. 예수님은 자신의 목숨까지 다해 우리들을 섬기셨지만 오직 하나님께 영광을 돌리셨습니다.

**골로새서 1장 24절부터 2장 5절에는** 바울의 사역에 대한 내용이 기록되어 있습니다. 바울은 골로새 성도들을 위하여 받는 괴로움도 기뻐하고 그리스도의 남은 고난을 교회를 위하며 자신의 몸에 채운다고 고백했는데, 우리는 오늘 본문을 통해 **섬김과 희생에 대한 세 가지 교훈**을 얻을 수 있습니다.

**첫째, 때로는 섬김에 큰 희생이 필요합니다.**

사실 섬기는 행동은 그 행동 자체만으로도 큰 희생이 필요합니다. 남을 위해 무언가를 한다는 것은 아주 작은 호의라도 시작이 쉽지 않습니다. 바울은 복음을 전하기 위해서 죽을 고비도 감내했고, 성도들의 양육을 위해서 밤낮을 가리지 않았으나, 그런 바울도 시기하고 힐난하는 무리가 있었으며, 여전히 많은 사람들에게 미움을 받았습니다. 섬김에는 희생이 필요합니다. 그리고 꾸준한 섬김에는 더 큰 희생이 필요하다는 사실을 기억하고 이해하십시오.(고전 5:7, 15:10)

**둘째, 그럼에도 더욱 섬김에 힘써야 합니다.**

바울이 크나큰 핍박에도 지치지 않고 계속해서 섬길 수 있었던 것은 섬김의 과정을 통해 하나님의 오묘한 비밀을 깨달았기 때문입니다. 그리고 사람들의 반응과는 관계없이 섬김의 과정 속에서 능력의 하나님이 주시는 힘으로 더욱 기뻐하고 수고하며 애를 쓸 수 있었습니다. 어떤 어려움에 부딪치더라도 주님을 의지함으로 더욱 섬김에 힘쓰십시오.(살전 2:9)

**셋째, 섬김과 희생의 중심에 그리스도가 있어야 합니다.**

바울이 떠난 틈을 타서 들어온 거짓 교사들은 자신들이 직접 천사와 연합하거나 교통할 수 있다고 속이며 천사들이 하나님께 경배하는 것을 흉내 냈습니다. 그리고 천사와 연합하는 방법이 있기 때문에 그리스도가 반드시 필요한 것은 아니라고 교인들을 설득했습니다. 성도들이 거짓 교사들의 꼬임에 넘어간 것은 그들이 크게 섬기고 헌신했기 때문일 것입니다. 그러나 마음을 가지고 행하는 섬김과 희생은 아무런 의미가 없습니다. 모든 섬김과 희생의 중심에 예수 그리스도를 모십시오.(갈 4:19)

**오늘 본문을 통해** 섬김과 희생에 대한 세 가지 교훈을 배웠습니다. 섬김은 매우 아름다운 행동이지만, 그만큼 많은 어려움이 따릅니다. 힘들고 어렵더라도 꼭 필요하고 해야 할 일을 하는 책임감 있는 성도가 되십시오.
**오늘도** 모든 섬김과 희생을 예수님을 의지하며 하십시오.

**주님! 섬김의 희생을 즐거이 실천하게 하소서!**

| 오늘 특별 적용 | |
|---|---|
| 오늘 특별 감사 | |

# 156

## 그리스도인의 바람직한 행실

골로새서 2장 6절부터 15절을 읽으십시오.
① 가르침의 옳고 그름을 무엇으로 분별할 수 있는가?(8)
② 그리스도 안에서 항상 충만한 것은 무엇인가?(9)

**프랑스의 소설가** 모파상의 단편소설 '목걸이'의 줄거리입니다.
한 아리따운 부인이 화려한 무도회에 초대를 받았습니다. 부유하지는 않았지만 기품이 있었기에 유명한 귀부인들이 친분을 쌓고자 초대한 것이었습니다. 부인은 단정히 드레스를 입고 부자 친구에게 크고 화려한 진주 목걸이도 빌려서 멋지게 꾸민 뒤에 무도회에 참석했습니다. 무도회의 모든 사람들이 그녀에게 집중했고, 그녀는 하루 종일 날아갈 것 같은 행복감을 느꼈습니다. 그러나 집에 돌아오고 난 뒤에 목걸이가 없어졌다는 사실을 깨달았습니다. 그녀는 매우 놀란 나머지 큰돈을 급하게 빌려 보석상에 가서 최대한 비슷한 진주 목걸이를 사서 친구에게 돌려주었습니다. 그리고 그 돈을 갚기 위해 오랜 세월을 허비했습니다. 모든 빚을 갚은 뒤 부자 친구에게 과거에 있었던 일을 털어놓자, 부자 친구는 너무도 미안해하며 깜짝 놀랄만한 대답을 합니다.
"어머나, 미리 말을 하지 그랬니? 그것은 가짜 진주였는데 말이야..."
부자의 진주 목걸이 진위를 아무도 의심하지 않듯이 그리스도인들의 선한 행실 역시 당연한 것이 되어야 합니다.

**골로새서 2장 6절부터 15절**에는 골로새 성도들을 위한 바울의 권고가 기록되어 있습니다. 골로새서는 2장 6절을 기점으로 전반부와 후반부로 나눌 수가 있는데, 전반부는 그리스도인이 되는 것에 대한 내용이 나온 반면 후반부는 그리스도인이 행해야 할 일에 대한 내용이 나와 있습니다. 우리는 오늘 본문을 통해 **그리스도인의 행실에 대한 세 가지 지침**에 대해서 알 수 있습니다.

**첫째, 그리스도인은 자신의 분명한 위치를 지켜야 합니다.**
본문의 6절부터 '그러므로' 라는 단어가 5번이나 나옵니다. 그러므로 라는 말은 어떤 것을 먼저 체험하거나 경험한 후에 당연히 따라와야 하는 것을 나타내는 말이기 때문에 우리는 본문에서 '그러므로' 라는 단어에 조금 더 집중해서 말씀을 묵상해야 합니다. 이 모든 '그러므로' 의 전제는 바로 우리가 그리스도인이 되었다는 사실이 바탕이 되어 있습니다. 세상에서 그리스도인의 위치를 지키며 살아가십시오.(마 5:16)

**둘째, 그리스도인은 율법주의에 넘어가지 말아야 합니다.**
바울이 다른 지역에 세운 교회들과 마찬가지로 골로새 성도들도 유대인들의 율법주의에 영향을 받아 흔들리기 시작했습니다. 그만큼 당시의 그리스도인들이 율법주의에 많은 혼란을 겪었기 때문입니다. 율법은 죄를 깨닫게 하는 것이며 그리스도의 생명의 법은 율법을 초월하게 한다는 사실을 결코 의심하지 마십시오.(마 5:43-44/ 롬 3:2, 8:2)

**셋째, 그리스도인은 복음이 중심에 있어야 합니다.**
당시 율법주의로 인해 곤혹스러워하던 성도들은 복음의 확신과 체험은 있으나 복음의 의미에 대해서 제대로 알지 못해서 율법주의자들의 변론에 넘어가 괴롭힘을 당하고 있었습니다. 그러나 우리가 중심을 분명하게 바로 잡고 있다면 우리의 믿음은 흔들리지 않으며 신앙은 무너지지 않습니다. 신앙의 중심에 복음의 십자가를 굳게 세우십시오.(마 10:38/ 롬 6:6)

**오늘 본문을 통해** 그리스도인의 행실에 대한 세 가지 지침에 대해 배웠습니다. 단지 구원을 받고 지옥에 가지 않는다는 기쁨에 멈춰선 채 마땅히 그리스도인으로 해야 할 일들과 직무들을 감당하지 않는 모습이 보인다면 오늘 말씀으로 다시 한번 깨닫고 주님을 위한 신실한 일꾼으로 거듭나길 바랍니다. **오늘도** 예수님 안에서 자유와 평안을 누리며 살아가십시오.

**주님! 복음의 가치에 합당한 삶을 살아가게 하소서!**

| 오늘 특별 적용 | |
|---|---|
| 오늘 특별 감사 | |

# 157

# 올바른 교리에 관한 사실

골로새서 2장 16절부터 23절을 읽으십시오.
① 바울이 우리에게 경고하고 있는 것은 무엇인가?(16)
② 바울이 강조하는 세 가지는 무엇인가?(21)

**지금은 거의 사라졌지만** 3세기경에는 은둔 생활과 금욕주의에 바탕을 둔 신앙이 유행처럼 번지던 시기였습니다.

그들은 성경 외에 자신들이 규칙을 정해놓고 스스로가 그 규례를 따라 기도를 하고, 명상을 하며 검소하고 금욕적인 공동체 생활을 했습니다.

또 당시에 '기둥위에 성자' 라고 불리던 시므온이라는 사람은 나무 기둥 위에서 사는 고행을 수행했습니다. 처음엔 2m 기둥 위에서 시작한 그의 생활은 20m의 기둥 위에까지 올라갈 때까지 30여년 가까이 계속 되었습니다.

그는 사람들에게도 기둥 위에서 설교를 했고 당시에 그런 시므온의 모습을 보고 따라해 많은 사람들이 기둥 위의 생활을 시도했다고 합니다.

복음의 본질을 모를 때 예수님을 본받는 그리스도인이 아니라 유명인을 본받는 추종자가 됩니다. 본음의 본질로 신앙의 중심을 잡으십시오.

**골로새서 2장 16절부터 23절에는** 교리적인 문제들에 대한 내용이 나와 있습니다. 바울은 스스로를 괴롭게 하는 금욕주의 사상에 대해서도 언급하며 이런 규례도 율법과 마찬가지로 어떤 유익도 없다고 말했습니다. 우리는 오늘 본문을 통해 **올바른 교리에 대한 세 가지 사실**에 대해서 깨달아야 합니다.

**첫째, 그리스도와 관련된 교리가 있습니다.**
본문에서는 먹고 마시는 일과, 절기로 다른 사람에게 책을 잡히지 않게 하라고 했습니다. 이것은 율법이 그림자이긴 하지만 그리스도라는 몸의 그림자이기 때문입니다. 주일 성수와 십일조, 성탄절과 각종 절기들을 지키는 교리들은 교회가 성장하고 성도가 연합하고 신앙이 성장하게 도와주는 교리들입니다. 교회의 구성에 도움이 되는 공통의 교리에 대해서는 특별한 이유가 없다면 지키십시오.(마 26:18/ 요일 2:3)

**둘째, 세상과 관련된 교리가 있습니다.**

세상과 관련된 교리들은 본문에서 '초등학문' 으로 언급되었습니다. 당시의 상황은 율법주의와 그리스의 철학과 거짓 교사들의 가르침을 뜻하는 것이었지만 거짓된 모든 학문이 '초등학문' 에 속하며 세상과 관련된 교리에 속합니다. 율법주의자들은 계명에 목을 맸고, 영지주의자들은 신비한 체험에 목을 맸습니다. 세상과 관련된 잘못된 교리에 빠지지 말고 그리스도의 바른 진리를 붙드십시오.(엡 5:6)

**셋째, 금욕주의는 복음의 본질이 아닙니다.**

바울은 금욕주의도 겉으로는 지혜가 있어 보이지만 실상은 자기 몸을 괴롭게만 하는 껍데기 일뿐이라고 말했습니다. 설사 이런 금욕주의적인 생활을 한다 하더라도 그것은 욕망을 억누르려는 본인의 노력이 아니라 우리 안에 거하시는 성령님의 능력을 통해 이루어지는 것이어야 합니다. 금욕주의가 비성경적인 것임을 깨닫고 교리를 바르게 분별하십시오.(딛 1:10)

**오늘 본문을 통해** 올바른 교리에 대한 세 가지 사실에 대해서 배웠습니다. 우리를 그리스도 안에 더욱 거하게 하는 데에 도움을 주는 것과 그렇지 않은 것들을 잘 분별하여 잘못된 유행과 사상과 교리에 빠지지 않도록 늘 살펴야 합니다.

**오늘도** 올바른 교리를 깨닫고 생활하십시오.

**주님! 말씀이 가르치는 바를 지혜롭게 받고 실행하게 하소서!**

| 오늘 특별 적용 | |
|---|---|
| 오늘 특별 감사 | |

# 158

# 항상 소망을 품는 사람

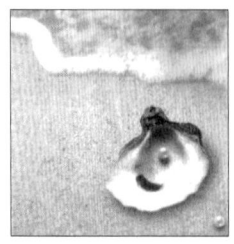

골로새서 3장 1절부터 4절을 읽으십시오.
① 거듭난 성도들이 해야 할 행동은 무엇인가?(1)
② 성도들이 거룩한 삶을 살아야 하는 이유는 무엇인가?(4)

**미국에서** 실제로 있었던 일입니다.

한 소년이 길을 가다가 5달러짜리 지폐를 주웠습니다. 이 때 이후로 소년은 걸을 때마다 땅을 보고 다니기 시작했습니다. 그때와 같은 행운이 또 있을까 싶어서 땅을 보며 걷는 것이 습관이 되어버린 것입니다. 그렇게 소년은 점점 나이가 들어 청년이 되었고 성인이 되었고 노인이 되었습니다. 그리고 그 오랜 세월동안 계속해서 땅을 보고 다녔습니다. 노인이 되어버린 소년이 평생 동안 얻은 것은 3만여 개의 단추와 5만 4천여 개의 머리핀, 그리고 몇 백 달러에 해당하는 지폐와 동전들이었다고 합니다. 그리고 그 대신 다시는 펼 수 없는 허리 또한 얻었습니다. 땅을 보고 걷는 것이 습관이 되어 굽은 채로 굳어버린 것이었습니다.

잠깐의 쾌락이 평생 땅을 보게 만들었고, 소중한 건강과 시간을 허비하게 만들었습니다. 성도들도 세상의 유혹에 빠질 때가 있고 넘어질 때가 있습니다. 그러나 서둘러 다시 제 자리를 찾아야 합니다. 그렇지 않으면 주님과 점점 멀어지고 신앙이 굽어지는 좋지 않은 습관이 자리 잡게 됩니다.

**골로새서 3장 1절부터 4절에는** 성도들의 생활 원리에 대한 내용이 계속 나오고 있습니다. 오늘 본문 역시 '그러므로' 라는 단어로 시작하고 있는데 바울은 강력한 어조로 다시 한번 그리스도인은 분명한 소망을 가지고 살아야 한다고 강조하고 있습니다. 오늘 본문을 통해 **소망을 가지는 사람의 세 가지 자세**에 대해 살펴볼 수 있습니다.

**첫째, 구원의 과정을 생각해야 합니다.**

'그리스도인이 어떤 사람들이고, 이후의 삶을 어떻게 살아야 하는가?' 라는 질문에 대한 확실한 답을 알기 위해선 구원의 과정을 생각해봐야 합니다. 구원의 과정은 간단하게는 예수님을 믿음으로 영접함으로 일어나는 것이지만 그 안에 십자가에 못 박혀 돌아가신 예수님과 함께 우리의 육이 함께 죽고 부활하신 예수님과 함께 영으로 다시 태어나는 과정을 지나게 됩니다. 예수님과 함께 하는 삶으로 새로운 소망을 품으십시오.(행 3:18/ 벧전 1:3)

**둘째, 땅의 것을 생각하지 말아야 합니다.**
구약의 이스라엘 백성들은 출애굽한 이후에도 애굽 생활에 연연했습니다. 그들은 고기 몇 점과, 생선, 부추, 파, 마늘과 같은 것을 잊지 못해 울고 불평했습니다. 그들은 노예에서 해방되어 자유를 얻었고, 젖과 꿀이 흐르고 있는 가나안 땅으로 가고 있었는데도 말입니다. 지금도 마귀는 하나님의 자녀들이 세상의 물질에 미련을 갖도록 유혹합니다. 세상의 것에 목을 매고 하나님보다 더 사랑하지 마십시오.(민 11:4-5/ 마 4:3-10/ 요일 2:15)

**셋째, 하늘의 것을 찾아야 합니다.**
바울은 그리스도의 구원의 과정을 십자가에서 시작되고 부활로 끝나는 것으로 결론지었습니다. 그리스도인들은 이제는 땅의 것이 아니라 위에 것을 바라야 합니다. 그리스도인들의 소망, 그것은 예수님께서 영광중에 다시 오시는 재림입니다. 그분이 오실 때에 이 땅의 모든 문제는 해결됩니다. 하늘의 일들에 소망을 두고 예수님만을 바라보며 나아가십시오.(마 6:21/ 히 12:2)

**오늘 본문을 통해** 소망을 가지는 사람의 세 가지 자세에 대해서 배웠습니다. 그리스도인의 소망과 성공에 대한 시선은 세상 사람들과 달라야 합니다. 서로 보는 것이 다르고 믿는 것이 다르기 때문에 당연히 성공에 대한 생각도 다를 수밖에 없습니다.
**오늘도** 하늘에 소망을 둔 사람답게 하루를 살아가십시오.

**주님! 영원한 하늘나라에 소망을 두고 살아가게 하소서!**

| 오늘 특별 적용 | |
|---|---|
| 오늘 특별 감사 | |

# 159

# 새로운 삶을 살게 해주는 일

골로새서 3장 5절부터 11절을 읽으십시오.
① 우리가 버려야 할 구체적인 것들은 무엇인가?(5,8,9)
② 주님은 우리의 어떤 부분까지 새롭게 하시는가?(10)

절도죄로 교도소에 들어간 청년이 있었습니다.

그를 담당하던 교도관은 그가 교육을 받고 마음을 바르게 먹으면 사회에 좋은 일을 할 것 같아서 그에게 관심을 두었습니다. 글을 가르치고 기초적인 교육을 시켜주었으며, 좋은 책들을 소개해주었습니다. 일련의 교육과정들을 복역 기간 내에 무사히 마치자 교도관은 청년이 대견해, 좋은 후견인까지 소개시켜주었습니다. 그러나 일 년 후 그 청년은 다시 교도소에 들어왔습니다. 다만 죄목은 차이가 있었습니다. '사기죄, 문서위조죄' 로 저번보다 높은 수준의 범죄였습니다.

같은 능력을 지닌 사람도 어떤 마음을 먹느냐에 따라서 인류에 위대한 공헌을 하기도 하고 끔찍한 사고를 저지르기도 합니다. 세상의 성공과 명예에 사로잡혀 있는 사람에게는 구원도 종교도, 예수님도 모두 자신의 목표를 위한 도구일 뿐입니다.

골로새서 3장 5절부터 11절에는 계속 이어지는 성도의 생활원리에 대해서 나옵니다. 바울은 세상에서 우리가 경험하고 대처해야할 많은 상황 속에서 우리가 실제적으로 행동해야할 지침이 어떤 것들인지 철저히 복음에 근거하여 설명했습니다. 오늘 본문을 통해 **새로운 삶을 살게 도와주는 세 가지 교훈**에 대해서 배울 수 있습니다.

**첫째, 단호한 결단을 해야 합니다.**

우리는 하나님 앞에서 단호하게 성결한 삶을 위한 결단을 내려야 합니다. 비록 하루 만에 그 결심을 지키지 못할지라도, 우리는 겁먹지 말고 다시 주님 앞에 확고히 결단할 수 있는 용기를 가져야 합니다. 단호한 결단으로 하나님께 성숙한 성도로 나아가는데 필요한 발판을 마련하십시오.(빌 1:7/ 약 1:6-8)

**둘째, 땅에 있는 지체를 죽여야 합니다.**

그리스도인들의 옛 사람은 영적으로 십자가와 함께 이미 주안에서 죽었습니다. 그러나 우리의 실제 생활은 아직 육체 가운데 이루어지는 것이기 때문에 성화의 과정이 필요합니다. 그 과정에서 '땅에 있는 지체'를 죽이는 일이 필요합니다. 땅에 있는 지체는 '세속적인 본능과, 부끄러운 모든 것들'을 뜻하는 음란과, 우상숭배와, 탐심, 사욕과 악한 정욕들입니다. 구원으로 거듭난 사실을 분명히 알고 땅에 있는 지체를 벗어버리십시오.(엡 4:31)

**셋째, 지식에까지 새로워져야 합니다.**

거듭남으로 새로운 삶을 사는 데에는 우리의 모습과 보이는 행동뿐만 아니라 우리의 속과 지식까지도 새로워져야 합니다. 그리스도 안에 있으면 누구든지 새로운 피조물이라는 말씀은 이런 이유에서 나온 것입니다. 복음에 대한 잘못된 지식과 세상의 몇몇 지식들은 오히려 신앙을 악화시킵니다. 영적인 상태만이 아니라 언행과 지식과 마음에 이르기까지 전인적으로 새로워지십시오.(빌 3:8 /골 3:9)

**오늘 본문을 통해** 새로운 삶을 살게 도와주는 세 가지 교훈에 대해서 배웠습니다. 새로운 삶에는 단호한 결단이 필요하고, 근본적 변화가 필요합니다. 거기에 계속되는 실패도 경험할 수 있습니다. 그러나 그것은 우리가 더욱 완전해지고, 우리의 본래 모습처럼 회복되어가는 과정이기에 그 길의 끝에는 큰 기쁨이 가득합니다.

**오늘도** 하나님 앞에서 필요한 것들을 결단하며 성결하게 사십시오.

**주님! 성령을 따라 하나님의 편으로 과감히 마음을 정하게 하소서!**

| 오늘 특별 적용 | |
|---|---|
| 오늘 특별 감사 | |

# 160

# 그리스도인의 성장 과정

골로새서 3장 12절부터 17절을 읽으십시오.
① 당신은 평안한 가운데 감사한 생활을 하고 있는가?(15)
② 찬양과 감사를 위해 우리 마음에 품어야 할 것은 무엇인가?(16)

정원이나 화단에 꽃을 키우다 보면 잡초가 반드시 자라납니다.
보통은 이 잡초가 보기 안 좋다고 생각하거나, 꽃의 양분을 빼앗을까봐 잡초를 미리 솎아줍니다. 하지만 이것은 꽃에는 오히려 안 좋은 영향을 미친다고 합니다. 좋은 비료를 주고, 주변에 잡초를 뽑아주는 것이 우리 생각에는 더욱 성장에 좋을 것 같지만 잡초라는 경쟁자가 없고 뿌리를 내리지 않아도 양질의 영양분이 듬뿍 있는 환경이 조성되면 꽃은 스스로 뿌리를 깊이 내리려고 하지 않습니다. 그러나 잡초를 뽑지 않고 그냥 두면 꽃은 잡초보다도 많은 영양분을 먹기 위해 뿌리를 깊이 내리고 더욱 강한 힘으로 양분을 빨아들입니다. 그 결과 처음에는 잡초가 성장을 방해하는 것 같지만 이 잡초로 인해 꽃이 더욱 성장합니다. 모든 어려움과 환경을 성장의 기회로, 성장의 발판으로 삼으십시오.

**골로새서 3장 12절부터 17절**에는 성도의 생활 원리에 대한 다섯 번째의 내용이 나옵니다. 다섯 번째의 '그러므로' 로 시작하는 본문에서 바울은 그리스도인들은 분명한 성장을 해야 된다고 말합니다. 오늘 본문을 통해 **그리스도인의 세 가지 성장**에 대해서 알 수 있습니다.

**첫째, 생각의 성장입니다.**
그리스도인들은 같은 상황에도 생각이 달라야 합니다. 그리스도인들의 생각은 사람을 살리고 영을 살리는 쪽으로 이루어져야 합니다. 잘못에 대한 비판은 누구나 할 수 있습니다. 잘못을 비판하는 당연한 생각에 온유가 들어오고 인내가 들어오고 사랑이 들어오면 생각이 달라집니다. 생각이 바뀌면 행동은 당연히 따라서 바뀔 수밖에 없습니다. 사람을 이해하고 영을 살리는 방향으로 생각을 바꾸십시오.(마 23:19/ 고후 4:16)

## 둘째, 인격의 성장입니다.

새로운 생활을 하기 위해서는 모든 것을 떠나보내야 합니다. 새로운 사람이 되기 위해서는 옛 사람과 그 행위를 완전히 벗어버려야 합니다. 이것이 성장과 성숙의 필수 요소입니다. 그 중에서도 특히 하나님의 택하심을 받은 성도는 인격이 성장해야 합니다. 인격적으로 원만하고 고상한 사람이 구원을 얻는 것은 아니지만, 구원을 얻은 사람은 이렇게 변해야 합니다. 예수님을 닮아가는 그리스도인의 삶을 꿈꾸십시오.(롬 7:6/ 마 4:19)

## 셋째, 전인적 성장입니다.

예수님과 한 몸으로 부르심을 받은 그리스도인들의 마음에는 그리스도의 평안이 늘 머물러야 합니다. 그리스도의 평안으로 마음을 다스릴 때에 범사에 감사하는 삶도 가능해집니다. 하나님과 화평케 된다면 우리의 모든 관계도 따라서 화평해 집니다. 그리스도의 말씀이 올바르게 심기고 자란다면 풍성히 열매를 맺기 때문입니다. 이런 열매는 성도의 전인적인 성장으로 결과가 나타납니다. 전인적인 성장을 통해 모든 방면에 성숙한 모습으로 성장하십시오.(고전 10:31)

**오늘 본문을 통해** 그리스도인의 세 가지 성장에 대해서 배웠습니다. 그리스도를 닮아가는 것이 그리스도인의 삶이자 목표이기 때문에, 생이 다하는 그날까지 우리는 계속해서 주님을 따라 성장해야 합니다. 그리고 우리의 부족한 각 부분에 성령님의 인도하심과 주님의 깨우침이 더욱 풍성히 임하도록 기도하며 간구해야 합니다.

**오늘도** 예수님을 닮아가는 성숙한 신앙으로 사십시오.

**주님!** 균형잡힌 신앙의 성장으로 더욱 크게 쓰임받게 하소서!

| 오늘 특별 적용 | |
| --- | --- |
| 오늘 특별 감사 | |

# 161

# 좋은 인간관계를 맺는 지혜

골로새서 3장 18절부터 4장 1절을 읽으십시오.
① 모든 자녀가 주님을 기쁘시게 하는 방법은 무엇인가?(20)
② 우리가 좋은 관계를 맺어야 할 이유는 무엇인가?(24-25)

**중국 명나라 시대**의 유명한 정치가였던 왕양명이라는 사람이 있었습니다. 왕양명은 나이가 들어 자신의 인생을 돌아보며 '인생의 어려운 일 세 가지' 가 무엇인지 글을 적었습니다.

첫째는 먹을 것이 없고 입을 것이 없을 때에 생기는 일입니다.

사람에게 기본적으로 필요한 이 어려움은 매우 견뎌내기 어려운 일입니다.

두 번째로는 남에게 천대를 받을 때입니다.

다른 사람과의 관계에서 무시를 받는 것은 생활을 매우 어렵게 만듭니다.

세 번째로는 마음속의 깊은 고민이 있을 때입니다.

어떤 문제로 인한 고민이든 간에 마음 깊이 자리 잡을 때는 괴롭습니다.

그리고 왕양명은 이 중에 남에게 천대를 받는 괴로움이 가장 크다고 말했습니다. 관계가 안 좋으면 만남이 없어지고, 일도 없어지고 그저 한가롭게 아무 것도 할 일이 없어지기 때문입니다.

그리스도인들은 모든 관계에 지혜로워야 합니다. 사람과의 모든 관계가 회복되어야 하나님이 주신 사명들을 잘 감당할 수 있습니다.

**골로새서 3장 18절부터 4장 1절**에는 성도들의 관계에 대한 그리스도인의 생활 원리가 나옵니다. 본문에는 부부와의 관계와, 부모와 자녀와의 관계, 그리고 고용주와 고용인의 관계에 대해 나와 있습니다. 오늘 본문을 통해 **좋은 인간관계를 위한 세 가지 지혜**에 대해서 배울 수 있습니다.

**첫째, 하나님의 순리를 따라야 합니다.**

모든 관계에는 역할이 있습니다. 그리고 그 역할에 어울리는 행동이 있습니다. 그리스도 안에서 우리는 모두 같은 형제, 자매이지만 세상에서 하나님이 인정하신 권위에 대해서는 순종해야 합니다. 관계에 맞는 역할을 이해하고 그에 맞는 행동을 하는 것은 그 사람에 대한 존경의 표시일 뿐 아니라 하나님에 대한 순종이기도 합니다. 자신에게 부여된 역할을 잘 감당함으로 하나님을 기쁘게 섬기십시오.(롬 1:27, 13:1)

### 둘째, 늘 겸손해야 합니다.
에베소서 5장에서는 '성령 충만'에 대해 얘기하면서 하나님을 찬양하는 것과 인간관계를 연결시켰습니다. 본문에서는 '새사람을 입은 성도'에 대해서 마찬가지 주제와 연결시켰습니다. 그러나 에베소서에서는 교회와 그리스도의 관계에 초점을 맞추었다면 골로새서에서는 '위에 계신 분'을 더욱 상기시키는 데에 초점이 맞추어져 있다는 차이가 있습니다. 교만하지 말고 하나님 앞에서 자신의 사명을 겸손히 감당하십시오.(마 6:9/ 엡 5:18-6:9)

### 셋째, 마음을 다해 성실해야 합니다.
부부는 서로 한 몸이므로 부부의 관계에 있어서는 아내는 그리스도께 복종하듯 남편에게 해야 하며, 남편은 그리스도께서 교회를 위해 십자가에 달리신 것처럼 사랑해야 합니다. 또한 부자지간이나 사회의 상하관계에서도 무슨 일을 하든지 주님께 하듯이 해야 합니다. 작은 편의와 이익을 위해 다른 사람을 속이고 이용하는 근시안적인 사고는 약간의 이익을 잠시 동안 가져다줄 뿐 결과적으로는 큰 손해라는 사실을 기억하십시오.(눅 10:27/ 롬 12:16)

**오늘 본문을 통해** 좋은 인간관계를 위한 세 가지 지혜에 대해서 배웠습니다. 하나님과의 관계가 바른 사람은 인간관계에서도 좋은 모습을 보일 수밖에 없고 사회생활에서의 평판도 좋을 수밖에 없습니다.
**오늘도** 충성되고 충성된 모습으로 모든 일을 감당하십시오.

**주님! 관계를 바르게 함으로 복음을 전하는 지혜를 주소서!**

| 오늘 특별 적용 | |
|---|---|
| 오늘 특별 감사 | |

# 162

# 생활 속에서 실천해야 할 행동

골로새서 4장 2절부터 6절을 읽으십시오.
① 당신은 기도에 '힘쓰고', '깨어 있는' 성도인가?(2)
② 전도할 때 우리가 주의 해야 할 일은 무엇인가?(5)

**앙리 살리에르**라는 사람의 체험을 토대로 만든 영화 '빠삐용'에는 다음과 같은 장면이 나옵니다.

외딴 섬에 평생을 갇혀 살아야 하는 빠삐용이 하루는 감옥에서 자다가 꿈을 꾸었습니다. 꿈에서 그는 하나님 앞에서 심판을 받는 것과 비슷한 상황을 경험했는데, 빠삐용은 자신이 감옥에 온 것이 억울하다며 재판관에게 변론을 합니다.

"저는 사람을 죽인 일도 없고, 사나이답게 항상 떳떳하게 살았습니다. 그런 제가 어째서 이런 흉악한 감옥에 와야 합니까?"

빠삐용의 거센 항변을 들은 재판관은 죄목을 한 마디로 일축했습니다.

"네 말대로 너는 범죄는 저지르지 않았다. 하지만 인생을 낭비한 죄, 그것이 바로 유죄다."

인생을 낭비하는 것도 죄입니다. 우리의 시간 역시 하나님께 받은 선물이므로 낭비하지 말고 잘 관리해야 합니다.

**골로새서 4장 2절부터 6절**에는 그리스도인의 기도 생활에 대해서 기록되어 있습니다. 그리스도인들은 항상 기도에 힘쓰고 기도에 감사함으로 깨어있어야 하며, 기도뿐 아니라 전도와 언어생활에 대해서도 조심해야 합니다. 우리는 오늘 본문을 통해 **그리스도인이 힘써야 할 세 가지 행동**에 대해 살펴볼 수 있습니다.

**첫째, 기도에 힘써야 합니다.**

새사람이 된 그리스도인의 생활은 깨어있는 맑은 정신으로 쉬지 말고 기도에 힘쓰며 감사하는 삶이 되어야 합니다. 기도는 그리스도인의 호흡이며, 하나님과의 대화이기 때문에 늘 기도한다는 것은 늘 하나님과 동행한다는 자연스러운 표현이 됩니다. 우리의 모든 일상이 감사함과 깨어있음으로 기도하는

생활이 되도록 하십시오.(마 6:6/ 눅 22:44/ 유 1:20)

## 둘째, 늘 전도해야 합니다.

말씀을 실천하는 그리스도인의 아름다운 삶과 행동 그 자체만으로도 충분히 전도의 효력이 있습니다. 그러나 바울이 감옥에 갇히는 벌과 매를 두려워하지 않고 입을 벌려 전도를 했듯이, 결정적인 순간에는 성령님의 인도하심을 따라 과감히 복음을 전하고 믿음을 권할 용기가 있어야 합니다. 인생을 낭비하지 말고 지혜롭게 기회를 잡아 전하는 그리스도인이 되십시오.(딤후 4:2)

## 셋째, 그리스도인다운 말을 해야 합니다.

말은 마음의 표현이고 생각의 전달입니다. 때문에 이 말을 통해 진리를 바꾸고 거짓말을 하게 되고, 지저분한 음담패설과 남에게 상처를 주는 일들도 할 수 있습니다. 그리스도인들은 이런 무익한 말의 행태를 버리고 축복과 긍정과 유익이 넘치는 말을 해야 합니다. 사랑과 기품이 넘치는 언어로 그리스도의 향기를 풍기십시오.(눅 3:8)

**오늘 본문을 통해** 그리스도인이 힘써야 할 세 가지 행동에 대해서 배웠습니다. 그리스도인들은 다른 사람의 본이 되어야 하고, 행동이든 말이든 모든 방법을 사용해 다른 사람에게 복음을 전하는 인생을 살아야 합니다. 이런 일들에 부담을 느낄 수도 있겠지만 그러기보다는 즐거운 마음으로 주님과 함께 용기를 내는 그리스도인의 모습이 되어야 합니다.
**오늘도** 살아 움직이는 하나님의 성전된 모습으로 생활을 하십시오.

**주님! 우리의 모든 행실로 주님을 드러내는 삶을 살게 하소서!**

| 오늘 특별 적용 | |
|---|---|
| 오늘 특별 감사 | |

# 163

# 언제나 쓰임 받는 일꾼

골로새서 4장 7절부터 18절을 읽으십시오.
① 당신은 다른 그리스도인을 세우기 위해 어떤 노력을 하는가?(12-13)
② 바울이 골로새 성도들에게 부탁한 것은 무엇인가?(15-17)

'노동은 신성하다'는 격언이 있습니다.

하지만 격언과는 달리 대부분의 사회에서는 노동을 하는 사람을 조금 수준 낮게 취급하는 경향이 있습니다. 그러나 미국의 정치가이자 과학자, 발명가였던 '건국의 아버지' 벤저민 프랭클린은 항상 일하는 사람을 볼 때마다 존경을 표했습니다. 하루는 그가 흙먼지를 뒤집어 써가며 열심히 농사를 짓는 농부를 보고는 다가갔습니다.

"안녕하십니까? 날도 더운데 정말 수고가 많으십니다."

그 모습을 본 비서가 돌아가는 길에 물었습니다.

"어째서 농부에게 그렇게까지 예를 갖추십니까?"

"서서 일하는 농부가 앉아 있는 신사보다도 훨씬 존경받아야 할 사람이라네, 저 사람들이 일하지 않는다면 우리 모두가 일어나야 하기 때문이지."

교회에서도 열심히 헌신하는 일꾼들을 존경하고 대접하려고 노력해야 합니다. 몇몇 사람의 헌신을 통해 많은 사람들이 이득을 보기 때문입니다.

골로새서 4장 7절부터 18절에는 골로새 성도들에게 전하는 마지막 인사와 동역자에 대한 소개가 나와 있습니다. 골로새서의 마지막인 본문을 통해 바울은 골로새 교회와 연관이 있는 동역자들을 간단히 소개하며 그들에 대한 조언과 칭찬도 함께 첨언했습니다. 골로새서의 마지막인 오늘 본문을 통해 **쓰임 받는 일꾼의 세 가지 조건**에 대해서 생각해 봐야 합니다.

### 첫째, 신실해야 합니다.

마지막 동역자들에 대한 내용은 골로새서 전체 분량의 8분의 1이나 되는 양을 차지하고 있습니다. 바울은 골로새서 전체를 통해서 그리스도인의 생활에 대한 원리들을 전했는데, 본문에 언급된 사람들은 실제로 그렇게 살았던 신실한 사람이었습니다. 신실한 사람은 하나님의 일을 잘 감당하고, 다른 성도들의 위로가 되며, 이후에 하나님께 상을 예약한 사람들입니다. 신실함으로 주님께 칭찬받을만한 삶을 사십시오.(마 25:21/ 히 11:6)

**둘째, 협력해야 합니다.**
하나님의 나라에 독불장군은 필요가 없습니다. 그리스도인들은 스스로의 힘으로 일하는 것이 아니라 하나님이 주신 힘으로 일을 하기 때문입니다. 재능이 모자라면 주님이 주십니다. 그러므로 자신의 힘을 믿고 당장 뛰어난 수완을 보이는 사람보다도 주님께 겸손한 마음으로 서로 협력하는 사람들이 더욱 큰일을 이룹니다. 모이기를 힘쓰고 서로 도우십시오.(시 133:1/ 히 10:25)

**셋째, 사명을 감당해야 합니다.**
골로새 교회의 목회자인 에바브라는 성도들을 위해 힘써 기도하고, 많은 수고를 아끼지 않아 본보기가 되었던 사람입니다. 그런데 빌레몬의 아들인 것으로 추정되는 아킵보는 아마도 사역을 감당하지 않고 식어진 사랑의 마음을 가졌던 것 같습니다. 바울이 아킵보에게만은 '주 안에서 받은 직분'을 삼가 이루라고 당부했기 때문입니다. 주의 일꾼이자 사명자로서의 사명을 감당하는 성도가 되십시오.(빌 1:14)

**오늘 본문을 통해** 쓰임 받는 일꾼의 세 가지 조건에 대해서 배웠습니다. 쓰임 받기 위해서는 헌신을 해야 하고, 헌신에는 큰 용기가 필요합니다. 골로새서의 마지막인 오늘 본문을 통해 그리스도인의 생활 원리에 대해서 다시 한번 깨닫고 더욱 성장하는 성도들이 되었으면 좋겠습니다.
**오늘도** 기쁨으로 그리스도인의 사명을 감당하며 하루를 사십시오.

**주님! 쓰임받음을 즐거워하는 하나님 나라의 일꾼 되게 하소서!**

| 오늘 특별 적용 | |
| --- | --- |
| 오늘 특별 감사 | |

# 164

# 구원을 확신하는 성도들의 모습

데살로니가전서 1장 1절부터 8절을 읽으십시오.
① 바울은 데살로니가 성도들을 위해 무엇을 했는가?(2-3)
② 복음은 어떻게 전파되어야 한다고 성경은 말하고 있는가?(5)

'날마다 예수님 마음 가까이' 라는 책을 쓴 버나드 뱅글리는 사람의 변화는 회개와 복음에 의해서 일어나며 그 일이 일어나기 전에는 사람을 함부로 판단해서는 안 된다고 말했습니다.

"어떤 사람이, 아니 어떤 성도가 술에 취했다 하더라도 우리는 그를 그런 사람이라고 단정 지어서는 안 됩니다.

노아는 한 번, 롯은 두 번 술에 취했습니다. 그러나 그들은 술주정뱅이로 기억되지 않습니다.

베드로는 주님을 부인하고 도망치는 부끄러운 일을 저질렀지만 아무도 베드로를 비겁한 겁쟁이로 생각하지 않습니다.

나쁜 일이 습관이 될 때에는 모르지만 한 두 번의 실수로 그 사람을 단정 짓는 것은 변화될 기회를 빼앗는 것입니다."

참된 구원을 얻게 만드는 것이 참된 구원을 가리는 것보다 더욱 중요합니다. 올바른 믿음은 우리의 내적인 것 뿐 아니라 외적인 것까지도 변화시킵니다.

**데살로니가 전서 1장 1절부터 8절에는** 데살로니가 성도들에 대한 바울의 감사와 기도에 대해서 기록하고 있습니다. 제 2차 전도 여행 중에 데살로니가 지역을 방문했던 바울과 실라는 유대인들의 방해로 약 3주 밖에 머무르지 못했습니다. 그래서 대신 디모데가 방문했습니다. 우리는 오늘 본문에 나오는 데살로니가 성도들의 모습을 통해 **구원에 확신이 있는 성도들의 세 가지 모습**에 대해서 알 수 있습니다.

**첫째, 균형 잡힌 실제적인 변화가 일어납니다.**
데살로니가 성도들은 믿음의 역사를 나타내며 또한 사랑의 수고와 소망의 인내를 실천했습니다. 바울은 이 소식을 듣고 크게 기뻐했습니다. 우리는 여기에서 마음속의 믿음으로 인해 역사가 나타나야 하며, 뜨거운 사랑과 기쁨으로 하는 수고가 동반되어야 하며, 간절한 소망과 현실의 인내가 함께 일어나야 한다는 것을 알 수 있습니다. 영원히 사라지지 않을 믿음, 소망, 사랑으로 복되게 변화되는 그리스도인이 되십시오.(고전 13:13/ 갈 6:2/ 약 2:17, 5:8)

**둘째, 능력 있게 복음을 전합니다.**
복음은 모든 믿는 사람들에게 구원을 주시는 하나님의 능력이 됩니다. 따라서 신실한 그리스도인이라면 먼저 자신이 구원의 확신을 굳게 가진 뒤 다른 사람들에게도 확신을 주실 것을 믿고 전해야 합니다. 나에게 임한 확신은 다른 사람에게도 임할 수 있기 때문입니다. 말과 삶을 통해 능력 있게 복음을 전하십시오.(행 9:21-22)

**셋째, 환란도 성장의 계기로 삼습니다.**
바울이 3주 만에 데살로니가 지역을 떠나야 했던 것은 그곳에 자리 잡고 있던 유대인들의 방해 때문이었습니다. 지나가는 바울도 이처럼 괴롭게 만들었던 유대인들이 그 지역에 살고 있는 데살로니가 성도들을 가만 놔두었을 리가 없었습니다. 그러나 성도들은 그런 고난 가운데서도 성령님께서 주시는 기쁨을 깨닫고 하나님의 말씀을 받아들였습니다. 고난의 유익함을 간증하십시오.(시 119:71/ 행 5:41/ 롬 5:3,4/ 히 11:25)

**오늘 본문을 통해** 구원에 확신이 있는 성도들의 세 가지 모습에 대해서 배웠습니다. 구원의 확신을 가진 성도들의 삶은 세상이 감당하지 못합니다. 마귀도 넘어트리지 못합니다. 그들은 온전히 주님의 말씀을 따라 살고, 주님의 권능이 임하는 삶을 살기 때문입니다. 한 구절의 말씀과 짧은 기도라도 온전히 주님을 믿고 따르는 마음으로 행하십시오.
**오늘도** 모든 일에 감사하며 찬양하십시오.

**주님! 구원의 체험을 당당히 세상에 고백할 수 있는 성도가 되게 하소서!**

| 오늘 특별 적용 | |
|---|---|
| 오늘 특별 감사 | |

# 165

# 그리스도인의 주의사항

데살로니가전서 1장 9절과 10절을 읽으십시오.
① 데살로니가 성도들의 소문이 어떻게 퍼졌는가?(9-10)
② 모든 환란에서 우리를 구하실 분은 누구인가?(10)

예전 동아프리카의 한 지역에서 서로 다른 나라에서 온 선교사들이 함께 사역을 하던 때가 있었습니다.

그런데 서로를 이해하지 못해 심각한 분쟁이 일어났습니다. 그들은 서로 자신들의 구역을 정해놓고 독자적으로 선교를 진행했습니다. 그런데 그 어떤 지역의 교회에도 원주민이 더 이상 찾아오지 않았습니다.

한 지역의 선교사가 원주민들을 찾아가 왜 교회에 나오지 않느냐고 물었습니다.

"당신들은 그동안 예수님에 대해서 우리에게 말했습니다. 그가 우리의 모든 죄를 용서하고 구원해주셨다고요. 그러니까 서로 사랑해야 한다고... 그러나 당신들을 보십시오. 당신들끼리도 서로 싸우고 미워하고 있지 않습니까? 당신들이 전하는 예수님이 아직 당신들을 구원하지 못한 것 같습니다."

모든 성도들은 성경적인 원리에 입각해서 분쟁을 일으키지 않고 사랑을 전하기 위해 노력해야 합니다.

데살로니가전서 1장 9절과 10절에는 데살로니가 성도들의 믿음에 대해서 기록하고 있습니다. 데살로니가는 로마와 동양을 이어주는 통로의 역할을 하는 곳이었기 때문에 복음이 수출되기 좋은 여건을 지닌 곳이었습니다. 바울이 데살로니가에 특별한 관심을 가진 것도 이 때문이었습니다. 오늘 본문을 통해 **그리스도인이 조심해야할 세 가지**에 대해서 생각해 볼 수 있습니다.

**첫째, 모든 우상을 버려야 합니다.**
사람들은 예전처럼 금으로 신상을 만들거나 해와 달을 섬기지는 않습니다. 하지만 우상은 이런 신들만을 뜻하는 것이 아니라 하나님보다 우리가 더욱 마음을 쓰는 모든 것들을 뜻합니다. 죄의 수렁에 빠져있는 사람들은 하나님의 영광을 아무것도 아닌 것으로 생각하고 자신에게 쾌락을 주는 것들과 쉽게 바꿉니다. 그들은 죄의 수렁에 빠져 죄의 노예가 되었습니다. 우상을 조심하며 언제나 하나님께로 삶의 방향이 향해있는 믿음을 가지십시오.(레 26:1)

### 둘째, 살아서 역사하시는 하나님을 섬겨야 합니다.

우리가 믿는 하나님은 과거와 미래의 하나님이 아니라 지금 살아서 역사하시는 하나님입니다. 우리를 구원하시고 역사와 모든 우주의 법칙을 주관하시는 참되고 유일한 분이십니다. 우리는 살아계신 하나님이 역사하는 삶을 살아가야 합니다. 또한 지금 우리에게 임하고 계시는 하나님을 믿고 섬겨야 합니다. 마음과 목숨과 뜻을 다하여 하나님을 섬기십시오.(마 22:37)

### 셋째, 예수님의 재림을 기다려야 합니다.

예수님께서 다시 오신다는 것은 그리스도인들의 크나큰 소망입니다. 초대 교회 성도들은 '마라나타' 라고 인사하며 예수님의 재림을 고대했습니다. 다시 오실 예수님을 우리도 생각하며 스스로 나태해지고 방탕해지는 모습이 보이지 않도록 조심해야 합니다. 그리스도인들에게 예수님의 재림은 몸의 영화와 눈물과 슬픔도 사라지는 기쁨의 천국을 뜻합니다. 소망의 인내로 매일 재림을 맞이하는 자세로 살아가십시오.(고전 11:26/ 계 4:8)

**오늘 본문을 통해** 그리스도인이 조심해야할 세 가지 사항에 대해서 배웠습니다. 그리스도인들의 신앙은 하나님의 능력이 넘치는 삶으로 변화시킬 힘이 있어야 합니다. 살아계신 하나님과 다시 오실 하나님과 우리의 모든 죄를 사해주신 하나님을 믿음으로 이런 일이 가능해집니다.
**오늘도** 예수님의 재림을 소망하며 하나님과 이웃을 사랑하십시오.

**주님! 주님이 명한 것을 지키며 다시 오실 주님을 소망하며 살게 하소서!**

| 오늘 특별 적용 | |
| --- | --- |
| 오늘 특별 감사 | |

# 166

# 어려움을 이겨내는 신앙의 자세

데살로니가전서 2장 1절부터 20절을 읽으십시오.
① 바울이 고난속에서 복음을 전할 수 있었던 이유는 무엇인가?(2)
② 그리스도인들은 어떻게 사명을 감당해야 하는가?(6-7)

C. T. 스터드라는 유명한 영국의 크리켓 선수가 있었습니다.

16세 때부터 뛰어난 재능을 보였던 그는 19세 때 영국 이튼의 프로팀으로 들어가 세계적인 선수로 성장했습니다. 그는 신앙이 없었지만 우연히 무디 목사님의 설교를 듣고 주님을 영접했습니다. 하나님의 놀라운 은혜를 체험한 스터드는 이후 자신의 모든 것을 주님께 드리기로 결심했습니다.

그는 먼저 자신의 시간을 드렸습니다. 자신이 알고 있는 모든 사람을 찾아가 자신의 체험을 얘기하며 주님께로 인도하기 위해 많은 노력을 했습니다. 그리고 그는 자신의 몸을 드렸습니다. 그는 중국 최초의 선교사인 허드슨 테일러를 찾아가 중국에서 선교의 중책을 담당했습니다.

마지막으로 그는 자신의 재물을 드렸습니다. 스터드는 자신에게 약 5억에 해당하는 유산이 남겨져 있음을 알고는 하나님께 바쳤습니다. 온전히 하나님의 사랑에 감격한 사람은 어떤 어려움 속에서도 헌신을 멈추지 않습니다. 그들에겐 세상의 모든 어려움도 주님을 위해 섬길 기쁨이며 사역 자체가 즐거움이기 때문입니다.

데살로니가전서 2장 1절부터 20절에는 데살로니가에서 복음을 전하다 받은 핍박에 대한 내용이 나옵니다. 데살로니가에서의 전도는 바울이 견디기 힘들 정도로 극심한 고난의 연속이었습니다. 그러나 그런 고난 속에서도 데살로니가 성도들은 아름다운 성령의 열매를 맺었습니다. 우리는 오늘 본문을 통해 **어려움을 이겨내는 신앙의 세 가지 자세**에 대해서 배울 수 있습니다.

**첫째, 말씀을 통해 이겨내야 합니다.**

그리스도인의 신앙의 기본은 성경에 있습니다. 불변의 진리인 성경을 잘 알고 깨달을 때에 흔들리지 않는 믿음을 갖게 됩니다. 아무리 열정적인 모습으로 신앙생활을 한다고 하더라도 성경에 뿌리가 박혀있지 않은 신앙은 그저 편력으로 마무리될 확률이 높습니다. 하나님의 말씀인 성경을 귀하게 여기고 늘 묵상하십시오.(시 1:2/ 행 17:23/ 요일 2:27)

**둘째, 전도의 열매를 생각해야 합니다.**
고난은 사역을 하는 성도들에게 더욱 심하게 찾아옵니다. 구원에 만족한 채 아무것도 하지 않는 성도들은 사탄에게 별로 위협이 되지 않습니다. 그러나 복음을 전하기 위해 노력하는 성도들은 너무나도 큰 위협이 됩니다. 고난이 심할수록 사탄이 두려워하고 있다는 증거입니다. 따라서 우리는 선한 일을 하던 중에 겪는 고난을 전도의 열매라는 기쁨으로 이겨내야 합니다. 기도하며 복음을 전하는 기쁨으로 고난을 이겨내십시오.(에 4:14/ 행 4:31)

**셋째, 하나님의 기쁨을 기억해야 합니다.**
모든 사도들보다 더욱 수고하고 복음을 힘써 전했던 바울은 그 이유가 사람이 아닌 하나님을 기쁘시게 하려는 것이라고 말했습니다. 하나님은 우리의 마음을 감찰하시고 우리는 마음의 믿음으로 하나님을 기쁘시게 할 수 있습니다. 마찬가지로 고난을 이겨내고 다시 믿음의 반석위에 서는 성도들의 모습도 하나님께 더할 수 없는 큰 기쁨이 됩니다. 하나님의 기쁨이라는 관점에서 모든 행동을 행하십시오.(롬 15:3/ 히 11:5)

**오늘 본문을 통해** 어려움을 이겨내는 신앙의 세 가지 자세에 대해서 배웠습니다. 그리스도인들은 고난을 피해가는 사람이 아니라 고난을 극복하고 고난으로 인해 더 크게 성장하는 사람들입니다. 이런 과정까지도 신앙 성장의 기회로 삼고 하나님께 기쁨을 드리는 모습의 그리스도인이 되어야 합니다.
**오늘도** 어려움 중에도 기뻐하고 항상 감사하며 하나님을 찬양하십시오.

**주님! 어려움을 통해 성장하고 전도의 기회로 삼는 성도가 되게 하소서!**

| 오늘 특별 적용 | |
| --- | --- |
| 오늘 특별 감사 | |

# 167

# 아름다운 교제에 대한 교훈

데살로니가전서 3장 1절부터 13절을 읽으십시오.
① 바울이 디모데를 보낸 이유는 무엇인가?(2-3)
② 데살로니가 성도들의 어떤 모습이 바울을 기쁘게 했는가?(6-9)

**멕시코의 우덕 원주민**은 사랑을 '눈에 좋다' 는 말로 표현한다고 합니다.

기독교에서 주로 사랑을 그리스어 '아가페' 로 표현하는데 이것은 '사랑하는 대상의 귀함과 가치를 인정한다' 는 속뜻을 가지고 있습니다.

또한 성도간의 교제와 우정을 나타내는 사랑은 '필레오' 라고 따로 구분하여 표현합니다.

위의 세 가지 사랑을 종합해보면 사랑은 대상의 귀함과 가치를 인정하는 것이고, 이것은 성도간의 교제와 우정에도 나타나는 것입니다. 그리고 이것은 다른 사람이 보기에도 좋아 보여야 합니다. 사랑의 속성은 개성이 다를 뿐 모두 속성은 동일하기 때문입니다.

하나님은 사랑이시고 우리는 사랑을 통해 하나님을 알 수 있습니다. 믿음 안에서 성도 간의 교제에도 이런 사랑의 전달이 있어야 합니다.

**데살로니가전서 3장 1절부터 13절**에는 디모데의 파송과 바울의 그리움에 대한 내용이 나와 있습니다. 바울은 데살로니가가 성도들이 너무도 그리웠고, 그들의 소식이 궁금해서 참을 수가 없었습니다. 디모데가 다시 돌아와 그들의 근황을 알려주었을 때 바울은 그 소식만 듣고도 하나님께 감사하고 데살로니가 성도들을 위해 하나님께 기도를 드렸습니다. 오늘 본문을 통해 **성도간의 교제를 아름답게 하는 세 가지 교훈**에 대해서 살펴볼 수 있습니다.

**첫째, 성도들은 서로 위로해야 합니다.**

유대인들의 지속적인 핍박으로 고생하고 있던 데살로니가 성도들을 위해서 바울은 디모데를 보냈습니다. 디모데를 통해 그들의 마음을 위로하고 새 힘을 주기 위해서였습니다. 그러나 데살로니가 성도들은 믿음으로 그 환란을 잘 대처하고 이겨내고 있었습니다. 그리고 이 모습을 들은 바울이 오히려 더욱 위로를 받았습니다. 이처럼 하나님의 안에서 진실되게 교제하고 굳건한 믿음을 가진 성도들은 서로에게 더욱 큰 위로가 됩니다. 예수님을 따라 영육의 부요함을 얻고 서로 위로하십시오.(막 10:30)

**둘째, 성도들은 서로의 기쁨이 되어야 합니다.**
바울은 데살로니가 성도들에게 복음을 전했는데, 이것은 데살로니가 성도들에게 큰 기쁨이 되었습니다. 데살로니가 성도들은 복음을 정말로 귀하게 여겼고, 그것을 통해 신앙이 자라며 환란을 이길 능력을 얻었습니다. 그리고 바울이 받았던 위로와 마찬가지로 그 모습 역시 바울에게 크나큰 기쁨이 되었습니다. 다른 형제와 자매로 인해 기뻐하며 하나님께 감사드리십시오.(롬 15:1-2)

**셋째, 성도들은 서로 사랑해야 합니다.**
비록 3주간의 짧은 시간이었지만 바울은 데살로니가 성도들과 하나가 되었습니다. 진정한 사랑으로 이루어진 연합은 헤어짐에도 더욱 끈끈해졌습니다. 사랑의 반대말은 미움이 아니라 무관심입니다. 떨어져서도 소식을 그리워한 바울과 데살로니가 성도들처럼 더욱 많은 관심을 갖고 교제의 시간을 다른 성도들과 갖기 위해 노력해야 합니다. 모든 사람을 사랑하고 본을 보이셨던 예수님을 따라 남을 사랑하십시오.(요일 4:10)

**오늘 본문을 통해** 성도간의 교제를 아름답게 하는 세 가지 교훈에 대해서 배웠습니다. 모든 성도들은 주님 안에서 사랑으로 서로 연합해야 합니다. 그리고 그를 통해 서로의 기쁨과 위로가 되어야 합니다. 주님께서 우리에게 하신 것처럼 말입니다. 주님이 이를 위해 먼저 십자가에 달려 돌아가시고, 제자들을 섬김으로 본을 보이셨다는 사실을 항상 잊지 마십시오.
**오늘도** 이웃을 내 몸같이 여기고 사랑하십시오.

**주님! 이웃 사랑의 실천으로 주님의 기쁨이 되게 하소서!**

| 오늘 특별 적용 | |
|---|---|
| 오늘 특별 감사 | |

# 168

# 신앙인의 기본자세

데살로니가전서 4장 1절부터 12절을 읽으십시오.
① 성령을 저버리는 사람이 하는 일은 무엇인가?(7-8)
② 성도들은 맡은 일에 대해서 어떤 생각을 가져야 하는가?(10-11)

프랑스에 샤르니라는 정치인은 당시 황제였던 나폴레옹에게 미움을 받아 감옥에 갇히는 신세가 되었습니다.

나폴레옹은 좀처럼 샤르니를 감옥에서 꺼내주려 하지 않았습니다. 오랜 시간이 흐르는 동안 샤르니는 점점 사람들과 멀어져 갔습니다. 가족과 친구들은 종종 면회를 왔지만 시간이 흐르면서 점점 찾아오는 횟수가 줄어들었습니다. 샤르니는 감옥의 벽에 '아무도 나를 돌보지 않는다' 라고 적은 뒤에 스스로 목숨을 끊을 생각을 하고 있었습니다. 그러나 다음날 아침 눈을 뜨자 그의 눈에 감옥 벽을 뚫고 자란 푸른 싹 하나가 보였습니다.

그는 호기심이 생겨 그 날부터 싹에 물을 주고 지켜보기 시작했는데, 마침내 꽃까지 피우게 되었습니다. 샤르니는 싹에서 꽃이 핀 날 벽에다 '사람은 보지 않아도 하나님이 돌보신다' 라고 글을 쓴 뒤 다시 마음을 강하게 먹어 감옥에서 풀려날 때까지 살아남을 수 있었습니다.

하나님은 언제나 우리를 떠나지 않으십니다. 우리가 주님을 믿을 때에도, 믿기 전에도 마찬가지입니다.

데살로니가전서 4장 1절부터 12절에는 성도들의 실생활에 대한 교훈이 기록되어 있습니다. 바울은 데살로니가 성도들의 좋은 소식으로 인해 기뻤으나 그들이 더욱 성장하기를 바라면서 여러 가지 실제적인 행동에 대한 교훈을 주었습니다. 우리는 오늘 본문을 통해 **신앙인의 세 가지 기본자세**에 대해서 배울 수 있습니다.

**첫째, 거룩해야 합니다.**

거룩은 세상과의 구별을 뜻합니다. 그러나 본문에서의 거룩은 성적인 문제에 더욱 초점이 맞춰진 말씀입니다. 당시의 그리스 사람들은 성적으로 아주 문란하고 무질서했습니다. 고대의 그리스 철학자들은 동성연애를 숭고한 것으로 생각할 정도였습니다. 신전에서의 매춘행위는 공공연히 행해졌고, 이것은 당연한 의식으로 생각되어 일말의 죄책감도 사람들은 느끼지 않았습니다. 더러운 욕정을 따르지 말고 순결함을 지킴으로 거룩하십시오.(벧전 1:15)

### 둘째, 사랑해야 합니다.

성숙한 사람의 가장 큰 특징은 사랑의 수고입니다. '우뢰의 아들'로 불리며 불같은 성격을 가졌던 요한은 나이가 들어 '사랑의 사도'로 불렸습니다. 하나님은 사랑이시며 그 사랑을 우리에게 전해주셨습니다. 마찬가지로 우리도 하나님을 사랑하고 이웃에게 그 사랑을 전해야 한다는 사실을 잊지 말고 항상 사랑을 실천하십시오.(막 3:17/ 고전 13:2/ 요일 4:7)

### 셋째, 성실해야 합니다.

우리는 '종용하여 자기 일을 하고 너희 손으로 일하기를 힘쓰라'는 바울의 경고에 귀를 기울여야 합니다. 하나님의 특별한 섭리가 있어서 아무 것도 하지 않고 생활할 수도 있지만 기본적으로 하나님이 우리에게 주신 재능과 환경을 이용해서 성실한 생활을 해야 합니다. 세상의 일은 하나님의 일보다 작은 일이나 또한 작은 것에 충성하는 사람이 큰 것에도 충성된다는 말씀을 잊지 마십시오.(눅 16:10)

**오늘 본문을 통해** 신앙인의 세 가지 기본자세에 대해서 배웠습니다. 무엇이든지 기본이 중요합니다. 기본이 잡혀있을 때 성장이 빠르고 실력이 오래가게 됩니다. 마찬가지로 신앙생활에도 기본을 중요하게 생각해야 합니다. 신앙의 기본을 되돌아보고 주기적으로 점검해야 합니다.
**오늘도** 하나님의 거룩함을 따라 모든 행실이 거룩한 사람이 되십시오.

**주님! 말씀의 거울에 비추어 항상 말과 행실을 거룩하게 지키게 하소서!**

| 오늘 특별 적용 | |
| --- | --- |
| 오늘 특별 감사 | |

# 169

# 휴거에 대한 세 가지 사실

데살로니가전서 4장 13절부터 18절을 읽으십시오.
① 휴거는 그리스도인들에게 어떤 의미가 되는가?(13)
② 성도들은 무엇을 통해 위로받는가?(17–18)

1780년 미국 뉴잉글랜드 주에서 갑자기 알 수 없는 정전이 일어났습니다. 도시가 갑자기 어둠 속에 잠기고, 게다가 하늘도 먹구름이 드리우기 시작했습니다. 사람들은 모두 당황하기 시작했고, 그들 중 일부는 마지막 날이 왔다고 소리를 지르는 사람도 있었습니다. 같은 시간 주 의회에서는 회의가 진행되고 있었습니다. 그런데 사람들의 혼란이 너무 커져서 의회에 그 소식이 전해졌습니다. 결국 한 의원이 무슨 일인지 확실히 알 수 없고, 불도 안 켜져 어둡고 혼란하니 잠시 회의를 중지시키고 상황을 지켜보자는 의견을 내놨습니다. 그 소릴 듣고 다른 의원이 말했습니다.

"의장님, 회의는 멈추어야 할 이유가 없습니다. 오늘이 최후의 날이 아니라면 연기할 필요가 없습니다. 게다가 만에 하나 최후의 날이라고 해도 우리의 의무를 져버릴 수는 없습니다."

준비가 되어 있는 사람은 마지막 날에도 두려워하지 않습니다. 예수님의 재림이라는 말세를 준비할 한 가지는 믿음으로 구원받는 것입니다.

데살로니가전서 4장 13절부터 18절에는 종말에 있을 휴거에 대해 기록하고 있습니다. 예수님의 재림을 언급한 내용은 신약에만 무려 318번 기록되어 있습니다. 그리고 이 재림에 있어서 중요한 사건 중 하나는 '휴거'인데, 이것은 '하늘로 들려 올려 가는 것'을 뜻합니다. 우리는 오늘 본문을 통해 **휴거에 대한 세 가지 사실**에 대해서 배울 수 있습니다.

### 첫째, 휴거는 실제적으로 일어날 사건입니다.

성경을 자유롭게 연구하고 절대적 진리가 아니라고 생각하는 사람들은 이 부분의 표현이 전통적인 묵시 문학적 상징법이기 때문에 이것을 '글자 그대로 받아들여서는 안 될 것이다'라고 간접적으로 휴거를 부인했습니다. 그러나 휴거는 문맥적으로나 정황적으로 그렇게 판단할 이유가 전혀 없는 부분입

니다. 휴거는 본문의 내용대로 실제로 일어날 사건임을 잊지 마십시오.(왕하 2:11/ 히 11:5)

**둘째, 휴거는 준비된 사람에게 일어납니다.**
예수님께서 세상에 다시 오실 때 잠을 자던 성도들이 부활하여 먼저 휴거됩니다. 그리고 곧 살아있는 성도들의 몸도 변화되어 올라가는 휴거가 따라 일어납니다. 이런 휴거를 받는 사람들은 예수님의 보혈로 죄가 완전히 용서된 사람들뿐입니다. 나를 위해 돌아가신 예수님을 믿음으로 휴거를 준비하십시오.(벧전 2:24)

**셋째, 휴거는 그리스도인들의 소망입니다.**
예수님의 재림은 신화나 허황된 소리가 아니라 일어날 그대로의 사실입니다. 그리고 예수님의 재림과 성도들의 휴거는 구원받은 성도들에게는 전혀 두려워할 일이 아니라 오히려 바라야할 소망입니다. 이 소망으로 믿음의 선조들과 신실한 성도들은 고난 속에서도 위로를 받고, 환란 속에서도 성장할 수 있었습니다. 구원의 확신 가운데 모이기를 힘쓰고, 서로 사랑하고 위로하며 인내하며 거룩한 생활을 하며 복음을 전파하십시오.(딛 2:12/ 히 10:25/ 약 5:8)

**오늘 본문을 통해 휴거**에 대한 세 가지 사실에 대해서 배웠습니다. 휴거와 재림은 그리스도인의 소망입니다. 그리스도인들이 구원을 통해 꿈꾸는 예수님과의 영원한 삶이 일어나는 과정이기 때문입니다. 예수님의 재림과 휴거를 바로 알고 다시 오실 주님을 맞기 위해 준비하는 삶을 사십시오.
**오늘도** 재림에 합당한 삶을 사십시오.

**주님! 주님이 다시 오신다는 사실을 잊지 않고 깨어 준비하게 하소서!**

| 오늘 특별 적용 | |
|---|---|
| 오늘 특별 감사 | |

# 170

# 빛의 자녀로 살게 하는 교훈

데살로니가전서 5장 1절부터 11절을 읽으십시오.
① 세상 사람들에게 마지막 날은 언제 임하는가?(2)
② 그리스도인들에게는 마지막 날이 언제 임하는가?(4-7)

**몇 십 년 전** 링글린 브라더스 서커스단이 뉴욕 공연을 할 때였습니다. 서커스 순서 중에 맹수들과 조련사가 함께 나와 재주를 부리는 묘기가 진행되고 있었는데, 갑자기 정전이 되었습니다. 시간이 흐른 후 불이 다시 켜졌는데 여전히 조련사들은 맹수를 잘 컨트롤하고 있었습니다. 서커스가 끝나고 한 방송국에서 정전 사태를 언급하며 불이 꺼졌을 때의 심정에 대해서 조련사에게 물었습니다.

"길들인 맹수에게도 야생성은 남아있고, 우리가 틈을 보이기만을 호시탐탐 노리고 있습니다. 그래서 우리들은 불이 나갔다 하더라도 마치 불이 들어온 것처럼 행동했고, 그 결과 맹수들도 상황을 눈치 채지 못하고 끝까지 명령을 따른 것입니다."

어둠 속에서도 빛의 삶을 사는 사람이 승리의 삶을 사는 사람입니다. 어두운 세상에서 주님의 빛을 발하는 성도가 되십시오.

**데살로니가전서 5장 1절부터 11절에는** 데살로니가 성도들에 대한 바울의 기쁨과 잘못에 대한 지적이 기록되어 있습니다. 데살로니가 성도들은 대부분 바르고 덕이 되는 신앙생활을 했으나, 바울은 그들 중 일부의 부도덕을 경계하고, 재림을 속단하여 무위도식한 사람들에게 충고했습니다. 우리는 오늘 본문을 통해서 **빛의 자녀로 살기 위한 세 가지 지침**을 알 수 있습니다.

**첫째, 깨어서 정신을 차려야 합니다.**

세상의 밤은 점점 깊어만 갑니다. 세상은 더욱 죄악으로 물들어 가고, 사람들은 하나님을 잊어가고 있습니다. 진보된 문명의 이기를 누리며 세상은 평안하고 안전하다는 안도감에 빠져서 노아의 때와 같이 쾌락에 빠져있을 때 주님은 다시 오실 것입니다. 혼란함 속에서도 바른 가치와 구원의 중심을 잃지 마십시오.(마 25:13/ 막 13:37/ 골 4:2)

**둘째, 예수님을 맞을 준비를 해야 합니다.**

말세와 예수님의 재림에 대한 말이 나올 때마다 어떤 사람들은 묻습니다. "예수님도 천국이 가까이 왔다 그랬고, 바울도 천국이 가까이 왔다 그랬는데, 그로부터 2천 년이 지나도록 아무 일도 없었습니다. 그런데 지금 당신들은 또 말세라고 하니, 도대체 언제가 말세입니까?" 그러나 '주님의 약속은 더딘 것'이 아니라 '아무도 멸망치 않고 회개에 이르기를 바라는 사랑의 마음' 입니다. 오직 주 예수 그리스도로 옷을 입어 성결한 생활을 하며 그날을 준비하십시오.(롬 13:12-14/ 벧후 3:9/ 계 19:8)

**셋째, 서로 권면하고 덕을 세워야 합니다.**

우리의 죄를 없애기 위해서 주님은 돌아가셨고 또한 우리와 영원히 살기 위해서 다시 부활하셨습니다. 예수님의 죽음은 나를 위한 것이지만 또한 우리의 형제, 자매를 위한 것이기도 합니다. 서로 사랑해야만 하는 이유가 여기에 있습니다. 서로 화목하게 덕을 세우며 '의와 평강과 희락' 을 실천하십시오.(롬 14:17,19)

**오늘 본문을 통해** 빛의 자녀로 살기 위한 세 가지 지침을 배웠습니다. 빛의 자녀라는 것은 특별한 일을 통해 되는 것이 아니라 복음을 정신을 차려 바르게 알고 예수님을 맞을 준비하는 삶을 살며 그런 성도들이 함께 연합하여 아름답게 교제하는 신앙의 기본을 통해 되는 것입니다.
**오늘도** 빛의 자녀답게 생활하십시오.

**주님! 주님이 주신 것들로 세상을 밝게 비추게 하소서!**

| 오늘 특별 적용 | |
|---|---|
| 오늘 특별 감사 | |

# 171

# 신앙에 도움이 되는 지침

데살로니가전서 5장 12절부터 22절을 읽으십시오.
① 바울은 사역자들에게 어떻게 대하라고 권했는가?(12-13)
② 성도들을 향한 하나님의 뜻은 무엇인가?(15-18)

**미국의 월라드 목사님이** 하루는 사모님과 함께 차를 몰고 가다가 어려움에 처한 사람을 만났습니다.

차를 잘못 타서 길을 잃은 한 인디언 부부는 거리에서 자신들의 목적지까지 데려다주기를 원했습니다. 목사님은 비록 자신들이 가는 방향과는 조금 거리가 있었지만 차에 태워주었습니다. 인디언 부부와 친척은 목사님에게 매우 감사하며 기름 값이라도 드리겠다며 돈을 건넸습니다. 목사님은 받지 않겠다고 거절했지만, 인디언 부부는 계속해서 돈을 주려고 했고, 목사님 부부는 계속해서 거절을 했습니다. 그때 그 모습을 본 이웃의 한 인디언이 잠시 목사님 부부를 불러내어 말했습니다.

"목사님, 돈을 받으셔야 합니다. 우리 인디언들은 반드시 받은 은혜에 보답을 해야 합니다. 정말로 목사님이 저분들을 위하신다면 돈을 받으십시오."

남을 위해서 감사함으로 받아야 할 때가 있습니다. 서로가 처한 위치에 따라 하나님의 원리를 따라 섬기고 순종할 필요가 있습니다.

**데살로니가전서 5장 12절부터 22절**에는 그리스도의 재림과 그리스도인의 삶에 대한 강조의 말씀이 나와 있습니다. 바울은 재림의 소식에 대해서 강조하며 그리스도인은 그에 걸맞는 행동이 따라야 한다고 말했습니다. 오늘 본문에서 **실제적인 신앙의 세 가지 행동 지침**에 대해서 살펴볼 수 있습니다.

**첫째, 목회자를 귀하게 여겨야 합니다.**

데살로니가 교회는 역사가 매우 짧았기 때문에, 목회자들의 경험이 턱없이 부족했을 것입니다. 그럼에도 바울은 사랑 안에서 그들을 귀하게 여기고 화목하라고 말했습니다. 그러나 중요한 것은 권위를 인정하되 어디까지나 '존경'의 선을 넘지 말아야 하며, 또한 목회자 역시 인간이라는 사실을 염두에 두어야 하나님께만 의지하고 사람을 믿음으로 실족하는 일을 피할 수 있습니

다. 목회자를 위해 기도하고 존경하는 성도가 되십시오.(히 13:17)

## 둘째, 서로 세워주어야 합니다.

성도들은 서로가 한 몸입니다. 그리스도의 몸에 서로 붙어있는 다른 지체일 뿐입니다. 따라서 다른 성도에 대한 무관심은 자신의 몸에 무관심한 것입니다. 몸의 한 부분이 잘못되면 다른 모든 부분이 걱정을 하듯이, 우리도 죄를 짓는 사람을 훈계하고, 마음이 약한 사람을 격려하고, 고난에 빠진 사람을 돌봐주며 오래 참아야 합니다. 거듭난 성도의 모습으로 더욱 이해하며 더욱 사랑하며 더욱 아껴주는 삶을 사십시오.(마 7:12)

## 셋째, 자신을 잘 다스려야 합니다.

'항상 기뻐하고, 쉬지 말고 기도하며, 범사에 감사하라' 는 말씀은 우리를 향한 하나님의 뜻입니다. 거룩하고 성령이 충만한 성도들은 언제나 이 말씀을 실천하는 삶을 살게 됩니다. 이것은 노력의 결과로 이루어질 수 있는 것이 아니라 자신의 삶을 성령께 온전히 맡긴 순종의 결과로 나타날 수 있습니다. 하나님의 선하고 기뻐하시는 뜻에 따라 자신을 사용하십시오.(롬 12:2)

오늘 본문을 통해 실제적인 신앙의 세 가지 행동 지침에 대해서 배웠습니다. 신앙의 지침은 도덕적인 의무나 규례와는 차원이 다릅니다. 성령님의 인도하심을 따를 때 진리를 잘 분별할 때 우리는 신앙의 지침의 중요성을 깨닫고 하나님의 온전하신 뜻이 무엇인지 깨닫게 됩니다.
**오늘도** 새롭게 변화된 마음으로 긍정적인 말과 선행을 실천하십시오.

**주님! 날마다 사랑을 행함으로 주님을 더욱 닮아가게 하소서!**

| 오늘 특별 적용 | |
|---|---|
| 오늘 특별 감사 | |

# 172

# 삶을 성결하게 만들어주는 행동

데살로니가전서 5장 23절부터 28절을 읽으십시오.
① 우리의 모든 것을 이루시는 분은 누구인가?(23-24)
② 다른 성도들을 위해 해야 할 일은 무엇인가?(25-27)

**광산에 막 부임한** 어떤 목사님이 성도들을 심방하러 탄광을 찾았습니다. 목사님은 광부들이 어떤 일을 하는지도 궁금해 했기에 광부들이 진짜 일을 하는 갱도 안에까지 들어갔습니다. 갱도 안에는 그을음과 먼지가 가득한 곳이었는데 구석에 핀 하얀 꽃 한 송이를 발견하고는 말했습니다.

"아니, 이곳에서 어떻게 저런 꽃이 필 수 있습니까? 탄광에 저런 꽃이 피면 보통 금세 더러워지지 않습니까?"

광부들은 목사님의 말을 듣고는 석탄재를 가져와 꽃 위에 뿌렸습니다. 꽃은 석탄재를 쓰고도 다시 본연의 모습으로 돌아왔습니다.

"이 꽃은 아직 더럽혀지지 않은 것이 아니라 더러움을 이겨내는 꽃입니다. 꽃잎에 특수한 작용을 하는 막이 있어서 이처럼 석탄을 뿌려도 다시 털어냅니다. 처음엔 저희도 매우 신기했습니다."

세상에서 신앙을 지키고 순결을 지키는 것은 어려운 일이지만 불가능한 일은 아닙니다. 주님을 따라 세상에서 귀하게 헌신하는 성도들이 세상에는 많이 필요합니다.

**데살로니가전서 5장 23절부터 28절에는** 주님이 오실 날을 고대하며 삶을 성결하게 살기를 바라는 기도가 기록되어 있습니다. 데살로니가전서의 지난 본문에서 바울은 성도들의 소식을 통해 자신이 누렸던 기쁨과, 그리스도의 재림을 기대하고 그에 맞는 삶을 살 것과, 약간의 잘못된 점을 고쳐서 서로 더욱 사랑할 것에 대해서 전했습니다. 우리는 오늘 본문을 통해 **삶을 성결하게 만드는 세 가지 행동**에 대해서 알 수 있습니다.

**첫째, 거룩하고 흠없이 살려는 모습입니다.**
예수님의 재림을 맞이하는 우리는 신랑을 맞이하는 신부의 자세로 살아야 합니다. 우리의 삶을 더욱 순결하고 아름답게 가꾸는 것이 그 방법입니다. 요한 계시록에서는 신부의 빛나고 깨끗한 드레스를 '성도들의 옳은 행실'에 비유해 표현했습니다. 선행은 물론 구원의 절대적인 조건은 아닙니다. 그러나 생명을 얻은 성도의 마땅한 결과입니다. 항상 예수 그리스도의 보혈을 의지하여 주님의 재림을 기다리는 믿음으로 나가십시오.(엡 2:10, 5:9/ 약 2:18/ 계 19:8)

**둘째, 서로 기도하고 문안하는 모습입니다.**
우리는 세상의 순례자입니다. 본향을 향해 가고 있는 외국인과 나그네입니다. 재림의 기쁜 소망 가운데 살아가지만 이 세상에서 핍박을 받고 힘겨울 때도 분명 존재합니다. 이런 어려움을 이겨내는 것은 성도들끼리 서로 문안하고 기도해주는 것입니다. 외국에서 고향 사람을 만나면 반가울 것입니다. 어려운 일이 있다면 도와줄 것입니다. 바로 그런 마음과 정신으로 성도 간에 문안하고 기도하십시오.(요 15:20/ 고전 2:3/ 히 11:13)

**셋째, 진리를 전하는 모습입니다.**
바울은 '내가 주를 힘입어 너희를 명하노니 모든 형제에게 이 편지를 읽어 주라'고 말했습니다. 바울의 편지에는 그리스도의 재림의 소식과 복음의 기쁜 소식이 적혀 있었고 이것은 모든 사람이 들어야 할 진리입니다. 재림을 소망하며 매일을 성실하게 보내십시오.(골 1:5/ 딤전 2:7)

**오늘 본문을 통해** 삶을 성결하게 만드는 세 가지 행동에 대해서 배웠습니다. 데살로니가전서를 통해 하나님이 기뻐하는 성도들의 삶이 무엇인지 깨닫고, 또한 주님의 재림에 대한 소망을 간직하며 날마다 변화되는 삶을 살아가는 성도님들이 되기를 기도합니다.
**오늘도** 성결한 삶을 바라며, 복음을 전하고, 자신을 돌아보는 삶을 사십시오.

**주님! 꾸준한 경건생활로 매일 영육이 성장하게 하소서!**

| 오늘 특별 적용 | |
|---|---|
| 오늘 특별 감사 | |

# 173

# 데살로니가 전서와 후서의 관계

데살로니가후서 1장 1절부터 2절을 읽으십시오.
① 바울은 데살로니가 성도들이 어디에 있다고 표현했는
가?(1)
② 신실한 성도들이 받아야 할 은혜는 무엇인가?(2)

과거 러시아 제국에는 공로훈장이라는 것이 있었습니다.

이것은 황제가 직접 내리는 훈장으로 나라에 큰 공을 세운 귀족들이나 영웅들에게만 수여되었습니다. 당연히 이 훈장을 받고 싶어 하는 많은 사람들이 있었지만 사실 이 훈장의 목적은 두 가지였습니다.

첫 번째 목적은 본래의 목적대로 공을 치하하고 영예를 드높이기 위한 것이었고, 두 번째 목적은 황제에게 밉보인 사람들을 처리하기 위한 것이었습니다.

황제가 공로훈장을 수여하기로 결정하면 신하는 이것을 따를 수밖에 없기 때문에 왕궁으로 와야 하는데, 이 때 핀 끝에 독을 묻혀 놓은 훈장을 직접 달아줍니다.

비록 살짝 닿았을 뿐이지만 독은 매우 강력하기 때문에 보통 다음날 아침이면 훈장 수여자들은 싸늘한 시체가 되었습니다.

인생에도 두 가지 길이 존재합니다. '하나님을 믿느냐, 믿지 않느냐' 그리고 이 선택에 따라서 인생의 모든 성공의 의미가 달라지고, 나눔의 의미가 달라지고, 죽음의 의미가 달라집니다.

데살로니가후서 1장 1절부터 2절에는 박해를 받는 데살로니가 성도들에 대한 격려가 기록되어 있습니다. 바울은 먼저 보낸 편지에서 '예수님의 재림'에 대해 설명했습니다. 그런데 이 메시지를 잘못 받아들여서 잘못된 가르침을 전하고 행동하는 사람들이 있었습니다. 오늘 본문을 통해 **데살로니가 전서와 후서의 관계를 통한 세 가지 교훈**이 무엇인지 알 수 있습니다.

**첫째, 사단은 하나님의 일을 방해합니다.**

바울이 먼저 보낸 데살로니가전서는 많은 사람에게 큰 힘을 주고 주님의 재림에 대해 제대로 알려준 귀한 편지였습니다. 그러나 이런 메시지도 일부 사람들에게는 잘못 받아들여졌고, 시험이 되었습니다. 그리고 잘못 받아들여진 사람들에 의해서 좋지 않은 영향이 퍼지기 시작했습니다. 잘못된 신앙의 누룩을 조심하고 깨어서 믿음으로 사단을 대적하십시오.(벧전 5:8-9)

**둘째, 성경을 온전히 신뢰할 때 올바로 분별할 수 있습니다.**
사단이 그리스도인들을 실족하게 만들기 위해서 가장 중요한 것으로 여기는 것은 성경입니다. 성경이 불확실한 것이 되어버리면 말씀을 통해 선포하고 증명하는 하나님과 예수 그리스도의 죽음과 부활까지도 모두 신화에 불과한 이야깃거리가 되고 맙니다. 성경을 바르게 믿음으로 구원과 재림과 천국의 은혜를 깨달으십시오.(행 3:16/ 딤전 4:1)

**셋째, 사단의 방해는 오늘날에도 존재합니다.**
우리가 계속되는 신약의 공부를 통해 알 수 있는 것은 태초 이래로 내려온 하나님의 구원의 계획과 사랑의 실현입니다. 그리고 과거에 있었던 사단의 방해와 그것을 극복한 이야기, 장차 오실 주님에 대한 소망에 대해서도 알 수 있습니다. 과거 데살로니가 성도들이 경험했던 사단의 방해는 오늘날에도 존재합니다. 성경을 더욱 철저하게 믿고 상고함으로 사단의 방해를 물리치십시오.(벧전 5:8)

**오늘 본문을 통해** 데살로니가 전서와 후서의 관계를 통한 세 가지 교훈에 대해서 배웠습니다. 성경을 통해서 알 수 있는 것은 구원의 확신만이 아닙니다. 성경을 통해 우리는 고난과 어려움을 이길 지혜를 배울 수 있고, 언제나 우리를 도우시는 하나님을 깨달아 큰 위로를 얻을 수 있습니다.(엡 6:16, 17)
**오늘도** 하나님의 말씀으로 승리하십시오.

주님! 성경에 모든 지혜가 있음을 깨닫고 더욱 말씀 중심으로 살게 하소서!

| 오늘 특별 적용 | |
| --- | --- |
| 오늘 특별 감사 | |

# 174

# 고난이 그리스도인들에게 주는 유익

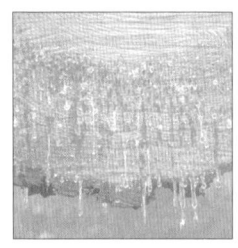

데살로니가후서 1장 3절부터 12절을 읽으십시오.
① 하나님의 나라를 위해 성도들이 감수해야 할 것은 무엇인가?(5)
② 우리가 서로를 위해 기도해야 할 제목은 무엇인가?(11-12)

국내의 유명한 공방에 두 가지 도자기가 전시되어 있었습니다. 두 도자기 모두 같은 스타일과 무늬를 갖고 있었지만 한 도자기는 윤기가 흐르는 아름다운 예술품처럼 보였고 다른 하나는 표면이 거칠고 금이 가 있었고 빛깔도 탁하기 그지없었습니다.

이 모습을 본 한 관광객이 두 도자기의 차이점이 어떤 것인지 공방의 장인에게 물었습니다.

"같은 도자기인데 이처럼 차이가 나는 이유는 무엇입니까?"

"이유는 간단합니다. 하나는 유약을 발라 불에 구운 것이고, 하나는 굽지 않은 것입니다. 불이라는 위험을 견뎌야 아름다운 작품이 되는 것처럼 인생에도 고난이 필요하다는 사실을 보여주기 위해서 특별히 전시해 놓았습니다."

하나님은 우리를 연단하고, 단련하십니다. 고난의 불을 이겨낸 성도들의 삶과 신앙은 더욱 윤택하여지고, 아름다워지고, 더욱 견고해집니다. 시련을 이겨냄으로 다시 오실 주님께 칭찬과 영광과 존귀를 얻게 됩니다. 시련을 기뻐하십시오. 시련을 통해 감사하십시오. 시련을 이겨내십시오.

데살로니가후서 1장 3절부터 12절에는 환란을 잘 이겨낸 데살로니가 성도들에 대한 칭찬이 나와 있습니다. 재림의 잘못된 이해로 데살로니가 교회에는 큰 혼란이 찾아왔지만 성도들은 믿음의 행위를 잊지 않고 사랑의 수고를 하며 소망의 인내를 실천하고 있었습니다. 오늘 본문을 통해 **고난이 그리스도인들에게 가져다주는 세 가지 유익**이 무엇인지 배울 수 있습니다.

**첫째, 고난은 우리를 성장하게 합니다.**
고난은 우리를 하나님의 나라에 적합한 사람으로 만들어줍니다. 고난을 이겨낸 사람은 하나님과 사람의 인정을 받은 사람입니다. 우리가 고난을 이겨내고 그것을 통해 더욱 성장할 때에 우리의 육신의 찌꺼기가 점점 사라지며 하나님 나라에 어울리는 사람으로 변화되게 됩니다. 범사에 감사하는 자세로 고난을 맞이하는 성숙한 그리스도인이 되십시오.(시 119:71/ 롬 8:28/ 살전 5:18)

**둘째, 고난은 우리로 영광을 얻게 합니다.**
부활의 영광은 십자가의 고난이 있었기 때문에 가능한 것입니다. 바울은 이 사실을 알았고, 또 로마서를 통해 이 사실을 알렸습니다. 그리스도인의 고난은 어쩔 수 없이 피할 수 없는 사건으로 찾아오는 것이 아니라 하나님께서 허락하신 특권이라는 사실을 알아야 합니다. 먼저 고난 받고, 또한 영광 받으신 예수님을 생각하고 본받으십시오.(롬 8:18/ 고전 5:1/ 빌 1:29/ 히 4:15)

**셋째, 고난은 예수님께 영광을 돌리게 합니다.**
그리스도인의 삶의 모습은 모두 다르지만 다만 하나님의 영광을 나타낸다는 목적은 같습니다. 우리는 예수님께 영광을 돌림으로 하나님의 영광을 나타낼 수 있는데, 하나님 중심의 삶은, 살든지 죽든지 내 몸에서 그리스도가 존귀히 되는 삶을 사는 것입니다. 고난에 참예함으로 즐거워하고 기뻐할 수 있는 그리스도인이 되십시오.(고전 10:31/ 벧전 4:13,14/ 빌 1:20,21)

**오늘 본문을 통해** 고난이 그리스도인들에게 가져다주는 세 가지 유익이 무엇인지 배웠습니다. 세상 사람들에게 고난은 유익이 되지 않지만, 그리스도인들에게는 주님의 영광을 위해 마땅히 감수할 일이며, 또한 즐거운 일입니다. 고난을 극복하고 성장의 발판으로 삼는 사람들이 지혜로운 그리스도인입니다.
**오늘도** 우리를 안위하시는 주님을 믿고 찬양하십시오.

**주님! 고난으로 인해 주님께 영광을 돌리는 담대한 삶을 살게 하소서!**

| 오늘 특별 적용 | |
|---|---|
| 오늘 특별 감사 | |

# 175

# 재림의 징조

데살로니가후서 2장 1절부터 5절을 읽으십시오.
① 데살로니가 성도들은 재림의 사실을 어떻게 받아들였는가?(1-2)
② 말세에는 어떤 일들이 일어나는가?(4)

**F1 그랑프리는** 세계 최고의 자동차 경주 대회입니다. 우리나라의 영암에서도 이 대회가 열리며 많은 사람들이 F1에 관심을 갖게 되었습니다. 시속 300Km가 넘는 속도로 커다란 굉음을 내며 쉴 새 없이 펼쳐지는 박진감 넘치는 레이스는 눈을 뗄 수 없게 만듭니다. F1에는 우리가 익히 들어 알고 있는 유명한 명품 자동차 업체들이 자존심을 걸고 참여합니다.

지금은 사라졌지만 '미키 톰슨' 이라는 큰 인기를 끈 회사도 있었습니다. 이 회사는 특히 다른 회사에 비해서 빠른 스피드로 유명해서, 수많은 스피드광들은 특히나 미키 톰슨에서 나온 차를 좋아했습니다. 그러나 이 회사의 차를 타고 레이스를 우승한 사람은 아무도 없었습니다. 스피드는 빨랐지만 내구성이 너무 약하고 잔고장이 많아 대부분 경주를 마치지 못했기 때문입니다.

아무리 빠른 속도로 달려도 경주선을 들어오지 못하면 탈락을 하는 것처럼 마지막의 날까지 흔들림 없고 바른 믿음의 삶을 살아야 진정한 천국 시민의 자격을 얻게 됩니다.

**데살로니가후서 2장 1절부터 5절에는** 그리스도의 재림의 때에 일어날 징조에 대해 기록하고 있습니다. 바울이 먼저 보낸 데살로니가전서를 받은 성도들은 매우 놀라고 안절부절 했습니다. 그래서 바울은 본문에서 다시 재림의 징조에 대해서 설명했습니다. 오늘 본문을 통해 **재림의 대표적인 세 가지 징조가** 무엇인지 살펴보아야 합니다.

**첫째, 재림 전에는 배교가 일어납니다.**

당시 어떤 사람들은 바울의 편지까지도 위조하여 잘못된 영향력을 행사하고, 성도들을 안 좋은 길로 빠트렸습니다. 그들은 잘못된 영을 섬기거나 이상한 지식을 가지고 와서 성도들을 홀렸습니다. 재림 전에는 진리를 알아볼 수 없을 정도로 극심한 혼란이 생깁니다. 끝까지 깨어서 유혹에 빠지지 않는 거룩

한 성도가 되십시오.(마 24:11/ 눅 18:8)

**둘째, 재림 전에는 적그리스도가 나타납니다.**
적그리스도는 '불법의 사람' 으로 예수를 대항해 사단의 표상이 됩니다. 물론 재림에 대해 너무 민감하게 반응한 데살로니가 성도들처럼 예민하게 반응해서도 안 되겠지만 십자가의 보혈과 죄의 회개를 거부하고 인간 스스로를 통한 구원을 주장하는 행위에 대해서는 단호하게 대처해야 합니다. 잘못된 사상과 자아상에 빠지지 말고, 말세에 나타날 징조를 기억하십시오.(요일 2:18)

**셋째, 재림은 아무도 모르는 날에 일어납니다.**
우리가 살아온 동안에도 세상의 종말과 예수님의 재림을 예언한 많은 사이비들이 있었습니다. 한국에도 몇 차례 종말 소동이 일어났었고, 최근 들어서 미국에서도 큰 사회적 문제가 생겼습니다. 그러나 정말로 재림에 관해 중요한 사실은 그날이 아무도 모르는 날에 도적같이 온다는 사실입니다. 재림의 때는 아무도 모르지만 재림의 사실은 분명하다는 것을 잊지 마십시오.(마 24:36)

**오늘 본문을 통해** 재림의 대표적인 세 가지 징조가 무엇인지 배웠습니다. 진리를 바르게 이해하지 못하면 신앙의 성장에 큰 방해가 되고, 결국 완전히 다른 진리를 믿게 됩니다. 특히나 사람들의 불안감을 조장하고 많은 것을 포기하게 만드는 예수님의 재림과 세상의 종말이라는 주제에 대해서는 더욱 그렇습니다. 수많은 이단 종파들이 예수님의 재림과 세상의 종말을 화두로 사람들을 유혹하는 것도 그런 이유입니다. 그러나 성경의 분명한 진리를 알 때 이런 사실에 휘둘리지 않게 됩니다.
**오늘도** 재림을 바르게 준비하는 성도로 잘못된 사상에 흔들리지 마십시오.

**주님! 재림의 징조를 바르게 분별해 헛된 것에 마음을 뺏기지 않게 하소서!**

| 오늘 특별 적용 | |
|---|---|
| 오늘 특별 감사 | |

# 176

# 재림이 일어날 때의 세상의 모습

데살로니가후서 2장 6절부터 12절을 읽으십시오.

① 재림의 때에 어떤 일들이 일어나는가?(9-10)
② 불의를 좋아하는 자들은 결국 어떻게 되는가?(11-12)

**어떤 유명한 칼럼니스트는** 세상에 대해 다음과 같은 말을 한 적이 있습니다. "세상은 무질서하고 위험하며, 통제할 수 없는 것임이 분명하다." 영국의 여왕 엘리자베스 2세가 즉위할 때 캔터베리의 성직자는 왕관을 수여하며 이렇게 말했습니다.

"여왕 전하, 이 왕관을 드립니다. 마땅히 왕관을 쓰셔야할 주님이 다시 오시기 전까지는 이 왕관을 쓰시옵소서."

또한 이름이 알려지지 않은 어떤 사람은 성도들의 신앙에 대해 다음과 같은 말을 했습니다.

"모든 그리스도인들은 오늘 예수님 오신다는 생각으로 하루를 살아야 한다." 재림하실 주님은 모든 성도들의 큰 희망이 되어야 합니다.

예수님이 우리 모두의 영광을 받을만한 분이시며, 우리는 그분의 오심과 다시 오심을 믿음으로 완전한 성도의 삶으로 나아갈 수 있다는 사실을 항상 기억하십시오.

**데살로니가후서 2장 6절부터 12절에는** 주님의 재림에 대한 훈계가 기록되어 있습니다. 데살로니가 성도들이 복음을 나타내는 성도의 삶을 살았음에도 불구하고 쉽게 흔들렸던 것은 마지막 때에 대해서 잘 알지 못했기 때문입니다. 우리는 오늘 본문을 통해 **예수님의 재림 때에 세상에 나타날 세 가지 모습에 대해서** 살펴보아야 합니다.

**첫째, 폭풍 전야와 같은 잔잔한 평화가 이루어집니다.**

예수님께서 먼저 공중으로 오시면 첫째로 많은 성도들의 휴거가 이루어집니다. 그리고 적그리스도는 통합된 세상을 훌륭히 통치를 합니다. 사람들은 휴거된 사람들의 징조를 잃어버리고 이 평화에 취해서 적그리스도에게 복종을 합니다. 말세의 징조와 순서를 제대로 깨닫고 잘못된 재림 사상에 빠지지 마

십시오.(계 12:2-5)

**둘째, 사단의 은밀한 활동이 시작됩니다.**
사단은 지금도 은밀하게 활동하고 있습니다. 그러나 재림의 때에는 본연의
모습을 속이고 사람들의 환심을 사는 적그리스도처럼 더욱 은밀하게 활동합
니다. 때로는 '광명의 천사'로 때로는 '우는 사자'로 사람들을 유혹하고 파
멸로 몰아갑니다. 지금도 예수님의 신성을 문화와 표현의 자유라는 이름으로
포장해 세상에 널리 퍼트리고 있습니다. 주님을 더욱 멀리하는 영혼들을 위
해 기도하십시오.(고후 11:14/ 엡 1:23/ 살전 4:17)

**셋째, 사단을 따르는 사람들이 많아지고 결국 멸망합니다.**
하늘과 땅은 경건치 아니한 사람들을 심판과 멸망의 날까지 보존하여 둔 것
이라는 베드로의 말을 모두 알아야 합니다. 하나님은 불의한 사람들을 반드
시 심판하십니다. 사단을 따르는 사람들은 주님을 모욕하고, 믿는 사람들을
배척하지만 결국 그들의 마지막은 멸망뿐입니다. 죄에서 돌이켜 구원을 받고
진리가운데 사는 축복을 감사하십시오.(벧후 3:3-4,7)

**오늘 본문을 통해** 예수님의 재림 때에 세상에 나타날 세 가지 모습에 대해서
배웠습니다. 그리스도인들에게 재림의 징조와 의의는 매우 중요한 만큼 제대
로 알고 있어야 합니다. 하나님의 사랑을 통해 구원을 알았다면 재림을 통해
공의의 하나님의 심판과 다시 회복될 하나님의 영광의 세계를 알게 되고, 또
소망하게 되기 때문입니다.
**오늘도** 재림의 소망으로 일어서 승리하십시오.

**주님! 구원의 확신을 통한 재림의 소망을 바로 알게 하소서!**

| 오늘 특별 적용 | |
|---|---|
| 오늘 특별 감사 | |

# 177

# 재림을 맞는 성도들의 자세

데살로니가후서 2장 13절부터 17절을 읽으십시오.
① 우리는 무엇을 통해 하나님께 감사해야 하는가?(13-14)
② 하나님은 당신의 사랑하는 성도들에게 무엇을 주셨는가?(16)

아우슈비츠 강제 수용소는 유대인들을 학살하기 위해 세워진 곳입니다. 한 신학자는 재림의 확실성에 대해서 다음과 같이 말했습니다. "예수님이 이 땅에 오신다는 초림에 대한 내용은 성경에 총 456회에 걸쳐 기록되었습니다. 그러나 재림에 대한 말씀은 1518회에 걸쳐서 나왔습니다. 그리고 초림이 정말로 말씀대로 이루어졌고, 아무도 그 사실을 반박하지 못하는데, 왜 수많은 사람들이 재림에 대해서는 의구심을 품고 있는지 저는 그 이유를 모르겠습니다." 주님의 재림은 예수님이 이 땅에 오신 사실 만큼이나 확실하고 분명히 일어날 일입니다. 우리는 주님이 다시 오신다는 것을 확실히 믿어야 하며, 그분의 모든 약속이 진실로 이루어질 것이라는 사실도 믿어야 합니다.

데살로니가후서 2장 13절부터 17절에는 아직 재림의 때가 이르지 않았다는 사실과 하나님께 감사하는 성도의 삶에 대한 내용이 나와 있습니다. 바울은 재림의 때를 제대로 이해하지 못해 혼란에 빠진 성도들을 진정시키며, 하나님께 감사하며 세상에서의 의무를 충실히 이행하는 성도의 삶을 권면했습니다. 오늘 본문을 통해 **주님의 재림을 맞는 성도의 세 가지 자세**에 대해서 배울 수 있습니다.

**첫째, 거룩하게 살아야 합니다.**
하나님이 우리를 택하신 이유는 주 예수 그리스도의 영광에 참여할 수 있게 하기 위해서입니다. 그래서 하나님은 우리를 택하셨고, 거룩하게 하셨고, 진리를 믿어 구원받게 하셨습니다. 성경은 말세에 사람들이 자기를 사랑하며, 돈을 사랑하며, 뽐내며, 교만하며, 훼방하며, 부모를 거역하며, 감사치 아니하며 거룩하지 아니한다고 말하고 있습니다. 하나님을 떠난 사람들의 삶의 모습입니다. 잘못된 세태에 따르지 말고 거룩한 행동으로 하나님께 영광을 돌

리십시오.(마 5:16/ 벧전 1:15)

**둘째, 진리위에 흔들리지 말아야 합니다.**
우리의 행동이 아무리 선하고, 우리가 목숨까지 내놓을 정도로 헌신한다고 해도, 진리 위에서 모든 행동이 행해지지 않는다면 헛된 것입니다. 참 사랑이 없으면 아무것도 아니며, 아무 유익도 없다고 성경은 말하고 있습니다. 진리는 십자가에서 확증된 사랑을 바탕으로 하고 있는 것입니다. 사랑의 진리위에 굳게 서서 어떤 미혹에도 흔들리지 마십시오.(고전 13:2-3/ 요일 4:9-10)

**셋째, 복음을 전해야 합니다.**
하나님은 우리를 구원하기 위해서 예수님을 이 땅에 보내셨습니다. 이 사랑은 일부 몇몇 사람들만을 위한 것이 아니라 모든 사람들을 위한 사랑입니다. 하나님은 모든 사람들이 구원받기를 바라는 마음으로, 우리들이 행동해주기를 바라는 마음으로 지금도 모든 불의를 참고 계십니다. 하나님께서는 한 영혼을 세상의 그 무엇보다도 귀하게 여기십니다. 하나님의 심정으로 어떤 때든지 복음 전하기에 힘쓰십시오.(요 3:17/ 벧후 3:9)

**오늘 본문을 통해** 주님의 재림을 맞는 성도의 세 가지 자세에 대해서 배웠습니다. 우리는 때를 가리지 않고 복음을 전해야 하고, 하나님의 진리를 바르게 배워야 하고 또한 잊지 말아야 하고, 세상과 구별된 거룩한 삶을 살아야 합니다.
**오늘도** 하늘의 것을 바라보며 성결된 생활을 하십시오.

**주님! 마지막 때가 오고 있음을 알고 때를 아끼게 하소서!**

| 오늘 특별 적용 | |
|---|---|
| 오늘 특별 감사 | |

# 178

# 중보기도의 종류

데살로니가후서 3장 1절부터 5절을 읽으십시오.
① 바울이 부탁한 기도의 제목은 무엇인가?(1-3)
② 하나님의 인도를 따를 때 어떤 일이 일어나는가?(5)

**미국 콜로라도의 스프링스는** 미국 내에서 선교하기가 가장 힘든 지역이라고 합니다. 이곳은 목회자들의 무덤이라 불릴 정도로 사역이 어려운 곳입니다. 처음 테드 해거드 목사님이 이곳에서 목회하기 위해 부임했을 때는 칼로 찌르려는 사람이 있었습니다. 이 지역의 사단 숭배자들이 죽은 개나 고양이의 머리를 보내기도 했다고 합니다. 그러나 목사님은 물러서지 않고 기도의 힘으로 영적 전쟁을 벌였습니다.

지역의 전화번호부를 구해와 다섯 명 단위로 오려 그 이름을 불러가며 주님께서 변화시켜 주실 것을 매일 간절하게 기도했습니다. 처음에는 이런 기도에도 아무런 변화도 없어 보였지만 점점 지역이 완전히 다른 모습으로 변화되며 결과가 나타나기 시작했습니다.

지금은 콜로라도 스프링스에 많은 선교단체가 본부를 두고 있고 또한 비약적으로 그리스도인들이 늘어나고 있습니다.

기도는 바램이 아니라 실제적인 행위입니다. 그리스도인들은 기도의 힘을 바로 알고 또한 서로를 위해, 주님을 위해 합심해서 기도해야 합니다.

**데살로니가후서 3장 1절부터 5절에는** 바울의 기도부탁과 축원에 대해 나와 있습니다. 3장은 데살로니가후서의 마지막 장입니다. 바울은 재림에 대한 오해를 바로잡기 위해 이 편지를 썼고, 3장에서 마무리를 지으려고 하고 있는데 그 처음을 기도에 대한 부탁으로 시작했습니다. 우리는 본문의 내용을 통해 **성도들이 행해야 할 세 가지 중보기도에 대해서 알 수 있습니다.**

**첫째, 복음을 전하는 사람들을 위한 기도입니다.**
바울이 데살로니가 성도들에게 부탁한 기도의 내용은 '복음이 급속히 퍼져 나가' 많은 사람들이 구원을 받고 하나님의 영광이 나타나게 해달라는 것이었습니다. 복음을 전하려는 사람들은 세계 곳곳에서 방해를 받으며 핍박을 받습니다. 그렇기 때문에 모든 성도들은 믿음의 많고 적음을 생각지 않고 서로 중보하며 기도해야합니다. 어려움 가운데 사역을 하는 선교사님과 목회자들을 위해 기도와 헌금으로 지원하십시오.(눅 22:32/ 히 13:18)

## 둘째, 어려운 사람들을 격려하기 위한 기도입니다.

바울은 신실하신 주님께서 데살로니가 성도들을 굳게 하시고 악한 사람에게서 지켜주실 것을 믿었습니다. 바울의 믿음은 주님에 대한 믿음이었고, 곧 데살로니가 성도들에 대한 믿음이었습니다. 바로 이러한 신뢰에서 하나님이 기뻐하시는 양육이 시작됩니다. 하나님의 사랑에 대한 신뢰를 바탕으로 어려움에 빠진 사람들을 위해 기도하는 성숙한 성도가 되십시오.(딤전 2:1-4)

## 셋째, 믿지 않는 사람들의 확신을 위한 기도입니다.

먼저 본문 2절에 말의 뜻은 믿음이 일부 사람들만 받을 수 있고, 구원받을 사람은 미리 정해져 있다는 뜻이 아닙니다. 지천에 깔려 있는 공기도 본인이 거부하면 숨이 막혀 죽게 됩니다. 누구나 할 수 있는 쉬운 일도 본인이 받지 않는다면 줄 수 있는 방법이 없습니다. 그러나 이런 어려움 가운데서도 진리가 믿어지고 구원을 받는 역사가 일어나게 해달라고 늘 기도하십시오.(롬 10:14)

**오늘 본문을 통해** 성도들이 행해야 할 세 가지 중보기도에 대해서 배웠습니다. 중보기도는 신앙생활의 핵심이며, 마음을 움직이고 삶을 변화시키는 원동력입니다. 기도를 소홀히 하지 말고 아주 적은 시간이라도 하나님과 대화하고 다른 지체들을 위해서 기도하는 시간을 갖기 시작하십시오.
**오늘도** 복음의 일군들과 다른 영혼들을 위해 기도하며 사십시오.

**주님! 마지막 때에 더욱 기도에 힘쓰며 중보에 힘쓰게 하소서!**

| 오늘 특별 적용 | |
|---|---|
| 오늘 특별 감사 | |

# 179

# 규모 있는 성도들의 특징

데살로니가후서 3장 6절부터 15절을 읽으십시오.
① 우리가 수고하며 일해야 할 이유는 무엇인가?(8-9)
② 잘못된 길을 가고 있는 성도들에게 우리는 어떻게 행동해야 하는가?(14-15)

**독일의 철학자 칸트는** 매일 시간을 정확하게 나누어 기계와 같은 생활을 한 사람입니다.

그는 하루에 담배 한 개비, 오전에 설사약 2알, 오후 2시 산책과 같이 삶의 모든 것을 자신이 정한 규칙에 맞추어 평생을 살았습니다. 그는 어떤 일에도 이런 규칙을 어긴 법이 없어서 사람들은 칸트의 산책 시간을 통해 시계를 맞출 정도로 그의 습관을 믿었습니다. 그는 산책의 시간뿐만 아니라 산책할 거리와 걸음 속도까지도 규칙으로 삼고 지켜왔습니다. 칸트는 심지어 자신이 마실 물의 양까지도 정해놓고 살았는데, 일정한 시간에 일정한 양의 물만을 마셨습니다. 그가 노년에 병상에 누워있을 때에도 그는 마실 물의 양을 정확히 지키고 간호사의 도움보다는 스스로 일을 처리하려고 했습니다.

칸트처럼 모든 것에 병적일 정도로 규칙을 정할 필요는 없습니다. 그러나 좋은 습관, 남에게 본이 되고 나에겐 복이 되는 거룩한 습관을 위해 노력해야 합니다.

**데살로니가후서 3장 6절부터 15절에는** 성도들의 정직하고 성실한 생활에 대한 지침이 기록되어 있습니다. 잘못된 재림 사상을 받아들인 데살로니가 성도들은 너무 들뜬 나머지 아무 일도 하지 않고 막연히 주님의 재림을 기다리고 있었습니다. 우리는 오늘 본문을 통해 **규모 있는 삶을 사는 성도들의 세 가지 특징**에 대해서 배워야 합니다.

**첫째, 현실에도 충실합니다.**
하나님은 여러 선지자와 서도들을 통해 재림에 대한 내용을 여러 번 기록하게 하셨습니다. 요한은 계시록에서 '이 말씀을 읽는 자와 듣는 자들과 그 가운데 기록한 것을 지키는 자들이 복이 있나니 때가 가까움이라'고 말했습니다. 그러나 당시 데살로니가의 어떤 성도들은 직업도 버리며 무위도식하며 살았습니다. 그러나 재림을 대비하는 성도의 바른 삶은 현실에도 충실하고, 말씀을 지키는 삶이라는 것을 기억하십시오.(잠 24:27)

## 둘째, 이원론적 사고방식에 빠져있지 않습니다.

지나치게 영적인 면에만 치중한 나머지 '예배나 기도, 전도, 봉사, 성경 공부'와 같이 교회와 관련된 일들만 하나님의 일로 여기는 사람들이 많이 있습니다. 그러나 진정한 그리스도의 삶은 이런 것에 구애받지 않습니다. 무엇을 하든지 하나님의 영광을 위해 하기 때문에 가정과 직장, 사회적인 모든 관계를 통해서도 하나님의 영광을 나타낼 수 있다는 사실을 알아야 합니다. 성실하게 균형 잡힌 생활로 하나님께 영광을 돌리십시오.(고전 10:31/ 엡 6:1-9)

## 셋째, 다른 사람의 충고를 겸손히 받습니다.

바울은 자신의 사도로써의 권위를 내세워 편지의 말을 순종치 않는다면 그 사람을 부끄럽게 하고 사귀지 말라고 말했습니다. 베드로가 자신의 잘못을 여러 사람 앞에서 지적한 바울에게 자존심을 내세우지 않고 겸손히 받아들였듯이, 우리도 이런 지혜롭고 성숙한 성도의 모습을 보여야 합니다. 사랑의 충고로 권하고, 사랑의 마음으로 충고를 받아들이는 성도가 되십시오.(잠 1:3/ 갈 2:11-14)

오늘 본문을 통해 규모 있는 삶을 사는 싱도들의 세 가지 특징에 대해서 배웠습니다. 규모가 있다는 말은 '잘 짜여 본받을 만하다' 는 뜻입니다. 그리스도인들은 재림의 소식에 놀랄 필요도 없고 심각하게 반응할 필요도 없습니다. 어제나 오늘이나, 내일이나 항상 주님이 맡겨주신 사명을 바르게 감당하며 영광을 돌리는 삶을 살아야 합니다.
오늘도 하나님의 영광을 위해 충성하십시오.

주님! 말씀을 배워 알고, 성령님께 순종하며, 하나님을 따라 살게 하소서!

| 오늘 특별 적용 | |
|---|---|
| 오늘 특별 감사 | |

# 180

# 그리스도인의 평생의 신앙

데살로니가후서 3장 16절부터 18절을 읽으십시오.
① 하나님이 우리와 함께할 때 우리에겐 무엇이 주어지는
가?(16)
② 나, 우리 교회, 모든 성도들에게 필요한 것은 무엇인가?(18)

**세계적인 역사학자** 아놀드 토인비는 생전에 한 강연에서 이렇게 말했습니다.
"사람들은 나에게 '언제부터 역사에 흥미를 가졌느냐?' 혹은 '언제부터 역사
학자가 되었느냐?' 고 많이들 묻습니다. 그럴 때마다 저는 4살 때부터라고 대
답합니다. 저의 어머니는 제가 4살 때부터 항상 역사 속의 여러 가지 이야기
를 들려주셨고 많은 책을 구입해 주셨습니다. 저는 그 때 이미 예비 역사학자
가 되어 있었습니다."
많은 교육학자들은 7세 이전의 교육이 중요하다고 말합니다. 처음 교육을 받
을 때 평생의 교육습관이 생기기 때문입니다. 신앙도 이와 마찬가지입니다.
신앙의 초창기 열정을 가지고 신앙의 기본적은 것들을 잘 지키며 습관을 만
들어야 합니다. 무엇이든지 기본이 중요합니다.

**데살로니가후서** 3장 16절부터 18절에는 성도들을 향한 격려와 편지의 총 결
론이 기록되어 있습니다. 바울은 데살로니가 성도들을 격려하며, 바른 재림
관을 가지라고 당부하며 편지를 마무리하였습니다. 우리는 데살로니가 후서
의 마지막인 본문을 통해 **신앙의 기본이 되는 세 가지 모습**을 되새겨보아
야 합니다.

**첫째, 우리는 평강의 주님을 누리며 살아가야 합니다.**
그리스도의 재림은 믿지 않는 사람들에게는 최악의 두려움이자 죽음의 소식
이지만 구원받은 성도들에게는 생명의 향기와 최대의 소망과 격려가 됩니
다. 하나님이 우리에게 주시는 평안은 안으로부터 나오는 것으로 환경에 관
계없이 마음 속 깊은 곳으로부터 솟아납니다. 세상의 좋지 않은 모습들을 통
한 불안감에 휩싸여있지 말고 평강의 주님을 누리며 기쁨 가운데 살아가십시
오.(눅 1:79/ 롬 16:20)

**둘째, 우리는 세상에 휩쓸려서는 안 됩니다.**

지금은 재림 전의 징조로써, 거짓 복음이 활개를 치고 있습니다. 그러나 이런 시대 때에도 재림의 날은 정확히 알 수가 없다는 사실을 분명히 기억해야 하고, 세상의 학문과 문화로 포장되어서 나오는 각종 잘못된 사상과 문화들은 십자가의 보혈과 그리스도의 구원을 부정하는 것임을 확실히 알아야 합니다. 뜨거운 가슴과 냉철한 머리를 가지고 진리를 벗어나지 않는 생활을 하십시오.(히 12:28)

**셋째, 우리는 성경의 가르침에 순종해야 합니다.**

하나님이 모든 인류에게 주신 거룩한 말씀인 성경을 우리는 순종해야 합니다. 매일 매일 성경 말씀을 접하고 간단한 기도생활과 더불어 생활에 적용할 수 있게 해주는 큐티도 신앙에 큰 도움이 됩니다. 다양하게 성경을 공부함으로 우리의 마음과 삶이 변화되고 생각과 행동과 말이 변하게 됩니다. 듣기만 하여 자신을 속이는 사람이 되지 말고 하나님의 말씀을 행하는 사람이 되십시오.(벤후 3:16/ 약 1:22)

**오늘 본문을 통해** 신앙의 기본이 되는 세 가지 모습을 배웠습니다. 지금까지 성경 공부를 하면서 우리는 신앙과 거룩과 같이 성경이 전하는 중요한 메시지에 대해서 반복적으로 공부를 하고 또한 묵상을 했습니다. 이런 반복을 통해 결국 하나님의 참된 사랑이 깨달아지고 또한 우리의 삶이 조금이라도 더욱 주님을 닮아가고 주님께 영광이 되는 변화가 여러분들의 삶에 일어났으면 좋겠습니다. 또한 책은 끝났어도 말씀과 기도는 멈추지 말고 계속 실천함으로 하나님께 나아가는 귀한 성도 여러분이 되시기를 바랍니다.
**오늘도** 주님을 사모하며 기쁜 마음으로 생활하십시오.

**주님! 평생을 통해 주님을 즐거워하며 주님을 사랑하며 살게 하소서!**

| 오늘 특별 적용 | |
| --- | --- |
| 오늘 특별 감사 | |

# 성경으로 사람과 세상을 움직이는
# 김장환 목사의 <mark>3E 인생 이야기</mark>!

미군 하우스보이였던 그가
미군 상사의 도움으로
130불 갖고 미국에 유학
하나님을 만나고
오늘날엔 세계적인
전도자 Evangetist로!
청지기 Economist로!
섬김자 Energizer로!

**기적같은 삶을 사는
김장환 목사의
오늘을 있게 한
15가지 생활법칙!**

## 하나님 만나면
## 기적이 옵니다
272쪽 / 신국판 / 13,000원

---

# 주일성수도 잘 하고 / 입시준비도 잘 해서
# 서울대에 입학한 14명의 신앙과 공부비법!

대입을 앞둔 학생/학부모를 위한 책

## 고딩,
## 화이팅!
208쪽 / 신국판 / 9,000원

**다양한
공부방법 소개!**
최신 입시 정보로
나에게 딱 맞는
공부방법을 찾자!

예배출석 잘 하고 믿음을 지키면서도
얼마든지 성적을 올릴 수 있음을
보여주는 책이다. -발행인 메모 중에서

# 예수님 성품
# 닮게 하소서!

지은이 | 송용필
발행인 | 김용호
발행처 | 나침반출판사

초판 1쇄 발행 | 2012년 1월 20일

등 록 | 1980년 3월 18일 / 제 2-32호
주 소 | 110-616 서울 광화문 사서함 1641호
전 화 | 본    사(02)2279-6321
　　　　영업부(031)932-3205
팩 스 | 본    사(02)2275-6003
　　　　영업부(031)932-3207

홈페이지 | www.nabook.net
이 메 일 | nabook@korea.com
　　　　　nabook@nabook.net

ISBN 978-89-318-1438-5
책번호 마-1041

값은 뒷표지에 있습니다.

나침반출판사는 우리를 구원하신 아름다운 주님을
21세기 문명의 이기(利器)를 통하여 널리 전하고 싶습니다.

## 성경공부에 꼭 필요한 책들!
## 서재에 꼭 있어야 할 책들!!

철저하게 성경본문 중심으로, 성경전체를 12시대(구약9시대/신약 3시대)로 나누어 다룬 책으로 성경 각 권의 상호관계성을 종합적으로 파악케 한 책!

### 월밍턴 본문중심 성경연구

리버티대학교 헤롤드 L. 월밍턴 박사 지음

세계적인 성경학자 워런 W. 위어스비 목사님이, 7년 동안, 주일 저녁과 수요일 저녁 시간에 성경을 강해한 자료를 일일이 모은 책!

### 나침반 핵심 성경 연구

세계적 성경학자 워런 W. 위어스비 목사 지음

성경 책별/주제별 연구를 위한 최상의 참고서! 1000가지 넘는 메시지 요약/묵상 자료/성경연구자료서! 100가지 넘는 예언과 성취 비교/150가지 성경 고고학/117장의 사진 / 성경 각 권 개요/구분, 내용 제시/성경 상징어 인명, 우상명, 도량형 사전!

### 나침반 종합 성경 연구

로버트 보이드 박사 지음

## 나침반의 영적해결 도서들

### 크리스티아노스 북1
### 넉넉히 이기게 하시는 하나님(개정판)
오스왈드 샌더스  지음 | 248쪽 | 국판

**모든 문제에서 승리하게 하는 예수님의 방법!**
삶 속의 복잡한 문제들에 대한 근본적인 해답은
오직 하나라고 할 수 있는데,
바로 삼위일체 하나님과 올바른 관계를 유지하고
그분에게 온전히 순종하는 것이다.

### 크리스티아노스 북2
### 내 안에 계신 그리스도
레스 카터 지음 | 272쪽 | 국판

**예수님의 매력 집중탐구!**
너무도 사모하는 그분이 우리 안에 오셔서
우리 안에 거처를 정하시고, 우리 안에 사신다.
그분의 성품이, 그분의 행실이, 그분의 혜안이,
그분의 마음이 나의 사상이 되고, 나의 마음이 되고,
나의 사랑이 되고, 나의 인격이 되고, 나의 삶이 된다.

### 크리스티아노스 북3
### 목숨 걸고 믿음을 지킨 사람들
작자 미상  지음 | 176쪽 | 국판

**아멘, 주 예수여 오시옵소서!**
혼란스런 시대를 살아가는 그리스도인들이
이 책이 보여주는 충성과 순교의 정신을 통해
모든 시험을 이길 수 있는 큰 용기를 얻을 것을
믿는다.

### 크리스티아노스 북4
### 구원을 열망하라
오스왈드 스미스  지음 | 176쪽 | 국판

**구원에 관한 모든 궁금증을
시원하게 풀어 드립니다!!**
영생을 향한 열정이 회복됩니다!
천국의 소망이 구체적으로 다가옵니다!"

### 크리스티아노스 북5
### 직통기도 직통응답
프란시스 가드너 헌터  지음 | 224쪽 | 국판

**당신의 기도가 바로 응답되는 법을 제시한 책!**
직접 체험한 직통 기도 응답 간증과 함께
다이렉트 기도의 비결을 알려줍니다!